U0029198

《騎馬人物圖》殘片，唐代。出自敦煌莫高窟第十七窟（藏經洞），二十世紀初被伯希和帶走，現藏於法國巴黎市吉美國立亞洲藝術博物館。從衣飾和神態推斷，畫中人物是一對主僕。

《胡商牽駝出行圖》壁畫，唐代。河南省洛陽市洛南新區安國相王孺人唐氏墓出土，繪於墓道西壁，現藏於洛陽古代藝術館。圖中牽駝者作胡人裝束，身後的駱駝負載成卷的絲綢和一個小口圓瓶。透過畫面，彷彿可見唐代洛陽城內胡商雲集的盛況。（谷大建攝影）

歐亞乾草原的一對耳環。鄂爾多斯博物館，內蒙。

希臘化風格的玻璃碗。中國國家博物館，北京。

德布雷達莫修道院，攝於二〇一一年。

阿姆路克達拉的神聖區域以及佛塔主體，攝於二〇一二年三月十六日。

巴克特里亞銀壺。固原博物館，寧夏。

于闐木畫。大英博物館，倫敦，1907,1111.70，D.VII.5。大英博物館董事會。

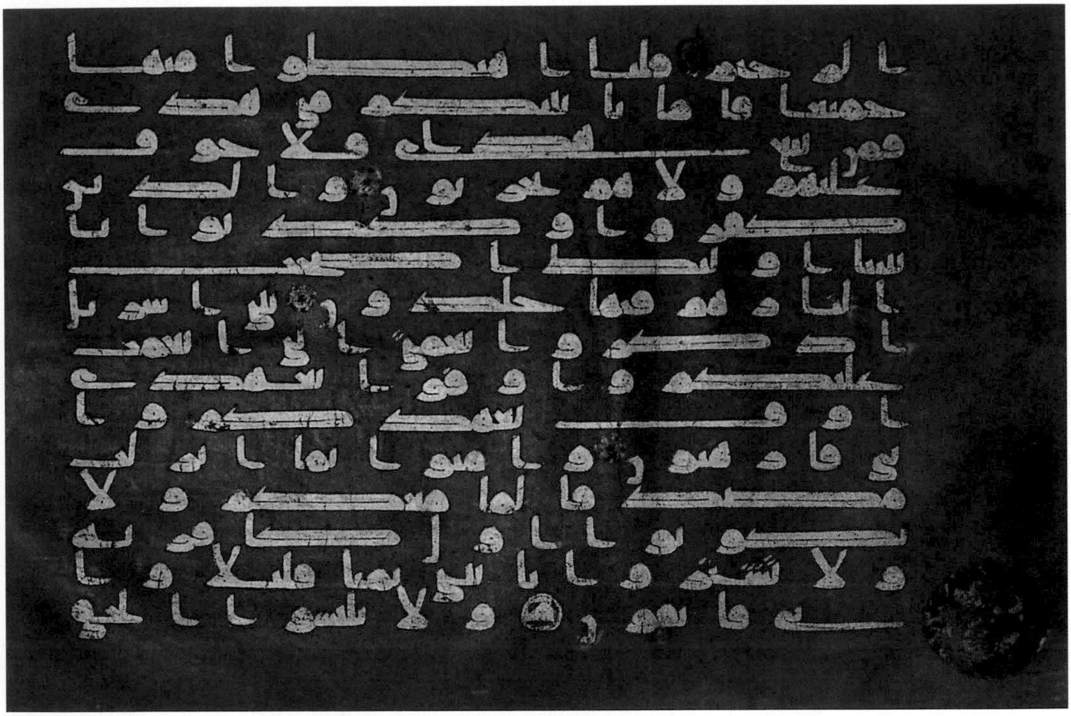

藍色古蘭經摺頁。多哈，伊斯蘭藝術博物館 MS.8.2006。

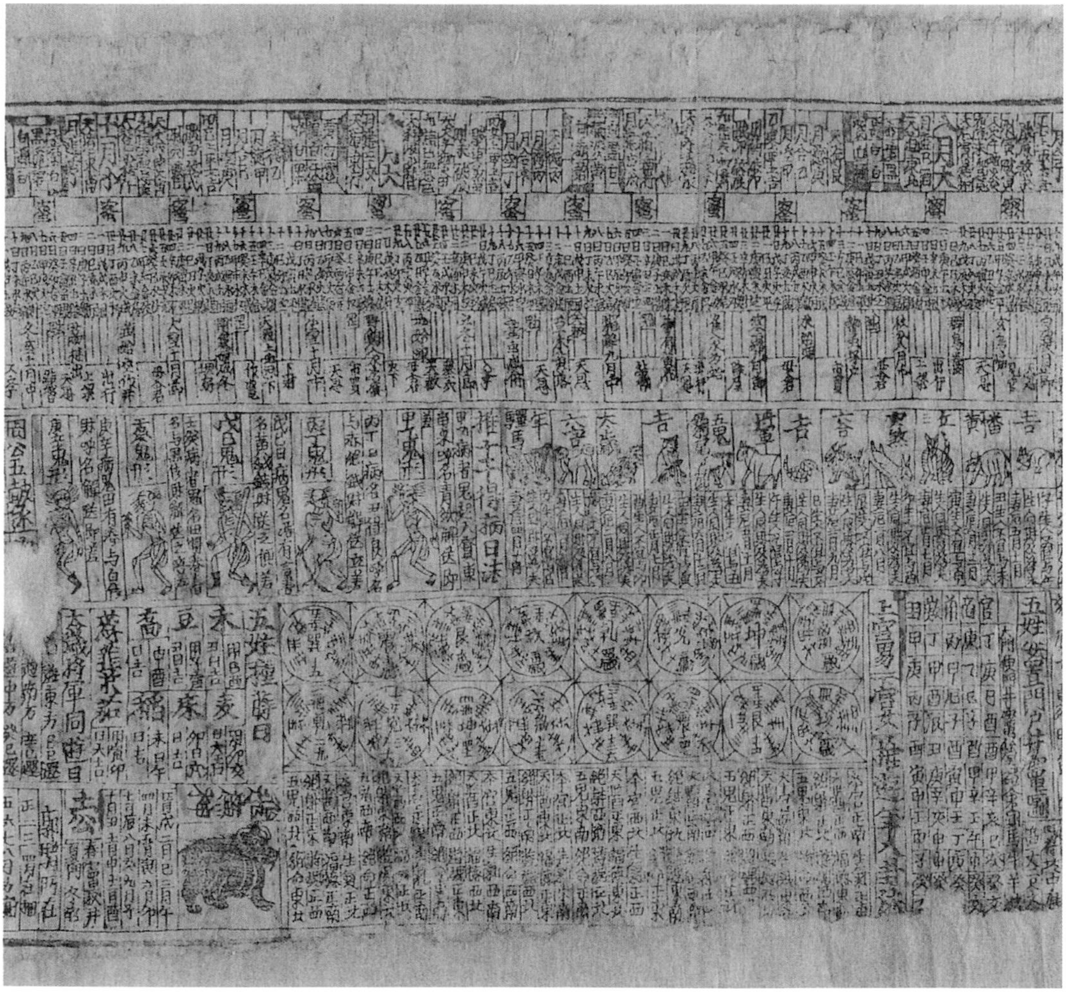

中國曆書局部。倫敦，大英圖書館 Or.8210/P.6。大英圖書館董事會。

莫高窟第十七窟（藏經洞）內景。該窟開鑿於晚唐，是紀念沙州高僧洪䛒的影窟。洪䛒真容像高九十公分，身後壁上繪有兩棵菩提樹，樹下分別是執杖的近侍女和持扇的比丘尼。

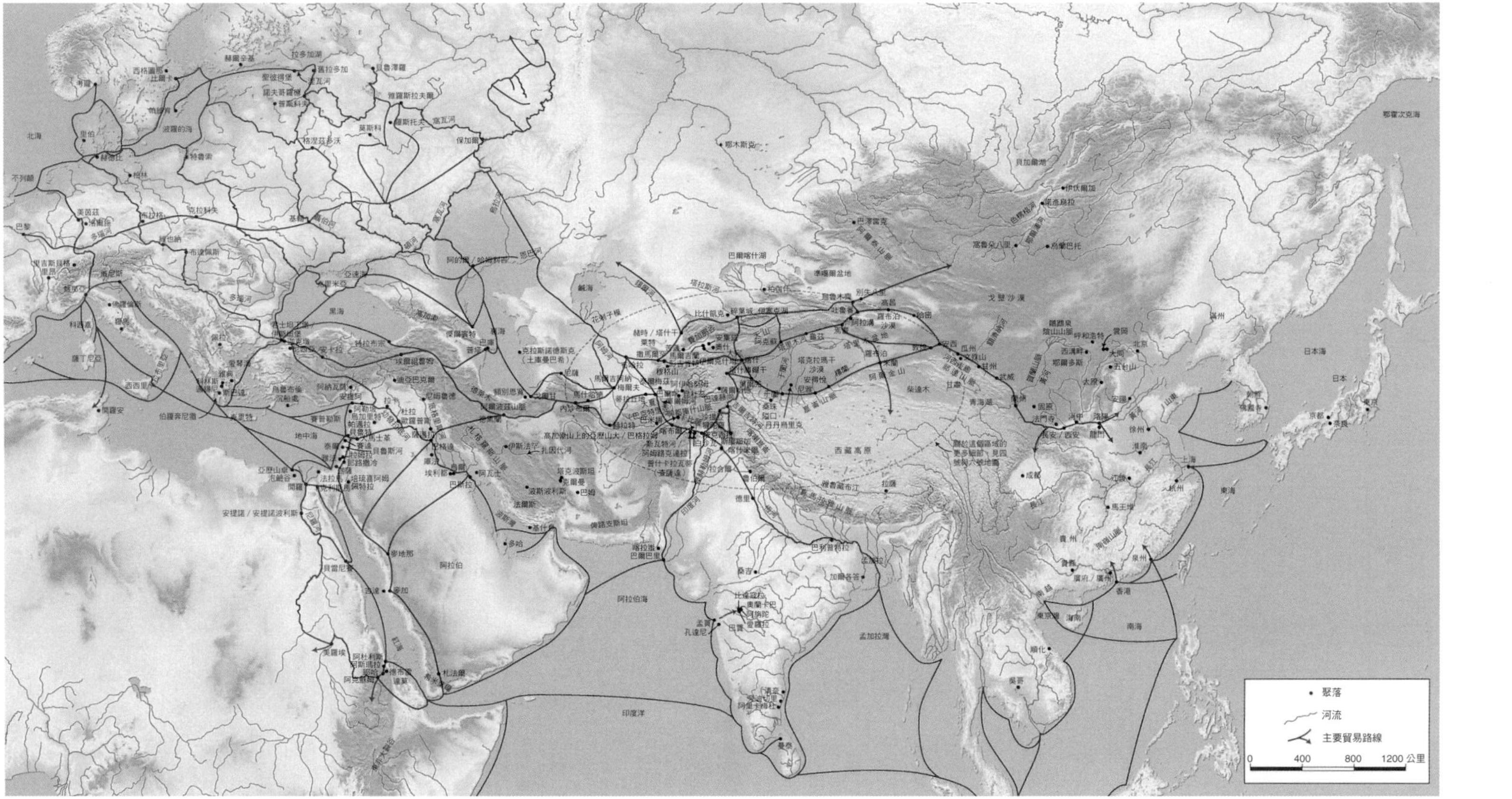

地圖一　橫跨歐亞非大陸的陸路與海路絲路。關於標示區域的細節，見地圖五與地圖六。

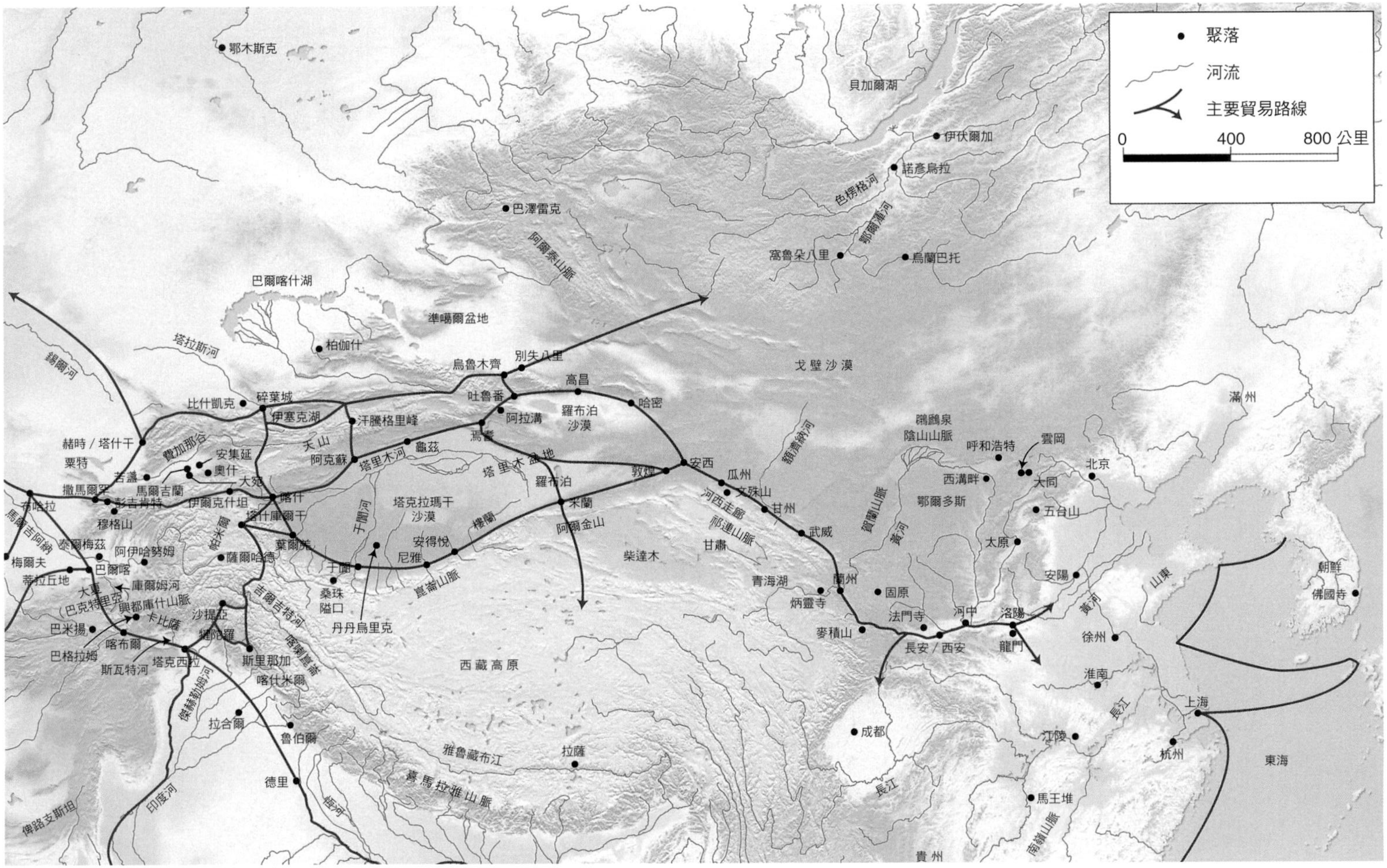

地圖二　中亞與東亞的陸路絲路，含第一章討論的地點。

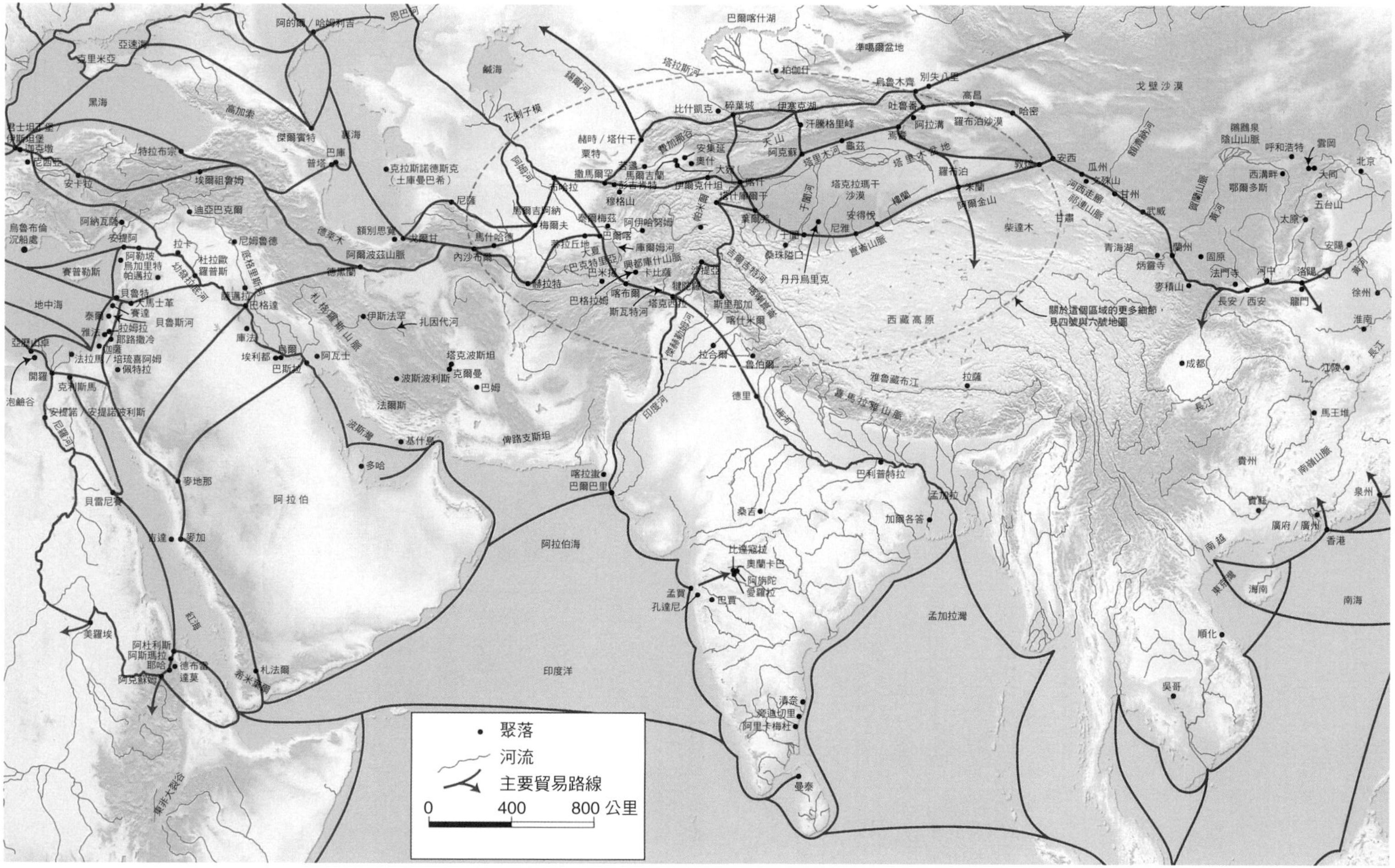

地圖三　橫跨亞洲的絲路，含第二章討論的地點。

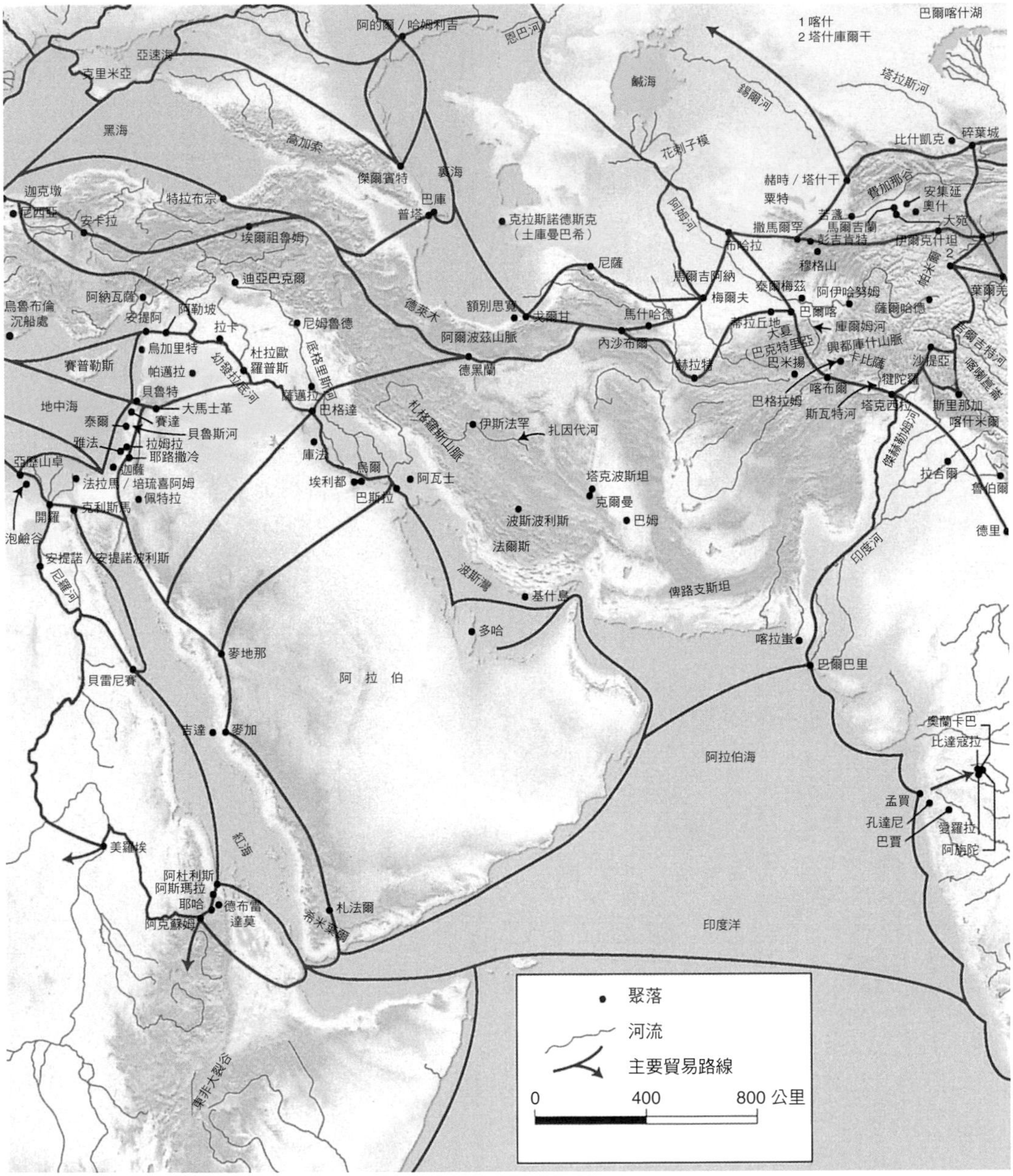

地圖四　西亞的陸路與海路絲路，含第三章討論的地點。

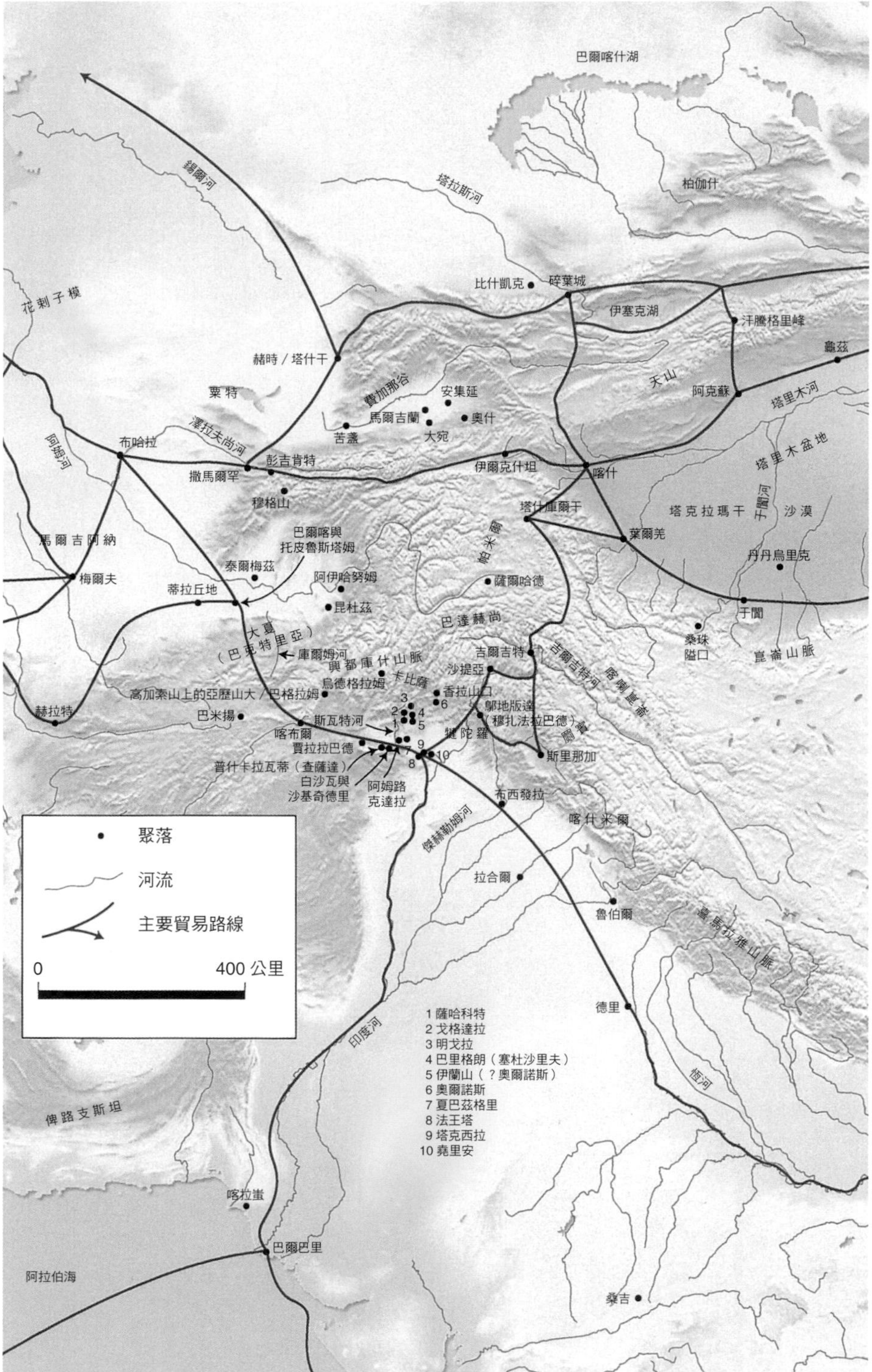

地圖五　中亞絲路的細部地圖，含第四章討論的地點。

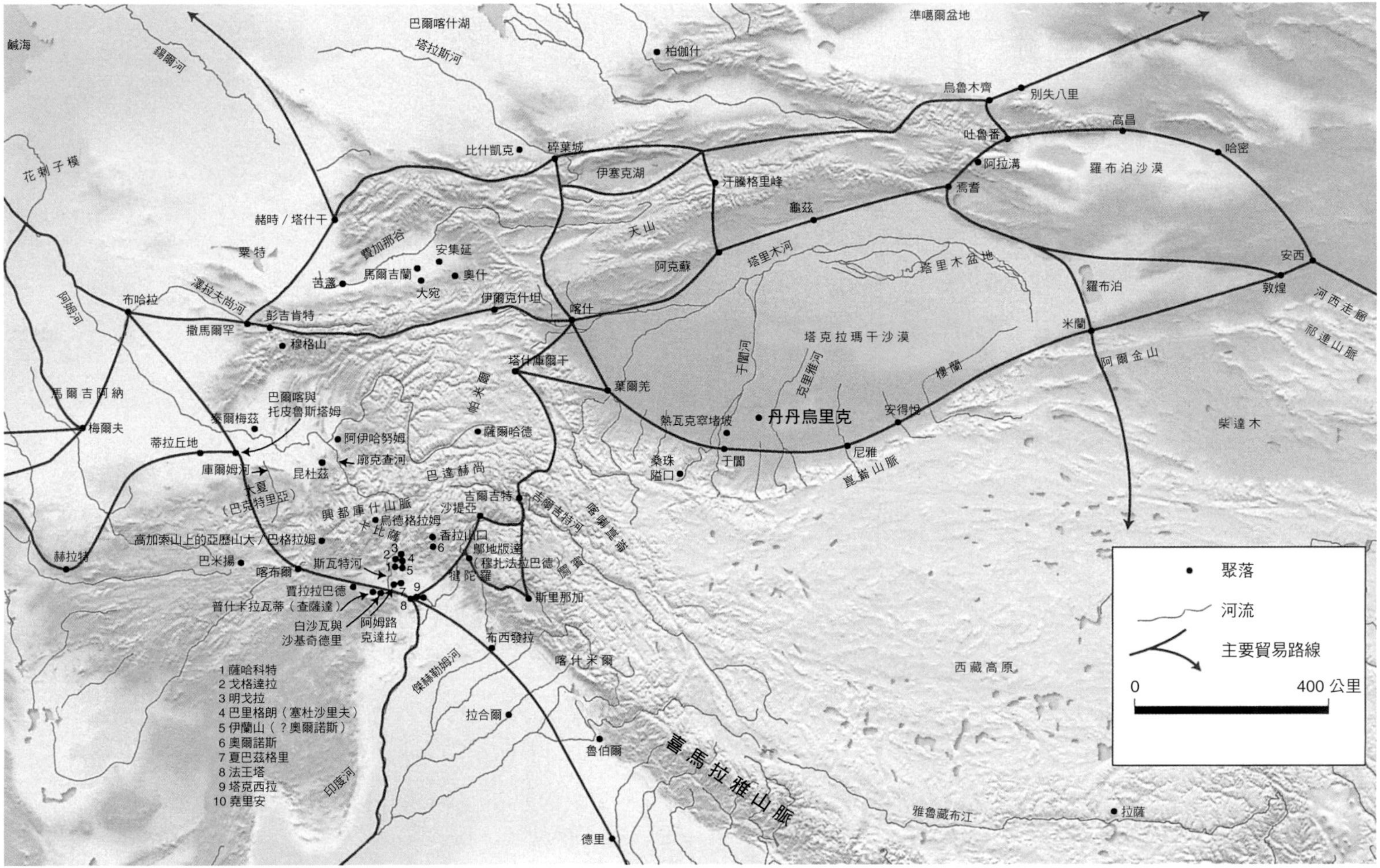

地圖六　　中亞的陸路絲路，含第六章討論的地點。

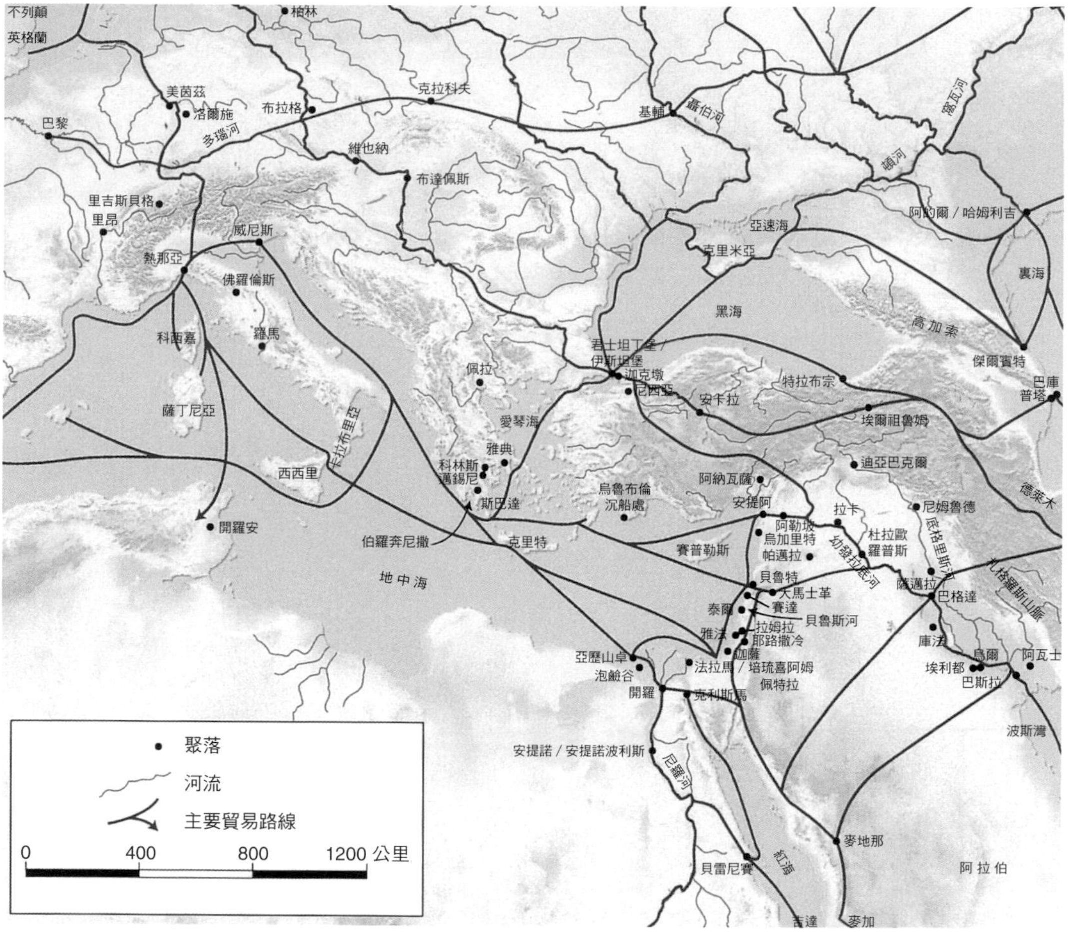

地圖七　連結歐洲、北非與西亞的陸路與海路絲路，含第七章討論的地點。

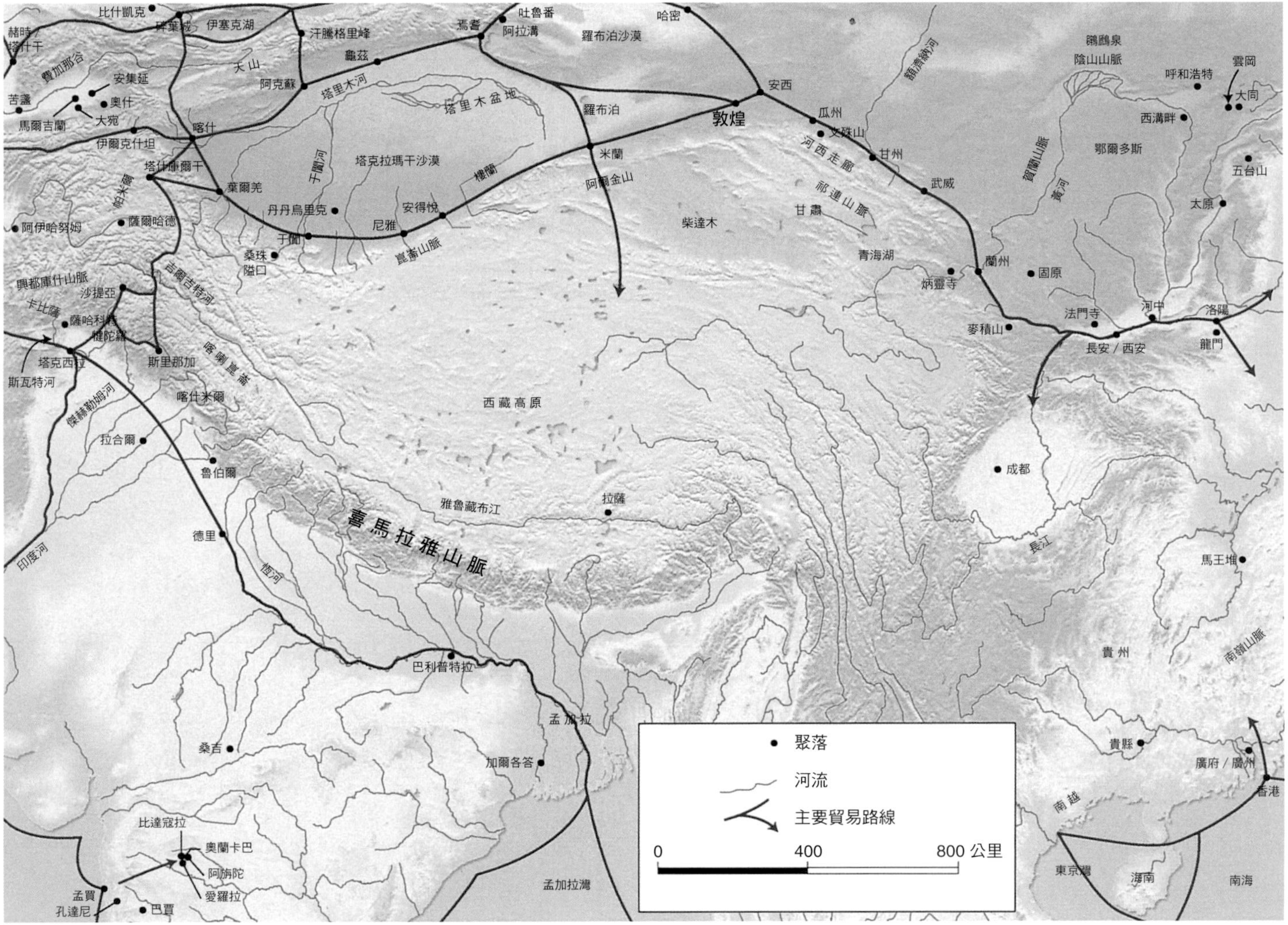

地圖八　　穿越中亞的陸路絲路以及通往南亞與東亞的海上路線，含第九章討論的地點。

從10件物品的流浪
看絲路多元文化的互動與傳播

絲路  滄桑

絲綢、奴隸和佛塔

SILK, SLAVES, AND STUPAS

MATERIAL CULTURE OF THE SILK ROAD

蘇珊・惠特菲德 Susan Whitfield 著
陳信宏 譯

《實用歷史叢書》

出版緣起

王榮文

• 歷史就是大個案

《實用歷史叢書》的基本概念，就是想把人類歷史當做一個（或無數個）大個案來看待。

本來，「個案研究方法」的精神，正是因為相信「智慧不可歸納條陳」，所以要學習者親自接近事實，自行尋找「經驗的教訓」。

經驗到底是教訓還是限制？歷史究竟是啟蒙還是成見？——或者說，歷史經驗有什麼用？可不可用？——一直也就是聚訟紛紜的大疑問，但在我們的「個案」概念下，叢書名稱中的「歷史」，與蘭克（Ranke）名言「歷史學家除了描寫事實『一如其發生之情況』外，再無其他目標」中所指的史學研究活動，大抵是不相涉的。在這裡，我們更接近於把歷史當做人間社會情境體悟的材料，或者說，我們把歷史（或某一組歷史陳述）當做「媒介」。

・從過去了解現在

為什麼要這樣做？因為我們對一切歷史情境（milieu）感到好奇，我們想浸淫在某個時代的思考環境來體會另一個人的限制與突破，因而對現時世界有一種新的想像。

通過了解歷史人物的處境與方案，我們找到了另一種智力上的樂趣，也許化做通俗的例子我們可以問：「如果拿破崙擔任遠東百貨公司總經理，他會怎麼做？」或「如果諸葛亮主持自立報系，他會和兩大報紙持哪一種和與戰的關係？」

從過去了解現在，我們並不真正尋找「重複的歷史」，我們也不尋找絕對的或相對的情境近似性。「歷史個案」的概念，比較接近情境的演練，因為一個成熟的思考者預先暴露在眾多的「經驗」裡，自行發展出一組對應的策略，因而就有了「教育」的功能。

・從現在了解過去

就像費夫爾（L. Febvre）說的，歷史其實是根據活人的需要向死人索求答案，在歷史理解中，現在與過去一向是糾纏不清的。

在這一個圍城之日，史家陳寅恪在倉皇逃死之際，取一巾箱坊本《建炎以來繫年要錄》，抱持誦讀，讀到汴京圍困屈降諸卷，淪城之日，謠言與烽火同時流竄；陳氏取當日身歷目睹之事與史實印證，不覺汗流浹背，覺得生平讀史從無如此親切有味之快感。

觀察並分析我們「現在的景觀」，正是提供我們一種了解過去的視野。歷史做為一種智性活動，也在這裡得到新的可能和活力。

如果我們在新的現時經驗中，取得新的了解過去的基礎，像一位作家寫《商用廿五史》，用企業組織的經驗，重新理解每一個朝代「經營組織」（即朝廷）的任務、使命、環境與對策，竟然就呈現一個新的景觀，證明這條路另有強大的生命力。

我們刻意選擇了《實用歷史叢書》的路，正是因為我們感覺到它的潛力。我們知道，標新並不見得有力量，然而立異卻不見得沒收穫；刻意塑造一個「求異」之路，就是想移動認知的軸心，給我們自己一些異端的空間，因而使歷史閱讀活動增添了親切的、活潑的、趣味的、致用的「新歷史之旅」。

你是一個歷史的嗜讀者或思索者嗎？你是一位專業的或業餘的歷史家嗎？你願意給自己一個偏離正軌的樂趣嗎？請走入這個叢書開放的大門。

台灣版序

我很高興看到《絲路滄桑》中文版在台灣出版，更感謝翻譯者和遠流出版公司的編輯所做的努力，我知道他們排除許多困難，才讓這本書順利出版。

在這本書裡面，我透過講述絲路上十個歷史性物品的故事，試圖展示在進入歐、亞、非現代世界之前，絲路文化互動的複雜性和豐富性。絲路上多種民族之間的交流產生了新的思想、新的藝術和新的理解。中國許多民族、文化和藝術成就對書中所敘述的故事有很大的貢獻，中國和許多國家一樣也得利於和陸地及海洋的連結而跟更廣闊的世界聯繫。因此，博物館不僅是保存物品以認識過去歷史的所在地，還可以幫助我們解釋並且更深入的了解現在。

我希望這本書有助於表明我們都屬於共同的過去，大家願意認知並一起慶祝我們的多樣性。

蘇珊・惠特菲德

二〇二〇年二月十三日

目錄

台灣版序 7
關於音譯與姓名的處理方式 10
引言 13
第一章 一對鄂爾多斯乾草原的耳環 24
第二章 一個希臘化風格的玻璃碗 58
第三章 一批貴霜帝國的金幣 88
第四章 一座阿姆路克達拉的佛塔 120

第五章 一支巴克特里亞的銀壺 158
第六章 一塊于闐王國的木畫 194
第七章 一張藍色的可蘭經 228
第八章 一塊拜占庭的獵人絲綢 266
第九章 一部敦煌藏經洞的中國曆書 304
第十章 一個不知名的奴隸 342
致謝 375
參考書目 377

關於音譯與姓名的處理方式

如果說，我希望讀者從本書獲得什麼啟發，我想那就是人類在各種多元差異中的共通經驗。這樣的多元差異包括語言與文字，為此，人名、物名與地名也顯現許多不同名稱。羅馬字母在絲路上絕對屬於少數，以羅馬字母音譯不同語言，對於這樣一部以英文寫作而且目標讀者是一般大眾的書本來說雖然有其必要，卻不免掩蓋它們的多元性。所以除了在英文當中已有習慣用法的名稱之外，對於那些無法用二十六個符號的拉丁字母抄寫下來的語言，我刻意保留其變音符號與重音符號，藉此讓讀者多少體會絲路上的語言豐富性。

許多文字都有廣泛被接受的羅馬拼音法，我對於中文、梵文與西藏文都採取這個方法（分別為拼音、國際梵語轉寫／天城文轉寫方案，以及威利轉寫方案）。突厥語沒有標準的轉寫方式，因此我依據同事的建議採用目前一般接受的作法或是常見的寫法。至於阿拉伯語和波斯語，我分別採取《伊斯蘭百科全書》線上版（http：//referenceworks.brillonline.com/browse/encyclopaedia-of-islam-2）與《伊朗百科全書》（www.iranicaonline.org）所使用的轉寫方案。我不是語言學家，儘管我和我的編輯都盡了全力，不免還是會有些錯誤，這點要請讀者見諒。

考古遺址、城鎮、地區、國家以及政體的名稱很難維持完全一致。在可能或者有意的情況下，我儘量使用當代的名稱，但有些時候還是不免為了清楚起見，不得不犧牲歷史面的準確性，採用後來才出現的名稱。

引言

我們被許多物品圍繞，也圍繞於歷史當中。不過，我們卻極少利用構成我們周遭環境的文物去理解過往。我們極少像讀書一樣試著閱讀物品——藉此理解那些創造、使用並且丟棄了這些物品的那些人。

——盧巴（Steven Lubar）與金格里（W. David Kingery），《由物論史：物質文化文集》（*History from Things: Essays on Material Culture*）

本書旨在探討絲路上的物品。[1]東西或物品會對我們說話，也促使我們創造敘事。即便像「這是一個為了盛裝我的茶而製作的容器」這樣一個簡單的敘事——不僅取決於物品的性質與環境脈絡，也取決於人的性質與環境脈絡。這是一種對話。最初的敘事可能只是一個人被那件物品引發的眾多敘事之一，更遑論那件物品還可能涉及許多不同的個人，他們各有不一樣的經驗、知識、信念與文化背景。一個容器可能讓不同人一致認知為是飲用的器具，但有些人可能視之為喝酒的杯子，有些人則視之為喝水的杯子。一件物品一旦脫離其原始情境——也就是在物品當初被創造的空間與時間之外——可能就不會再引發其創造者原本屬意的那種敘事。為了宗教或儀式目的而創造的物品經常就是如此。史學家與考古學家致力於對環境脈絡獲得更多了解，以試圖重建物品的敘事，以及其傳記或者歷史：這件物品是怎麼製作的？為了什麼？什麼時候？什麼人製作的？這件物品在什麼地方被誰怎麼樣使用？又是為了什麼目的？這件物品有沒有被運送到別的地方過？有沒有經過改變用途？有沒有修改？有沒有損壞過？有沒有修補過？在無法直接得知原始情境的情況下，我們必須接受這項事實：有時候，我們對這些問題提出的答案，有可能錯得一塌糊塗。[2]

透過物品而非人物或事件講述歷史，並不是一種新的角度，過去二十年來，這種研究在世界史的教導與推廣中已獲致比較中心的地位。[3]尤其成功的是商品史。[4]學術機構越來越認可這種作法，尤其是在現代史中。[5]不過，為歷史尋求其他不同來源的角度不僅限於商品，這個領域的新教科書也橫跨世俗物品、裝飾物品、實用物品以及建構而成的物品。[6]

本書聚焦於製作成品而不是粗糙的原料，同時對於物品或東西採取廣泛的觀點——包括商品；還有活生生的「自然」物體，例如人、馬匹與駱駝；以及複雜的創作物品，例如珠寶、玻璃、繪畫與建築。我不排除文書。與其主張文書和其他物品不同——聲稱文書「不是中立的文本……和人類創意的其他產物不同」，而是「在社會關係的建構、協商與轉變中扮演積極角色」[7]——我認為人類創作的非文字物品也在這類關係的建構、協商與轉變中扮演積極角色。因此，本書採取歷史考古學的作法，亦即如摩爾蘭（John Moreland）所言，體認「身在過往的人，藉著特定歷史情境中的物體、聲音與文字，實踐他們的社會慣例並且建構他們的身分認同」。[8]

在部分史料編纂者眼中，一件關鍵性物品的吸引力就跟一位「偉人」一樣重要，而其他人則是藉著檢視樸實但為數眾多的陶瓷破片以理解過去。本書試圖採取介於這兩者之間的作法，大部分的章節都聚焦於單一物品，但也藉著檢視其他相關物品——包括人在內——以思索那件物品的情境。此處挑選的物品背後都有複雜的故事，而本書的目標即是在於對此提出「厚實描述」（thick description），將每一件物品放在其所屬的時間與地點做出仔細分析。[9]

包括人在內的物品移動，在絲路的概念中占有關鍵性的地位，而本書中挑選的大多數物品也都曾經在絲路上遷移過。不過，絕大多數的這類物品——不管是日常用品還是奢侈品，也不管是否經歷過交易——都早已消失無蹤：食物、酒與藥物都已遭受吞食；奴隸、大象、與馬匹已經死亡；紡織物、木材與象牙已經腐朽；玻璃與陶器已經破碎。[10]只有在極少數的案例裡，物品才會在刻意安排或意外狀況中保存下來，例如大量的金屬或玻璃，還有因為具有相當程度的貴重性而跟著屍體一同埋葬的物品，例如本書探討的其中三件物品（第一、二、五章）。至於其他物品曾經存在過的事實，則是經常只留有文獻紀錄，但考古學與文獻證據都極為零碎殘缺。

在這些故事當中，物品並非中立而且毫無變化：它們不但會改變，也會引發改變。在這方面，物質文化觀點尤其與絲路密切相關。在物品和它們接觸到的文化——包括製作物品、運送物品、接收物品、使用物品、販賣物品以及丟棄物品的文化——所進行的互動中，我們可以對於那些時期的那些文化獲得新觀點。本書除了採取一般探究物質文化的常見作法，亦即藉由近代對於「東西」的討論而納入東西與人類（人類本身也是「東西」）的互動之外，也探討東西與人類之間的互賴——也就是這兩者之間的糾葛。[11]

本書探究的時代與地點就存在著這樣的糾葛。此處挑選的大多數物品都擁有不只一種文化情境，並且和不同文化與時代的東西——包括人在內——都有所糾葛。我不把本書中的討論侷限於物品的原始環境，而是在許多案例中都會把那些物品的故事帶到當下，檢視各種非常不一樣的關係——包括物品與修護員、策展者、學者、收藏者、掠奪者以及其他人物的糾葛。

我探討的其中幾件物品是奢侈品或紀念性的物品——例如耳環、銀壺、絲綢、可蘭經與佛塔。書中談到的那對耳環（第一章）發現於匈奴帝國領域裡的一座墳墓內，其中呈現的特質以及使用的材料，則是來自許多被歸入「匈奴」與「中國」這兩種標籤下的文化。[12]講述那對耳環的故事經常趨向於二分化——草原式與定居式的生活、遊牧與農耕、野蠻與文明——但我在本書中非常希望能夠避免這種觀點，因為我認為這樣的區別既粗陋又缺乏效益。[13]本書的討論意在質疑二元性標籤或者其他這類硬性區別的使用，包括有時對於貿易與進貢以及政府貿易與私人貿易所做出的區別。本書的其中一個用意，就是要證明這些議題比有些時候呈現出來的更加複雜，藉此播下懷疑的種子，並且為進一步閱讀提出參考。

在本書討論的所有東西的故事裡，環境都是其中不可或缺的一部分。環境提供了材料、條件與驅力，而促成科技的發展、物件的利用與生產，以及民族的移動。[14]舉例而言，環境變遷在耳環的故事裡是一項催化劑：有些學者認為匈奴人源自阿爾泰地區（Altai），但在西元前四世紀因為氣候改變被迫外移，於是南遷至中亞以及中國邊界，也就是我們在第一章看到他們的地方。[15]接下來，也有人主張這樣的移動迫使月氏民族這群既有的人口西移，而建立了嚈噠帝國，可能就是第五章探討的那個巴克特里亞銀壺的製作者。

第一章提出的另一個同樣複雜的議題，則是東西在何處製作，由什麼人製作，又是為了誰而製作的問題。科技、材料、潮流與工匠都會移動——我會主張這是絲路的一項重要性質——而我們對於這些耳環的製作地點頂多只能提出試探性的假設。我們必須接受這些假設可能會被未來的新發現推翻。換句話說，在許多案例當中，面對絲路的物質文化，我們的理解都缺乏穩固的根基。

那對耳環因為被埋入墳墓中而保存下來，而本書探討的另外兩件物品也是如此：希臘化風格的玻璃碗（第二章）與巴克特里亞銀壺（第五章）。這些物品都是發現於菁英階級人士的墳墓裡，所以這類物品有可能被視為「外來」或者「異國」物品，放進墳墓裡乃是為了強化死者的地位與廣泛見識。而這樣的推斷自然也是假設了廣泛的見識在死者的社會裡被視為一種正面特質。

探討巴克特里亞銀壺的那一章，指出無形文化遺產的傳播在絲路上所扮演的重要角色，只是這種角色經常遭到忽略。那件實質物品雖有前例，也就是羅馬帝國與薩桑王朝的容器，卻發展出自己的特質；容器表面上描繪的故事也是如此，雖然極有可能取材自特洛伊戰爭，卻發展出自己的特性，例如帕里斯（Paris）拿著兩個水果，看起來卻一點都不像是蘋果。當然，沒有證據可以證明他們對於羅馬的水壺或特洛伊戰爭的史詩懷有任何直接知識，而且製作這件物品的工匠與這件物品原本的主人也很可能是將其視為一件全然屬於當地的產物，描繪的也是當地的故事。不過，這件物品東移進入中國之後，必定會被視為外來的產物——來自於「西方」，儘管那個西方是中亞而不是歐洲的邊界。

第二章探討希臘化風格玻璃碗，所討論的玻璃與玻璃科技，與第八章對於絲路上的蠶絲業的討論構成一項值得注意的比較與對比。玻璃原料在歐亞大陸大部分地區都輕易可得，而且技術也同樣存在，至少是對原料高溫加熱而使其發生轉變，並且利用助熔劑降低加熱溫度的技術。這種科技至少從西元前第一千年間，就已經發明或是傳播於歐亞大陸各地。不過，不像絲綢是始自東方，玻璃科技則是在西亞的歐洲邊緣發展完善——然後再往東傳播到薩桑王朝統治下的波斯以及中國與朝鮮。南亞傳統也許是獨立發展而成，但絕對受到來自西亞的物品所影響。此外，絲綢科技及其產品雖然在絲路上的所有主要文化中都頗精通與重視，玻璃科技在中國的進展卻是時斷時續。也許這是因為其他的材料——諸如玉以及越來越精緻的陶瓷——早就滿足對於堅硬的半透明材料的需求，而不像陶瓷科技發展程度遠低於中國的其他地方必須靠玻璃填補這種需求。不過，玻璃顯然受到部分人重視，這點可由以下幾種情形看得出來，例如菁英階級人士墳墓裡的玻璃器物、玻璃在佛教當中的重要性，以及玻璃科技在中國不同時期中的採用與實驗。

絲綢是這個故事中一個持續存在的中心部分，而我在第八章挑選一塊出現在八至十世紀這段晚近時期的絲綢進行討論，以便探究絲綢科技——包括桑樹的栽種、蠶的養殖，以及紡織——從中國這個源頭向外傳播的情形。絲綢雖然不總是這整個時期中的主要貿易商品，甚至也不是部分貿易網絡的主要商品，卻無疑保有相當程度的重要性。絲綢的原料與加工成品在這段時期中持續受到重視與交易。隨著這些材料與科技傳播到中國以外，我們也看到新式織法的發展。

絲綢——以及玻璃——在佛教的故事裡都占有一席之地，在佛教信仰活動中扮演了重要角色。在第四章對於阿姆路克達拉佛塔（Amluk Dara Stupa）的主塔所進行的討論當中，我還會再進一步探究佛教。這座佛塔雖是一座建築物，不會在絲路上移動，但是卻反映了佛教的傳播以及斯瓦特谷（Swat valley）這個地方在環境、文化、宗教與政治等方面的樣貌變遷。此外，這座佛塔也引人討論建築形式的傳播所涉及的複雜物流問題。

第六章討論的于闐木畫也屬於佛教故事的一部分，但我挑選那塊木畫是因為其中呈現的其他敘事，尤其是關於馬匹的重要性以及經常遭遺忘的小型絲路文化所扮演的角色：在這個例子中是指于闐文化。這一章也顯示學者距離真正了解絲路還有多麼遙遠：這一章描寫在于闐各地經常可見的圖像，但我們對這些圖像至今仍然難以解讀。

本書中探討的三件文書物品之所以會被挑選，原因是這三件物品的文字內容各有不同的背景環境。第三章檢視一大批來自貴霜帝國（Kushan Empire）的金幣。錢幣落在文書與物品的分界線上，所以錢幣學這門學問橫跨歷史與考古學的情形也許不令人意外。在許多文化裡，錢幣都能夠證明其他文獻記載的統治者時序與名稱，有時也能夠填補記載中的空缺。就貴霜帝國而言，錢幣是重建其帝王年表的主要來源。那些錢幣上銘刻的文字讓史學家能夠重新建構歷代統治者的時間軸，儘管這條時間軸的起點究竟該定在什麼時候仍有不少爭議。[16]除了錢幣以外，並沒有發現多少來自貴霜人本身的文字紀錄，而鄰近的帝國——例如中國的後漢——在其史書中記載的統治者名稱，則是難以比對。因此，在我們對於貴霜歷史的理解中，考古學扮演的角色遠比在其他文字發達的文化裡大了許多。除此之外，那批錢幣還有進一步的故事要告訴我們，原因是那批錢幣不是發現於貴霜帝國或者鄰近的貿易夥伴國當中，而是在數千英里之外的一座基督教修道院裡，位於現在的衣索比亞境內。我們雖然能夠推測，卻無法確知這些錢幣遷移如此之遠的原因。不過，單從這項事實即可得知那個時期已經存在橫越海洋與陸地的長程路線。

本書檢視的第二件文書（第九章）所來自的文化（中國），不論文書證據還是考古證據都相當豐富，而且有時也能夠互相支持——最引人注意的一個例子就是商朝的歷代統治者。中國有許許多多的文書，包括記載詳盡的政治史書。此外，中國歷史對於文字記載的重視向來都高於考古發現及其他證據，但如同何肯（Charles Holcombe）指出的：「有三項主題主流傳統中國史學家極少受碰觸，也就是貿易、佛教與外國人。」[17]這些廣為傳遞的文書所表達的都是識字階級與正統菁英的觀點。不過，此處的這些斷簡殘篇來自於考古情境，不是同一套挑選標準之下的產物，因此呈現出了中國文化的另一個部分。這件文書是一本印刷曆書，是當時相當熱門但遭到禁止的一種文書。本章探討文書在大多數人口皆屬文盲或半文盲的社會裡所扮演的角色，主張文書也能夠對這些群體「傳達訊息」。

第三件文書是一件神聖物品，是由菁英階級書寫的「藍色可蘭經」的其中一頁（第七章）。這部伊斯蘭經典的抄本採用阿拉伯文，以金色與銀色墨水寫在靛藍色的羊皮紙上。這件物品的出處以及製作的靈感來源都沒有確定的答案，也引起了許多爭論。有人提議這件物品可能和製作於數千英里外的佛教東亞的其他類似文書有所關聯。

我雖然試圖把各式各樣的主題都涵蓋在本書裡，但有些畢竟還是不免被忽略。其實我也想討論音樂、醫藥以及食物，而且我也沒有納入帶有確切軍事用途的物品。不過，我納入奴隸卻完全是一項刻意做出的決定。不論在哪個時代或者文化裡，絲路上都有奴隸的存在，而且他們無疑也構成絲路貿易中很大的一部分。儘管如此，他們在絲路的歷史中卻經常只是被順便提及而已。

我研究絲路上的物件已有三十年之久，但我至今還是不免驚訝的發現，一旦對這些物品進行更深入的探詢，我就發現它們的物質性仍然欠缺理解也乏人問津。在部分的案例中，這種情形是因為我們無法確知它們的製作材料或製作方式：以往的工匠所精通的技術已經失傳，以致我們難以重現那些製作方法，有時也無法找到相同的材料。不過，這種情形看起來經常是缺乏興趣造成的結果，不論是無意找出答案，還是無意對沒有證據的假設提出質疑。

這種情形造成了許許多多對於物品的物質描述有問題的案例，比較好的狀況只是描述不精確，最糟的狀況則是根本不正確。前者的一個例子是許多收藏目錄都把西方中世紀手抄本使用的書寫媒介稱為「皮紙」（vellum），但這個詞語只告訴我們那種紙張經精製而成，卻沒有說明是用什麼動物的皮所製成（見第七章）。以「麻紙」（hemp）或「桑皮紙」（mulberry）等字眼描述東亞的中世紀手抄本也有同樣的問題。這些字眼同樣不精確，通常只是說明紙張的品質，而不是其主要纖維，因此經常引起誤解。數百年來的學者雖然都致力研究以辨識文書，但投注於辨識紙張材料的精力卻是少之又少。[18]

有一個引人注目的錯誤案例，可以看出在中國挖掘發現的大多數玻璃如何被描述。那些玻璃的時代可以追溯到漢朝左右，並且被視為外來的器物。這類玻璃通常被安上「羅馬」的標籤，儘管其中有些明確帶有希臘化風格，甚至有些還可能生產於中國本土。[19]

在我策劃舉行於二〇〇九年的一場展覽中，我曾以為收藏機構將第二章探討的那個玻璃碗標示為「羅馬」的描述是正確的。後來我更仔細研究玻璃之後，就明白看出我當時的誤判，因此就像我在學術生涯中的許多時刻一樣，不得不質疑我以為自己所學到的知識是否正確。本書就是這種過程的一部分：一面試圖接受絲路歷史與物質文化中的許多不確定性，同時也藉著聆聽絲路上的許多「東西」，設法找出一些小小的穩固基礎，以便為進一步的研究與知識奠定根基。

注釋

[1] 我在本書中把「物品」與「東西」當成同義詞。關於這兩個詞語的指涉範圍，請見以下的解釋。

[2] 南非電影《上帝也瘋狂》（The Gods Must Be Crazy）就利用這種狀況造就了絕佳效果。一個生活在喀拉哈里沙漠的部落，對於一個從小飛機上被人丟棄而掉落在他們村裡的可口可樂玻璃瓶感到困惑不解。在這個

新情境裡，這件被他們視為是神明贈禮的物品，就被賦予各式各樣和其原本功能完全無關的意義。應當一提的是，外人就算接觸一件物品所屬的文化，也不保證一定能夠對該文化的情境做出正確的解讀。有些人類學報告就顯示出這一點。

[3] 最知名的例子是 MacGregor（2011）。

[4] 舉例而言，見 Mintz（1985）與 Kurlansky（2002）。

[5] 例如聖塔克魯茲加州大學世界史中心推行的「世界史當中的商品，一四五〇—一九五〇」這項計畫。

[6] 舉例而言，見 Harvey（2009）以及 Hicks and Beaudry（2010）。

[7] Moreland（2001: 31）。

[8] Moreland（1991:119）。

[9]「文化不是一種權力，不是社會事件、行為、制度或過程能夠輕易歸因於其上的東西；而是一種情境，那些東西只有在這種情境中才能夠被清楚明白的描述，也就是厚實描述」（Geertz 1973: 316）。

[10]「馬匹與大象從印度運送到斯里蘭卡與東南亞」（Ray 1994: 39）。

[11] 關於人類與東西的糾葛，一項近期的詳細討論是 Hodder（2012）。

[12] 一九五七年，一份針對日本對於絲路的學術研究所提出的報告，把連接歐亞大陸各地的乾草原道路（以及海路）都涵蓋於「絲路」一詞當中（Japanese National Comission 1957 以及 Whitfield 2018）。

[13] Whitfield（2008）。

[14] 關於物品、人與環境的關係，見 Ryan and Durning（1997）。

[15] Schlüutz and Lehmkuhl（2007:114）。他們可能也擴散到了歐洲邊界，前提是我們認定他們就是在定居民

族的文獻裡被歸為「匈人」的那些人。對於此一假設的評論，見Kim（2016:141）與第一章。

[16] 關於貴霜帝國的歷史年表，見Falk（2014a）。

[17] Holcombe（1999: 285）。另見第一章提及的匈奴聯盟及中國邊界其他族群在中國歷史紀錄與考古發現當中出現的歧異。

[18] 這麼說不是要貶低那些在這個領域裡進行研究並且提出這些問題的人士所做出的貢獻。

[19] 見第五章。關於這種描述如何被接納，另見Watt et al.（2004）與Whitfield（2009）。

第一章

一對鄂爾多斯乾草原的耳環

左圖這一對耳環，與一名在西元前二世紀去世的婦女埋在一起。[1]她可能是菁英階級的一員，所屬的文化涵蓋於匈奴政治聯盟中。這個聯盟在全盛時期控制中國北方的龐大帝國。[2]

這對耳環由黃金加工製成，鑲有半寶石以及橢圓形的鏤空雕花玉石，展現匈奴與中國這兩座帝國文化所擁有的藝術與美學。匈奴與中國這兩個東亞長期鄰居之間的關係，是理解東段絲路的中心元素，但經常只被簡單描述為一種衝突關係。

這對耳環講述一個更為複雜的故事——涉及外交活動、貿易、通婚，還有技術與文化的對話。在這對耳環出現的時候，這些文化正在重新協商彼此的相互關係以及領土。那段過程是個催化劑，促成絲路這條長程歐亞貿易路線的擴張。這對耳環也反映不同民族——還有其他物品或「東西」——在內歐亞大陸與外歐亞大陸的生態界線上相遇的故事，延伸及於絲路全程。[3]但我們絕對不該忘記這對耳環可能也是一個人所珍愛的財產。

身為物質文化史學家，我們雖然不可能透過她的眼光看待這對耳環，但我們致力於對她生活的那個世界獲取些許了解，因為那個世界形塑她對自身周圍的物品所懷有的觀點以及產生的反應。

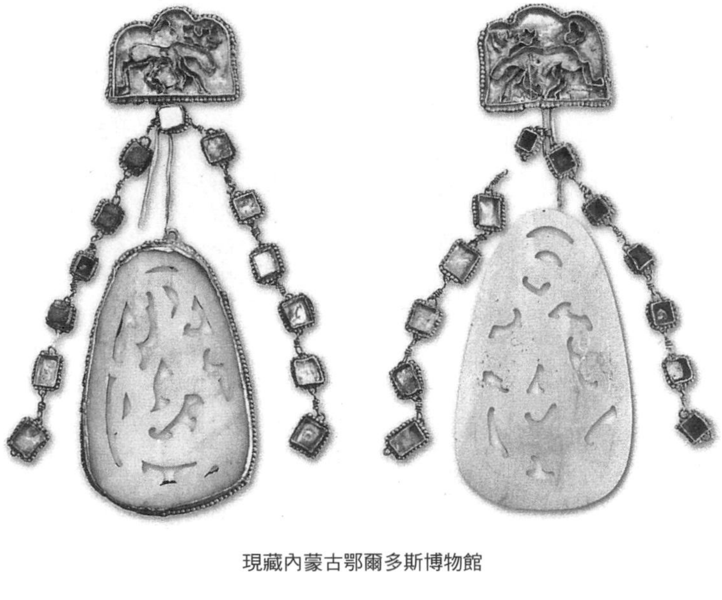

現藏內蒙古鄂爾多斯博物館

匈奴與乾草原

居住在歐亞大陸北部、以草原遊牧生活為主的人口，都不需要書寫文化。[4]因此，他們的歷史是透過南方以定居生活為主的鄰居所講述：遊牧鄰居屬於定居敘述者社會的外人，傾向於以他們自己的行為來加以詮釋。[5]早期社會，也沒有職業的人類學家努力透過其他民族的觀點了解對方。[6]此外，草原民族出現在這些歷史中，通常被視為定居民族的威脅。因此，考古學在提供另一個觀點以理解這類文化及其複雜性也就非常重要。舉例而言，考古學家證明長久以來認為早期草原民族沒有從事農業的觀念是錯誤的：例如在哈薩克的柏伽什（Begash）遺址發現受到馴化的小麥與小米，就促使弗拉切蒂（Michael Frachetti）斷論指出「乾草原的草原民族早在西元前二三〇〇年以前就已取得馴化穀物」，而且「他們對於小麥傳入中國以及小米在西元前第三千年中期傳入東南亞與歐洲可能都扮演了不可或缺的角色」。[7]考古學也發現了城市：乾草原的居民不是全都住在帳篷裡，而且他們也不是隨時不斷遷徙。換句話說，這片土地存在著各式各樣的文化與生活型態，只是那些文化與生活型態都必然受其所處環境的形塑。

證據顯示，自從最早的時代以來，盤據於中國的文化就與乾草原有所接觸並且受其影響。這點可見於宗教，例如甲骨占卜的採用，還有馴化小麥的引進、商朝（殷代；約西元前一六〇〇～一〇四六年）晚期墳墓中發現當時使用馬拉戰車的作法、環狀柄獸頭刀，以及銅鏡。羅森（Jessica Rawson）指出，在早期中國可以見到美索不達米亞製作的瑪瑙珠，她認為可能是由乾草原民族運送而來。[8]如同吉迪（Gideon Shelach-Lavi）所下的結論：「我們不該低估乾草原民族對『中國』社會傳遞文化影響所扮演的角色，」而且中國的那些社會「選擇性支持了其中的部分特徵，也就是適合菁英階級以及『中國』社會的靜態生活方式所需的部分」。[9]

不過，這種狀況在西元前第一千年下半期出現改變，當時中國的書寫開始出現一種二分性，也就是把史書中描繪的定居式且又文明的「中國」文化，與乾草原鄰居的文化區別開來。狄宇宙（Nicola Di Cosmo）及其他人在主要以考古資料為基礎的情況下，主張匈奴在西元前第一千年晚期崛起成為一支由騎馬戰士構成的遊牧勢力之前，中國從未遭遇過類似的威脅。[10]截至當時為止，中國的北方鄰居主要都是擁有書寫文字而且採取步戰的農業人口。另外有些人反駁這種觀點，指稱中國各個文化必定遭遇過某些半草原人口與半遊牧民族。[11]被稱為匈奴的這個部落聯盟可能改變當時統治中國中原地區的各個國家中那些菁英階級所抱持的觀點。那些菁英階級在先前似乎認為，全天下只要受到文明的力量影響，其本性就都可以被文明教化。我們看到這種態度後來轉為比較二分化的觀點，匈奴在其中成了「胡」這種「他者」，是個天性與中國人存在根本差異的民族。[12]

中國史書中這種對於「胡」的觀點越來越強烈，無疑是因為必須對那些已經成為一大威脅的民族加以妖魔化；但如同金鵬程指出的，這麼做也是為了因應秦朝（西元前二二一～二〇六年）這個首度統一中國的朝代所提出的「中國」概念：「由於沒有他者就不會有我者的存在，因此將自己稱為中國人，就表示必須把某些人稱為非中國人；新的中國必須發明一個不共戴天的對手，而匈奴的出現正是適時適所。」[13]如同米尼耶夫指出的，早期的史書對於他們的北方鄰居採用許多不同名稱，而由司馬遷所著的中國第一部史書《史記》，在提及西元前三一八年一場邂逅之時，首度提到匈奴，可能是後來添加的名稱，或是「這個時期普遍用於稱呼畜牧部落的一種集體稱號，而缺乏特定的民族文化意涵」。[14]塔瑪拉．金（Tamara Chin）指出，司馬遷避免使用「人類學修辭」，也不把中國的征服行動嵌入「一項文化或道德優越性的敘事中」。[15]她主張那種修辭是在秦朝之後隨著漢武帝（西元前一四一～八十七年在位）擴張中國疆域而出現。直到下一部史書《漢書》在西元一世紀寫成之際，這種修辭已深深嵌入於其中。[16]

其他定居文化也必須為「他者」賦予名稱或標籤以講述自己的故事，於是我們從這些史書中對於定居文化獲得的理解，也終究不免比那些「他者」來得多。西元前五世紀的史學家希羅多德使用「斯基泰人」（Scythian）一詞；伊朗的阿契美尼德人（Achaemenids）則是把他們的乾草原鄰居稱為塞迦人（Saka）。早期中國史書使用幾種不同字眼稱呼中國人在北方遭遇的民族。這點促成許多的討論，探究貼上這些標籤所指涉的民族源自何處？又，屬於什麼族裔。就匈奴而言，這樣的探究尤其聚焦於一個重點，亦即這個群體可能就是史學家與考古學家稱為匈人的民族。[17]不過，許多學者仍然持疑；如同金鵬程指出的：「『匈奴』一詞的語義範疇是政治性的：我們沒有理由假設這個字眼代表特定的族裔團體——而且實際上還有許多理由不應該做出這樣的假設。……在受匈奴控制的地區所進行的挖掘，發現眾多各不相同的文化。」[18]

中國的史書提及黃河的ㄇ字形大彎東北方，以及大彎內部那個現在稱為鄂爾多斯的地區，都居住有定居民族與草原民族以及騎馬戰士。[19]許多學者都認為趙國（西元前四〇三～二二一年）——這個王國位於現在的中國北部，與那些民族的領域相鄰——一名統治者就是在西元前四世紀末邂逅了那些民族，而將自己的軍隊從步兵部隊轉變為騎兵部隊。[20]在那之前，馬匹都是用來拉戰車或是當做馱獸。中原地區雖有繁殖馬匹的計畫，卻從來沒有培養出足夠供應軍隊使用的馬匹數量。[21]採取騎馬的作法也必須改變服裝與武器。在接下來的一千年間，馬匹成為中國北部的生活中不可或缺的一部分，不僅是供軍隊使用，也因此在藝術與文學中得到頌揚（見第六章）。

趙國是戰國時期（約西元前四七五～二二一年）最後一個被秦國征服的王國。在此之後，秦國即於西元前二二一年宣告建立一個大一統的帝國。中國史書記載，西元前二〇九年左右，隨著秦國擴張至鄂爾多斯北部與西部，居住在中國邊界的各個草原部落團結於一位名叫冒頓的領袖之下；史書將這些部落統稱為匈奴。[22]他們在冒頓的統合下開始擴張，把北方——也就是現在的蒙古境內——的其他部落也紛紛納入他們的聯盟裡。他們往西移向塔里木盆地，驅走中國人稱為月氏的民族，並且統治塔里木盆地內的部分綠洲王國。[23]在南方，他們面對中國新成立的漢朝（西元前二〇六年～西元二二〇年），輕易戰勝漢朝的軍隊，將他們驅離先前受秦朝攻占的地區。[24]漢朝的回應是派遣使者協商和平條約。如同中國人和其鄰居自此之後簽訂的許多條約，這項條約也包含將中國的一名公主嫁給外國統治者的和親之舉。[25]雙方都接受彼此的帝國擁有相等的地位，也同意以漢朝及先前朝代興建的長城延伸而出的界線做為彼此的分界；此外，中國同意定期對匈奴贈送禮物，包括絲綢與穀物。中國史學家如此記載匈奴統治者說的話：「故約，漢常遣翁主，給繒絮食物有品，以和親，而匈奴亦不復擾邊。」[26]金泫辰把這種安排描述為漢朝成為匈奴聯盟的朝貢國。[27]

隨著漢武帝出現，雙方的權力平衡再次改變。他展開一項成功的擴張政策，東北至現在的朝鮮，西至塔里木盆地，在南方則是打敗南越王國（見第二章）。他試圖擊敗匈奴聯盟，於是與月氏結盟——根據中國史書記載，月氏本身也在先前遭到逐出塔里木盆地。漢武帝的策略是由月氏從西方發動攻擊，中國軍隊則是從東南方出擊。不過，派往商討這項結盟的使者張騫卻敗得一塌塗地（不過，他在出使途中遭到匈奴聯盟的一個成員俘虜，還在那裡久住娶妻，因此必定獲得非常有用的情報）。[28]儘管如此，漢朝還是繼續推動這項計畫。然而，計畫雖然成功，戰役所花費的成本卻極為高昂，而且帶來的價值終究有限，因為他們根本不可能長期占領乾草原土地。西元前五十四～五十三年間，雙方終於協議，當時匈奴聯盟的分裂促成了另一項和平條約，由匈奴聯盟分裂後的其中一個統治者與中國簽訂。這時權力位階已然翻轉，由那名南匈奴統治者接受較低的地位。尤銳（Yuri Pines）指出，由於草原民族的實力衰退以及拒絕接受中國定居式的生活，因此這次遭遇「成為中國的政治、文化與族裔史上最重要的一項事件」。[29]

在歐亞大陸各地以及絲路時期期間，這樣的遭遇絕非匈奴與中國所獨有。此外，他們的互動也絕非只有一種模式。這類關係的本質非常複雜，但經常被定居民族的史家簡化為二分的衝突關係。羅馬人本身也深受外族侵犯邊界之苦，因此也和中國人一樣，建造一系列的防禦城牆與堡壘。[30]在希臘的歷史記載中，北方的騎馬遊牧民族即是「他者」的原型。他們被稱為斯基泰人，而他們身為他者的形象也持續被希羅多德乃至拜占庭帝國的史書傳遞下去。[31]再往東，波斯的阿契美尼德人（西元前五五〇～三三〇年）被一群來自東北方的草原人口打敗，然後這群草原人口建立帕提亞帝國（西元前二四七～西元二二四年）。帕提亞人成功採取新式的定居生活型態，同時又保有他們的軍事實力，威脅範圍遠及羅馬邊界。[32]

所以，這對耳環究竟屬於匈奴還是中國人所有，還是說這樣標記這對耳環根本沒有意義？要回答這個問題，我們必須探究隱藏在「匈奴族」與「華夏民族」這兩種標籤中的複雜性，以及發現這對耳環的西溝畔古墓對於他們之間的關係所揭露的面向。

西溝畔的古墓群

西溝畔位於鄂爾多斯的東北端，也就是黃河開始轉向南的地方，緯度約與位於東方的北京相當。[33]西溝畔古墓群在一九七九年開始挖掘。可惜的是，考古報告並不詳細，而且大多數墳墓的圖畫與物品清單細部內容都已遺失。這些古墓頗為分散，看起來可能分屬不同的墳場，而且其年代也差異極大。在此處的墳墓當中，年代最早的是西元前三百年左右，甚至還可能更早，但比較晚期的墳墓以及一座聚落也被發現，年代是西元前二世紀，也就是匈奴聯盟的時期。[34]考古學家測定其中九個墳墓的年代在西元前二世紀，這九個墳墓裡又有四個不曾遭到盜墓。[35]在這些墳墓當中，M4號墓因陪葬品豐富而特別突出。這對耳環即是出自這個墳墓。

M4號墓位於這座遺址的南部，距離一座可能是聚落的遺址不到一公里遠。[36]墳墓的圖畫雖已遺失，但文字描述指稱那是一座坑式墳墓，裡面有一具仰臥的女性遺體，頭朝東北方。其中的陪葬品以黃金物品最多，但也包括由銀、銅、玉、石塊與玻璃製成的裝飾品，其中有琥珀、瑪瑙、水晶與青金石的項鍊；由石塊雕刻而成的舞者、老虎與龍；銅製三葉箭頭；以及銅馬。這對耳環本身是擺放在屍體頭上的一副繁複頭飾中的一部分（圖1）。[37]

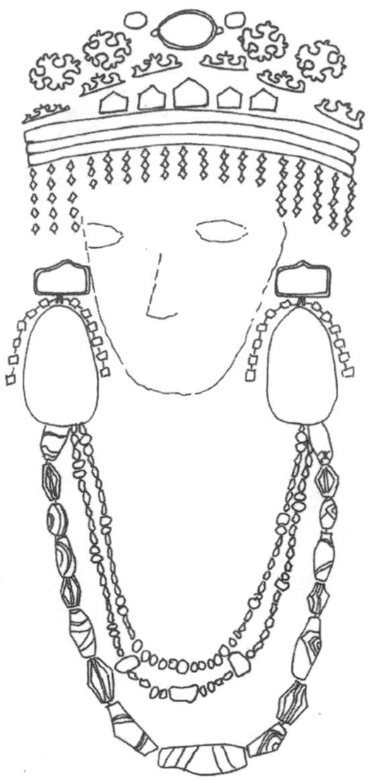

圖 1 乾草原耳環的頭飾重建圖。參考自 Tian and Guo（1986：pl. 4）。

這對耳環由兩個卵形的鏤空雕花玉珮構成。[38]兩個玉珮不是完全對稱，而是各自刻有扭曲纏繞的怪物，其中一個呈現怪物的側臉，另外一個則是呈現正面（圖2）。[39]這兩個玉珮都鑲著一條細細的金邊，並以焊珠方法裝飾。頂端的一個環把玉珮連接

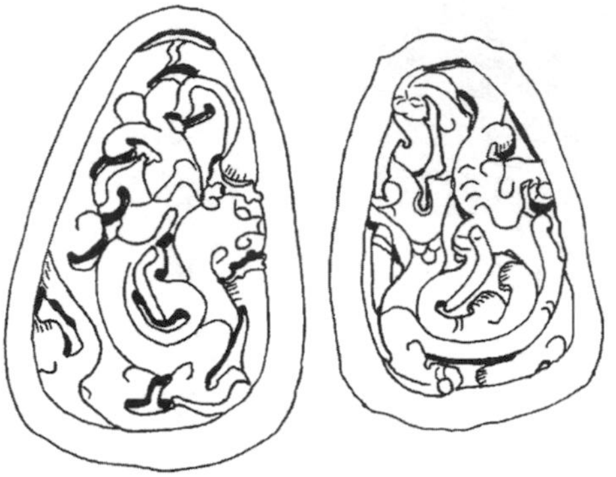

右：圖 2 乾草原耳環上那對玉珮的雕刻圖案。參考自 A. Kessler（1993：62, fig. 35）。
左：圖 3 M2 號墓發現的帶板表面的圖案。

於上方的金牌，而那兩塊金牌同樣也是在邊緣有焊珠裝飾，而且鑲嵌著石駝鹿。兩側掛著由精細的鏈子連接在一起的正方形黃金鑲框。鑲框內的鑲嵌物大多都已掉落，發現的鑲嵌物包括珍珠母、石英、瑪瑙、琥珀與玻璃。[40]

鑲嵌寶石與駝鹿的黃金都經過錘打成形，並且裝飾著金珠。錘打是最簡單的黃金塑形方法，不論在乾草原還是定居人口中都早在這個時期之前就已出現。把金珠固定在平面上做為裝飾的焊珠作法，是一種比較先進的技術，但也早在這個時期以前即出現於乾草原與鄰近的定居文化，例如希臘人與中國人。[41]在南越這座位於現在中國南部與越南北部沿岸的王國中，皇帝趙眜（西元前一三七～一二二年在位）的陵墓裡發現採用焊珠技術的黃金裝飾品，孫志新因此提出一條通往中國的可能路線，也就是透過與南亞連結的海道。[42]確實有證據顯示，南越與南亞乃至更西方的地區之間有海上通航（見第二章）。不過，焊珠技術也在埃及與美索不達米亞等古文化中被使用，而且也在這個時期之前就已發現於乾草原上，所以還有許多可能的傳播路徑。[43]

M2號墓與M4號墓一樣，也含有金銀物品，包括一個腰帶牌（圖3），以及一匹馬與一頭綿羊的骨骸，還有一隻狗的頭骨。其他西元前二世紀墳墓比起這座遺址都沒有這麼豐富的陪葬品，主要是一些武器、工具、馬具和馬匹裝飾品，還有動物骨骸。表土文物與農具可能代表聚落，因此表示這是一個也從事農業的半遊牧社會。由M2與M4號墓中豐富的陪葬品，可以看出這兩座墳墓屬於菁英階級所有，其他墳墓裡沒有這類珍奇物品，則是顯示出巨大的社會階級落差。[44]如同狄宇宙指出：「這個後期遊牧社會的複雜性，在（這座）遺址裡最是明白可見。」[45]這對耳環以及其他墳墓物品的形貌、材質與圖案都是這種複雜性的一部分。

鏡子與腰帶牌：貿易與交流

想探究乾草原與中國這兩種文化的互動與認同的研究領域，只要稍微檢視在此一生態界線兩側的墳墓中發現的兩種物品即可——這兩種物品就是鏡子與腰帶牌。前者長久以來都與中國連結在一起，後者則是與乾草原連結在一起。不過，這種觀點已在近來遭受挑戰，並且有人提出比較複雜的模式。

長久以來，大多數人都假設鏡子獨立出現於中原地區的商代（殷）文化。這項假設經仔細研究，現在許多學者都認為鏡子是從中亞傳到中國。[46]在這個修正過的情境裡，張莉提出乾草原與中原地區之間兩條在早期陸續出現的影響路線。[47]第一條路線的中介者是齊家文化（約西元前二二〇〇～一七〇〇年），位於現在中國西北部的河西走廊——那裡是後期「絲路」的一個重要路段。鏡子從中亞北部的巴克特里亞—馬爾吉阿納文明體（Bactrian-Margiana Archaeological Complex）來到這裡，先往北到阿爾泰山脈，再往南沿著額濟納河抵達這條河位於祁連山的發源處，而祁連山即是河西走廊的南部邊界。在這裡，這種時尚與科技傳給二里頭文化（約西元前一九〇〇～一五〇〇年），該文化活躍於現在的洛陽周圍，就在中原地區的黃河以南。

一條新的影響路線在二里頭文化的中期或末期出現，張莉主張這條路線取代額濟納河路線，而且稱為「北方地區」，範圍包括鄂爾多斯區域及其東方與南方的地區。這條路線與額濟納河路線之間隔著賀蘭山脈，張莉又進一步主張中原地區和河西走廊——這裡的文化後來產生周朝（西元前一〇四六～二五六年）——之間的聯繫，在這段時期不是非常活躍。[48]她認為乾草原各地與中原地區的互動都是透過北方地區。這種互動不但可見於出現在這個地區的墳墓裡的物品，也可見於在中原地區發現的物品——也就是商代的銅。另一方面，商代的墳墓裡也有來自乾草原的物品。不過，鏡子卻在中原地區消失，直到十一世紀才在接替商代的周文化中再度出現——但風格不同，而且可能也是由乾草原引進。所以，我們可以看到不是單一次的傳遞，也不是只有一條路線，而是不斷改變的影響範圍與傳播方式。只要接受這一點，就能夠明確看到乾草原對中原地區的文化輸入。

發現於M2號墓的腰帶牌，是從黑海乃至鄂爾多斯的乾草原各地的墳墓裡常見的典型物品，在學術界裡也持續有大量爭論（圖3）。這條由腰帶牌構成的腰帶不是乾草原上任何一個民族所特有，而且這種腰帶除了是實用的服裝配件之外，也廣泛用於代表社會地位以及其他許多條件。[49]M2號墓的腰帶牌由黃金製成，並且刻有一頭猛獸攻擊另一隻動物的圖案，是一頭老虎攻擊一隻野公豬。這類獵捕動物的主題常見於遍布在乾草原的斯基泰西伯利亞文化，並且一路繁盛至西元第一千年間。[50]這種圖案經常出現在黃金腰帶牌、劍鞘、扣環以及其他易於攜帶的物品上。[51]不過，獵捕動物不是乾草原獨有的主題。這種主題在西元前第四千年晚期就曾經出現在埃及，在一千年後又出現於西亞；發現於烏爾皇陵（Royal Cemetery at Ur，約西元前二六五〇～二五五〇年，位於現在的伊拉克南部）的一個銀質化妝盒，其盒蓋上有一頭獅子撕咬一隻公羊的圖案。[52]自從西元前第一千年以來，這種圖案在鄰接於乾草原的帝國呈現於各種不同的背景與媒材上：例如西元前九世紀的一塊方尖碑，位於尼姆魯德（Nimrud）這座亞述城市；在發現於吉威耶（Ziwiye）的金銀中，年代約為西元前七〇〇年，地點在現在的伊朗與伊拉克交界處；在阿契美尼德王朝首都波斯波利斯（Persepolis）的西元前六世紀岩石浮雕裡；還有在希臘佩拉（Pella）的狄厄尼索斯之家（House of Dionysus）的西元前四世紀鑲嵌畫中，也描繪於馬其頓王國的墳墓裡，以及雕刻在伊特拉斯坎人（Etruscan）的石棺上。[53]從這當中看出一條單純的傳遞路線是很誘人的事情。如同寇恩（Ada Cohen）所言——她討論這項主題在亞歷山大大帝（西元前三三六～三二三年在位）的藝術中如何呈現——「學界有一種無可避免的衝動，企圖藉著假設文化之間的影響以解釋這種主題如何會出現在希臘世界中。」[54]但寇恩也指出，自從法國散文家蒙田（一五三三～九二）的時代以來，作家就注意到這項主題在人類社會中具有普世性的吸引力，因此主張這項主題在不同時間出現於不同地方的論點也具有相同的說服力。[55]她指出，可能更值得探究的是這項主題在不同文化中的意義與描繪方式，然後看看有沒有任何重疊之處，而如果有的話又是如何重疊。[56]

遍布於匈奴以西那片乾草原上的斯基泰西伯利亞文化，究竟對匈奴造成多少影響，並沒有確切的答案。有些學者認為匈奴是這種文化的延伸，但也有些學者認為匈奴不屬於這種文化，只是吸收了一些影響而已。[57]不論如何，如同西溝畔以及其他許多古墓中發現的物品所示，匈奴也使用腰帶牌。腰帶牌是乾草原服裝的一部分，一方面用於固定騎馬者的短上衣，同時也具有可攜式儲藏空間的功能，用來放置短刀及其他必要裝備。古典中國的傳統服裝是長袍，不適合騎馬，也不需要這樣的腰帶。[58]然而，在這個時期的中原地區我們卻可看到乾草原風格的腰帶，例如在西漢楚王劉戊（西元前一七四～一五四年在位）的墳墓裡，位於中國東部徐州附近的獅子山；還有在中國南部的南越王趙眜的墓裡（見第二章）。劉戊墓裡的腰帶是黃金打造的，和在烏拉河（Ural River）的波克羅夫卡（Pokrovka）二號墓地一座墳墓裡發現的鍍金銅質碎片一模一樣。除此之外，在中原地區西安外圍的一座漢朝時期古墓裡發現的腰帶牌，以及目前收藏於紐約的兩塊鍍金銅腰帶牌，也都與劉戊墓裡的腰帶一模一樣。[59]邦克（Emma Bunker）討論這些發現，並且提議其起源可能是在中國北部。她進一步主張這種圖案是為了迎合中國人的喜好而修改，只見「動物形體呈現為怡人的樣貌，以致攻擊場景的氣勢幾乎蕩然無存」。[60]

在徐州附近的劉戊墓以及西溝畔古墓裡發現的腰帶牌，背面都刻有中國字標示重量以及圖案題材的細節。這支持了主張這些腰帶牌是生產於中國的作坊或者至少是由中國工匠打造而成的論點。[61]此外，西溝畔M2號墓一塊腰帶牌的背面顯示紡織品的印痕，可見這塊腰帶牌可能是由失蠟失織技術鑄造而成。[62]林嘉琳（Katheryn Linduff）在她對這些物品的研究著作裡提議指出，「這是中國特別為了有效率生產供應外國（乾草原）市場的物品而發明的技術」。[63]在這些匈奴時期古墓中發現的其他物品，顯示出汞鍍金的作法，邦克斷定這些物品也是製作於中國的作坊裡。[64]假如真是如此，那麼我們就看到乾草原的一種物品與主題——以動物獵捕為主題的腰帶牌——受中原地區採用，而且還為了生產供應一個遠在中國以外的市場做出修改。證據顯示，為乾草原市場生產的工藝品可能始於西元前四到三世紀期間的中國各王國，在中國統一之前。[65]其他的發現證明這些物品的進一步移動，不論是透過貿易、饋贈還是劫掠。

這些腰帶牌的發現，不僅顯示當時中國各王國的工匠曾為乾草原市場製作物品，也顯示有些中國人同樣喜歡上這些物品，儘管其中有些圖案的主題被修改。[66]這些腰帶牌的奢華性質以及出現在菁英階級墳墓裡的事實，例如南越王的黃金與玻璃腰帶牌（見第二章）以及西漢楚王的巨大黃金腰帶牌，顯示這種物品是財富與權力的象徵。軍事領導能力無疑仍是匈奴菁英階級的特徵，但這個菁英階級在這時也已藉由貿易獲取財富與地位。[67]狄宇宙寫道：

大量累積珍貴物品的作法反映出菁英階級表徵的「網絡模式」。遊牧菁英越來越致力於從事長途聯繫，而從自己和其他菁英的關係中獲取正當性與權力。尊榮物品的交換，以及貿易與進貢，都成了儲藏財富的來源，而這樣的財富則是證明並且鞏固一個家系長久的權勢。外國人脈以及在自身社群之外能夠輕易被辨識的菁英地位表徵，顯示出特定群體轉變至一種近似於「網絡」而不是「團體」模式的象徵體系。[68]

匈奴不只從他們的中國鄰居取得物品。在諾彥烏拉墓地這個位於蒙古南部的另一座匈奴時期遺址，除了含有中國與當地製造的毛氈，也有其他幾乎可以確定是生產於中亞或西亞的紡織品。[69]一個被當成盤子使用的希臘銀質徽章也發現於諾彥烏拉墓地，還有一個羅馬玻璃碗則是發現於高勒毛都二號墓地（Gol mod 2），同樣是位於現在蒙古境內的匈奴領域裡。[70]這些墓地的年分通常都比鄂爾多斯來得晚，從西元前一世紀晚期到西元一世紀期間。這些墳墓與西溝畔以及其他鄂爾多斯遺址的坑式墳墓不同，是深埋於地底下的木構墓室，由一條坡道通行。這些墳墓周圍還有其他墓坑，埋著為主墓室裡那名菁英死者陪葬的人。[71]

這對耳環是這個故事當中的一部分：這對耳環可能也是製作於中國或乾草原的作坊。或者，那些玉珮也有可能是由習於為這種材料加工的中國工匠製作而成——不論加工地點是在中國還是在乾草原上——然後再販售或者饋贈給匈奴，接著再由他們的工匠納入這件精美的頭飾中。玉和龍都是經常與中原文化連結在一起的元素，但如同本書裡大部分的探究對象，這個故事也並不單純。

玉和龍

有幾種不同礦物都經常被稱為「玉」，其中，早期中國最有價值的是發現於中國東部長江三角洲的軟玉。[72]不過，有些被稱為「玉」的礦石卻不是軟玉，而是蛇紋石及大理石。[73]自從新石器時代以來，玉石就被用來仿造武器與工具，但也會雕刻成明顯帶有儀式意義的形狀，而出現在喪葬情境中。其中一個是璧，整體呈扁平圓盤狀，而且在中央有個圓孔。[74]墳墓裡發現的玉石極少有任何磨損的情形，由此可證明這種儀式用途的觀點。不過，由於墳墓以外也有小塊的玉石保存下來，因此我們無法確定為了其他情境而製造、並在許久以前就已經遺失的玉石究竟有多少。[75]

玉是一種硬石，必須用砂琢磨。[76]這些早期玉石的細緻作工，見證工匠的高度技藝以及投注於其中的大量時間：這些是昂貴而且備受重視的物品。在中國使用的玉，其來源仍有許多不確定性。不過，軟玉的來源無疑有可能包括西伯利亞的貝加爾湖與中亞東部塔里木盆地的于闐（見以下討論以及第六章）。因此，有些玉可能是進口自兩千英里以外的于闐。[77]由於這一點，再加上加工所需的技藝與時間，因此玉在中國早期國王眼中的價值，大概和青金石在埃及法老王眼中的價值一樣高。玉的顏色從白到黑都有，顏色最淡者帶有半透明的性質。在美學方面，欣賞不同顏色的玉，反映在那些為了描述玉石而發展出來的詞彙裡：羊脂、雞骨、橘皮、夜鷹、蛋黃、象牙、鴨骨、魚肚、蝦、菊花、玫瑰紅，以及其他許許多多的名稱。[78]

軟玉也包括一種發現於蒙古與西伯利亞東部接近貝加爾湖的深綠色石頭。邦克討論過一塊可能是利用來自西伯利亞東部的石頭雕刻而成的鏤空雕花玉石，主張這件物品可能是製造於乾草原上。[79]由於玉石相當堅硬，因此最有可能的玉飾製作方法就是利用石英砂、打碎的砂岩或者壓碎的黃土——黃土中的主要成分是石英——加以琢磨。[80]在這對耳環的製作時代之前，就已經開始使用金屬工具。這對深綠色玉珮上頭的圖案，和發現於伊伏爾加（Ivolga；位於烏蘭烏德〔Ulan-Ude〕附近）以及西伯利亞東部的銅製腰帶牌幾乎一模一樣。此外，這些圖案也近似於在錫多羅夫卡（Sidorovka）——位於西伯利亞西部的鄂木斯克（Omsk）附近——的一座墳墓裡發現的金片，只不過那些金片上的圖案是鑲嵌而不是鏤空雕刻。錫多羅夫卡這座遺址的年代經測定為西元前三世紀晚期至二世紀期間，而前述的銅質和玉石物品則是稍微再晚一點。我們知道有成群的中國工匠在伊伏爾加工作，因此這對深綠色玉珮有可能是由他們製作而成。[81]

軟玉、銅以及黃金腰帶牌上的其中一頭扭曲纏繞的動物，是一種現在經常與匈奴連結在一起的怪物，被人描述為長了角的狼頭龍，並且主張可能是漢代中國那種龍的前身。[82]在西元前第三千年晚期至第二千年初期之間，龍就已開始出現於亞洲中部的藝術中。不過，葵恩（Sara Kuehn）在她針對東方基督教與伊斯蘭背景中的龍所進行的研究，指出龍是「人類最古老的一種圖像」。[83]她說，龍除了出現在匈奴時期的藝術，也是建立貴霜帝國的月氏民族經常使用的一個主題（見第三章）。耳環上那條側面的龍（圖2）呈現狼頭風格的部分特徵，包括長鼻子與頭上的角。這個玉珮上那條龍的雕刻與描繪方式，也近似於在諾彥烏拉匈奴墓地發現的一件物品，而這個地點則遠遠的更加偏北，位於現在蒙古境內的色楞格河上。[84]第二個玉珮上的那頭動物——採取正面呈現——則比較看不出是龍：其小小的耳朵看起來比較像是老虎的耳朵（圖2）。龍與虎經常搭配出現，例如前述的伊伏爾加腰帶牌便是如此，但有著蛇狀身體與這種頭顱的動物有時也會被描述為虎頭龍，邦克則是稱之為「貓科龍」。[85]西溝畔二號墓那個腰帶牌上的老虎（圖3）多少呈現出了這種扭曲纏繞的特性，身體幾乎扭成一個完整的圓圈。

這對玉珮沒有經過什麼科學檢測，而且辨識其來源的大部分主張也都是基於其風格。不過，這點隨時都可能被修正。舉例而言，有些學者長久以來都一致認為，在安陽附近的黃河上那座西元前十二世紀的婦好墓中發現的七五五件「玉」雕，有許多都是由來自于闐的軟玉製成。[86]婦好是商代菁英階級的一名女子，嫁給國王，並且在西元前一二〇〇年左右下葬。不過，她墳墓裡的「玉」經過科學檢驗之後，顯示其中包括許多近似於玉的不同石頭，諸如大理石式的軟玉「安陽玉」，也就是在中原地區的河南山區開採的糟化石。軟玉製成的物品很少，而且來源也不確定。[87]這點看來似乎受先前在鏡子的傳播中提及的論點所支持，亦即乾草原與中國之間的河西走廊路線在這段時期已受到北方地區路線取代，所以不是非常活躍。不過，必須指出的是，來自于闐的玉也有可能往北移動，經由穿越塔克拉瑪干沙漠與天山的路線前往乾草原，然後再流入中國。

幾百年後，《管子》——這部被人指為管仲（約西元前七二〇～六四五年）所著的中國早期典籍，將月氏稱為一個向中國人供應玉的民族。月氏居住在河西走廊，所處位置正適合控制這項貿易。這點可能表示這條路線在當時又再度開啟。不過，到了我們這對耳環的時代，月氏已遭到匈奴驅逐，因此匈奴控制這條重要路線——以及對於中國的玉石供應。這是中國的秦朝以及後續的漢朝致力於對這條路線奪取控制權的一個充分理由。漢朝成功達到這個目標之後，中國似乎獲得充足的于闐玉供應，這點可由漢朝的「金縷衣」這種殮服得證。[88]漢朝也藉著築牆的方式保護這條路線，築牆地點包括鄂爾多斯以北，以及從武威到敦煌西北部——也就是河西走廊。[89]

乾草原上的婦女

至今，在西溝畔遺址被挖掘的墳墓中，陪葬品最豐富的竟是一名婦女的墳墓，這點顯然不能不談。男性與女性死後得平等待遇的作法，並不是西溝畔獨有的現象。林嘉琳探討鄂爾多斯西南部的倒墩子墓地。根據當地發現的中國錢幣，這座墓地的年代可以追溯到西元前二世紀晚期至一世紀期間，而且在此處已經挖掘的二十七座墳墓當中，有九座屬於女性所有，七座屬於男性所有。這些墳墓包括坑式墳墓，就像西溝畔那些屍身仰躺朝向西北方的墳墓，但也有地下墓穴，而且女性墳墓裡還有墓室放置陪葬動物的遺骸：牛、羊和馬。腰帶牌、刀具、錢幣與寶螺貝殼在男性和女性墳墓裡都有，但珠子與金耳環就只出現於女性墳墓裡。這裡的陪葬品都比不上西溝畔那麼豐富，因此林嘉琳斷定這些墳墓所屬的都是跨文化家族，勢力比不上西溝畔的墳墓所代表的那些家族，但這裡的男性與女性死後待遇是平等的。她的結論指出：「因此，對於匈奴的任何本質化觀點，都不足以解釋他們在身分認同方面的複雜本質。即便只是在倒墩子這麼一座遺址所發現的喪葬習俗，就可以看出這樣的複雜性。中國的紀錄雖然為我們提供單一的觀點，但考古研究卻讓我們對匈奴——不論這些民族究竟是什麼人——獲得一種豐富也更為細膩的觀點，包括讓我們窺見個人的年齡與性別如何影響莊嚴的喪葬儀式。」[90]

實際上，在西元前第二千年的其他地方，也可以找到陪葬品豐富的女性墳墓。先前提到的婦好墓就是一個明顯可見的例子。由於她伴隨了許多的乾草原飾品下葬，有些人因此主張她的出身就是來自於乾草原：通婚向來是相鄰的民族之間互相交流的一部分，不論是為了外交目的而從事的正式通婚，例如匈奴與中國人之間的和親條約；還是做為戰爭中的戰利品，也就是遭俘的女性在自由或不自由的情況下成為俘虜者的性伴侶（見第十章）；或者純粹只是相鄰人口互相混合所造成的結果。[91]

另外一座促使乾草原上的女性角色獲得討論的女性墳墓，是在蒂拉丘地（Tillya Tepe），位於現在的阿富汗與土庫曼交界處，年代可以追溯至西元一世紀中葉。有學者主張這些墳墓屬於月氏民族所有。在這座女性墳墓中發現一把戰斧以及若干西伯利亞短刀，墓中的死者也被描述為一名「女戰士」。魯賓森在她探討性別與文化認同的文章裡，針對這項描述提出一項饒富興味的探討。她簡短提及乾草原上的女性地位，並且指出許多女性墳墓裡都有發現軍事裝備。不過，她也追隨其他人的腳步而提出一項重要論點，引用麥克修（Feldore McHugh）對於喪葬習俗的研究——亦即「把放置於墳墓裡的特定物品，和這些物品在死者生前被使用且可能發揮的功能做出直接連結，是一種有風險的作法」。[92]麥克修舉了某個文化的例子：在此文化裡，在墳墓裡放置長矛與戰斧代表死者是單身男性，而不是代表戰士的身分。魯賓森追隨這項觀點而主張蒂拉丘地墳墓裡有些物品的用意在於標示文化認同，而不是墳墓主人扮演的角色——這樣的認同呈現月氏從草原遊牧民族轉為採取比較定居式的生活型態。[93]

陪葬品除了代表死者生前的實際財富與地位，也可能反映死者的抱負，就像活人擁有的物品一樣。當然，這方面有一個問題，就是放置於墓中的物品究竟是由死者選擇，還是死者死後才由別人決定。接著，還有在墓裡放置「異國」或「外來」物品的情形，例如第二章探討的希臘化風格玻璃碗或者第五章探討的巴克特里亞銀壺。

這對耳環仍有許多尚未解答的問題。這對耳環原本的收受者就是埋葬於西溝畔 M4 號墓的那名婦女，還是在不同的主人之間轉手過之後，才終於放入她的墳墓藉以象徵她的地位？這對耳環有沒有被佩戴過，如果有是在什麼時候？這對耳環製作於何處，又是由誰製作？我們可以說，這對耳環幾乎能夠確定是為了居住在現在中國北方的乾草原邊界處的菁英婦女所製作的。我們也可以說，不論這對耳環是由中國工匠還是乾草原工匠製作——或是這兩者都經手過——總之都代表了這兩種文化的元素以及這兩種文化在這段時期的豐富互動。

所以，我們能夠從中得出什麼結論？鑒於其材質以及作工的繁複程度，我們可以假設這對耳環是財富與地位的表徵。但除此之外，這對耳環也和許多考古文物一樣充滿了許多不確定性。我們無法確知這對耳環製作於何處，又是由何人製作，也無法確知這對耳環是整體製作而成，還是局部製作完成後再加以組裝。我們不知道這對耳環是為了貿易、餽贈，還是儀式用途而製作，也不知道其獲取方式是經由購買、劫掠，還是其他手段。此外，我們也不知道西溝畔古墓所屬的那個民族是把這些文物視為自身文化的一部分，還是視之為來自外部文化。

近代歷史

這對耳環埋葬許久之後，才在一九七九年被發現，接著在一九八〇年的發掘報告中廣為討論。這座墓地遺址位於現在的中國境內：由一支中國考古團隊挖掘，並且成了中國文化收藏的一部分。沒有任何民族宣稱自己是西溝畔人口或甚至是匈奴的後代，而得以主張這些物品是他們的文化遺產。在國界的另一側，俄國考古學家也發掘出位於現在俄國境內的乾草原物品，而將那些物品據為己有。

這對耳環成了鄂爾多斯博物館的收藏品，不過卻是在一九五七年成立於呼和浩特的內蒙古自治區博物館展示。中國在一九八〇年代以後開始把越來越多的物品送往海外展覽，其中包括這對耳環。隨著中國的博物館在文化大革命之後重新開放，外國策展人得以接觸許多在一九五〇年代以後發掘但外人一直難得一窺的物品。他們也充分把握這個機會。這對耳環借給海外展覽的第一站，是一九九四年三月於洛杉磯開幕的一場內蒙古物品展。[94]接著，巡迴至紐約、納許維爾與維多利亞，一路展出到一九九五年九月，然後又在一九九七年運至亞伯達展出。[95]這場展覽取名為「成吉思汗」，大概是想利用這個眾所熟悉的人物吸引觀眾。解說牌的撰寫者雖然明白指出展出物品極為不同的來源與年分，但這些物品代表的許多文化所具有的複雜性，以及這些文化與成吉思汗之間只有薄弱的關係，必然不會受到許多觀眾注意。不過，該展覽倒為學者提供一個機會，讓他們得以看見許多先前不曾在北美展出過的物品。這些物品不僅反映了那些文化的複雜性，更是反映了乾草原文化對中國的影響。

在蘇聯時期的博物館與學術研究中擁有豐富呈現的乾草原藝術，開始在這段時期獲得北美的更多注意。[96]一九七〇年，紐約的亞洲協會藝術館展覽展出來自西伯利亞但保存於美國的收藏品。接著，一九七五年又在大都會藝術博物館展出了由蘇聯的博物館商借而來的物品。[97]在一九九九至二〇〇〇年間，另外又舉辦了兩場以這些收藏品為主的展覽。其中第一場是《斯基泰黃金：來自古烏克蘭的珍寶》（*Scythian Gold: Treasures from Anicent Ukraine*），先在北美洲巡迴展出，然後前往巴黎。第二場是《歐亞大陸的金鹿：來自俄羅斯大草原的斯基泰與薩爾馬提亞珍寶》（*The Golden Deer of Eurasia: Scythian and Sarmatian Treasures from the Russian Steppes*），在二〇〇〇年於大都會博物館揭幕。[98]蘇聯在這時已經解體，因此許多原本屬於蘇聯的博物館已不再受俄國管制。前述的第一場展覽所主打的物品，是來自於烏克蘭這個原屬蘇聯但已在一九九〇年獨立的國家。與俄國合作籌辦的第二場展覽，則是展示俄國博物館的收藏品。[99]

這些展覽雖然聚焦於歐亞乾草原西部，但一份重大目錄與一場舉行於大都會博物館的展覽也把焦點轉向東部地區，其中的物品都來自北美洲的私人收藏，而不是保存在中國的收藏品。[100]不過，斯基泰文化雖是先前那些展覽的焦點，北美卻還沒有一場重大展覽是聚焦於匈奴的文化。[101]

在二〇〇二與二〇一二年間，中國各省的博物館都獲得重建，由巨大的現代建築取代舊場館。[102]在二〇〇七年重新開幕的內蒙古自治區博物館，重建之後的館區是原本的十倍。這對耳環就展示在那裡。到這時候，西元前第一千年晚期的乾草原文化開始被歸入「絲路」的標籤之下。[103]這對耳環在二〇〇八年適時被送往布魯塞爾參與一場關於絲路的展覽，其中包含了這種乾草原元素。[104]

關於匈奴的考古挖掘與學術研究，以及此帝國所包含的繁複文化，持續揭露許多新的證據和發現。不過，將來這對耳環是不是會在彰顯這種繁複性的展覽中被展示出來，還是一直遭到忽略，則仍待時間證明。

注釋

關於本章提及的地點，請見夾頁彩色地圖的二號地圖。

[1] 我深深感謝米尼耶夫（Sergey Miniaev）對這一章提出的詳細評論，他慷慨分享自己的廣博知識。我也要感謝魯賓森（Karen Rubinson）提出許多深具洞見的建議，為我帶來了極大的幫助。文中如有任何錯誤、誤解與疏漏，皆是我自己的責任。

[2] 為了簡潔起見，我自此以後都將使用「匈奴」一詞，但指的是政治聯盟，而不是一個同質性的文化。我

對於「中國」一詞的使用方式也是一樣；見以下的討論與參考資料。

[3] 克里斯欽（David Christian）把這個界線描述為「內歐亞大陸歷史的推動力」（1998: xxi）。

[4] 我使用這些詞語是經過審慎思考之後的結果——定居與遊牧人口沒有簡單的二分法（這類人口有時分別被界定為文明與野蠻）。這兩種人口當中在歷史上大部分時期都深受生態決定的各種生活型態，相互之間都僅是存在著漸變式的差異，草原文化也都多多少少會從事農業。舉例而言，見 Claudia Chang et al.（2003）。

[5] 如同金鵬程（Paul Goldin）針對中國人看待匈奴的觀點所指出的：「中國人認為他們的北方鄰居和他們自己基本上相同，本質上一樣……但之所以貪婪又原始，原因只是他們無緣獲得聖賢之師的潛移默化」（2011: 220）。

[6] 不過，也許有少數的個人嘗試過這種作法。

[7] Frachetti（2011）。關於小米的傳播，見 N. Miller, Spengler, and Frachetti（2016）；Frachetti et al.（2010）。

[8] Rawson（2010）。

[9] Shelach-Lavi（2014: 23-26）。所謂文化與科技的傳遞者與接收者雙方都扮演了角色的這項論點，在以下還會進一步討論。接收者必須願意接受新的文化與科技，但傳遞者可以利用各種不同方式鼓勵這種接受性。這點與第七章提到伊斯蘭文稿的二十世紀西方收藏家以及穆斯林世界的書商所扮演的角色這項論點，也有平行之處。

[10] Di Cosmo（2002）。關於年代測定，見後注。

[11] Shelach-Lavi（2014）。另見 Chang（2008）。

[12] 引自司馬遷，討論於 Goldin（2011: 228-29）。

[13] Goldin（2011: 235）。如同他和其他人（Pines 2012a: 34）另外指出的，這種對於他者的界定，更具體的呈現即是試圖建立一道牆標定彼此的界線，也就是所謂的「長城」。

[14] Vasil'ev（1961）；Miniaev（2015: 323）。

[15] Chin（2010: 320）。

[16] 見第十章探討中國人把西南邊界的民族貼上「他者」的標籤並且將那些民族當成奴隸使用的情形。

[17] 關於把匈奴與匈人畫上等號的一項深富影響力的早期討論，見 Bernshtam（1951）；另見 Frumkin（1970）概述以蘇聯時期考古學為基礎的研究。關於較近代的一項概述，見 La Vaissière（2014）。他與伯恩胥坦（Aleksander N. Bernshtam）一樣，主張匈奴即是匈人——也是嚈噠人（見第五章）。關於近期一部贊同這種觀點的「匈人」歷史，見 Kim（2016）。不過，有些學者強烈反對這種認為匈奴人就是匈人的觀點：例如米尼耶夫就主張「書面文獻與考古資料都牴觸這種論點」（私人通信，二〇一七年十月八日；另見他的二〇一五年文章）。

[18] Goldin（2011: 227）與 Di Cosmo（1994）。匈人也是如此。

[19] 鄂爾多斯是後來的蒙古名稱。這個區域現在位於中國的寧夏、甘肅與陝西三省以及內蒙古自治區境內。

[20] Di Cosmo（2002: 134-37）探討了西元前三〇七年發生於趙國宮廷上的辯論，而針對這種觀點提出反對意見。

[21] 關於中國早期繁殖計畫的參考資料，見 Erkes（1940）。仰賴乾草原供應戰馬的情形持續存在；見第六章。印度也有類似的狀況；見第三章。

[22] Di Cosmo（1999: 892-93）；Kim（2016: 20-23）。米尼耶夫對於匈奴在這個時期移入鄂爾多斯這種經常

被引用的解讀頗有意見，他主張那個區域在當時仍然受到「樓煩與白羊等部落」盤據（2015: 326）。

[23] 月氏同時是農人也是牧人，見 Chang et al.（2003）。

[24] 這場戰役發生於白登——在鄂爾多斯以東。中國軍隊由漢高祖（西元前二〇二—一九五年在位）親自率領，結果漢高祖差點被俘，最後才驚險逃脫。

[25] 關於和親的討論，見 Psarras（2003: 132-42）。在這類和親中送出的許多「公主」，其實都不是皇帝的親生女兒。這套制度在往後的朝代中也持續存在。關於唐朝將真正的皇女嫁給突厥維吾爾族可汗這些和親舉動的敘述，見 Whitfield（2015b）當中的「The Princess's Tale」。

[26] 引用於 Kroll（2010: 113）。

[27] 見 Kim（2016: 22）以及他提供於第二十六頁的地圖。

[28] 張騫對於商品與潛在市場所得到的情報，通常被視為促成漢朝往西擴張以及貿易成長的一項因素——而貿易的成長則是絲路出現的因素之一（但絕對不是唯一的因素——見第二章）。

[29] Pines（2012b: 34）。

[30] 在羅馬皇帝哈德良（西元前一一七—三十八年在位）治下，羅馬帝國各地都興建了城牆，包括歐洲北部。魯瓦克（Edward Luttwak）探討了這類防衛的重點所在，並且針對城牆一再遭到敵軍突破即足以證明這種防禦措施並不成功的論點提出質疑，主張「那些城牆的目的不在於提供完全屏障，而是在帝國防衛的活動性策略當中提供一個固定的元素」（1976: 63）。關於中國「長城」的一項富有洞見的探討，見 Waldron（1990）。

[31] 還不僅止於此：任達（Douglas Reynolds）引用了編年史家達貝卡摩（Jacobo Filippo Foresti da Bergamo）的一

四八三年著作：「巴克特里亞人與帕提亞人是斯基泰人的後裔，阿提拉大帝（Attila the Great）也是。……我們的倫巴底人、匈牙利人、卡斯特拉尼人（Castellani）與哥德人全都是斯基泰人的後裔……土耳其人也是……斯基泰人的後裔。實際上，斯基泰民族的起源可以追溯至瑪各（Magog）」（2012: 53）。

[32] 關於帕提亞人的歷史，見 Colledge（1986）。

[33] 不過，自從秦朝以來，中國的首都在歷史上大部分時間都是位於黃河以南（長安【西安】與洛陽）。

[34] Miniaev（2015）指出這些古墓的考古記錄與年代測定都有問題。他主張 M3 號墓的年代比較早，M9 號墓則是晚了許多，而且這兩個墳墓分屬不同的墳場。

[35] Xigoupan（1980: 7: 1-10）與 Tian and Guo（1986）。

[36] 如同 Psarras（2003: 77）指出的，已出版的文獻提出這項說法是基於那裡發現的表土文物，包括陶器破片、一把斧頭、一把鋤頭、一把鑽子、幾把刀子、一件盔甲的殘跡，以及石珠。這樣的發現實在算不上是聚落的決定性證據。

[37] 關於這副頭飾，見 Tian and Guo（1986: pl. 4）與 A. Kessler（1993: 62）。

[38] 這對耳環可見於 A. Kessler（1993: 62, fig. 35），So and Bunker（1995: 24）以及 Whitfield（2009: 57, cat. 27）。這對耳環呈現的組合不一定相同。

[39] 這兩頭怪物通常都被指為是龍。見以下的討論。

[40] 就我所知，這些玻璃的來源沒有被探究；見第二章。

[41] 真正的焊珠技術不是使用金屬焊料，而是對黃金平面或金珠充分加熱，藉此讓兩者黏附在一起，或是使用非金屬焊料，例如銅鹽。焊珠作法也可見於來自西元前第三千年間的耳環，發現於底格里斯河上亞述古

城的一座墳墓裡（P. Harper 1995: 55）。

[42] Bunker, Watt, and Sun（2002: 114）。孫志新的論點指稱焊珠技術也發現於印度河的哈拉帕（Harappan）文化，但這點並沒有證據。關於這種技術的歷史與各種不同型態，見 Wolters（1998）。

[43] 關於在底格里斯河的亞述古城發現的那些採用焊珠技術的阿卡德時期（西元前二三三四—二一五四年）耳環，見 P. Harper（1995: cat. 35a-d）。

[44] 不過，如同 Linduff（2008: 181-82）指出的，單由十二座墳墓得到的資料實在算不上是具有代表性。

[45] Di Cosmo（2002: 85）。不過，也要注意他對於聚落的證據薄弱所提出的評論。

[46]「關於『中國』的鏡子形貌的地理文化起源，這個問題在目前無解，但顯然是在中國以外或是邊緣地區」（Rubinson 1985: 48）。另見 Juliano（1985）。

[47] Li Jaang（2011）。

[48] 她引用一項科學分析，其中探究婦好——這位殷代菁英女子暨將軍的墳墓裡發現的許多玉飾（Jing et al. 2007），而在結論裡指出那些玉可能不是長久以來假設的那樣採集自于闐。于闐必須經由河西走廊抵達，途中會經過先周文化，而她認為這樣的路線在當時不太可能存在（Li Jaang 2011: 42）。關於北方地區，見 Di Cosmo（1999: 885, 893）。

[49] Pohl（2002）；Schopphoff（2009）——這種腰帶也象徵權力、階級、成年、靈性地位等等。Brosseder（2011: 350，見圖一的分布地圖）。關於在南中國的南越所發現的腰帶牌，見第二章。

[50] Miniaev（2016）根據在德列斯圖伊（Dyrestuy）墓地所發現的銅分析，將此一年代定在西元一至二世紀期間。

[51] Jacobson（1995: 25），她把月氏也歸在斯基泰—西伯利亞文化裡（見第二章）。

[52] 賓州大學考古人類學博物館，B1674 4a/b。見 A. Cohen（2010: 108, fig. 48）。

[53] 關於這類例子，見 A. Cohen（2010: 93-101）。

[54] 關於這個主題的討論，見 A. Cohen（2010: 108, 93-118）。

[55] 關於蒙田，見 A. Cohen（2010: 110）。她也提及賈柯森（Esther Jacobson）舉一個四世紀獅鷲當中的希臘化元素為例，而主張影響方向其實應該反過來的論點（A. Cohen 2010: 319, 16on; Jacobson 1999: 62-3）。

[56] A. Cohen（2010）除了探討動物獵捕的主題，也談及狩獵的主題。見第八章的進一步討論。關於動物獵捕主題中一種極為獨特的呈現方式所可能經歷過的傳播，見蒙曦（Nathalie Monnet）在幾場簡報當中提出深具洞見的討論：「敦煌莫高窟：歷史，藝術與物質性」研討會（Cave Temples of Dunhuang: History, Art, and Materiality），二〇一六年五月二十日；以及第二場會議，「敦煌：東方與西方」（Dunhuang: East and West），https://www.youtube.com/watch?v=RBNgfAeJy6E。

[57] Pulleybank（2000a: 53）。另見 A. Cohen（2010: 17-18）對於雙方政治制度相似處的討論。

[58] 過了幾百年後，以腰帶束著短上衣再搭配寬鬆長褲這種所謂的胡服裝扮，在中國的男性與女性之間大為風行。關於中國服裝的歷史，見 Shen Congwen（2012）。

[59] 討論於 Bunker, Watt, and Sun（2002: 101）以及 Brosseder（2011）。

[60] Bunker, Watt, and Sun（2002: 101）。不過，另見諾彥烏拉墓地（Noin-Ula）的俄國考古學家對於匈奴把斯基泰—西伯利亞文化中的動物主角「簡化」為幾何圖形的作法所提出的評論（Davydova and Miniaev 2008: 22）。

[61] Di Cosmo（2002: 85）。相關圖像見 Brosseder（2011: 357）與 Linduff（2008: 176）。不過，Psarras（2003: 104）對這項論點提出質疑，指稱這些腰帶牌可能採取一種不同的鑄造方式，並且指出那些中國字是在鑄造完成後才添加上去的。

[62] 關於 M2 號墓腰帶牌與這種技術的討論，見 Bunker, Watt, and Sun（2002: 20, 27-28 and figs. 42, 43）以及 Bunker（1988）。

[63] Linduff（2009: 94）。

[64] Bunker（1988: 29）指出，沒有證據顯示匈奴懂得汞鍍金的技術（又稱為火鍍金或化學鍍金），這種技術是在西元前四世紀由想要煉出黃金的方士所發展出來的結果。這種技術也在差不多相同的時期於希臘使用。

[65] Bunker（1983）針對在西安的墳墓裡發現的腰帶牌陶瓷模具而提出這項提議，後來又得到 Linduff（2009）進一步探討。

[66] 當然，喜愛這些物品的中原地區人士有可能是乾草原人口的後代。此外，中國南部有些民族也對這種「外國」風格發展出愛好。我們可以說「中國人」一詞其實就像「匈奴」一樣，指的也是一個政治聯盟，而且其中包含的多樣性也不下於匈奴。

[67] Di Cosmo（2002: 85）。另見 Di Cosmo（2013）。

[68] Di Cosmo（2013: 43）

[69] 關於中國絲綢，見第八章。

[70] Erdenebaatar et al.（2011: 311-13）。

[71] 促成這種發展的可能原因探討於 Di Cosmo（2013: 44-45）。Brosseder（2011: 247-80）認為原因是匈奴在西元四十九年分裂為北匈奴與南匈奴。

[72] 軟玉是一種稠密的陽起石，有時是透閃石。至於翡翠這另一種玉石，則是在後來開採於中國西南部以及現在的緬甸。

[73] 玻璃也被使用，可能是用於模仿玉——見南越王的腰帶牌，第二章。

[74] 有些璧也由玻璃製成（見第二章）。

[75] Rawson（1992: 61）指出儀式性玉石在古典文獻裡的記載以及墳墓中出現的數量極為貧乏，可見玉石可能不被視為是適合埋葬的物品。她提及墳墓裡除了儀式性物品之外，還有玉石墜飾、腰帶裝飾以及裹屍布。

[76] 在莫氏硬度表上，玉的硬度為六（軟玉）或六．五（翡翠）。

[77] 見 Wang Binghua（1993: 167）。

[78] 採取食物用語可能也反映出美食在這個文化中的重要性。

[79] Bunker, Watt, and Sun（2002: 134, cat. 106）。

[80] Ward（2008: 304）。

[81] Bunker, Watt, and Sun（2002: 134, cat. 106）。

[82] Bunker, Watt, and Sun（2002: 133）。

[83] Kuehn（2011: 4）。

[84] 見 Borovka（1928: 72C）的插圖與 Yetts（1926: 181）的線條圖。

[85] Bunker, Watt, and Sun（2002: 135）。她把另一件物品上的一個類似主題描述為「蜷曲的貓科動物」（25, fig. 24）。如果把這類圖案描述為「擁有龍狀身體的老虎」也同樣沒錯。我們不知道這些圖案在當時怎麼被稱呼，如果這些圖案在當時有特定名字的話。

[86] Wang Binghua（1993: 167）。

[87] Jing Zhichun et al.（1997: 376-81）。

[88] 關於一件來自中國南部南越的漢朝玉衣，見 J. Lin（2012）。

[89] 有人認為，從羅馬乃至中國的防禦牆所具備的一項主要功能，就是在於為道路提供防衛。Aurel Stein（1921: 18）調查敦煌的漢朝城牆之後即採取這種觀點，而這點 Psarras（2003: 63）也曾提及。

[90] Linduff（2008: 194）。

[91] Sergey Miniaev（2015）主張那些乾草原飾品屬於她的僕人所有。

[92] Rubinson（2008: 53），引用 McHugh（1999: 14）。

[93] 她指出，其中有些物品，例如一座墳墓裡的玻璃，是「異國性與稀有性的代表」，因此反映了墳墓主人的菁英地位（Rubinson 2008: 57）。

[94] A. Kessler（1993: 62）。《成吉思汗：內蒙古珍寶》（*Genghis Khan: Treasures from Inner Mongolia*）在洛杉磯郡的自然歷史博物館展出（一九九四年三月六日—八月十四日）。我找不到在這場展覽之前的其他展覽史。

[95] 這場展覽的後續巡迴地點包括紐約的美國自然歷史博物館（一九九四年九月十日—十一月二十七日）、納許維爾的田納西州立博物館（一九九四年十二月十七日—一九九五年三月五日）、維多利亞的皇家不列顛哥倫比亞博物館（一九九五年三月二十五日—九月十日），以及皇家亞伯達博物館（一九九七年三月二

十二日—七月六日）。見 A. Kessler（1993）。

[96] 見 Jacobson（1995）概述斯基泰藝術受到的關注以及學術上的研究（20-26）。

[97] Bunker, Chatwin, and Farkas（1970）；Piotrovsky（1973-74）；P. Harper et al.（1975）。

[98] Reeder and Jacobson（1999）；Aruz et al.（2000）。

[99] 其中有些物品發掘於現在已經獨立的地區，例如烏克蘭，而這點並沒有被忽略。舉例而言，《烏克蘭週報》（*Ukrainian Weekly*）的一篇文章就批評大都會藝術博物館的展覽是由政治而非學術促成的結果：「看來舉行於大都會藝術博物館的那場由俄國人發起的展覽，唯一的目的就是要搶走在布魯克林美術館舉行的烏克蘭展覽的鋒頭。這是個令人感嘆的例子，只見一座地位崇高的博物館逢迎過氣政治明星的利益。」（Fedorko 2000）。這樣的緊張關係並未就此結束：烏克蘭在二〇一四年於阿姆斯特丹舉行《克里米亞：來自黑海的黃金與祕密》（*Crimea: Gold and Secrets from the Black Sea*）這場展覽，但克里米亞半島卻在展覽期間遭俄國占領。二〇一六年底，一個荷蘭法院針對當時仍在阿姆斯特丹的那些展出物品做出判決，認定那些物品屬於烏克蘭所有，而不是克里米亞半島上那些當初出借展覽品的博物館（Allard Pierson Museum, "The Crimea Exhibition," press release, August 20, 2014, www.allardpiersonmuseum.nl/en/press/press.html）。

[100] 分別是賽克勒（Arthur M. Sackler）與尤金．陶（Eugene V.Thaw）的收藏：後者捐贈給大都會博物館（Bunker 1997；Bunker, Watt, and Sun 2002）。

[101] 二〇一〇年，北京中華世紀壇世界藝術館舉辦了一場名為《匈奴與中原：文明的碰撞與交融》的展覽。於韓國（National Museum of Korea, 2013）舉行的展覽《匈奴，乾草原的大帝國》（*Xiongnu, the Great Empire of the Steppes*）聚焦近期在蒙古一處遺址獲得的考古發現。舉行於比利時的二〇〇五年歐洲藝術節（Europalia

Festival）中包含一場名為《匈人》（*The Huns*）的小型展覽，展出俄國收藏當中的物品（Nikolaev 2005）。

[102] Gledhill and Donner（2017: 120）兩位作者也指出，這樣的建設伴隨了博物館數目的大幅成長，包括私人博物館在內：從一九四九年的十四座成長至二〇〇五年的一二一五座，再到二〇一五年的四五一〇座（119）。

[103] 聯合國教科文組織在一九八八年推動的「絲綢之路綜合研究：對話之路」計畫（Integral Study of the Silk Roads: Roads of Dialogue）納入乾草原各地的路線。促成這項計畫的其中一個因素可能是日本全國委員會在一九五七年向聯合國教科文組織提出的報告（Japanese National Commission 1957; Whitfield 2018b）。

[104] Whitfield（2009: 57, cat. 27）。

第二章

一個希臘化風格的玻璃碗

光靠照片無法充分展示左圖這件物品。[1]它的外表雖然飽經風霜而粗糙不平，內裡卻仍然看得出玻璃原本的濃郁深藍色彩。這件物品的年分、形狀，以及邊緣下方的那道凹槽，顯示這是一件希臘化風格的物品，可能製作於黎凡特（**Levant**）。我們必須想像兩千年前這件物品在作坊剛完成之時，那光滑無瑕的模樣。不過，這件物品獲得欣賞的時間沒有太久，在鑄造完成之後不到一百年，它就和另外兩個類似的碗一同埋進中國南部橫枝崗的一座墳墓裡。這個碗就在這裡度過漫長的時間，直到這座墳墓在一九五四年被發掘。在它的短暫壽命裡，大部分的時間可能都是待在一艘或多艘船的船艙裡，隨著其他貿易貨物航行於印度洋與南海上。它會不會曾經是好幾百或甚至是好幾千個碗的其中之一，就像那些朝著與中國相反方向出航的船隻上所載運的大量陶瓷製品一樣？這個碗是為了貿易而製作的嗎？又為什麼會被埋進墳墓裡呢？在回答這些問題之前，我們先來談談這個碗的製作方式與製作地點。

大家對這個玻璃碗和另外那兩個碗的來源也沒有確切的答案。原本的中國考古報告裡，只單純指出這三個碗來自中國境外，而且這個早期時代的這類玻璃製品通常都被中國考古學家貼上「羅馬」的標籤。二〇〇九年，這件容器在於布魯塞爾展出的時候，就是這樣標示的。[2]「羅馬」單純只是個籠統的詞語，用於代表一切西方物品。根據這個碗的年代、形狀、邊緣下方的凹槽以及磨損程度，亨德森認為它屬於希臘化晚期風格，製作於黎凡特，與在那裡發掘的其他許多物品相似。他的推論頗具可信度，因為也有其他證據顯示希臘化時代晚期或是羅馬初期的碗曾經輸入中國。[3]不過，中國在這段時期也有玻璃產業，研究過這點的博雷爾（Brigitte Borell）認為這個碗也許是中國西南部與越南當地的產業所製造出來的產品。[4]我們在研究過往的物品時，經常必須接受不確定性，儘管同位素分析這類新式分析技術可能有望回答我們的部分問題，卻也不太可能解決所有的問題。

現藏北京中國國家博物館

玻璃的起源

玻璃是由只需加熱即可以轉變的天然材料作成，就像沙子裡含有二氧化矽，若能加上鹼性的草木灰做為助熔劑，降低二氧化矽的熔點，就能製作玻璃。只要有原料存在，不管是火山爆發、核爆炸、小行星墜落，或甚至只是燃燒乾草堆這種平凡無奇的事件，都可能產生玻璃。[5]人類開始生產玻璃之前，曾經利用黑曜石加工——這是富含二氧化矽的岩漿迅速冷卻而自然形成的火山玻璃。鐵與鋁會使得這種閃閃發光的易碎物質呈現深色。根據發現，人類在西元前七十萬年就已經會對黑曜石加工，將其像燧石一樣打碎，製成尖銳的刀刃與箭頭。直到今天，有些外科醫師仍會使用黑曜石製成的手術刀，因為黑曜石的刃口比鋼還要銳利，而且也比較平滑。[6]自然形成的玻璃也可用於裝飾：有人認為法老王圖坦卡門（卒於西元前一三二三年）胸甲上那個聖甲蟲雕刻，材料可能是來自隕石墜落於埃及沙漠而形成的玻璃。[7]

大多數的人造玻璃都是利用二氧化矽與助熔劑製成，但這樣的製作過程表示這兩種材料不會像固體材料那樣整齊排列成格柵的模樣。二氧化矽與氧化物的原子之間的橋鍵被打破，而其他原子——例如鈉與鈣——則是隨機分布。因此，玻璃被稱為無定形材料，不像一般的結晶固體或者液體（圖4）。塑膠也是另一種無定形材料。

玻璃製造術是人類三大無機科技中最後發展出來的一項（另外兩項是陶瓷製造術與金屬加工術）。在玻璃出現之前，人類曾以同樣的材料與技術生產近似於玻璃的材料，例如彩瓷與埃及藍。彩瓷是高彩度的光面堅硬材料，能夠反射光線，而且製作原料與玻璃相同——二氧化矽與草木灰——只不過燒製溫度約比玻璃低了攝氏兩百度左右。此外，彩瓷只要燒製一次即可，玻璃則需要兩次：第一次用來製造出毛坯玻

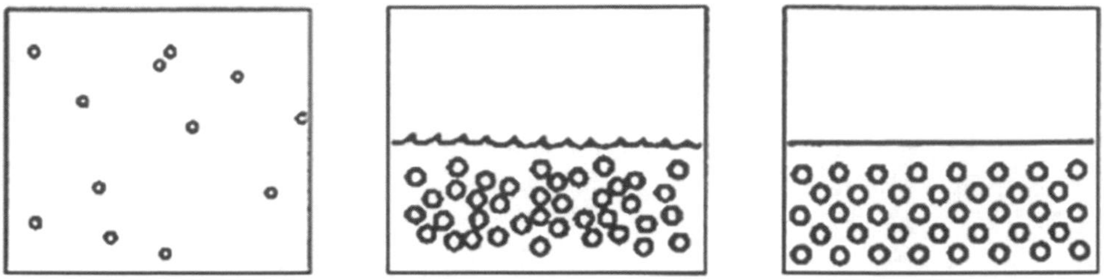

氣體狀態　　結晶狀態　　液體狀態

圖 4 結晶固體、液體與無定形材料的結構。參考自康寧玻璃博物館，〈玻璃是什麼？〉，2011 年 12 月 2 日，www.cmog.org/article/waht-is-glass。

璃，第二次再把毛坯玻璃塑形成玻璃珠及其他物品。彩瓷在西元前四○○○年左右就出現在美索不達米亞，西元前第四千年可見於埃及，並且在西元前二七○○年左右出現於南亞的一座早期哈拉帕遺址。[8]

埃及藍被視為是最早的合成顏料，製造方法是反覆高溫燒製二氧化矽、銅合金屑或碎礦砂、氧化鈣，以及一種助熔劑。發展這種技術也許是為了模仿青金石這種由境外輸入埃及的石頭，來自於三千英里外的礦場，位於現在的阿富汗東部。[9]埃及藍出現於西元前二五○○年左右，後來的例子顯示這種顏料也製造於烏加里特（Ugarit），位於現在的敘利亞境內。埃及藍一直被使用到西元四○○年左右為止。[10]

目前所知最早的人造玻璃——以玻璃珠的形式呈現——發現於美索不達米亞北部，年代約為西元前二五○○年。[11]這種稱為鈉鈣玻璃的毛坯玻璃，是藉著將少量的二氧化矽與草木灰放進坩堝熔合而製成的。二氧化矽本身的熔點超過攝氏一千七百度，但一旦與鹼——例如碳酸鈉——混合在一起，熔點即可降低至攝氏一千度左右。這樣使用的鹼稱為助熔劑。接著，由此產生的玻璃熔渣再度被燒製，以各種方法塑形成珠子，例如把熔化的玻璃圍繞在一條裹覆黏土的線上。玻璃珠開始以多種不同顏色出現，藉著添加原料而使得玻璃產生色彩而且不再透明。有些製造出來的玻璃珠因此看起來有如綠松石與青金石等半寶石。[12]在位於現在伊拉克境內的埃利都（Eridu），發現年代約在西元前二三〇〇年的毛坯玻璃，而那些玻璃就是由二氧化矽與草木灰製成，再加上富含鈷的材料形成藍色的色彩。[13]

圖坦卡門的死亡面具含有青金石以及當地製造的深藍色玻璃。之所以一部分採用玻璃，可能是因為青金石價格高昂又難以取得。到了這個時候，玻璃科技已經傳入埃及，可能是由美索不達米亞的工匠帶去的。與圖坦卡門的面具上那些玻璃珠相同成分的珠子，也出現在法國北部與斯堪地那維亞，這是早期玻璃貿易的證據。[14]有些學者主張印度河谷也發展出玻璃科技，先前被歸類為石頭的部分珠子其實是風化的玻璃。這項證據並不確定，有鑒於該區在西元前二七〇〇年左右就已經生產矽酸彩瓷，因此如果發展出玻璃也不令人意外。[15]印度次大陸各地生產玻璃的確切證據可以追溯到西元前一四五〇～一二〇〇年間，而且印度河谷的哈拉帕文化與美索不達米亞的文化之間也有透過陸路與海路的聯繫。[16]

最早的玻璃容器——不是珠子——也發現於美索不達米亞北部，年代為西元前一五〇〇年左右，可能是生產於米坦尼（Mitanni）的胡里安王國（Hurrian Kingdom）。[17]那些玻璃採取核心成形的方式製成，使用的原料是二氧化矽與草木灰。[18]以這種方式製作容器，需要在溫度高達攝氏一一五〇至一千兩百度的窯爐裡熔合大體積的玻璃。熔融玻璃用來裹覆在一團由糞與黏土構成的核心上，這團核心已圍繞著一根桿子塑形，拖曳增添上去的玻璃提供表面的裝飾。彩色玻璃開始系統性的生產，添加銻可以造成不透明的白色、黃色與藍綠色，添加鈷則是能夠產生深藍色。要達成這些效果，又需要進一步的科技創新——玻璃必須經過熱處理，以便形成銻或其他物質的結晶；接著又必須緩慢降溫，以便產生失透效果。這樣的作法能夠造就出比較強固的玻璃。原料的來源與供應也必須受到鞏固，因為不是所有的原料都能順利在當地取得。這段時期也出現以模具製造的鑲嵌玻璃容器，以及利用大理石紋釉裝飾的作法，都是更進一步的科技創新。

除了輸出珠子以及後來的容器成品之外，未經加工的玻璃——毛坯窯爐玻璃或者玻璃錠——也可輸出，原因是鄰近的文化開始發展出玻璃科技，而能夠把玻璃加工成為當地產品。在土耳其西南部接近卡什（Kas）的外海發現的一艘西元前十四世紀沉船，讓我們得以窺見這段前絲路時期橫跨歐亞大陸西部與非洲的貿易交流網絡。[19]這艘沉船載運許多物品，包括來自波羅的海的琥珀，來自非洲的鴕鳥蛋、黑檀木與象牙，一個刻有娜芙蒂蒂之名的埃及黃金聖甲蟲，賽普勒斯的陶器，迦南的珠寶，石榴，孜然，以及杏仁（還有一隻偷偷溜上船的家鼠）。三四五塊的銅礦（每一塊重二十三公斤）來自賽普勒斯。這艘船可能是一艘商船，屬於敘羅巴勒斯坦（Syro-Palestinian）地區居住在地中海東岸的民族所有，當時正航行在其固定的巡迴航線上，先從敘羅巴勒斯坦往西北航向賽普勒斯，再前往愛琴海，偶爾可能再往西到薩丁尼亞，最後經由北非與埃及返航。[20]這艘船的貨物包含了大約一七五個半透明的鈷藍色與藍綠色玻璃錠，每一塊的直徑約是十五公分。文字記載中，此種玻璃錠稱為「mekku」石，分析顯示這種東西與埃及、邁錫尼的玻璃一模一樣。[21]除此之外，還發現了九千五百顆左右的玻璃珠以及七萬五千顆彩瓷珠，連同紅玉髓及其他半寶石製成的珠子。這些珠子有許多應該都是貿易商品，但另外有些可能是屬於船員個人所有。[22]學者並且指出，在這艘地中海沉船上發現的一噸錫，也可能是來自中亞的礦場。[23]

在接下來的一千年間，西亞與歐洲各地的不同文化都發展出玻璃科技。玻璃在西元前十三至十二世紀期間開始在希臘加工；在西元前十一至十世紀期間在義大利北部熔融製造；接著這項科技就傳遍歐洲。[24]自從西元前八〇〇年左右以來，歐亞大陸西部製作的玻璃成分出現重大發展，草木灰大體上都已由富含鈉的泡鹼或天然鹼等礦物取代。泡鹼可見於開羅西北部的沙漠邊緣，在一個名叫泡鹼谷（Wadi el Natrun）的地方。泡鹼能夠為玻璃的製造提供更純也更濃的鹼，而且不像草木灰一樣需要經過事先準備。這種礦物早在西元前二〇〇〇年左右就已在埃及用來保存屍體，但相對而言比較稀有。儘管如此，泡鹼還是在黎凡特與歐洲成為玻璃中主要的鹼來源，並且持續一千五百年左右。羅馬學者老普林尼（約西元二十三～七十九年）記錄貝魯斯河（Belus River）附近一項玻璃製造起源的說法：「一艘載運著（腓尼基）泡鹼商人的船隻在此靠岸，而在眾人分散於海灘上準備餐點的時候，由於沒有石頭可以支撐水壺，他們因此把船上的泡鹼墊在水壺底下。泡鹼著火而與海灘上的沙子熔合在一起之後，流出了一條條透明的新物質。這就是玻璃的起源。」[25]

希臘歷史學家斯特拉波（Strabo；西元前六十四／六十三年～西元二十四年左右）也寫到希臘區域的玻璃製造，提出地中海沿岸更北方接近賽達（Sidon）的地方，有另一個沙子的來源。過去二十年來在貝魯特進行的挖掘活動，發現玻璃製造與玻璃加工的證據，也發掘數以千計的玻璃容器。[26]這些容器的年代都在希臘化時代晚期以後，而且其中含有和本章討論的碗相同類型的容器，也就是單色的藍色半球形碗，在邊緣下方飾有一條單獨的凹槽。這些碗是鑄造而成，也就是把熔融玻璃倒進鑄模裡或鑄模上方，或是把毛坯玻璃放進鑄模裡加熱。[27]其中雖然也有毫無裝飾的素碗，但最多的還是帶有凹槽裝飾的碗，而那樣的凹槽可能是用輪刀刻出，不是在鑄模裡形成。[28]在這個區域的各種聚落中，都發現過大量的這類碗。[29]傑克森塔爾（Ruth Jackson-Tal）認為，由此可以看出「社會大多數的階級都可取得」這類碗，其儲存方式是倒過來堆疊，而且主要用於飲酒。[30]玻璃容器成了餐具的首選，比金銀都更受人喜愛，原因是玻璃不會發出異味。[31]玻璃容器也比較便宜，標誌這個時期的轉變，從「採用核心成形方式生產少量的奢華裝飾性容器，轉為大量生產比較簡單的鑄造飲酒容器」。[32]如同亨德森指出的，由於身為沙子成分的二氧化矽極易取得，因此許多經濟體除了仰賴窯爐燃料與泡鹼的供應——泡鹼在當時仍是主要的鹼性助熔劑——也仰賴熱熔技術的發展。這種鑄造玻璃碗的方法，是把平板玻璃放在鑄模上方，因此表示鑄模可以重複使用，而且也是一種迅速並且價格低廉的生產方式。[33]

我們所討論的玻璃碗有可能是生產於在貝魯特發現的其中一座池窯，也可能是在黎凡特或北非的其中一個玻璃生產中心。這個容器的製造地點不必然與玻璃的生產地相同，但由於這種容器在這段時期的黎凡特到處可見，因此我們可以假設這個碗可能是和其他成千上萬的類似物品在那裡一同製造。關於這個碗的許多問題，雖然可能永遠得不到解答，但其成分以及材料來源卻可藉由科學分析確認。

科學分析

古代玻璃的化學成分很複雜，許多不同的化合物構成許多不同的組合。其中的主要成分，諸如沙子、石英、各類鹼性助熔劑，以及著色劑與失透劑，會形成多種不同的氧化物。此外，由雜質造成的其他氧化物也連同用於添加色彩的各種礦物一起被發現。在一九六〇年代之前，有許多分析技術被使用在辨認這些成分，但更有效率的技術出現了，包括X光螢光分析、掃描式電子顯微鏡、粒子誘發X射線分析，以及各種光譜分析法。這些技術各自提供略微不同的分析資訊，而且學者也經常會利用多種技術進行交叉比對或者充實分析結果。[34]單獨對一件玻璃物品進行化學分析，不必然會大幅增進我們的理解。必須對照不同來源的資料，才能夠建構出不同地點與不同時代的玻璃生產圖像。在生產地點發現的材料是達到這種結果的關鍵之一，還有對於貿易型態的了解也是。

過去半個世紀以來的分析，已促使我們大大的了解玻璃：舉例而言，這些分析已經辨識出泡鹼在西元前八〇〇年左右開始使用，西元前五〇〇年左右生產於中國中原地區的玻璃——以下將會加以討論——以氧化鋇與鉛為原料，並以鉀為助熔劑，而不是在歐亞大陸西部與北非發現的那種鈉鈣玻璃。這些生產方法將可確認這個玻璃碗是製造於希臘化世界還是中國。發現於那座墳墓裡的其中一個碗已經做了質性X光螢光分析。這種分析能夠顯示出玻璃內的所有元素，但無法提供使用量的資訊。這項分析顯示這個碗的玻璃中含有碳酸鉀、鉛與鋇，還有二氧化矽和許多種類的鹼。[35]

亨德森在二十年前指出：「在兩個不同地區，以相同的科技傳統，但是些微不同的原料所製造出來的玻璃，可能會含有明顯可見的不同微量元素，也可能會有不同的穩定同位素特徵。」[36]從那時起，同位素分析的技術開始發展，可望進一步增進我們對玻璃以及其他材料的了解。[37]希臘化時代玻璃中鍶與釹的相對含量，已可讓我們辨識出製造這類玻璃的兩種不同沙子來源。[38]如同亨德森指出，在貝魯斯河的海灘以及賽達取得的沙子，可能會有成分與同位素上的差別，從而顯示出這兩個不同的來源，並且讓我們得以辨別在這兩個區域熔製的玻璃。[39]這些沙子尚未經過分析。微量元素分析已經提供證據，顯示希臘化時代中期的玻璃不只有一個生產區域，而且其中一個生產區域可能在義大利。[40]這才只是剛起步而已。這類研究可望帶來非常豐富的方法，能夠對玻璃製造、玻璃生產以及玻璃貿易的來源獲得遠遠更加精細的定位與了解。

不過，就這個碗而言，我們還是必須從風格、型態與年分方面進行辨識，再加上X光螢光分析所提供的基本資訊。前者強烈顯示這是一個在希臘化時代晚期生產於黎凡特的碗，後者則是令人對這項假設產生懷疑。在沒有進一步資訊的情況下，自然無法得出確切的結論，但這樣無疑也保留一項可能性，亦即這個碗確實有可能如博雷爾所言，是在中國生產的。

亞洲的玻璃生產

如同先前提過，彩瓷在南亞可見於印度河谷文化中，而那裡在西元前第二千年初期也有玻璃生產的徵象。[41]直到西元前第一千年期間，相關證據都仍然相當零星。根據目前的發現，鋁成分極高的玻璃在西元前第一千年初期就已出現在旁遮普的魯伯爾（Rupar），而在西元前第一千年中期左右，那裡也出現一種富含鉀（碳酸鉀）的玻璃，來自於北方邦的哈斯蒂納普爾（Hastinapura）。[42]自從西元前四〇〇年左右開始，碳酸鉀玻璃也出現於東南亞，但我們還無法確知這段時期的印度與東南亞玻璃的生產地點。不過，到了西元前二〇〇年左右，印度東南沿岸的生產地點已開始生產玻璃珠。這些現在稱為印度太平洋珠的珠子，不但賣到東南亞與東亞，也賣到非洲。[43]「印度太平洋珠產業造就極度廣泛而且隨處可見的貿易商品，就算不是史上第一，也是數一數二。」[44]這種玻璃以鋁含量高、石灰含量低為特色。

碳酸鈣玻璃持續在東南亞生產，包括在東京灣周圍的地點，也就是現在的越南東北部與中國西南部。仔細分析這個時期來自南亞與東南亞的碳酸鈣玻璃，可以辨別出幾個次群體，代表不同的生產地點，可能包括一個位於中國西南部的地點。[45]

在亞洲其他地方，玻璃珠也出現在塔里木盆地的墳墓裡，位於現在的中國中亞地區，年代最早可追溯到西元前一〇〇〇年左右，在中原地區則是始自西元前五世紀左右。[46]科學分析顯示這些玻璃大部分都是鈉鈣玻璃，可見是由西亞輸入的產品。不過，有些珠子的粗陋程度以及其中所含的鉛與鎂，促使部分學者提議中亞在這個時期可能也開始有了當地的玻璃生產活動。[47]發現於塔里木盆地其他遺址，年代可以追溯至西元前五世紀的那些玻璃，則是製作得較為精緻，而且成分多樣化，包括鈉鈣玻璃在內。不過，其他的例子則是顯示高含量的氧化鋇與鉛，主要的鹼性成分則是鉀。這種玻璃似乎是從中國輸入，因為有證據顯示中原地區在這個時期曾採用這些材料的玻璃科技。根據目前所知，沒有其他地方生產的玻璃含有這樣的成分。

玻璃在中國出現的時間相對比較晚，而且使用氧化鋇做為原料，是兩項值得談論的特徵。到了西元前第二千年末期，中國的陶瓷工匠已經利用窯爐以攝氏一千度左右的高溫燒製塗上灰釉的陶罐，而到了西元前第一千年初期又提高到更高的溫度。釉是玻璃狀物質，有人提出在美索不達米亞為陶器上釉的科技是由玻璃產業演變而來；[48]但在中國，釉的使用似乎比玻璃來得早。[49]中國區域的陶器科技持續發展，到了西元前第一千年末期已經出現堅硬而且能夠裝盛熱液體的半玻璃化上釉炻器。此一發展促成瓷器的生產，而這種玻璃狀的半透明物質更是有若干特質和玉極為近似。中國南部生產的炻器所採用的材料，幾乎完全不含黏土，而是含有細微的雲母或者水雲母，這些材料含有6～10％的氧化鉀，一經過燒製就會使坯體內的部分二氧化矽融化成為堅硬的玻璃，從而提高炻器成品的硬度。[50]所以，製造玻璃的科技已經存在。

中國可能早在西元前一〇〇〇年就已開始生產一種稱為漢藍或漢紫的合成顏料，使用約一千年左右。這種顏料的成分與埃及藍相似，但合成的溫度較高。菲莰休（Elisabeth West FitzHugh）與齊切爾門（Lynda Zycherman）初步猜測漢藍這種由矽酸銅鋇製成的顏料，可能是在玻璃製造中意外得到的發現。不過，目前沒有確實的證據顯示中國在西元前一〇〇〇年有製造玻璃的活動。[51]目前發現最早的例子，是在西元前八〇〇年左右製造於中原地區的鉀鈣玻璃珠。這種玻璃在長江流域中游於西元前五世紀被鉛鋇玻璃與鉀玻璃所取代。[52]在墳墓裡發現來自於西元前第一千年下半期的玻璃珠，已經可以看到利用漢紫加以裝飾。[53]

鉛鋇玻璃在西元第一千年初期以前一直是中原地區最主要的玻璃種類，而且也可見於中國各地，還有在北部與西北部的乾草原與中亞地區，以及南部的沿海地區。布瑞爾（Robert Brill）及其他人指出，鋇造成的渾濁性使得這種玻璃看起來像玉一樣，於是這種玻璃也就被生產為玉的替代品。[54]鉛能夠使玻璃顯得更光亮，並且能夠降低熔點。[55]如同干福熹指出的，使用鉛這種助熔劑對於中國人而言是相當自然的作法，因為他們早已習於在青銅冶煉中使用鉛。此外，長江流域也蘊藏大量的鉛礦與鋇礦。[56]使用硝酸鉀或碳酸鉀做為替代性助熔劑而製造出鉀鈣玻璃的作法也不令人意外，因為中國使用這些物質的歷史同樣相當悠久。[57]玻璃容器以模造製成，同樣也是利用在青銅科技中發展完善的一項技術。

因此，證據顯示，中國的玻璃生產活動始於西元前八〇〇年左右，但採用了當地的科技。這是否表示中國工匠利用自己熟悉的科技進行實驗，以仿製這種外來的產品？如同以上所探討的，我們看見為了美學與經濟用途而生產的玻璃。我們沒有理由認為玻璃的生產成本會低於中國的高溫焙燒炻器，但生產玻璃做為玉的替代品倒是可能有經濟上的效益。認為科技是從審美中發展出來的論點頗為值得注意，這論點由希瑞爾．史密斯（Cyril Smith）於結構主義的脈絡中提出，而且可能促使我們得到這項結論：就像在美索不達米亞、歐洲與埃及等地因玻璃而滿足，這樣的人性欲望在中國主要是被高溫焙燒的陶器所滿足。[58]

玻璃的美學

人類為什麼會生產玻璃？玻璃和其他既有的材料有什麼不同？也許就像史密斯所說的，是「裝飾物品的渴望」促使人類發現彩瓷以及後來的玻璃科技所採用的材料、流程與結構。[59]埃及藍的發明者是受追求深藍色顏料的審美渴望所驅使，但可能也有經濟方面的需求。引進青金石挑起這種審美胃口，卻無法加以滿足，原因是從數千英里外輸入這種材料的運輸作業極為艱困，成本也非常高，因此這種材料必定會是相對稀有而且昂貴。藍色玻璃可以做為這種稀有石材的替代品。後來，東南亞出現半透明的稜柱形切割玻璃珠，看起來相當近似於在印度南部發現的綠柱水晶。[60]綠柱石經常使用於舍利室內，代表佛教七寶之一，但玻璃也可見於其中，可能是用於代替水晶（見第四章）。

在現在中國的早期文化裡，玉成為最受珍視的石材，代表皇帝與宗教的權力（見第一章）。[61]自從新石器時代以來，玉就被雕成武器和工具的仿製品，也雕成明顯帶有儀式意義的形狀。許多玉可能都是輸入自兩千英里外的于闐。[62]由於這一點，再加上為玉加工所需的技術與時間，因此玉在中國皇帝眼中的珍貴程度，可能不下於埃及法老王對於青金石的重視。

因此，也就難怪在中國發現的部分早期玻璃物品，例如玻璃璧，都似乎模仿玉的性質。[63]有鑒於玉的價值以及成本，難怪會有人尋求能夠模仿玉的其他材料。不過，玻璃雖然帶有玉受重視的部分性質，例如一定程度的半透明性與硬度（玻璃的莫氏硬度為五．五，玉是六），卻比較易碎，而且在審美方面，更重要的是玻璃的觸感和玉不同。玻璃是非晶質，帶有溫暖的觸感；玉則是結晶物質，拿在手裡一開始會感覺冰涼，然後才慢慢溫熱起來。于闐的玉石採集者都會赤腳涉過河水，因為據說他們能夠藉著腳底的觸感辨識出玉石。[64]

如同沈雪曼指出的，早期的中國各文化不曉得該怎麼在他們的分類學中為玻璃歸類。他們把「東西」區分為金、木、水、火、土五種元素。陶器的元素明顯可見，是由土製成，再由火加以轉變。不過，在好幾百年間玻璃的元素一直令中國人困惑不解。玻璃被拿來與陶器比較，但也與金屬、寶石（尤其是玉），甚至是水互相比較。[65]這種模稜兩可的特性反映在相關用語中使用了外來的字眼。「琉璃」一詞出現在漢朝期間，不但指釉，也用來指稱不透明的玻璃和寶石。「琉璃」這兩個中文字都是玉部，可能衍生自梵文裡的「vaidūrya」一詞，意指藍色與綠色石頭，包括青金石在內。「玻璃」這兩個中文字也都是玉部，而這個詞語後來也成為半透明玻璃的主要名稱。[66]「玻璃」一詞可能源自梵文裡的「sphatika」，而這個詞語也用於指稱水晶或石英。[67]這兩個詞語都幾乎可以確定是隨著佛教傳入中國。我們不知道中國人在此之前是以什麼字眼指涉玻璃產品。

布拉因主張玻璃科技「在中國一直是一項邊緣傳統」，而且生產活動「似乎受到與外來玻璃工藝品的接觸所鼓勵」。[68]之所以如此，是不是也因為中國文化初期為了玉和陶瓷所發展出來的傳統，已經涵蓋了玻璃的美學範疇，所以玻璃這種材料被視為沒有任何新穎之處？玉和陶瓷的數量都相對較多，而且相關科技也在玻璃傳入中國之前已發展了數千年之久。在布拉因推想的情境裡，最早促使中國開始製造玻璃的推動力是來自於西亞的玻璃珠。後來，玻璃製造活動又隨著希臘化容器的到來而再度興起，這點可見於中國中部以及這件發現於南部沿岸一座墳墓裡的玻璃碗。這種情境受漢朝時期（西元前二〇六～西元二二〇年）史書裡提及玻璃的兩處內容所支持，其中提到皇帝從中亞以及現在的中國南部（見下述）輸入玻璃。三至四世紀期間的煉金術文獻《抱朴子內篇》也提到南方的玻璃製造程序，並且承認這種技術不是發明於中國，一樣是從外部輸入。把玻璃製造技術歸於外國工匠的說法可見於中國史書裡。舉例而言，《北史》（三八六～五八一）提及一名來自中亞的商人在五世紀中葉造訪中國。[69]《隋書》（五八一～六一八）提及一個名叫何稠的人（五四〇～六二〇），指稱他是一個粟特人（Sogdian）家族的後代，其家族皆專精當地的科技。他被歸功為在那段時期復興中國的玻璃科技。[70]由菁英階級的墓裡出現玻璃這一點看來，就算玻璃製造從來沒有成為中國文化的核心元素，玻璃物品還是備受珍視。[71]

南部的墳墓

發現這個玻璃碗的那座墳墓，位於現在的廣州，在中國的南部深處，其年代可追溯至西漢（西元前二〇六～西元九年），該區域擁有一段引人注意的歷史。秦始皇（西元前二四六～二一〇年在位）原本是戰國七雄之一，陸續征服其他國家，在西元前二二一年統一中國並且稱帝。他也往南擴張秦朝統治範圍，納入與農業中原地區以及西北方的乾草原極為不同的文化，中國人將那裡的人統稱為百越，南嶺以南的區域則稱為南越。[72]秦朝駐守此一區域的軍事將領名叫趙佗，他在秦朝（西元前二二一～二〇六年）末年宣告成立南越國（越南稱之為趙朝）。這個王國的領土是一片沿海土地，延伸至現在的越南以及廣西與廣東。南越國的首都設在番禺，也就是現在的廣州，考古學家在這裡發掘王室的墳墓。[73]趙佗與孫子趙眜還有他們的三名繼任者在大體上都維繫南越國的自主性，直到西元前一一一年才遭到漢朝派來的一支軍隊奪走統治權。雖然發生過幾次反抗運動——其中最著名的是西元四〇年的徵氏姐妹——但是都沒有成功，於是漢朝持續統治這個區域。

根據一九五四年墳墓挖掘活動所發表的簡短考古報告，其年代定於西漢後半期，意指這座墳墓可能出現在南越遭到征服之後，但其中想必留有南越國的影響，尤其有鑒於這個區域的多元人口。南越第二任統治者趙眜（卒於西元前一二二年）的墳墓在鄰近被發掘之後，其中的陪葬品顯示乾草原、西亞、越南與中原地區等文化的影響。其中有一批令人嘆為觀止的玉器，而且最引人注目的是屍體也包裹在金縷衣裡。這是中國發展出來的一種傳統，為皇帝及其家人所專屬；當時認為這麼做能夠為人帶來永生。趙眜的金縷衣由二二九一塊玉片構成，其中許多都是由其他物品改造而來。不過，這座墳墓也含有玻璃珠與二十二塊鑲有鎏金銅框的藍色玻璃片，長十公分，寬五公分。其中五對玻璃片被包覆且兩兩相對放在竹製容器裡，埋入墓中。兩片發現於妻妾的墓室裡，但有六片在主墓室裡。這些玻璃和中原地區製造的一樣是鉛鋇玻璃，但這些玻璃片的形狀、大小，以及放置在屍體腰間的位置，顯示可能是在乾草原常見的那種腰帶牌。中國的士人穿長袍，乾草原上的騎馬者則是穿短上衣——比較適合騎馬——而把短刀及其他飾品掛在腰帶上。趙眜的家族來自於乾草原與定居人口交會的中國北部，尼克爾（Lukas Nickel）認為他可能帶有混血血統，所以才會出現「喜歡角杯、遊牧式袍服，以及一個帶有外國風裝飾的盒子」這些跟著他下葬的物品。[74]這點能夠解釋那些腰帶牌的存在，但玻璃材質還是頗不尋常。墳墓裡還發現玻璃珠、項鍊，以及一塊玻璃璧。

另外還有兩千座同一個時期的墳墓也被發掘出來，有些位於合浦與貴縣附近。這兩座城鎮也位於南越國境內，但距離越南邊界比較近。這些墳墓中雖有許多都含有玻璃珠，卻只有十一座含有玻璃容器——一個或兩個稜紋玻璃碗（圖5）。[75]這些玻璃容器，連同一個在中原地區一座墳墓裡發現的一個藍綠色碗，原本都被指為羅馬時代的物品。[76]那個藍綠色碗至今仍被認為是來自於羅馬時代早期——顯示有些玻璃容

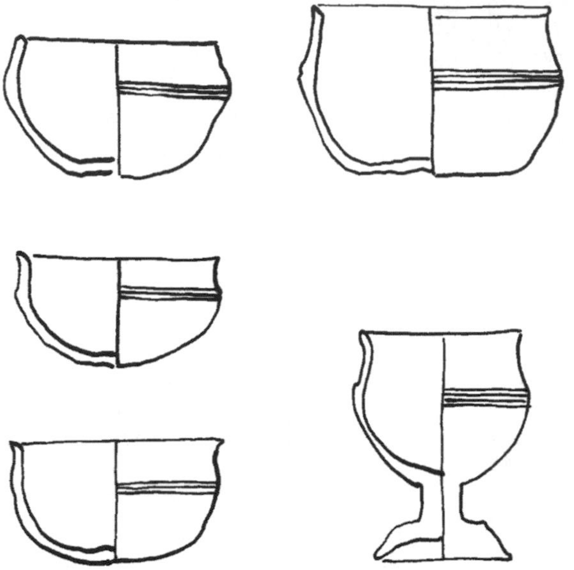

圖 5 在中國南部的合浦與貴縣發現的玻璃碗型態。參考自 Borell（2011：fig. 3.1）。

器確實在這段期間流入中國。[77]

博雷爾斷定這些墳墓的主人必定是地位僅次於王室的菁英階層。那些碗的模造形狀相當獨特，和羅馬或希臘化時代的其他器物都不相同，而且分析也顯示其材質是鎂含量極低的鉀玻璃，可見其產地帶有鉀鹽——而且可能是硝酸鉀——的礦源。博雷爾以頗具說服力的論點指出，那些碗是一項當地產業的產品，而且這類玻璃從這個區域透過海路向外輸出：類似的玻璃也曾經發現於印度東南部的阿里卡梅杜（Arikamedu）。她認為這項產業始於西漢中晚期，也就是在南越國衰亡之後。南越王室墳墓裡使用了從中原地區輸入的玻璃，顯示這種材料備受珍視，而且可能促成了這項當地產業的發展。不過，這項產業也有可能受外來的玻璃製品影響，包括來自中原地區、南亞或東南亞其他地區，或是更遙遠的地方。

和本章探討的這件物品一同發現於橫枝崗的其他玻璃碗，有一個經過初步的科學分析之後，顯示其中含有少量鉀鹽，因此博雷爾認為那個碗可能也是一間當地作坊的產品。不過，含有鉀鹽這一點本身和這些碗來自希臘化世界的推論並沒有不符，而在沒有進一步證據的情況下，這些碗的形狀、顏色、風化程度以及設計仍然顯示其來自希臘化世界。我們如果接受這一點——當然還是不免有一定程度的不確定性——那麼問題就仍然是這些碗怎麼來到廣州。

針對發現於其他墳墓的許多珠子所進行的分析，顯示共有四個不同種類，包括當地的鉀玻璃與中國的鉛鋇玻璃。博雷爾斷定這點證明了「一套跨區域交換的複雜網絡」。[78]這種交換有一大部分幾乎可以確定是透過海路進行。

海上貿易路線

自古以來，海上貿易路線就連接了非洲與歐亞大陸，例如在西元前第三千年間印度河流域的哈拉帕文明與美索不達米亞就已經有貿易關係。[79]到了第一千年下半期，來自印度的香料透過阿拉伯南部的港口抵達希臘。[80]才過短短幾百年，水手已懂得利用季風：希臘史學家斯特拉波（西元前六十四／六十三～約西元二十四年）提過有一個人，名叫基齊庫斯的歐多克索斯（Eudoxus of Cyzicus），曾經來回航行了兩次，在托勒密八世施惠者二世（Ptolemy VIII Euergetes II；西元前一四五～一一六年在位）的時代從埃及紅海啟航。[81]利用季風，使得位於印度南部的港口更容易抵達，並可經由那裡前往東南亞。

阿里卡梅杜位於印度東南部的旁迪切里（Pondicherry）附近，考古挖掘顯示這座港口在西元前三世紀中葉隨著一種生產於希臘化時代地中海的獨特陶器而開始發展，這種滾壓紋器具在二世紀中葉開始於阿里卡梅杜時被仿製。[82]如同貝琳娜（Bérénice Bellina）指出，當地發現未完工的東南亞風格瑪瑙墜子，可能也是為了輸出至東南亞而生產的仿製品，因為來自印度的物品在東南亞相當常見。[83]這個遺址也含有許多在當地生產而同樣廣泛輸出的玻璃珠與石珠。[84]外部輸入的玻璃容器在這裡發現的數量雖然不多，卻包括了

圖 6 廣州南越王墓裡一個水桶上的線雕畫（約西元前 122 年），顯示了一艘木船的圖案。參考自 Erickson, Yi, and Nylan（2010：166）。

希臘化世界的鈉鈣玻璃與南中國的鉀玻璃。[85]

中國西南岸與越南北部沿岸都鄰接於東京灣，與大海之間隔著海南島。在海岸上發現的岩石壁畫，顯示百越人習於海上航行。一九七五年在東側的中山四路從事的考古挖掘，發現一座可以追溯到西元前三世紀的造船廠。根據估計，這座造船廠可以打造二十九公尺長、三到六公尺寬的船隻，載運的貨物可達二十五至三十噸。[86]中國官方的漢朝歷史描述一條路線，從位於現在越南境內的順化附近通往現在的斯里蘭卡島，途中經過馬來半島、緬甸的幾個停泊處，以及印度東岸的清奈。[87]據說中國人曾經載運絲綢與黃金換取珍珠、寶石以及其他物品——包括中文稱為「璧流離」的東西，可能就是玻璃。[88]後來的一首詩顯示了這個區域在貿易中持續具有重要地位，包括奴隸的買賣（見第十章）：「舶載海奴鐶硾耳，象馳蠻女綵纏身。」[89]

趙眜墓裡一個容器上的圖案呈現四艘船，而且明白畫出從事這種航行所不可或缺的舵（圖 6）。[90]其他漢朝時代的墳墓裡，也曾發現河船與航海船隻的泥雕及木雕模型。

因此，這個玻璃碗和另外兩件類似物品確實有可能在這段時期由紅海或波斯灣的一座港口啟航，途中經過印度，可能還有其他停泊處，而終於抵達南中國。我們可以權且將這個玻璃碗的生產時間推定在西元前二世紀末或者一世紀初，而埋入墓裡的時間則是在西元前一世紀。我們不知道這個碗是不是在製造完成之後就直接輸出，但運送時間可能花了一年以上才抵達最終目的地。鑒於這個碗是和另外兩個類似的碗一起被發現，我們或許可以假設這些碗是一大批玻璃貨物的一部分。至於這些物品怎麼會流到墳墓主人或其家人手上？這些物品有什麼重要性？這些物品在跟著他一起下葬之前有沒有使用過，還是純粹為了陪葬而取得？

這些問題以及其他許多問題，可能永遠不會有確定的答案。不過，由於用來製造玻璃的元素依其同位素而帶有鮮明的地理標記，因此詳細的同位素分析加上過去數十年來發展出來的微量元素分析，已能夠確認材料的地理來源，從而推導出可能的生產區域。對於這個碗進行這類同位素分析，將可證明或者推翻我們的假設：亦即這個碗來自希臘化世界，而且是製造於黎凡特。在墳墓、沉船或者其他地方發現的其他物件，也有可能為我們的假設提供支持，或是為這件物品的來源提供其他故事。這個故事還沒有完成。

如果確證這個碗是希臘化世界的物品，那麼就和其他許多類似物品一樣，其生產用途是為了當成日常飲用容器，而不是奢侈品。但在遙遠的南中國，這種物品比較罕見，所以幾乎可以確定被視為兼具異國與奢華性質：這個玻璃碗可能從來沒有以其原本的用途被使用。一個類似情境可見於十四世紀以來透過海路輸出至歐洲的中國陶瓷製品。那些陶瓷製品通常是日常用品或是為了出口市場製造的物品，在中國絲毫不被視為奢侈品。不過，一旦抵達歐洲之後，那些物品就獲得比原本高出許多的新地位。[91]這個玻璃容器身為外來奢侈品的地位，也許能夠解釋它為什麼會出現在這座墳墓裡，就像是跟著李賢一起下葬的銀壺與薩桑王朝玻璃碗（見第五章）。弗朗西斯在他對於亞洲玻璃珠貿易的研究裡指出，「一件產品越是遠離其製造者，越是易於被視為奢侈品。」[92]大多數的墳墓都只含有珠子形式的玻璃——而不是完整的容器——所以這點也多少顯示死者的地位：發掘團隊因此斷定他是菁英階層的一員。

該墳墓連同另外兩個墓一起發掘於廣州市東北部橫枝崗的一座土丘塚，三個墓的年代可依其結構、大小與陪葬品追溯到西漢中晚期。[93]這三個碗的碎片發現於一號墓裡。一號墓有個位於原本地表底下六公尺的墓室，朝南南東方向。目前存留下來的豎穴已填滿細沙。墓室地板上有兩條溝渠，用於固定支撐木構墓室的枕木。棺材只剩下些微的發黑殘跡。

大多數的陪葬品都擺放在墓室的北側與西側，其中包括七十一件陶瓷、一個銅鼎、三個玻璃碗，以及一個玻璃璧。其中一個碗放在墓室北側，另外兩個則是連同玻璃璧與一只銅帶鉤放在棺材旁邊。除此之外，另一件玻璃物品，只有在二號墓發現的一只綠色帶鉤。[94]

這個玻璃碗在埋葬的兩千年期間出現了變化。它雖然沒有像有機材料那樣腐爛消失，但其表面與成分卻因為長期位在地底的影響，以致看起來和當初剛生產出來的模樣非常不同。所謂的風化現象通常可見於埋在地底的物品，而且在鉀玻璃上比在鈉鈣玻璃上更常見。在同一個墓裡發現的玻璃璧，發掘之後就粉碎，也許表示其材質是嚴重風化的鉀玻璃。不過，這個碗的風化情形和生產於黎凡特的其他鈉鈣玻璃一致。

溼氣是劣變的主要原因，因為溼氣會造成鹼離子緩慢濾出，而由水中的氫離子取代。這種情形通常發生在埋葬之後的頭幾年，接著會展開另一項新的循環，因此經常可以看見不同的層次。每一層的厚度從一微米到二十五微米不等。有時候，這種層次會形成一種包覆膜，減緩溼氣侵入底下的玻璃，從而避免玻璃遭進一步風化。[95]在這個區域的墳墓裡，溼氣的存在並不令人意外，而且也得到其他現象的支持，包括墓裡沒有任何有機材料保存下來，而且屍體還有棺材與墓室的木材都已經徹底腐朽。發掘者指出，這個時期利用海沙填入木構墓室的習俗——這點可由豎井內的沙子證實——可推論海沙的溼氣造成木頭腐朽。

這件原本是實用物品，但後來變成異國奢侈品的玻璃碗，現在則是一件具有美學與歷史意義的文物。它在中國持續被視為一件有價值的物品，這點可由一項事實看出來：這個碗沒有保留在當地或者省級的收藏或博物館，而是送到北京，收藏於中國國家博物館（原為國立歷史博物館）。由於這個碗代表歐亞大陸各地在近現代時期的一項連結，因此也在「絲路」情境中取得重要性，曾在若干展覽與刊物中出現過——儘管被錯誤標示為羅馬物品。[96]這個玻璃碗的新生命才剛展開，而且還有許多祕密等待被揭露。

就在玻璃碗製造和運輸之際，另一項新因素也在此時出現，對玻璃在中國的用途與價值造成極大的影響，這牽涉到玻璃在佛教中的使用方式。[97]關於這點我將在第四章進一步討論。

注釋

關於本章提及的地點，請見夾頁彩色地圖的三號地圖。

[1] 本章在撰寫過程中獲得許多學者的幫助，尤其是諾丁漢大學的亨德森（Julian Henderson）。布拉因（Cecilia Braghin）與沈雪曼的協助與評論也極為寶貴。文中如有任何錯誤、誤解與疏漏，皆是我自己的責任。

[2] Whitfield（2009: cat. 48）。An Jiayao（2004: 58）也將其描述為羅馬物品。

[3] 見以下的注76。傳統上，羅馬時期始於西元前二十七年。希臘化時代晚期指的是在這之前的時期。

[4] Borell（2011）。

[5] 如同亨德森指出的，「幾乎任何高溫環境都有可能產生玻璃狀熔渣」（2013: 6）。

[6] Buck（1982）。

[7] 見Henderson（2013: 5-6）以及〈圖坦卡門的寶石顯示可能發生過天體撞擊〉，BBC News，二〇〇六年七月十九日，http://news.bbc.co.uk/1/hi/sci/tech/5196362.stm。圖坦卡門的墳墓當中也大量使用了人造玻璃。

[8] Hodges（1992: 125）；McCarthy（2008: 915）。關於彩瓷與玻璃的討論，見Henderson（2013: 14-16）。

[9] 在埃及文當中，埃及藍的名稱意為「人造青金石」（Pagès-Camagna 1998）。關於青金石貿易，見Tosi（1974）。

[10] 一八二四年，法國的國家工業策進會宣布，只要有人能夠以每公斤不超過三百法郎的成本製造出合成青金石顏料，即可獲得六千法郎的獎金。這筆獎金擱置了四年，最後才終於在一八二八年發給尚巴普蒂斯特·吉美（Jean-Baptiste Guimet）。吉美的群青顏料以一磅四百法郎的價格販售（當時青金石的價格介於一磅三千至五千法郎之間）。關於青金石這種顏料在絲路東部的經濟活動，見Whitfield（2016）的初步評論。

[11] Moorey（1994）。

[12] 關於珠子的歷史，見Dubin（2009）。

[13] Henderson（2013: 134）。

[14] 另外一項證據是法國北部發現來自美索不達米亞的玻璃。

[15] Basu, Basu, and Lele（1974）；McCarthy and Vandiver（1991）。舉例而言，來自戈拉多拉（Gola Dhora）的彩瓷手鐲於“Gola Dhoro (Bagasra)”中被探討，無日期，取用於二〇一七年九月十四日，www.harappa.com/goladhoro/faiencemaking.html。

[16] Lal（1987）。青金石以及其他半寶石——例如紅玉髓——的貿易，即是這些聯繫的實質證據（During Caspers 1979）。不過，玻璃科技是不是有從美索不達米亞轉移至印度河谷，則是比較難以證實。

[17] Henderson（2013: 134-45）。

[18] Moorey（2001: 4）主張這項科技在更早之前就已出現，而在米坦尼期間發展完善。

[19] Pulak（1998）。關於那艘船的簡短描述，以及對於絲路上的船隻所提出的整體介紹，見 McGrail（2001: 123-25）。

[20] Bass（1987: 699；Cline 1994: 100）。

[21] Jackson and Nicholson（2010）。

[22] Ingram（2005）。

[23] Pulak（1998）；Muhly（2011）；Hauptmann, Madding, and Prange（2002）。

[24] 儘管沒有確切的證據顯示當時的玻璃曾在歐洲熔融製造。

[25] Trowbridge（1930: 95-96）。

[26] Kowatli et al.（2008）與 Jennings（2000）。關於在貝魯特發現的池窯，見 Henderson（2013: 215-22）當中的討論。

[27] Jennings（2000）辨別了烤彎、熔渣與鑄造技術。

[28] Jackson-Tal（2004: 19）。

[29] Jackson-Tal（2004: 19n22，列表見 22-23）。

[30] Jackson-Tal（2004: 17, 27）。

[31] Henderson（2013: 207），引自佩特羅尼烏斯（Gaius Petronius）的《愛情神話》（Satyricon）。

[32] Jackson-Tal（2004: 27）。

[33] Henderson（2013: 212）。玻璃生產在下一個世紀又出現了另一項重大發展，也就是吹玻璃技術的發明。

[34] Henderson（2013a）。關於他對各種技術的介紹，見 8-23。

[35] Fan and Zhou（1991）。

[36] Henderson（1995: 62）。

[37] 見 Hirst（2017）的簡單介紹。

[38] Henderson（2013: 238-40）。

[39] 關於同位素分析當中的環境辨識的重要性，見 Henderson（2013: 240, 326-34）。

[40] A. Oikonomou et al.（2016）。

[41] Kenoyer（1998: 176）——但那些發現風化得非常嚴重，也有人討論那些物品究竟是不是玻璃。

[42] Brill（1999, XIII 335, sample 443）。

[43] 弗朗西斯（Peter Francis）稱之為「從馬利到峇里」。M. Wood（2016）更新了弗朗西斯對於商品賣往非洲所提出的結論。

[44] Francis（2002: 41）。

[45] Lankton and Dussubieux（2006）。關於那個中國西南部生產地點的論點，見 Borell（2011）。

[46] Gan（2009b: 56-57）以及 Wang Bo and Lu（2009）。彩瓷在這個時期也發現於更往東的地點，而由於這個區域以及發現地點都沒有彩瓷生產的證據，因此這也顯示那些彩瓷是由西邊的區域經由陸路而來（Brill 1995: 270）。鈉鈣玻璃眼形珠也發現於中國中部河南省淅川縣的徐家嶺楚墓。關於圖像與分析，見 Gan, Cheng, et al.（2009）。

[47] Li Qinghui et al.（2009: 343）；Q. Li et al.（2014）。

[48] Paynter（2009）。

[49] Kerr, Needham, and Wood（2004: 464）提及一項「令人困惑不解的例子」，也就是一個西元前二世紀或一世紀的中國容器上塗有富含鉀的釉層，並且指出此一釉層與南亞以及東南亞——其中包括中國南部——的高鉀含量玻璃製造技術頗為近似。

[50] Kerr, Needham, and Wood（2004: 59-60）。

[51] West FitzHugh and Zycherman（1992）。一份四世紀的文獻記錄一則可能遠遠更加古老的女媧傳說，指稱一根支撐天空的大柱子斷裂，導致天幕崩塌，於是女媧「煉五色石以補蒼天」。這則傳說經常被視為指涉了一項比較早期的玻璃製造傳統。所謂的「五色」或是多種顏色，因此成為玻璃的常見主題；見 Shen Hsueh-man（2002）。

[52] Gan（2009a: 8）。

[53] Easthaugh et al.（2007: 36）。

[54] Brill, Tong, and Dohrenwend（1991: 34）。

[55] 中國文化對於熱飲的偏好——包括溫度上的熱以及就身體而言的溫熱——後來雖有明確證據，但在早期卻不太清楚。一千年後，伊斯蘭玻璃因為能夠裝盛熱液體而備受中國人稱讚（Shen Hsueh-man 2002）。

[56] Gan（2009a: 20）。

[57] Gan（2009a: 21）。

[58]「構成科技的材料、流程與結構，幾乎總是在審美方面的好奇心驅使之下而發現，是出於裝飾物品的渴望，而不是像一般論點認為的那樣出自於預先認定的需求」（Smith 1981: 347）。

[59] Smith（1981: 347）。

[60] 例如在班東塔碧（Ban Don Ta Phet）獲得的發現（Reade 2013; Glover 2004: 75）。

[61] 關於玉在中國文化裡所扮演的角色，見第一章。另見 Rawson（2002）。

[62] 這種貿易可能始於西元前第二千年末期，因為婦好墓裡的玉（約西元前一二〇〇年）已有部分人士辨識來自于闐（Di Cosmo 1996: 90）。不過，關於部分學者對於于闐這個早期來源所表達的懷疑，請見第一章。

[63] 例如在蘇州發掘的一條串珠項鍊（Gan 2009a: 3, photo 1.2）。不過，沈雪曼指出這並不表示玻璃璧在當時被視為是比較廉價的替代品。如她所言，玻璃的加工難度可能不下於玉，因此把這種材料製作成傳統的形狀可能會增添其價值（私人通信，二〇一六年一月十六日）。

[64]〈觸摸辨識玉的技藝〉（The Art of Feeling Jade），*Gemmologist*，July 1962，131-33。

[65] Shen Hsueh-man（2002: 72-73）。關於這點的進一步討論，見第四章。

[66] 必須注意的是，我們現在對於「琉璃」與「玻璃」這兩個詞語所習慣的唸法和過去不一樣。

[67] 有關玻璃名稱的討論，見 Schafer（1963: 235-36）與 Brill（1991-92）。

[68] Braghin（2002: xi）。玻璃成了佛教七寶之一。不過，弗朗西斯主張「中國是全世界數一數二大的玻璃珠製造與貿易國」（2002: [60] 4）。

[69] 引用於 Kinoshita（2009: 255）——他提議這名商人來自於貴霜帝國，但這件事情可能是發生在貴霜帝國衰亡之後。

[70] 引用於 Kinoshita（2009: 256）。

[71] 舉例而言，勒蘿（Sheri Lullo）主張為陪葬品製作的玻璃複製品價值高於其他替代品，原因是玻璃製品帶有「外國新奇事物」的色彩（2004: 17, 22）。另見第五章對於墓裡「異國物品」的討論。

[72] Brindley（2015）。（越南即是此一地名調換而來的結果。）

[73] Lin（2012: 233-44）

[74] Nickel（2012: 105）。

[75] 在兩千座左右被發掘的墳墓當中，只有十一座含有玻璃碗。

[76] 合浦與貴縣附近的那些墳墓大致定年為漢朝時期，也就是在西元前二〇六—西元二二〇年間，但這點無助於辨識那些玻璃碗是希臘化時代晚期還是羅馬時代初期。不過，同樣來自這個區域的一個稜紋鑲嵌玻璃碗的碎片，則是發現在一座年代為西元六十七年的墳墓裡，而且如同 Borell（2011: 61）指出的，其圖案似乎模仿了羅馬飾石，普林尼指稱這種石頭在西元前一世紀從帕提亞引進。這類碗生產於地中海東部，廣泛輸出至羅馬帝國（西元前二十七—西元一四五三年）各地。

[77] 分析顯示那個碗的玻璃是以泡鹼為基底的鈉鈣玻璃（Borell 2010: 128）。

[78] Borell（2011: 59）。

[79]「大量證據見證波斯灣與阿拉伯海之間在第三千年晚期活躍的貿易關係，其中包括直接貿易與轉口貿易。主要的貿易站是美索不達米亞南部的蘇美港口，接著是迪爾穆恩（Dilmun）、馬干（Makan）與美路哈（Meluhha），以現代的地名來說則是巴林、阿曼與伊朗東部，還有哈拉帕文明的港口」（Kartunen 1989: 330）。

[80] 關於這段時期的船隻，見 McGrail（2001）的介紹。

[81] Thiel（1966）；Salles（1996）。

[82] 阿里卡梅杜的時序以 Begely（1983）的提議為基礎。如同 Salles（1996: 262-63）指出的，此一時序顯示希臘化世界與印度東南部在西元前二世紀之前就已經有了直接或間接接觸。

[83] Bellina（1997）；Bellina and Glover（2004）。東南亞的海上活動歷史悠久，但西元前第一千年的後半期才出現比較多的持續證據。

[84] Francis（2002: 27-30）。

[85] Borell（2010: 136-37）。

[86] Ting（2006: 46）。關於中國其他與船隻有關的考古發現，見 McGrail（2001: 360-78）。

[87]《漢書》，Needham, Wang and Lu 譯（1971: 444）——另見 Borell（2010: 136）。

[88] Loewe（2004: 75-77）。

[89] Schafer（1967: 76），引用杜荀鶴（八四六—九〇四）。「蠻」一字意指「南方野人」，在這段時期用於泛稱西南部的所有不同民族；關於中國及其他文化裡的「他者」，見第十章的簡短探討。

[90] Erickson, Yi, and Nylan（2010: 166）。

[91] Munger and Frelinghuysen（2003）。

[92] Francis（2002: 57）。地理距離只是其中一項因素。價格對購買者造成的距離感也是一項因素：古馳手提包在中國與義大利都同樣備受珍視，儘管其製造地點是在中國，品牌所在地則是義大利。

[93] 關於漢朝墳墓的描述，見 Erickson（2010：尤其是 13-15）。

[94] 帶鉤也經常由玉製成，因此這個帶鉤可能是以玻璃模仿玉的材質。如同先前提過的，帶鉤不是傳統中國服飾的元素。

[95] 見 van Giffen（無日期）；Graddock（2009: 235）。

[96] 這點彰顯將絲路視為連結中國與羅馬的這種終究不免淪於簡化的二元式解讀（見 Whitfield 2008）。

[97] 見 Braghin（2002）對於這一點的探討，以及 Shen Hsueh-man（2002）列舉玻璃在後來的中國佛塔中被使用。

第三章

一批貴霜帝國的金幣

六世紀期間，東非阿克蘇姆王國（約一〇〇～九四〇年）境內一座陡峭高原的山坡上，興建了一間基督教的教堂暨修道院（阿克蘇姆王國位於現在的衣索比亞境內）。在當時，山坡上可能原本有一座神殿，但文獻上沒有記載到任何蹤跡。修道院地下所發現的珍寶中，有批超過一百枚的金幣，當初可能放置在一個裝飾著黃金與綠石的木盒裡。這些金幣是在貴霜帝國統一中亞之時鑄造於絲路的中心地帶，年代從二世紀初期到三世紀初始不等。[1]年代最早的金幣呈現磨損，但最晚近的金幣——六枚波調一世（**Vasudeva I**）的斯塔特金幣（**stater**）——則是完好如新，也許是在波調一世統治期間或是他統治結束不久後就被人帶到阿克蘇姆。為什麼鑄造這些金幣？在什麼地方以什麼方式鑄造？怎麼會來到東非，又為什麼會出現在這個基督教環境裡？另外，這些金幣現在又在哪裡？要試著回答這些問題，讓我們先從其故鄉談起，包括貴霜帝國在西元一世紀的興起，以及貴霜帝國的貨幣使用方式。

發現於阿克蘇姆的金幣

貴霜帝國

貴霜帝國和絲路其他許多帝國一樣，其興起也與人民跨越那條劃分歐亞大陸北部與南部的生態界線有關（見第一章）。克里斯欽稱為「內歐亞大陸」，但也被人稱為「內亞」的歐亞大陸北部，其乾燥的大陸性氣候無法支持大面積的長期農業。長久以來，內歐亞大陸大部分地區的居民都是藉著各種混合農業與遊牧的方式謀生，一年一次或數次的遷移找尋牧場，並且建立小聚落。[2]與此相比，外歐亞大陸則是定居人口的世界，主要以農業為生，並且聚居於大城市裡。克里斯欽把外歐亞大陸的鄰接之處稱為「內歐亞大陸歷史的驅動力來源」。[3]居住在內歐亞大陸的一群這種農業遊牧人口，被中國的史學家稱為月氏人。[4]他們由多個部落構成，生活在天山周圍，包括位於現在中國西北部的河西走廊。有些學者試圖把月氏人在更西方的塔里木盆地發現的一些較早期的墳墓做連結，但在沒有進一步證據的情況下，這種關聯就只是單純的假設。我們只能從月氏人的語言與種族淵源進行推測，但前提是他們的確是一個民族。[5]我們在中國史書裡讀到的月氏人，是在他們已經遭來自北方的侵略者逐出河西走廊之後。那些侵略者是乾草原遊牧民族的另一個聯盟，中文稱為匈奴（見第一章），他們在三世紀向南擴張疆域，穿越戈壁沙漠而進入月氏的家鄉。[6]

關於這段初期歷史，我們幾乎完全只能仰賴中國的記錄。[7]不過，這些記錄取材自第一手史料，主要是皇帝使者張騫（卒於西元前一一三年）留下的記載。張騫在西元前一三八年奉漢武帝之命，尋求與月氏結盟共同對抗匈奴，因為這時匈奴也節節逼近中國的西北邊界。「中國首位史學家」司馬遷撰寫的巨作《史記》，以及後來記述漢朝歷史（西元前二〇六～西元九年）的《漢書》，都取材自張騫帶回中國的情報。《漢書》由班彪及其子女班固與班昭編纂而成。班彪還有另一個兒子班超，也貢獻自己的知識。班超在軍中晉升高位，跟匈奴聯盟打了幾十年的仗，並且受封為「西域都護」。漢朝以後，「西域」就成為中國官方正史中必有的章節。

這兩部史書裡的張騫傳記都提到，他在出使的旅途中遭效忠匈奴的部落俘虜，過了十年才得以逃脫，這段期間他還在那裡娶了當地女子為妻，並且生下一個兒子。張騫在西元前一二六年抵達月氏，我們也是從史書收錄他的記述當中得知月氏族的遷徙：[8]「始月氏居敦煌、祁連閒，及為匈奴所敗，乃遠去，過宛（費加那谷，Ferghana Valley），西擊大夏（巴克特里亞）而臣之，遂都嬀水（阿姆河，Oxus River）北，為王庭。」[9]

其他歷史記載對這部分也有更多的描述。根據記載，匈奴殺了月氏統治者，匈奴王冒頓的兒子還把該名統治者的頭骨當成杯子使用。有些月氏人因此遷往南方，但記載指稱大多數人都先是往北逃過天山，而遷居於伊犁河與楚河流域——位於現在的哈薩克與中國交界處。[10]張騫展開他的出使任務之時，可能以為月氏人還住在這個區域，接近匈奴疆域的西部邊界。不過，月氏人可能在西元前二世紀中葉左右就已遭到來自乾草原的另一個侵略者——中國記載稱之為「烏孫」——驅離他們的新家園，而再度往西遷移。他們最後定居於粟特人與巴克特里亞人之間的一塊土地上，前者居住在阿姆河以北，後者則是住在阿姆河南岸的區域，位於現在的阿富汗北部。這裡距離他們的宿敵非常遙遠，因此張騫的任務也就變得比原本預期的還要長。不過，他為了找尋月氏人而更往西行的旅程卻帶來了許多情報，傳統上認為這些情報促成中國擴張至中亞。[11]

張騫在月氏以及阿姆河南岸的巴克特里亞待了一年。他回國之後，想必有許多故事可以說。只可惜，中國史書惜字如金，對於每一個外國民族都只給予簡短的描述。[12]《史記》對於月氏僅僅寫道：「行國也，隨畜移徙，與匈奴同俗。控弦者可一二十萬。」[13]

中國史書也指稱月氏征服緊鄰阿姆河南岸的土地，包括巴爾喀（Balkh）這座希臘化世界的城市（見第五章），但仍與許多領導者保持聯盟關係：

大夏在大宛西南二千餘里媯水南。其俗土著，有城屋，與大宛同俗。無大王長，往往城邑置小長。其兵弱，畏戰。善賈市。及大月氏西徙，攻敗之，皆臣畜大夏。大夏民多，可百餘萬。其都曰藍市城（巴爾喀），有市販賈諸物。[14]

在這裡，我們看見月氏這群內歐亞大陸的農業遊牧人口被迫離開家鄉，而終究在地理分界的另一側、以農業與城市為主的歐亞大陸外圍定居下來。[15]我們也許會希望考古發現與這段時期更進一步的書面記錄能夠補充中國史書的不足，但這兩種資料一直少得令人洩氣。[16]主要參考資料部分必須依賴貴霜錢幣。[17]目前拼湊出來的圖像是，月氏其中一個部族的領導者在西元一世紀中葉掌權，開創貴霜帝國。貴霜君王丘就卻（Kujula Kadphises）更把疆域往南擴張至卡比薩地區（巴格拉姆〔Bagram〕）、塔克西拉（Taxila）與喀什米爾，而他的後繼者又把觸角延伸至印度北部。丘就卻在位末期派遣一支軍隊進入塔里木盆地，關於這點《後漢書》（東漢的年代為二十五～二二〇年）也有記載：

後百餘歲，貴霜（巴達赫尚與阿姆河以北的鄰接區域）翕侯（「聯盟酋長」）丘就卻攻滅四翕侯（「聯盟酋長」），自立為王，國號貴霜。侵安息，取高附（喀布爾）地。又滅濮達、罽賓，悉有其國。丘就卻年八十餘死，[18]子閻膏珍（Wima Taktu）代為王。復滅天竺（印度西北部），置將一人監領之。月氏自此之後，最為富盛，諸國稱之，皆曰貴霜王。漢本其故號，言大月氏云。[19]

月氏帶來的穩定促成貿易成長，北自粟特，南至印度，再由印度通往巴爾巴里（Barbarikon）以及印度洋路線，亦可往東通往塔里木盆地，然後再到中國，而往西則是通往帕提亞再抵達羅馬。如同米華健（James Millward）針對塔里木盆地所指出的，這是「一種一再發生的現象……遊牧王室及其追隨者組成聯盟，而對定居人口施行帝國統治」。[20]貴霜聯盟的興起，可以視為是歐亞大陸各地之間長期長途貿易——也就是絲路——最重要的支持來源：再次引用克里斯欽的說法，這是一個引人注目的例子，顯示「內歐亞大陸如何在歐亞大陸與世界歷史中扮演了關鍵角色」。[21]

可惜文字與考古資料的貧乏，持續阻礙著我們對這個中亞王朝的了解。[22]舉例而言，這些資料當中對於他們的宗教所提供的資訊少之又少。僅有的資訊顯示貴霜君王奉行一種東方形式的祆教，但也保護其他宗教：套用蘭姆（Raymond Lam）所言，這點展現「深刻的文化宗教包容」。[23]佛教也受到他們的保護。佛教傳教活動原本在印度受到孔雀王朝的阿育王（約西元前二六八～二三二年在位）推動。他把佛教奉為國教，並且誓言將這種信仰傳播到全世界。根據傳統敘事，他派遣自己的兒女前往斯里蘭卡，也派遣著名高僧前往中亞、西亞、東亞與東南亞。斯里蘭卡石窟寺廟上方的銘文，印證了佛教確實在這段時期傳入。[24]因此，佛教從一開始就是一項熱衷於追求大量信徒的信仰，而且偏好長途傳播。[25]孔雀王朝（西元前三二二～一八〇年）的疆域包括塔克西拉，這座城市是印度與塔里木盆地的貿易路線樞紐，後來也成了貴霜帝國的都城之一。這個區域到了孔雀王朝末期已是重要的佛教中心，有塔克西拉的法王塔（Dharmarajika）與斯瓦特谷的明戈拉（Mingora）附近的布特卡拉（Butkara）等著名佛塔（見第四章）。到了西元前二世紀初始，孔雀王朝的疆域已然縮小，而統治卡比薩／犍陀羅的希臘國王米南德（Menander）則是把自己的王國擴展到喀布爾與斯瓦特谷。[26]巴利文經典《彌蘭王問經》（*Milinda Pañha*）記載他成為佛教徒，並且記述他向印度佛教比丘那伽犀那（Nāgasena）問道。

西元一世紀，丘就卻創建貴霜帝國之際，這座古城（位於賈拉拉巴德〔Jalalabad〕附近）周圍已有許多佛寺與佛塔。[27]佛教在維瑪．伽德菲西斯（Wima Kadphises）統治期間往西北傳入喀布爾地區，接著又進一步北上傳入巴克特里亞。貴霜君王借用利用借自希臘與印度宗教的形象描繪他們的神明。舉例而言，丘就卻鑄造錢幣的時候，就挑選希臘神祇海克力斯（Heracles）的樣貌描繪貴霜神明崴狩。崴狩也以印度神明溼婆的形象呈現過。佛陀出現在迦膩色伽王時代的錢幣上，是唯一一位被直接呈現的印度「神明」。貴霜錢幣除了為他們的信仰提供資訊之外，也是我們建構貴霜歷代君王時序的主要參考來源。[28]

貴霜錢幣

自人類有文化以來，錢就是必要之物，許多物品都扮演過用來交易的角色——包括牲畜乃至黑曜石、古物與絲綢，都是有價值的。早期社會也以本身沒什麼價值的物品——例如寶螺貝殼與珠子——來交換價值較高的商品。不過，純粹為了交易而製造的錢幣，在西元前七〇〇至五〇〇年間才出現於愛琴海周圍還有印度與中國的城市，而且似乎是各自獨立發展。到了貴霜帝國興起時，他們所征服的區域中已有鄰近人口懂得使用錢幣，同時也有來自遙遠文化的錢幣在那裡流通，例如羅馬的錢幣。

錢幣除了是交易用的簡單價值物以外，還有另外一項用途，也就是做為權力與威勢的象徵，甚至有些人主張錢幣也是伸張正當性與霸權的手段。[29]米雄（Daniel Michon）認為，在這個區域對於身為侵略者的月氏而言，鑄造令當地居民覺得熟悉的錢幣，代表統治權的延續而不是改變。他認為月氏是在當時流通的數種錢幣當中刻意做出選擇，例如選擇複製那些在正面呈現馬匹騎士圖案的錢幣，因為他們本身也習於騎馬。[30]不過，克里布認為在錢幣設計當中保持延續性的主要目的是為了讓錢幣能夠流通，因此主張既有的設計是因而能被重複使用：「馬匹騎士圖案是貴霜帝國到來之前的標準錢幣設計，因此他們只是單純沿用，而不必然有意指涉他們自己的騎馬習性。」[31]

我們僅能從金幣以及一段巴克特里亞銘文當中得知「Kujula Kadphises」這個名字（據信他就是中國史書裡提到的丘就卻），身為統一月氏各部族建立貴霜帝國的人物，丘就卻在中亞乃至世界史中具有極高的重要性。他在位期間鑄造的錢幣有銅幣也有銀幣。錢幣的多種樣式，一方面奠基於既有的錢幣，同時也反映既有已存在的錢幣的多樣性。[32]

丘就卻的繼任者閻膏珍縮減錢幣的多樣性，不過仍然用銀和銅鑄造錢幣。直到第三任統治者維瑪·伽德菲西斯（西元二世紀初在位），才鑄造第一批金幣。[33]這些金幣不算是創新：巴克特里亞與卡比薩／犍陀羅的希臘化時代國王還有羅馬，都鑄造過斯塔特金幣，而且羅馬的金幣還輸入到印度。根據目前的了解，貴霜似乎採用前兩者的鑄造技術以及新發展的技術，但沒有採用羅馬的技術。不過，貴霜金幣的外表可能是參考自既有的羅馬錢幣。福克（Harry Falk）主張維瑪·伽德菲西斯刻意選擇遵循奧古斯都（西元前二十七～西元十四年在位）統治期間的羅馬錢幣標準，儘管其鑄造水準並未達到那個標準。[34]至於重量，布雷希主張這些金幣遵循從希臘斯塔特幣衍生而來的巴克特里亞標準。[35]

在維瑪．伽德菲西斯的統治下，斯塔特金幣開始以幾種型態出現，顯示出是由同一個鑄造廠生產，但分別生產於五個不同的時期。[36]在阿克蘇姆那批金幣中發現的雙斯塔特幣來自於第四期，可能已是維瑪．伽德菲西斯在位的中後期，也是那五個時期當中產量最高的一個時期。[37]這些金幣重約十六克——是標準的兩倍，所以稱為雙斯塔特。布雷希指出，在後代國王的錢幣堆裡極少發現維瑪．伽德菲西斯的金幣，因此提議這點可能顯示他的金幣產量不高，或是流通時間不長。就這方面而言，阿克蘇姆這批金幣就算稱不上不同凡響，至少也是頗不尋常。這些金幣可能鑄造於巴爾喀。[38]每個時期都製作新的正反面鑄模，而且布雷希認為每個時期可能都有幾天或是幾個星期的時間由多名工人進行密集生產，接著可能有很長的時間完全沒有鑄造任何金幣。[39]金幣上銘刻的佉盧文與圖案由不同的工匠徒手加在鑄模上，可能是利用一個原型壓上去或者繪製而成。金幣上的希臘幣文是在鑄模中鑽孔標誌字母的終點，然後再以線條把這些點連接起來。接著，正面鑄模固定於一個鐵砧裡，反面鑄模則是和其他鑄模放進鑄模盒裡。要鑄造一枚金幣，必須把黃金坯餅放在正面鑄模與反面鑄模之間，然後敲打反面鑄模兩下，藉此產生印痕，接著把金幣拿起來檢查印痕。印痕如果不夠清楚，就要放回去再敲打一次。產生印痕需要強力的敲擊，可能必須兩手握持鎚子。因此，要不是金幣與反面鑄模是固定的，不然就是由另一名工人將其固定在定位上。其他製幣作坊利用以鉸鏈接合的鑄模或者套筒固定金幣，但證據顯示這兩種方法都沒有被貴霜人青睞。不過，那些鑄模可能比鑄造完成的金幣大了50%。

關於鑄造金幣的黃金來源有不少討論。澤拉夫尚河谷（Zerafshan Valley）與費加那谷、貴霜帝國北方與東方的粟特以及大宛領土內，還有北方的乾草原都發現黃金。貿易活動經常出現在內外歐亞大陸的生態界線兩側，乾草原的遊牧民族以馬匹及黃金等物品換取穀物、絲綢及其他商品（見第一、六、八章）。這類貿易活動不會留下多少證據——因為穀物都已經被吃掉，黃金也經過加工——但我們還是不能摒棄這個可能來源。[40]也有人提出其來源可能是南阿拉伯，而且長久以來也都一直有人主張大部分的黃金是金幣的形式，來自於羅馬。在一份經常被引用的文獻裡，一世紀羅馬史學家老普林尼（西元二十三～七十九年）估計羅馬帝國每年花費一億五千萬賽斯特斯（sesterce）購買來自印度的奢侈品，包括絲綢、寶石與香料。[41]然而，印度南部雖然發現過金幣堆，在貴霜帝國領域裡發現的羅馬金幣卻是少之又少。此外，近代的分析顯示，用來鑄造羅馬金幣的黃金和貴霜使用的黃金來源不同。[42]我們也許應該考慮一個比較當地的來源。如同福克指出的，有許多證據顯示貴霜地區蘊藏黃金，包括在現在的阿富汗東部，還有河流沖刷下來的部分。[43]此外，在巴爾喀以西的蒂拉丘地，那裡的墳墓裡也發現大量的黃金。[44]這些黃金發掘於一九七八年，而當時主掌挖掘工作的考古學家薩瑞亞尼迪（Victor Sarianidi），主張這些墳墓屬於貴霜帝國之前的月氏統治者所有。[45]不過，將這些墳墓歸於月氏／貴霜的說法已受到質疑，因為墳墓裡的陪葬品帶有帕提亞人、塞迦撒馬利亞人、鮮卑人與中國人的關聯。不論埋在那裡的死者和這些文化是否有關，或者是否來自這些文化，總之都顯示出一世紀期間中亞各地密切的相互聯繫。[46]薩瑞亞尼迪也主張那些黃金是由當地的河流淘洗而來，此一觀點已受到近來對於部分物品所進行的分析證實。[47]

在阿克蘇姆那批金幣當中發現的五枚斯塔特金幣，正面都有面向右方的維瑪．伽德菲西斯側臉圖案（圖7）。[48]他蓄有鬍鬚，戴著一頂冠冕與高帽。他盤腿坐在雲朵上，肩膀冒出火焰。他的徽記位於左側（圖8）。徽記似乎是遊牧民族發展出來的一種部落符號，用在烙印牛隻及其他用途上，所以這也是貴霜帝國的過往所存留下來的另一項遺緒。[49]金幣上的銘文——經過翻譯為「維瑪．伽德菲西斯王」——採用希臘

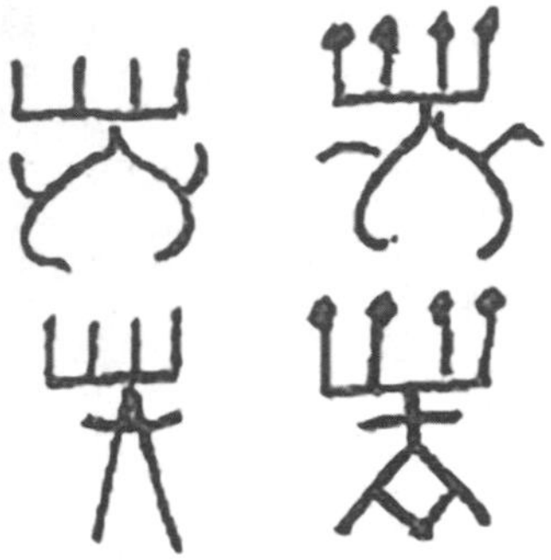 

右：圖 7 維瑪．伽德菲西斯的金幣，發現於德布雷達莫修道院的錢幣堆裡。參考自 Göbl（1970）。

左：圖 8 貴霜君王使用於錢幣上的徽記。

文。反面的圖案是貴霜神明崴狩（有時候與印度神明溼婆連結在一起）。[50]祂右手持戰斧三叉戟，左手提著獸皮，站在一頭公牛前面——這頭牛經常被辨識為溼婆的座騎南迪（Nandi）。左側的符號是歡喜牛足印（nandipada），有時被人視為與三寶佛教有關，但布雷希極力反對這種觀點，認為這個符號是模仿所造成的結果：「這個符號之所以會出現在這裡，是因為這個符號也出現在其他錢幣上。這個符號雖然受到認定具有若干價值，卻不是其受到使用的原因。」[51]周圍的銘文是普拉克里特語（Prākrit），印度語言的一種，利用中亞的佉盧文字母寫成。[52]其內容為：「萬王之王，世界之主，救主大王維瑪．伽德菲西斯。」

從這麼一枚錢幣上，可以看見中亞這個繁複世界的縮影，各種民族、語言、神明與符號在此相互混合。這不是意外或者隨機的文化融合，而是統治者刻意利用以及改造特定的符號、語言與神明，藉此向被他統治的民族以及其他文化——包括鄰近的文化還有更加遙遠的文化——傳達訊息。

繼任者迦膩色伽王的錢幣也以多種不同型態出現，我們並不知道金幣堆裡的那五枚斯塔特金幣屬於同一類型還是不同類型。[53]在迦膩色伽王的統治期間，首度有些錢幣的背面出現佛陀的圖案：在這

圖 9 迦膩色伽王一世的錢幣，發現於德布雷達莫修道院的錢幣堆裡。參考自 Göbl（1970）。

之前，錢幣上出現的神明都是當地或者伊朗、印度或希臘化世界的神明。戈柏（Robert Göbl）指出那批金幣堆裡沒有包含印有佛陀像的錢幣，而是只有蓄著鬍鬚的迦膩色伽王面向左方的側臉圖案（圖9）。如同佛陀錢幣上的所有國王圖案，他在此處也是呈立像，戴著一頂圓錐形的高帽，左手持著一把長矛，右手拿著一根刺棒。他以右手保護著一座祭壇。此處的幣文不再是希臘文，而是當地的巴克特里亞語言，但仍然是以修改過的希臘文字母寫成。其內容為：「一切沙阿的沙阿，貴霜君王迦膩色伽王。」[54]在他之前的歷任君王，錢幣上都有「βασιλεύς」這個經常譯為「國王」的希臘詞語，在他的時代則是取代為伊朗文稱呼統治者的「沙阿」（shah），而這種作法也持續流傳下去。正面的圖案是太陽神密特拉（Mithra）面向左側的立像，頭上有著光環，左手握著劍柄，右手伸出為人賜福。右側的巴克特里亞語幣文以希臘字母把祂的名字拼寫為「密羅」（Miiro），左側則是迦膩色伽王的徽記。

在這批金幣堆裡，胡為色迦王統治期間的金幣所占的比例最大——在一〇五枚金幣裡占了八十八枚，而且至少有七種類型（圖10）。[55]這些金幣的正面都呈現胡為色迦王半身像。他在這些金幣上都是頭頂發出光環，面向左方，左手握著一根飾有細紋的矛扛在肩

圖 10 胡為色迦王的錢幣，發現於德布雷達莫修道院的錢幣堆裡。參考自 Göbl（1970）。

上，右手拿著一把錘矛權杖。[56]以修改過的希臘文字母拼成的巴克特里亞語銘文寫道：「一切沙阿的沙阿，貴霜君主胡為色迦王。」反面的圖案則是各種男性與女性的神明。在這批金幣堆裡的金幣當中，其上的神明全都是伊朗的神明：發羅（Pharro）、娜娜（Nana）、阿道克狩（Ardoxsho）、密羅（密特拉）、特羅（Teiro），以及阿沙伊狩（Ashaeixsho）。[57]

這批金幣堆裡最後剩下的金幣，是六枚波調一世統治期間的斯塔特金幣，圖案顯示站立著的君主面對左方，左手持矛，右手護著祭壇（圖11）。正面可以看見歲狩和一頭牛的圖案。這段時期的歷史雖然還是晦暗不明，但一般都認為貴霜帝國在這段期間面對危機與緊縮狀態。他們喪失印度北部的大部分領土，而且西側的老鄰居帕提亞國王（和月氏一樣是原本來自乾草原的移民），也被伊朗的薩桑王朝取代，其創建者為阿爾達希爾一世（Ardashir I；二二四～二四二年在位）。他從北方與西方對貴霜帝國的領土造成威脅。有些記述指稱波調一世為了抵擋這些威脅而在此時尋求盟友，與亞美尼亞國王寇斯羅斯一世（Khosroes I；二一七～二五二年在位）合力對抗阿爾達希爾。中國史書也記載一支可能是由波調一世派遣的外交隊伍在二三〇年到訪中國北部的曹魏宮廷。[58]就我們所知，這次接觸並未造成任何結盟關係。不過，鑒於這批金幣裡只有六枚來自於波調一世統治期間，也許可以假定那支外交隊伍從貴霜帝國出發的時間是在波調一世在位初期，在對抗

圖 11 波調一世的金幣，發現於德布雷達莫修道院的錢幣堆裡。參考自 Göbl（1970）。

薩桑王朝的活動開始之前，從事的可能是比較一般性的外交任務。

我們如果猜測那批波調一世及其前任歷代君主的金幣是由外交使節團帶著橫越印度洋的禮物，那麼必定是出發自貴霜帝國的其中一座首府——可能是白沙瓦（Peshawar）或者夏季首都巴格拉姆。這支使節團無疑還攜帶了打算贈送給其他外國統治者的許多珍寶。他們必定從那座城市沿著既有的路線前往印度河或是其中一條主要支流的流域，[59]然後即可搭船順流而下。亞歷山大大帝（西元前三三六～三二三年在位）就為這樣的旅程留下一項早期的記述。他在西元前三二六年末期採取這條路線返國，先是行軍到傑赫勒姆河（Jhelum River），也就是他那一年稍早在河流兩岸建立了尼西亞（Nicaea）與布西發拉（Bucephala）這兩座城市的地方。他召集八百艘河船，其中許多都是新造的船隻，在季風季節結束後，河流適合航行的十一月間啟航。那些船隻由腓尼基人、賽普勒斯人、卡利亞人（Carian；來自土耳其西南部）以及埃及人負責操槳，全都是航海民族。士兵在河流兩岸護送著他們。他們航行十天之後，抵達與艾胥奇尼河（Ashkini）的匯流處，結果有幾艘船在那裡失控，許多人溺死。他的軍隊在更下游處遭到攻擊，亞歷山大在後續的戰役中受了重傷。他的傷沒有危及性命，而他的軍隊也終究打贏了這場仗。他一路上又接著打了幾場仗，整支軍隊直到西元前三二五年的季風季節才抵達海洋。[60]

貴霜帝國全盛期的疆域沿著印度河延伸至海，因此比較沒有遭遇這類延宕的威脅。[61]波調一世可能沒有自己的艦隊，因此這支使節團大概和當時的許多外交使節團一樣搭乘商船，也許包括河流航程在內，接著又在巴爾巴里換乘海船橫越印度洋。

印度洋貿易

第二章短暫檢視西元前一世紀前印度、紅海與波斯灣的海上貿易。西元一世紀期間，這樣的貿易不但持續進行，而且還隨著新的參與者加入而有所成長。在印度北部與中亞，貴霜帝國提供適合海陸貿易的環境。這是絲路獲得成長與成功的一大因素。貴霜帝國的穩定造就旅行上的安全，旅人能夠從乾草原穿越南北向路線抵達印度，亦可從伊朗高原穿越東西向路線抵達塔里木盆地。這種貿易的鮮明證據可見於沙提亞（Shatial）的石刻壁畫中，沙提亞是位於印度河流域上游處由北方穿越吉爾吉特（Gilgit）路線上的一個中途站。[62]大部分的文字內容都是以粟特語刻成，由來自撒馬爾罕、彭吉肯特（Penjikent）以及貴霜以北其他城市的商人留下。不過，也有巴克特里亞語、中古波斯語以及帕提亞語的銘文。南方的路線從貴霜首府——例如巴格拉姆與塔克西拉——通往印度河流域，再通往巴爾巴里的海港——接近現在巴基斯坦的喀拉蚩。許多考古與文獻證據都顯示貴霜與羅馬帝國在這段時期存在貿易關係，最引人注意的即是在巴格拉姆發掘出來的羅馬銅器、玻璃與象牙。[63]

有一項主要的文獻記載，是《厄立特里亞海航行記》（*Periplus of the Erythraean Sea*）這部講述印度洋貿易的匿名手冊，以希臘文寫成，作者可能是一世紀中葉一名以埃及為基地的商人。貴霜帝國的疆域在此時雖然沒有延伸到巴爾巴里的海港，但在巴格拉姆及其他地方發現的物品都有可能經由這條路線而來，並且於一個比較位於內陸的地點交易。《航行記》把玻璃列為在當地交易的物品之一，連同寶石、乳香、紡織品、銀器、葡萄酒以及錢幣。[64]其他文獻也補充這些記載，而從亞洲輸入的商品雖然都早已消失，學者卻以深具可信度的論點主張當時存在著「為了商業利益所進行的常態性貿易，因為使用錢幣而更加流通，背後則有累積資本的想法來支撐」。[65]到了這個時候，海上航行者已懂得利用季風。造成季風的原因，是因為亞洲陸塊在夏季期間溫度提高，熱空氣上升之後，留下的真空就由海上的空氣填補，於是形成強大的西南風。冬季則是出現相反的情形，風向也轉變為東北風。季風體系又會受到其他固定模式的補充，例如赤道風以及東南信風。船隻在夏季可以藉助西南季風從紅海口、東非沿岸與阿拉伯南部啟航，冬季則可由南亞東岸的港口啟航，包括巴爾巴里乃至塔普羅班（Taprobane，斯里蘭卡舊稱），在風力的幫助下航行至波斯灣與紅海。除此之外，也可以沿著海岸上的港口依序航行前進，這是從遠古以來就常用的方法。

從印度洋西端，船隻來自紅海、阿拉伯南部與波斯灣的港口。來自紅海的船隻包括了由北方的港口啟航的羅馬船隻，但也有阿克蘇姆王國製造的船隻——這個東非王國位於現在的厄利垂亞與衣索比亞。[66]

阿克蘇姆王國

阿克蘇姆王國在三世紀期間是政治與貿易上的一大強權。波斯宗教導師摩尼（Mani，約二一六～二七四年）將阿克蘇姆王國列為世界上最重要的四大王國之一——與波斯、羅馬還有中國並列。[67]兩百年前，

《航行記》提到阿克蘇姆在象牙市場的重要性：「尼羅河以外各地的象牙全都運到這裡來，穿越稱為賽伊儂（Cyenum）的區域，然後再前往阿杜利斯（Adulis）。」有些人認為這是阿克蘇姆王國的首都之所以選址在阿克蘇姆的原因。阿克蘇姆雖然位於距離海岸頗遠的西部地區，卻是內陸象牙獵人的集散地，他們可穿越蘇丹草原以及尼羅河谷，將商品運送到這裡來。[68]不過，這座城市也位於肥沃的土地上，而且有現成的水源。《航行記》所描述為「大村莊」的阿杜利斯，在三世紀時已成為主要的港口。從阿克蘇姆出發，必須經過八到十天的旅程，翻越高地並且進入海岸平原，然後才會抵達這座港口。阿克蘇姆人雖然擁有吉茲語（Ge'ez）的書寫語言，而且也使用希臘文，但是這段時期卻沒有留下任何文件。我們之所以知道與波調一世同時期的阿克蘇姆國王叫什麼名字，純粹是因為在阿拉伯南部發現的銘文。銘文裡提到的名字只有子音而沒有母音，是無法發音的「GDRT」。[69]這個名字被後人姑且加上母音，唸成「加大拉特」（Gadarat）。他的王位在二三〇年左右由「DBH」（可能是阿扎巴〔Azaba〕或阿德希巴〔Adhebah〕）承繼，差不多就是波調一世統治時期結束的時候。[70]阿克蘇姆人雖然直到恩杜比斯王（Endybis；約二七〇～約三〇〇年在位）統治期間才開始固定鑄造錢幣，卻早就已經相當熟悉鑄造的概念。《航行記》提及他們輸入銅「以便剪切成貨幣」，而且也輸入貨幣「供外國社群使用」。恩杜比斯鑄造的錢幣大概是以羅馬錢幣為根據，並且生產金幣、銀幣與銅幣。正面是國王的頭像與本土小麥（苔麩）的圖案，頂端有個圓盤與新月形。金幣上的銘文採用希臘文，但銀幣與銅幣採用的是當地語言吉茲語，顯示後兩者可能是供本地使用，前者則是供國際貿易使用。

在阿克蘇姆進行的考古研究，揭露繁複的宮殿結構，還有這個時期最引人注意的大型石造墳墓（有人假定是王室墳墓），以雕刻石碑加以標記。其中最大的一塊石碑重達五一七噸，豎立起來應有三十二・六公尺高，是當時由人力豎立的巨石當中最大的一塊。[71]這塊石碑以採集自附近一座山丘的花崗岩製成，而且可能是由大象運送——儘管現在該地已經沒有大象。石碑上都刻有當地多層紀念建築的圖案，而那些建築則是由經過加工的花崗岩蓋成，有內凹的正面、以凹槽相接的牆壁、木製梁，以及寬大的階梯。阿克蘇姆某些年代在二世紀以來的考古遺址也支持這項發現，其中有些暫時被辨識為宮殿的巨大建築群，但也有龐大的菁英階層住宅，代表當時的社會擁有相當的財富。[72]在墳墓裡以及其他地方發現的物品，也顯示出從阿杜利斯往北以及往南從事貿易的證據，包括羅馬玻璃以及印太區域的珠子。[73]

儘管書面與考古證據都相當稀少，但既有的證據顯示阿克蘇姆人可能習於外來訪客——商人、宗教人物，以及外交人員。不過，提議那些金幣是由貴霜直接派往阿克蘇姆的外交使節團所帶來的禮物，只是單純的臆測。那些金幣說不定另有收受者，但不曉得為什麼留在了這裡，或者也有可能根本不是單獨的一批金幣。[74]因此，我們必須發揮想像力，想像貴霜的使節團經過漫長的海上航行之後於阿杜利斯上岸。他們從這裡朝內陸行進，也許受到當地官員與士兵護送，或者只是單純加入貿易旅行隊的行列。呈遞這份禮物之後，也許收藏在王室的財寶庫裡，而且可能歷經數代國王都一直放置在那裡。

一個世紀後，伊茲納王（Ezena；約三三三～約三五六年在位）轉信基督教，於是阿克蘇姆金幣上的圓盤與新月形圖案被十字架取代。接下來的幾百年間，陸續建造教堂，修道院也隨之成立。根據記錄，五世紀末有九名基督徒從羅馬帝國（西元前二十七～西元一四五三年）各地來到阿克蘇姆，以逃避他們在四五一年的迦克墩大公會議（Council of Chalcedon）之後遭到的迫害。那場由東正教會召開的會議宣告基督集神人二性於一身。許多基督教派都不接受這項信條，於是在東正教會中形成分裂。不接受這項信條的教派經常被稱為東方正統教會或者舊東方教會。阿克蘇姆教會也是其中的一員——連同科普特正教會、敘利亞教會、亞美尼亞教會以及瑪蘭卡（印度）正統教會。許久以後，才出現在記錄這九名基督徒的生平的傳記，但其中有許多互相牴觸的地方。他們的其中一人是扎米凱爾長老（'Aragawi Zä-Mika'el）。

根據後來的傳記所述，扎米凱爾是羅馬諸侯耶薩克（Yeshaq）與奧芙耶娜（ofEdna；這是衣索比亞人的名字）的兒子。傳記指出，他在十四歲那年獲得帕科繆（Pachomius；約二九二～三四八年）命名，並且在埃及跟隨他成為僧侶。[75]也有其他基督徒加入他們的行列，共同參與帕科繆成立的一種新式修道社群，由修道士與修女組成一個擁有共同財產的社群，並且由一名修道院院長主持。這種作法打破了苦修者獨自隱居的早期傳統。扎米凱爾的母親奧芙耶娜後來也在這裡成為修女。過了一段時間之後，扎米凱爾前往羅馬，接著再到這時已經信奉基督教的阿克蘇姆。扎米凱爾邀請了他的八名教友同行，他們與他的父母都一同獲得國王的歡迎。[76]一行人在宮廷裡住了十二年，然後才分散前往鄉間傳福音。扎米凱爾連同母親和一個名叫瑪特沃斯（Mattéwos）的門徒前往提格雷區（Tigray）的厄加拉（Eggala）。在這裡，他決定在一座邊坡陡峭的高原頂端成立一所修道院──與德布雷有所關聯。不過，他卻爬不上峭壁。後來是靠一條住在高原上的蛇垂下尾巴，才把他拉了上去。國王蓋布拉・瑪斯卡（Gabra Masqal）下令開始興築這座修道院，首先建造一條大坡道運送建材。修道院完工之後，那條坡道即被拆除，通往修道院的唯一路徑就是攀爬危險的峭壁。扎米凱爾的傳記也提及他的母親奧芙耶娜成為這所修道院的成員，可見當時這裡可能也有修女，就像帕科繆原本的修道院一樣。[77]

傳說國王為這所修道院贈予許多珍寶。這點可能又為我們這批金幣的旅程提供了另一項線索。國王有沒有可能這時候把這批金幣賞賜給這所修道院？雖然我們沒有證據可以證明這一點，但這的確是一項有可能的假設。當然，這座修道院也有可能建造在一座既有的神殿上，所以這批金幣說不定原本就在那裡，或者這批金幣也有可能後來才抵達阿克蘇姆。我們幾乎可以確定這類問題永遠無法找到答案。

世界各地的基督教教堂都設有財寶庫（見第八章），現在的衣索比亞也不例外，並且擁有基督教最重要的一項珍寶：約櫃。據說這個鍍金木箱內含摩西在西奈山上獲頒的十誡石板，並且一直由以色列人攜帶，直到耶路撒冷的那座廟宇蓋成之後才放置在那裡。衣索比亞的傳說進一步指出，約櫃在所羅門王統治期間由他與示巴女王所生的兒子孟尼利克（Menelik）帶離耶路撒冷。約櫃一直受到妥善保存，最後才珍藏在阿克蘇姆的錫安聖母瑪利亞教堂（Church of St. Mary of Zion）——這是皇帝海爾・塞拉西（Haile Selassie）為了此目的而在一九六〇年建造的教堂。今天，約櫃據說保存在鄰接於教堂的財寶大樓，只有大祭司才可以參觀。

大多數人雖然都認為這是杜撰的故事，但財寶大樓裡確實有些古代的珍寶，就跟許多衣索比亞的其他教堂一樣。在德布雷達莫發現的還有其他珍寶，包括一枚阿爾馬赫（Armah；六一四～六三一年在位）的阿克蘇姆金幣、八至十世紀期間的阿拉伯金幣與銀幣，還有六至十二世紀期間的若干紡織品，可能源自於埃及。[78]我們這批金幣可能在那裡安然保存了好幾百年。不過，口述與書面歷史都提及德布雷達莫與阿克蘇姆人的基督教遺緒在幾百年間遭遇兩大威脅。

第一個威脅發生於十世紀中葉的古迪特女王（Gudit）統治期間，只出現在口述歷史當中。同時期的阿拉伯旅行家暨地理學家霍加爾（Ibn Ḥawqal）在他九七七年的著作《諸地理勝》（*Kitāb Ṣūrat al-Ꜥarḍ*）中，也為這個事件提供一定程度的證實。書上指出，「哈巴沙人（阿比西尼亞人）的國家由一名女子統治多年：她殺了名叫哈達尼（Haḍani；源自吉茲語的「haṣ́ani」，現代寫法為「aṣ́e」或「atse」）的哈巴沙人國王。直到今天，她仍然擁有完全獨立的統治權，包括在她自己的國家裡，還有在哈達尼的國家當中的邊疆地區，位於哈巴沙人（國家）的南部。」[79]

據說古迪特（茱迪絲）出身自阿克蘇姆的猶太人社群，這個社群在那裡與基督徒並存了數百年之久。傳說她殺死國王奪得王位。在那個時候，把王室的諸王子放逐到類似於德布雷達莫這類山頂聚落是相當常見的情形——想必是為了阻止他們攫取權力。[80]一如預期，古迪特女王到了那裡，和蓋布拉．瑪斯卡一樣建造一條坡道通往頂端，然後殺了所有被放逐到那裡的王子，藉此消除她所有的對手。[81]

第二起事件獲得比較多的證實。這起事件發生在阿克蘇姆王國滅亡許久，始於艾加齊（Aḥmad ibn Ibrāhīm al-*G*hāzī；約一五〇六～四三年在位）在一五二九年入侵衣索比亞。艾加齊是隔鄰的蘇丹國阿達爾（Adal）的統治者，被人稱為格拉甘（Gragn）——這是阿姆哈拉語，意為「左撇子」。在這場入侵行動當中，許多教堂與修道院都遭到摧毀——包括錫安聖母瑪利亞教堂在內，而且據說許多教堂的財寶庫都慘遭劫掠。[82]衣索比亞向葡萄牙求助，有一支葡萄牙部隊在一五四一年登陸，最後終於驅逐了侵略者。如同亨茲（Paul Henze）指出的，這些事件雖然發生在好幾世紀之前，卻至今仍然影響著衣索比亞文化：「在衣索比亞，格拉甘造成的破壞一直沒有被遺忘。直到今天，每個基督徒高地童年期間都聽過大人說格拉甘的故事。海爾．塞拉西也在回憶錄裡提到他：『經常有衣索比亞北部的村民向我指出，當初遭到格拉甘摧毀的城鎮、堡壘、教堂與修道院，彷彿這些災難剛在昨天發生而已。』」[83]

在那場入侵中，皇帝達維特二世（Dawit II，原名勒布納．丹加爾〔Lebna Dengel〕）（一五〇八～四〇年在位）被迫逃離首都，躲到德布雷達莫的修道院避難。一五四〇年，他在附近的一場戰役中受傷，傷重死後即葬在德布雷達莫。前來馳援的其中一名葡萄牙人卡斯坦諾索（Miguel de Castanhoso）紀錄指出，勒布納．丹加爾的遺孀待在德布雷達莫，格拉甘也在這段時期圍困這座高原長達一年之久。不過，他未能登上高原頂端。只要閱讀卡斯坦諾索對於那個地方的描述，就會發現這樣的結果並不令人意外：

山巔周長為四分之一里格，頂端設有兩座水槽，冬天收集許多的水——足夠供應住在頂端的所有人使用甚至還有剩，約是五百人左右。他們在山巔上種植小麥、大麥、小米及其他蔬菜，也畜養山羊與家禽，而且還有許多蜂巢，因為那裡有許多可供蜜蜂築巢的空間；因此，這座山丘不可能因為糧食與飲水不足而遭到攻陷。山巔之下，這座山丘的形狀如下：一座正方形的懸崖，高度比葡萄牙最高的高塔高出一倍，而且越接近頂端越陡峭，最後形成傘狀的邊緣，看起來有如人造，而且相當外張，突出於山腳的各面上方，所以山腳下的人完全躲不過山上人的視線；因為這座山的四周都沒有任何皺摺或角落，而且通往頂端的道路就只有一條狹窄的步道，像是一道蓋壞了的蜿蜒階梯，一次只容一個人勉強登上，但達到一個高度之後即無法繼續前進，因為那裡就是步道的終點。此處上方有一道由警衛看守的門，但這道門還比步道終點高了十或十二尋，唯有透過吊籃才能上下這座山丘。[84]

葡萄牙人抵達後，與勒布納．丹加爾的遺孀見了面，然後她帶著他們前往她兒子格拉德瓦斯皇帝（Galawdewos）的宮廷。他們靠藏在德布雷達莫的葡萄牙火器協助，終於在一五四三年打敗了侵略者。[85]

這些事件說不定對影響了我們談論的這批金幣。也許這批金幣直到此時才交給那所修道院，在皇帝逃到那裡避難的時候才帶過去。或者，也有可能原本就在那裡，收藏在財寶庫內，但在這段時期搬移到峭壁面上的一處凹洞，以防修道院遭到劫掠。我們甚至不知道發現這批金幣的確切日期，據說是在一九四〇年左右。在這座遺址進行挖掘工作的義大利考古學家莫迪尼（Antonio Mordini），提出以下記述：

那年（一九四〇）年初，一名年輕修士受託修繕支撐露台的小牆，也就是教堂突出於修女院墓園的上方之處，結果在露台底下一個自然形成的洞穴裡發現一堆古老遺物，包括一個木盒與十一塊小金片，還有十二條相同金屬但長短不一的小飾帶，以及數量可觀的金幣。那些金幣與金片還有金帶（可能是木盒的裝飾）都被帶到阿斯瑪拉（Asmara），結果修女院院長塔斯法伊教授（Takla ab Tasfai）將這整批物品賣給一名義大利珠寶商；然後那名珠寶商又轉賣給一名文雅之士，因為那個人對這批物品頗感好奇。[86]

這段記述令人不禁對那個木盒產生疑問，因為金幣的來源至少還可以獲得相當程度的確知，但我們對於那個木盒從何而來卻更是缺乏證據。首先，和金幣在同一個地方發現的那些木板、黃金與綠石，據假設原本是可以構成一個盒子。在少數得以親眼目睹這批物品的人當中，莫迪尼就對這點深有信心，而這麼加以描述：「總共有十塊小金片，部分為長方形，部分為正方形；還有一塊大金片呈六角形，而且略帶錐狀。另外還有十二條大小不一的飾帶，全都刻有淺淺的浮雕圖案，包括裝飾性的藤蔓與線條優雅但樣貌奇特的花朵。」

莫迪尼在一九四三年確認那個洞穴的所在處，經過篩濾那裡的土壤之後，又找到了更多那個木盒的殘跡，包括木材碎片，以及三十根左右的金釘，「明顯可見必然是用來把那些金片與飾帶固定在盒子上」，還有幾塊他無法立即辨識的綠石薄板。他也發現了一些陶瓷碎片，判斷來自於阿克蘇姆王國時期。在後來的一篇文章裡，俄國學者博吉納（S. I. Berzina）認為木盒可能製造於印度，和奇蒂克（Neville Chittick）發掘的一個盒子頗為相似。[87]不過，由於那個盒子發現時只剩碎片，而且就我確認所知，那些碎片都沒有拍照或素描，所以這項結論只具有高度的臆測性。菲利普森（David Phillipson）提供資訊，顯示那些盒子碎片後來遭到丟棄，所以我們恐怕永遠無法了解更多。[88]認為金幣放在盒子裡的假設相當合理，因為我們本來就會預期這麼一大批金幣必然會放置在某種容器裡。不過，這個盒子究竟是原始的容器還是後來另外使用——也許是在移動金幣的時候換了過去——以及這個盒子究竟源自何處，這些問題都仍然沒有明確的答案。

販賣修道院的珍寶並不罕見——而且至今仍是如此（見第九章）。幸好莫迪尼有幸在這批金幣被賣掉之後加以研究。[89]那是莫迪尼在一九五九年發表他最早那篇陳述之前的事情。我沒有找到那名義大利珠寶商或者「文雅之士」的身分，但也許在檔案裡有提到。一九三九年的阿斯瑪拉人口普查，顯示該市的九萬八千名人口當中共有五萬三千名義大利人，而且厄利垂亞全國共有七萬五千名義大利人。這群人口當中想必會有幾名珠寶商。那名「文雅之士」的國籍不明，但也有可能在檔案中提到。就我所知，這是這批金幣最後的紀錄。這批金幣雖然有可能完整保存在私人收藏當中，但也有可能已經遭到熔化以兌現其中那些黃金的價值。[90]

不論這批金幣背後的故事以及其旅程是如何，總之都反映了絲路的許多面向。這批金幣在內歐亞大陸歷史的「推動力」中，由一群遭到放逐而且可能大致上適應定居城市生活的農業遊牧人口鑄造而成，反映出貴霜帝國在海路與陸路貿易上的重要性。早期的錢幣雖然可能曾經流通為貨幣，但最晚鑄造的那些錢幣可能從來沒有發揮過交易用途，而是被當成寶物收藏。在某個時間點，這批錢幣從中亞經由絲路商人走的的陸地、河流與海洋路線運抵東非，可能是裝在一個木盒裡。最後，這批金幣成了一間基督教堂的財產，保存數百年之久。我們只能希望這批金幣至今仍被當成珍寶收藏。若是如此，那麼這批金幣雖然大多數人無法接觸，和收藏家之間的糾葛關係卻還是能持續下去，並且繼續講述它們的故事。

注釋——

關於本章提及的地點，請見夾頁彩色地圖的四號地圖。

[1] 本章深深受益於錢幣學者的研究，我特別要感謝克里布（Joe Cribb）與布雷希（Robert Bracey）慷慨提供的忠告與建議。文中如有任何錯誤、誤解與疏漏，皆是我自己的責任。

[2] 這裡也有農業，但與外歐亞大陸相比之下規模較小。這裡也有城市。

[3] Christian（1998: xxi）。

[4] 見 Chang et al.（2003）對於月氏人身為農業遊牧人口——亦即身兼農民與牧人兩種身分——的討論。

[5] 有些學者認為他們屬於一個印歐族群，稱為吐火羅人，但這種說法仍然只是猜測。

[6] 月氏人以技藝精湛的弓箭手所組成的軍隊聞名，但匈奴擁有移動迅速的騎馬戰士。

[7] 關於這些記錄的探討，見 Thierry（2005）。關於月氏人遷移的詳細敘述，見 Benjamin（2007）。歷史記錄總是會受到考古記錄的支持或者質疑。這兩種紀錄不一定吻合，尤其是像中國史書對於「匈奴」一詞這種不分青紅皂白的使用方式，更會造成這樣的結果。考古紀錄顯示匈奴涵蓋多種不同文化。

[8] 主要記載於《史記》卷一二三與《漢書》卷九十六上。這兩者都有不少譯本，引述如下。

[9]《史記》卷一二三，Watson 譯（Sima Qian 1993: 234）。

[10] 有些人可能在那裡待了下來。這群人口的一個著名後代，即是佛僧曇摩羅剎（活躍於三世紀中葉，又稱竺法護）。根據記載，他出身自一個世居敦煌的月氏人家族。

[11] 由此加以延伸，亦可說是促成絲路發展的一大因素。見 Whitfield（2018b）對這一點的進一步討論。

[12] 如同何肯指出的：「有三項主題極少受到主流傳統中國史學家的碰觸，也就是貿易、佛教與外國人」（1999: 285）。

[13]《史記》，Watson 譯（Sima Qian 1993: 234）。考古記錄顯示月氏人是農業遊牧人口，但乾草原上不同群體的細微生活差異不必然會受到中國的史學家認知。

[14] 同上。

[15] 關於這項涉及月氏的互動，見 Liu（2001）。

[16] 如同先前提過的，Chang et al.（2003）研究可能是月氏人第一個停留地點的哈薩克東南部當代聚落，結果發現農業遊牧社會的證據。

[17] 見 Michon（2015: 110-51）對於錢幣的探討。

[18] 中國人使用的地名經過許多討論。舉例而言，有些人認為安息指的是帕提亞，另外有些人則認為是孔德伐斯（Gondophares）在犍陀羅（Gandhāra）建立的帕提亞王國。

[19]《後漢書》卷八十八〈西域傳〉，Hill 譯（2003）。

[20] Millward（2007: 15）。

[21] Christian（1994: 182）。

[22]「書寫貴霜歷史就像是拼湊一幅巨大的馬賽克畫。學者已經拼出了部分的外框與少數的內部圖案，但有許多部分仍是整片空白」（Rosenfield 2011: 10）。

[23] Lam（2013: 440）。

[24] Trainor（1997: 86）。

[25] 不只經由陸路，也經由海路。

[26] Holt（1988）。

[27] 如同以下談及的，貴霜帝國及其初期統治者的年代都備受爭論，因此這裡沒有提出確切年代。

[28] 關於錢幣在史學家眼中具有多高重要性的一項近代討論，見 Holt（2012），他把錢幣稱為「中亞史框架賴以建構的支柱」（31）。

[29] 這點經常被主張，但沒有什麼證據顯示這些早期錢幣具有賦予正當性的目的。例如克里布就對此抱持懷疑。關於這方面的討論，始自月氏初期的錢幣，見 Michon（2015: 110-16）。關於比較一般性的討論，見 Cribb（2009，尤其是 500-503）。

[30] Michon（2015: 114）。

[31] Joe Cribb，私人通信，二〇一六年五月二日。克里布也指出：「設計的延續代表貨幣的動力。貨幣要能夠繼續流通，就必須和既有的貨幣形式帶有某種相似性」（2009: 498），而且關於正當性的辯論「導致許多人忽略錢幣設計的主要功能是為了讓錢幣能夠發行並且使用為貨幣」（503）。

[32]「銅幣衍生自西元一世紀流通於印度北部、巴基斯坦與阿富汗的銀幣與銅幣」（Bracey 2012: 188）。米雄主張那些錢幣是「一種『想像重塑』過程的一部分，藉此重塑他（丘就卻）以及貴霜人（月氏人）的形

象」（2015: 130-31）。克里布主張那些錢幣的多樣性是為了促成流通，而不是為了主張正當性（見注31）。

[33] Bracey（2009）。

[34] Falk（2015: 105-9）。他進一步主張貴霜人自稱為「devaputra」（神之子）的行為，至少有一部分是受奧古斯都錢幣上的「divi filius」字樣所影響（107）。

[35] 關於這一點以及其他觀點的討論概述，見 Bracey（2009）與 Falk（2015: 105-9）。

[36] Bracey（2009）。

[37] Göbl（1970）。

[38] Bracey（2012）。

[39] Bracey（2009）。

[40] 羅森福（John M. Rosenfield）雖然寫道：「我們很難想像貴霜人怎麼支付黃金原料的購買價金」（2009: 21），但也一樣無法駁斥此一可能的來源。

[41] *Pliny the Elder*，*Natural History* 6.26，Bostock 譯（1855）。

[42] Rosenfield（1967: 21）。

[43] Falk（2015）。Marshall（1951: vol. 2: 620）指稱黃金也有可能來自達迪斯坦（Dardistan）與西藏。

[44] 關於這些珍寶，見 Sarianidi(1985）。關於考古學家主張這裡是貴霜帝國的早期墳場，見 Sarianidi(1990-92: 103）。

[45] 見 S. Peterson（2017: 47-58）對於這些證據的檢視，包括那些錢幣在近期的研究。

[46] 關於蒂拉丘地受各種不同影響的討論，見 Boardman（2012），Leidy（2012）以及 S. Peterson（2017）。

[47] Sarianidi（1990: 55）；Hickman（2012: 80）。

[48] 關於這些錢幣類型的圖像，見 Göbl（1970）。他依據自己的一九五七年著作辨識出每一枚錢幣的類型。此處提及的這個類型也參照了他在一九八四年的著作裡列出的類型。所以這枚錢幣是「G16/G10/1」（Göbl 1957, type 16/Göbl 1984, type 10/1）。

[49] Rtveladze（1993: 84）；Michon（2015: 126）。

[50] 此處沒有足夠的篇幅說明這個區域的錢幣上呈現出來的那些神明背後的複雜來源（希臘化世界、伊朗、印度及其他地區），或是祂們之間的連結。在某些的例子裡，我們只能提出祂們在當時怎麼被認知的假設。關於溼婆的詳細討論，見 Cribb（1997）。另見 Rosenfield（1967）。

[51] Bracey（2009: 48）。

[52] 這種字母似乎由貴霜人發明，只在一至四世紀期間使用於貴霜以及貴霜以東位於塔克拉瑪干沙漠裡的綠洲王國樓蘭。

[53] Göbl（1970）只呈現了一種類型——如此處所述（G40/G68），但 Mordini（1967: 24）則是留下了模糊的空間（「迦膩色伽王、胡為色迦王與波調一世的錢幣類型遠遠更為多樣」）。

[54] 這是一句伊朗的話語。經過修改的希臘文字母有個額外的字符（Þ），代表「貴霜」（Kushan）與「迦膩色伽王」（Kanishka）這類字眼裡的 /š/（sh）音。

[55] Göbl（1970），G186-187/G280（發羅，正面是赫瓦雷納〔Khwarenah〕），G188/G281（娜娜），G192/G287（阿道克狩），G213/G228（密特拉），G214/G234（特羅），G253/?G342（阿沙伊狩）。

[56] 在他統治初期的錢幣裡，他的左手是握著一把劍的劍柄。

[57] 但胡為色迦王的錢幣也有希臘羅馬與印度神明的圖案，見 Bracey（2012: 198）的列表。除了特羅以外，其他神明都是目前已知的胡為色迦王錢幣當中最常見的神明（Bracey 2012: 203）。

[58] 記載於中國史書《三國志》（220-80），探討於 Sinor（1990: 170）。

[59] 關於印度河流域的地理形勢，見 McIntosh（2008，尤其是 15）。

[60] 亞歷山大和一大部分的軍隊在回程上選擇走陸路穿越濱海的格德羅西亞沙漠（Gedrosian Desert）。

[61] Chakrabarti（1995）；Seland（2013）。

[62] 今稱為喀喇崑崙公路。

[63] 關於印度洋的貿易，見 Tomber（2008，尤其是 122-24）。關於貴霜的貿易，見 Seland（2013）。關於巴格拉姆的珍寶，見 Whitehouse（1989）。

[64] 在貴霜發現的羅馬錢幣極少。

[65] Bellina and Glover（2004: 72-73）。不過，錢幣在此處的貿易中所具有的重要性受其他人的質疑，例如 Bracey（私人通信，二〇一七年四月十二日）。

[66] 關於阿克蘇姆海上貿易的進一步介紹，見 Whitfield（2015b: prol.）。

[67] 摩尼是摩尼教的創始人。他在二四〇年左右前往印度北部——當時波調一世剛去世不久，貴霜帝國已陷入衰微。沒有記錄顯示他造訪過阿克蘇姆王國。

[68] 見 Harke（2013: 34-35）對於這一點的討論。

[69] 在阿克蘇姆北部發現的一把銅權杖刻有「GDR」的字樣，可能是同一位國王的名字（Munro-Hay 1991: 75）。

[70] 此一資訊也是來自阿拉伯南部的銘文；見 Munro-Hay（1991: 73）。

[71] 見 Phillipson（1998）。我們不知道這塊石碑是否曾經豎立起來過，現在是平放在地面上。另見第四章對於紀念性建築高度的比較：阿姆路克達拉佛塔超過三十五公尺高。

[72] 關於這一點的評論，見 Finneran（2007: 159-65）。

[73] Tomber（2008: 91）。

[74] 後者的可能性比較低，因為至今都沒有發現其他貴霜錢幣的證據，而且這批錢幣有許多都沒有磨損的痕跡。

[75] 見 Munro-Hay（2002: 336）。十五世紀末的傳記裡提出的時序與此矛盾，指稱他在帕科繆去世七年後離開修道院。依此推算的時間應是三五五年——比迦克墩大公會議早了一百年，也比傳統上認為德布雷達莫修道院的成立時間還早。這份傳記裡的歷代國王順序也有矛盾之處。見 Irvine, Meinardus, and Metaferia（1975）。

[76] 在這個時期來到衣索比亞的「九聖人」當中，其中一人是奧巴・格里瑪（Abba Garima）。他也成立了一座修道院，並且被歸功為福音書手抄本的製作者。近來對於兩部所謂的格里瑪福音書所進行的碳分析，顯示其年代介於三九〇與六六〇年之間（中間值為五三〇年），不至於對這項論點構成質疑。

[77] 但這點並未留下記錄，而且現在女性已不准進入修道院，甚至連攀爬峭壁也不行。

[78] Munro-Hay（2002: 337）。

[79] Taddesse Tamrat（1972: 39）。另見 Ibn Ḥawqal（2014）。

[80] Munro-Hay（2002: 337）指出，這個時期沒有王子遭放逐的其他證據。

[81] Henze（2000: 48）。

[82] 傳說指稱約櫃在入侵者抵達之前移置於安全的藏匿地點，在這座教堂於一百年後重建之後才歸回原位。

[83] Henze（2000: 90）。

[84] 引用於 Munro-Hay（2002: 338）。

[85] Munro-Hay（2002: 337-38）。

[86] Mordini（1967: 23）。

[87] Berzina（1984）；Chittick（1974: 199，圖 23a）。

[88] Phillipson（2012: 18n4）指出，戈柏在維也納的檔案包含了莫迪尼提及這一點的信件。我沒有看到那封信件。

[89]「我後來得以檢視那一整批物品」（Mordini 1967: 23）。這是莫迪尼在《一九五九年羅馬國際衣索比亞研究學術大會論文彙編》（*Proceedings of the International Congress of Ethiopic Studies, Rome, 1959*；出版於一九六〇年）當中的陳述經過翻譯之後的結果。在那份陳述裡，莫迪尼明白表示他仍然預期能夠「透過當前主人的允許」而接觸這批錢幣（25）。在一封於一九五五年十二月二日寫給法國錢幣學家科特（Côte）的信件裡，他提及自己深深忙於研究這批貴霜錢幣（West 2009: 8）。另見 Göbl（1970）。

[90] 感謝布雷希提供這項想法。他提及自己在研究的準備過程中都沒有見到這批收藏或是其中的一部分，所以這批收藏有可能已經遭拆散賣掉（私人通信，二〇一七年二月四日）。

第四章

一座阿姆路克達拉的佛塔

阿姆路克達拉佛塔的帕斯托語名稱是窣（ㄙㄨˋ）堵坡，原來是「野柿丘」的意思，這反映了佛塔所在的斯瓦特谷是一塊肥沃的土地。

佛塔坐落在一塊露台上，可以眺望山間一條溪流，那是屬於斯瓦特河的支流。這座壯觀的穹頂建築矗立在正方形的基座上，從山坡高處的一道階梯可以抵達。[1]佛塔後方高聳著伊蘭山（Mount Ilam）——這座山是個聖地，據信是印度神明羅摩流亡森林期間的居住地，因此也是現在印度教徒每年朝聖之旅的目的地。[2]這裡又被稱為奧爾諾斯（Aornos），是亞歷山大大帝（西元前三三六～三二三年在位）一場著名戰役的戰場。[3]不過，這座佛塔是佛教建築，要理解為什麼會建造這座佛塔，以及這裡為什麼佛教消失之後仍然保存佛塔一千年，我們必須先追溯佛教在這個區域的歷史。

阿姆路克達拉佛塔的主塔

佛教在斯瓦特谷

斯瓦特河源於興都庫什山脈中心處的科伊斯坦（Kohistan），該山脈分隔中亞與南亞兩地區。斯瓦特河往南流經峽谷進入開闊的河谷，在普什卡拉瓦蒂（Pushkalāvatī；現在的查薩達〔Charsadda〕）古城與白沙瓦平原附近注入喀布爾河。接著再過不到一百英里，喀布爾河即注入印度河。塔克西拉（舊稱Takshaśilā）是位於印度河兩岸的古城，印度河流向西南方，在巴爾巴里這座古貿易港注入印度洋——古時候，船隻會從這個港口航向波斯、阿克蘇姆與埃及。以斯瓦特河為起點的另一條路線是隨著喀布爾河往西進入卡比薩，也就是巴格拉姆周圍的區域，位於現在的阿富汗東部；還有一條路線則是跟著印度河往北進入中亞內陸。從斯瓦特河往北，旅人可以進入吉爾吉特谷，再前往中亞北部各王國以及塔里木盆地。岩石壁畫顯示這些山徑早自遠古時代就已有人類活動。斯瓦特河在梵文詩集《梨俱吠陀》中稱為「Suvastu」——意為澄澈蔚藍的水，反映其水源由興都庫什山脈上的冰河融化而來。斯瓦特谷下游地區和犍陀羅王國有關，《摩訶婆羅多》與《羅摩衍那》等古印度文獻裡也有紀錄，犍陀羅以普什卡拉瓦蒂為中心。斯瓦特谷的中上游地區以及印度河周圍的土地一度是烏仗那（Udyāna）——這個獨立王國的領土。[4]

這個區域連結了印度北部與多山的中亞，再往外又可與各王國與各帝國相通，因此是個深具戰略價值的地區。這個區域經常是大帝國的邊界，因為立基於印度的統治者無法把疆域擴展到此處的高山以北，北部的統治者也無法跨越這裡而擴張至印度平原。不過，早期有個侵略者倒是來自更遙遠的地方。亞歷山大大帝征戰中亞時曾在這裡打過許多場著名的戰役，他的軍隊從高加索山上的亞歷山大（巴格拉姆）——是他在卡比薩王國建立的城市——往東行進，為了奪取這個區域的控制權而打了許多仗，其中有幾場就發生在斯瓦特谷中，最後亞歷山大成功攻下奧爾諾斯而結束征戰。奧爾諾斯是一座看似固若金湯的平頂陡坡山，上有湧泉供水，當地人紛紛逃往那裡避難。學者們研究這場古戰役的地點已有一五〇年之久，目前有兩個地方被認為最有可能。其中之一是考古學家斯坦因（Aurel Stein，一八六二～一九四三），他勘查這個區域之後，選定比爾薩（Pir-Sar）這座矗立於印度河流域以西的山頭。不過，雖然不是所有人都反對他的看法，目前的共識卻是偏向於伊蘭山，距離阿姆路克達拉佛塔只有一天的步行路程。[5]

亞歷山大回國之後，來自東南部的孔雀王朝（西元前三二二～一八〇年）則往西北擴張至犍陀羅，它的首都是位於恆河上的巴利普特拉（Paliputra；現在的巴特那〔Patna〕）。孔雀王朝的阿育王（約西元前二六八～二三二年在位）經過西元前二六〇年左右一場特別血腥的戰役之後，開始尊奉佛教，並下令在全國各地的柱子與岩石刻上他的敕令。在斯瓦特河與印度河之間的夏巴茲格里（Shabazgarhi；接近現在的馬爾丹〔Mardan〕），就有兩塊岩石上刻了這樣的銘文。[6]這兩段銘文都以當地的語言普拉克里特語（又稱為犍陀羅語）刻成，採用的文字則是新發展出來的佉盧文，這種文字在中亞被使用的時間可持續到西元三或四世紀。[7]根據傳說，阿育王也向四面八方派遣傳教士，包括前往地中海沿岸以及塔里木盆地，而他的兒子和女兒更被派往現在稱為斯里蘭卡的島嶼。斯里蘭卡石窟寺廟上方的銘文，印證佛教在這段時期傳入。[8]可見，佛教從一開始就是一個熱衷於追求大量信徒的信仰，而且偏好長途傳播。[9]

佛教經典《大般涅槃經》指稱，佛陀涅槃之後，遺體火化，被人分成八份，分置於佛陀住過的八個王國裡。每個王國都興建「佛塔」，做為保存佛陀舍利的巨大聖骨塔。[10]這八座原始的佛塔地點都沒有得到確認，它們有可能只是簡單的土堆——就像出現在世界各地許多文化當中的墳塚，包括佛教傳入前的印度在內。[11]也許在某個時間點，可能是在阿育王之前，佛教的佛塔開始變得比較有結構可言，利用木頭及其

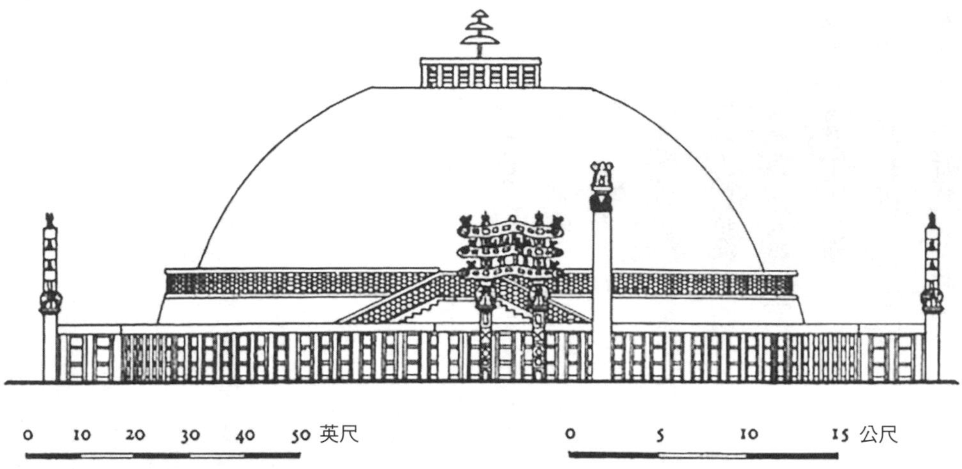

圖 12 桑吉佛塔線條圖。參考自 Rowland（1977：78）。

他材料興建而成。

傳統上，據說阿育王又進一步將佛陀舍利分給八萬四千座佛塔，那是他下令整個孔雀王朝帝國各地建造的。[12] 現存最早的佛塔就來自於這個時期，例如桑吉（Sanchi）的佛塔（圖12）。這些佛塔的表面雖然砌上岩石，但仍保有基本的型態，類似圍繞著一個核心或軸心——所謂的「yasti」——堆成的土塚。有時候會採取實體核心，例如一根樹幹。從這個軸心一直到穹頂上方，則矗立一座華蓋（chattra）。[13] 舍利室通常位於基座的中心，內部有空間讓人沿著穹頂邊緣繞行。

後續幾百年間，佛塔的功能大幅擴展：有些是為了保存名僧的舍利而建造；有些用於收藏佛陀或其弟子使用過的物品；有些用於紀念佛陀及其弟子這一生中的行為或事件；還有一些則是象徵佛教神學的某些面向，或是當成神殿使用。佛塔因此被視為佛陀的化身，也是崇拜的焦點。塔克西拉的法王塔已經部分學者辨識為孔雀王朝時代的建築，但大多數學者都斷定其年代不會早於西元前二世紀，也就是在孔雀王朝滅亡之後。學者們主要是奠基於在這裡發現的錢幣而做的定年，錢幣來自於後續的印度希臘王國時期。[14] 另外，在阿姆路克達拉以北十英里附近，也就是今天的明戈拉，其中布特卡拉一號的佛塔殘跡據信也是來自於同一個時期，甚至可能早到西元前三世紀。[15]貝倫德（Kurt Behrendt）認為布特卡拉是「地方佛教中心的樞紐」。[16]布特卡拉相對之下，位於南方一百三十英里處的法王塔建築群則是比較重要，以首府為服務對象」。[16]布特卡拉扮演都市世外桃源角色的觀點，近來因為發現明戈拉地區的都市遺址的考古證據而被重新評估。[17]早在那個時候，即可見到佛教往北傳播至中亞的城鎮與村莊。這種情形究竟是怎麼發生的？

在整個早期佛教世界，我們都可以看到佛教徒與商人之間的共生連結，同時促成佛教的擴散與貿易的成長。因為佛陀保護以及領導跟隨者從輪迴界邁向涅槃的證悟界，也被稱為商隊大領袖（mahasarthavaha）。正如劉欣如指出：「豐富的長途貿易經驗啟發這些旅人與商人對於佛陀形象的靈感。」[18]一般認為，阿育王是最早派遣僧侶來到這個區域的國王，此區位於重要貿易路線上的位置，無疑有助於佛教在後續數百年間於這座山谷紮根以及成長。佛教在這裡持續了一千年以上，儘管期間經歷許多侵略與政治變化，而且歷任領導者也不一定積極支持這個宗教（不過倒是沒有什麼迫害的證據）。實際上，就像一名學者指出的：「佛教之所以能夠蓬勃發展，可能就是因為其宗教機構沒有在戰爭時期遭到劫掠，因此能為路過的商人社群提供穩定的停留點。」[19]

後續數百年間出現許多政權更迭，這點可見於巴里果德（Barikot）的考古發現中。西元前一世紀末期，印度希臘王國受到一連幾個尋求控制這些重要通道的統治者取代，包括印度斯基泰人與印度帕提亞人（儘管我們不一定能夠確定他們的統治區域是否延伸到斯瓦特谷）。考古發現反映出這個地區的歷史，可以看到希臘化世界、伊朗與南亞的藝術主題，錢幣上的幣文也經常以希臘語和普拉克里特語兩種語言呈現。[20]佛教受印度斯基泰人與印度帕提亞人的統治者支持，在西元一世紀的地位變得更加重要。其中一項證據是一個片岩舍利匣，上頭的佉盧文銘文顯示其年代在西元五至六世紀期間，內容指稱盒裡裝盛佛陀舍利，而且是由一位名叫因陀羅跋摩（Indravarman）的印度斯基泰人君王捐贈，希望藉此為他的家族累積功德，也為他的帝國確保喜樂與福祉。[21]目前所知最早的佛教文獻是一份以佉盧文寫成的犍陀羅語樺樹皮卷軸，內容提及阿斯帕瓦瑪（Aspavarma）與吉宏尼卡（Jihonika，茲奧尼西斯〔Zeionises〕）等印度斯基泰人統治者，其年代也是在西元一世紀。[22]

西元一世紀中葉，斯瓦特谷被貴霜帝國占領（見第三章），因此從這裡往西到現在阿富汗地區裡的佛塔都可以見到貴霜帝國的錢幣。在建築物結構裡發現的錢幣，有助於確立佛塔擴張過程中各個工程階段的年代。舉例來說，布特卡拉一號的第二階段工程可由一枚印度希臘國王米南德一世的錢幣斷定其年代（西元前二世紀末期以後）。巴利文經典《彌蘭王問經》記載米南德成為佛教徒，並且記述他向印度佛教比丘那伽犀那問道。在這部經典裡，那伽犀那解釋指出，佛陀「對於人類而言就像是商隊主人，因為他帶領他們走出輪迴的沙漠」。[23]在後來另一個可由印度斯基泰人統治者阿澤斯二世（Azes II）的錢幣確認年代的階段，以及後續可由貴霜統治者胡為色迦王（約一五〇～一九〇年）的錢幣定年的工程當中，這座佛塔又增添一座飾有壁柱的方形露台基座。[24]這些增建工程鮮明顯示佛教在貴霜帝國時期傳到這個區域，更是蓬勃發展，已有許多富裕的贊助人願意出資擴建既有的佛塔或是另外新建。

佛塔通常位於寺廟中心，因此其擴建可能表示僧侶人數的成長。貴霜君王胡為色迦王及其繼任者波調一世的統治期間有許多佛教活動。如同第三章討論過的，在東非發現的那批錢幣堆中也包含了胡為色迦王與波調一世的錢幣。阿姆路克達拉佛塔即興建於這個時期，亦即西元二或三世紀。第三章所探討的那箱錢幣，在前往印度河流域繼而出海的途中經過斯瓦特谷不是沒有可能性，儘管這點純屬臆測。

高聳入雲——佛塔建築

伴隨著宗教社群的成長，建築基礎設施的需求也更大，宗教社群如果獲得王國的菁英階層贊助——諸如領導者以及富人——那麼建築物就會興建得更為巨大。這麼做不僅榮耀相關的神明，也反映當地菁英階層的權勢與財富。隨著社群裡的財富水準與得到贊助的程度提高，神聖建築的大小與規模也會成長。不論是英國的村莊教堂、伊朗的清真寺，還是印度的佛塔，經常都在增建。建築物的占地面積雖然會擴大，但最引人注意的還是高度的增加——也就是建築物的垂直化。於是，原本矮胖的諾曼人教堂塔樓被拆除，改建為較高、較不那麼貼近於地面的高塔。接著，高塔又改建為尖塔，因為建築工程技術的進步而得以達到更高的高度。[25]尖塔不僅讓建築物在其俗世環境裡更為醒目——在方圓數英里內都看得到——而且有些學者也認為尖塔「象徵了超越力量，使得崇拜者的心靈對於神的天上國度充滿深沉的渴望」。[26]

同樣的垂直化過程也可在佛塔建築中看到。在阿育王時期出現於桑吉和印度北部其他地方半球形建築的「古典佛塔」，穹頂矗立於圓形基座上的型態一直持續沒變，像在犍陀羅即可見到布特卡拉的早期佛塔，尤其是在印度南部。然而，原本的古典型態開始冒出各種變形，本來相對矮胖的半球形穹頂變成越來越拉長的垂直拋物線形狀。除此之外，佛塔的高度又被進一步拉高，包括添加「寶匣」——穹頂上方的正方形結構——以及寶匣上方的華蓋尖塔，經常也稱為寶傘（圖12）。自一九五六年以來就在斯瓦特谷進行挖掘工作的義大利考古學家，主張斯瓦特谷的佛塔建造者很在意挑選位置，以確保「建築物側面能夠盡可能完整讓人看見」，並且確保佛塔「聳立於不受阻擋的天空之下……以便看起來更為巨大」。[27]基座不但有助於墊高佛塔的高度，也可在崎嶇不平的高山地勢上提供一塊平台。此外，「高塔的側面樣貌又因色彩、鍍金以及圖畫與雕刻等元素所強化。……這種神聖建築群從遠方看來就深深吸引了崇拜者，因為他們一眼即可看見主要的高塔矗立在前，迎接著信徒」。[28]

時序雖然還不確定，但證據顯示一種早期發展出來的佛塔形式——擁有一個以上的方形基座或露台，而不是圓形基座——在貴霜時期開始之前的西元一世紀初出現於犍陀羅區域（見第二章），例如塞杜沙里夫一號佛塔（Saidu Sharif I）。[29]如同犍陀羅區域的其他佛塔，這座建築也是石頭砌成，外表再覆以灰泥。這種露台佛塔成了中亞各地的主要型態，後續數百年間更是發展得越來越複雜，並且往東傳播至塔里木盆地，再傳入中國。[30]阿姆路克達拉佛塔就是在這樣的建築情境下得到啟發並且建造而成。

阿姆路克達拉

阿姆路克達拉佛塔的所在處就在同名村莊東南方半英里處，西側的斯瓦特谷沿著一條當地人稱為「阿姆路克達拉克瓦」（「克瓦」〔khwar〕是帕斯托語，意為「急流」）的溪流從西北延伸至西南。這條溪流的東南部被巨石築成的水壩攔阻，而形成一座大池塘做為水庫，也許自古以來就已經存在。整個地區到處可見一座佛教遺址的廢墟。佛塔主塔矗立在一座大致呈正方形的基座或露台上，高六．九七公尺，邊長介於三十二至三十五公尺之間，是當時常見的露台佛塔的典型大小。北側有一道階梯。其核心由片麻岩與深色片岩平砌而成，岩塊之間塗有厚厚的灰漿，由黃色黏土與石灰岩碎片混合而成。其正面砌著每一塊都差不多一樣大的花崗岩料石，料石之間的空間填滿了片岩碎片。表面先塗上灰泥，然後再上漆。基座的地板由大石塊鋪成。佛塔的圓形底部也以相同的方法裝飾，北側同樣又有另一道階梯通往第二層樓。在這上方又

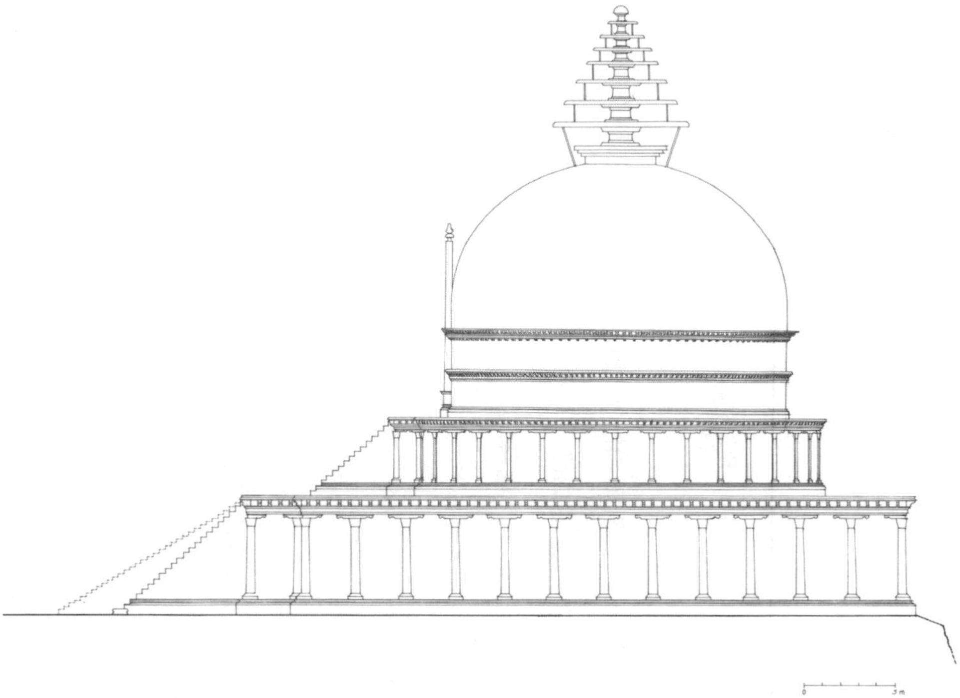

圖 13 阿姆路克達拉佛塔線條圖。參考自 Olivieri（2014, pl. 3）。繪者：F. Martore, ACT/Italian Archaeological Mission in Pakistan。

有另外兩層樓，同樣也呈圓形。這些樓層都塗上灰泥，頂端標誌著突出的石塊，由片岩構成的托架支撐。

半球形的穹頂直徑約有十八公尺，高度超過十公尺（圖13）。在穹頂的地板上發現六塊圓形石塊的碎片，可能原本構成穹頂軸心上方的寶傘——或稱華蓋。考古學家奧里維耶利自從二〇一二年就在這座遺址進行研究，他估計這裡原本至少有七塊圓形石塊，其中最大的一塊（排放在這一串石塊的最底端）在當初完整的時候直徑應該超過七・五公尺，並且重達三噸左右。寶匣與華蓋增添的高度應有八・八公尺，因此整座佛塔的總高度應是三十五公尺左右。[31]

階梯左側（東方）有一座小型佛塔。這座小型佛塔的裝飾與主塔相同，大概也是建造於同一個時間。這樣的模式也可見於其他地方，例如巴里格朗（Baligram；即塞杜沙里夫）以及甘巴杜納（Gumbatuna），同樣也都位於斯瓦特谷。[32]另外還有三座露台，一座位於西北方，另外兩座位於東南方。其中一座可能是寺院建築的所在地，而且這三座可能原本都蓋有比較小的佛塔。有個通往伊蘭山的小徑位於遺址以北，以西則是池塘，更遠處是榨酒池的殘跡，另有許多較小的次要建築——可能是由其他比較沒那麼富有或者地位沒那麼重要的贊助者所建——也可見於這個區域各處，包括在塔克西拉的法王塔以及布特卡拉一號。在前者那座遺址發現的證據，顯示這些建築建造於主塔完工後的一百年內，而且建造地點都選在崇拜者眾多的地方。[33]更遠處有住屋，可能是供想要與世隔絕的人士使用。[34]附近的岩棚也可以見到同一個時期的壁畫。

這座建築相當巨大，尤其是在外表塗上灰泥並且上漆的情況下，必定是當地最醒目的地標，就像中世紀的大教堂也是歐洲最醒目的地標一樣。相較之下，這座佛塔的高度幾乎和英國十二世紀原本的伊利大教堂（Ely Cathedral）一樣高，也只比羅馬的萬神殿矮了幾公尺。考古學家斯坦因指出，這是他在斯瓦特谷勘查的所有佛塔中最大的一座——而且這裡至今已經發現了四百座左右的佛教建築。[35]一個顯而易見的問題是，這座佛塔是怎麼建造的，尤其是當時的工人怎麼把寶匣和沉重的石頭華蓋矗立在一幢三十公尺高的建築物上。

奧里維耶利在他對於這座遺址的考古工作所提出的報告中也思考過這一點，並且參照紹本（Gregory Schopen）對於佛教建築的後勤工作所進行的一般性檢視，還有島田明對於印度佛教在這段早期時代受到的贊助所進行的研究。[36]首先，我們必須考慮負責構思、規劃並且督導這項建築工作的是什麼人。打造這座建築的願景是來自於單獨一名贊助者，還是一群當地菁英，或是僧侶本身？這點我們可能永遠不會知道，因為沒有任何已知的文獻能夠在這方面為我們提供資訊，這座佛塔本身也沒有任何銘文。不過，有其他案例則提供了文獻與銘文。舉例而言，有不少文獻記載阿育王及其他統治者下令在王國各地建造佛塔，而且可能也提供了資金。此外，在七世紀西行取經的玄奘載譽返國之後，即請求皇帝在首都長安興建一座佛塔。他還仔細說明佛塔的建築形式——以求近似於迦膩色伽王一世的巨大佛塔。從這個例子裡可以看出，是由一位著名的僧侶提出願景，而皇帝擔任贊助者的角色。另外有例子則是佛塔上某些部位刻有銘文，例如中央邦的潘戈拉里亞（Pangoraria）有一座佛塔，其樹幹軸心就刻有銘文，指稱該佛塔是由一名尼姑及其門徒捐贈蓋成。[37]不過，如同島田明指出的，這段時期沒有什麼證據能夠證明統治者扮演贊助者的角色。由銘文看來，至少在早期，大多數的佛教建築都是由僧侶以及「社會各界當中為數眾多的集體捐贈者」共同資助。[38]島田明把佛塔指為「集體資助的建築」。[39]桑吉的二號佛塔似乎也是由和尚與尼姑興建而成，並且由他們提供大部分的資金。另外有些佛塔則是安置逝世僧侶的舍利。因此，這個遺址當中的一座或多座小型佛塔確實有可能是僧侶為了該目的而建造，儘管他們對於主塔的興建有無出資仍然沒有確切的答案。

當初那個人或者那群人為什麼會選擇在這個地點興建一座大型佛塔？佛塔的選址不只取決於地形，也取決於和人口的鄰近程度。像這座佛塔這麼複雜的建築物，絕對不可能只有資助者即可興建，必須也要有當地社群和朝聖者，才能夠確保有人崇拜並且加以維修。前面我們已經探究過佛教與貿易的密切關係，而這座佛塔就像其他許多佛塔一樣，也是位在一條主要貿易路線上，也就是絲路之上。絲路是這套網絡中的動脈，藉由海路與陸路將遙遠的區域連結起來。[40]阿姆路克達拉佛塔不只位在從白沙瓦平原北上經過斯瓦特谷的主要路線上，也位於一條翻越山脈而往東通往印度河流域以及往東南通往喀布爾河流域的路線上。[41]就當地聚落而言，這座佛塔距離最近的村莊只有半英里，距離巴里果德這座比較大的都市也只稍微遠了一點，而北方則是烏德格拉姆（Udegram）與布特卡拉。[42]還有一條通過這裡的路線，則是通往另一個聖地——伊蘭山。因此，這座佛塔必定很容易受到路過的商人與朝聖者造訪，在其他路過的旅人眼中也必然相當醒目。[43]

這座佛塔的坐向也很重要，原本的規劃也許是面向北方，以日出做為確立方向的基準。不過，這座佛塔實際上卻是面對北北東，偏離天文北方約三十五度。由此可見這座佛塔是在秋分之後才被規劃，當時的日出偏向東南東不到四十度。[44]佛塔偏好的坐向似乎是東方或北方，然而，山上的地勢通常會導致難以如願。[45]

寺院及其中央佛塔的所在位置也取決於地貌。考古學家斯坦因在一九二六年冬末走訪斯瓦特谷，在他的描述中充分彰顯斯瓦特谷的豐饒：「我們行走的那條小路深埋在草木之中，兩旁都是茂密的樹籬，盛開著猶如報春花的花朵，而枝條低垂的樹木雖然還沒長出葉子，卻令人不禁回想起德文郡的巷道。形似藍鈴花的花朵以及其他報春花，將一小塊一小塊的梯田妝點得更加明亮。」[46]自從一九五六年以來就在那裡進行研究的義大利考古學家指出：「整座建築群都融入周圍的自然環境，這樣的融合即為其賦予魅力、重要性與美——在原本的規畫與後續的增建中，相信都會把這些元素納入考量。」[47]

紹本也主張這裡的寺院與印度理想中含有藤架或極樂樹叢的花園帶有非常緊密的關係，這點可由西元一世紀期間的共通語彙獲得證明。紹本寫道：「佛教僧侶……試圖將他們的建築融入花園當中，或是實際上視自己屬於那種文化類別。」[48]從花園或寺院裡看見的景觀，是選址的重要元素，這點已受到許多旅人提及。因此，斯坦因寫到斯瓦特谷下游的另一個地點，指稱那裡「提供一個令人欣喜的例子，顯示以往的這些佛教僧侶懂得怎麼挑選聖地，並且將他們的建築安排在那個地點旁邊。從肥沃的河谷到坦納（Thāna）

是一片壯麗的景觀，周遭滿是嶙峋的怪石，更高處是一簇簇的杉木與扁柏，附近還有一座罕見的湧泉——這一切都為這個地點賦予魅力。即便是那些無意在涅槃當中尋求未來喜樂的人，也可以充分享受這幅景色」。[49]由岩石切割而成或是以其他材料製成的椅子，都會擺在有特定景觀的地點。

為了闡釋他所謂的「共通語彙」論點，紹本舉出一首古典梵文詩為例，其內容描述一座花園裡有開滿花的樹木，而且迴盪著「鵝與鶴以及孔雀的叫聲，鸚鵡、八哥、杜鵑與雉雞的聲響」。他把這段詩文拿來與另一段文字比較，該段文字描述一座佛教寺院「由各種樹木妝點，充滿了鵝、鶴、孔雀、鸚鵡、八哥、杜鵑與雉雞的叫聲，並且因為各式各樣的花朵與水果而增色不少」。[50]佛教寺院的梵文名稱「vihara」意為「喜樂地」或「花園」，而且寺院就像花園一樣，也是位在聚落以外的鄰近地區。在印度，這兩者也都是觀光景點，有錢的女性尤其喜歡前往參觀。[51]實際上，這部文獻也明白指出這兩者都近似於「神明的住所」，令人想起中亞石窟佛寺牆上所繪的西方極樂世界的情景。佛塔與寺院也都有繪畫妝點，藉此吸引朝聖者以及潛在的捐款人。[52]

大多數佛塔本身的建築結構並不複雜，是如奧里維耶利所說的「漸屈形土墩」。但他也指出，佛塔因體形龐大導致建造上的複雜度。[53]就算最終的建築物沒有納入軸心的結構，可能也會先把軸心豎立起來做為引導。但除此之外，我們對於建造與裝飾的順序所知極少。[54]奧里維耶利認為，隨著建築越蓋越高，鄰近的岩石坡一開始可能就是為了構築坡道以運送材料而建。他的團隊試圖以竹構鷹架撐起巨大的花崗岩料石進行翻修，但沒有成功；而羅克維爾（Peter Rockwell）研究斯瓦特谷採用的石工技術之後，也指出「犍陀羅科技的一大奧祕，就是他們如何舉起以及放置那些巨大圓盤」。[55]奧里維耶利也對於一般認為「佛塔就是單純由下而上興建」的假設提出質疑，認為建造過程複雜得多。[56]

不過，在建造工作開始之前，首先必須取得建築材料。當地遺址顯示有採石的證據，而且那些岩石經常是一開始就以所需的形狀切割下來，而不是事後再加工塑形。其中一座採石場位在阿姆路克達拉以北的戈格達拉（Gogdara），就明顯可以看到岩石以寶傘的圓盤形狀被切割下來；另外一座是薩哈科特（Sakhakot）的片岩採石場，幾乎可以確定是在這個時期用於雕刻作品。[57]奧里維耶利也提議指出，有些材料可能是在建造地點旁的峭壁上採集而來，這麼做的好處是能夠同時增加可供建造工作使用的地面區域，一如我們在塞杜沙里夫一號佛塔看到的情形。[58]

究竟這一切是誰籌劃的？有些文獻資料記載指出，僧侶除了募款以外，也涉入建造工作的其他面向，諸如購買材料以及監工。有文獻講述一間寺院的建造過程，列出所有的相關人士：負責營造工作的僧侶（寺主）、製磚工人、工頭、木工、泥水匠、畫家、零工。[59]我們從其他文獻可知，僧侶有時也會扮演零工的角色，因為努力工作而滿身沾滿泥汙。[60]據說佛陀曾經下達這樣的命令：「建築計畫如果尚未完工，僧侶就必須協助建造工作。」[61]寺院的布局除了遵循傳統之外，也由在現場做決策的僧侶決定——這點在地勢變化不定的山區極為重要。

阿姆路克達拉佛塔的社區

除了擔任贊助者、建築工以及工匠之外，周遭社區的一般人口又扮演什麼角色？我們也必須記住的是，他們絕非所有人都是佛教徒。沒有證據顯示佛教徒成功促使當地社區的所有人皈依佛教——或甚至是有意這麼做。如同奧里維耶利引述其他許多人的研究所指出：「佛教……沒有普世主義的野心，至少在這樣的情境中沒有。其主要目標是獲得政治菁英、當地的地主貴族、商人以及工匠這些人士的支持。換句話說，就是城市的居民。」[62]幾乎可以確定在佛教傳入之前的當地宗教習俗——亦即「民間」宗教——存留了下來。此外，佛教建築也有可能被這地區的信仰體系納入為某種善神——這點可由當地許多岩壁繪畫當中描繪的佛塔加以推測。不過，同樣可能的狀況是，就像奧里維耶利所說的，＂佛教建物是「文化歧異」的指標，它們也可能「代表鄉下社群面對他們的地盤裡最得天獨厚的區域受到快速變遷的影響所產生的一種心理反應」。[63]

義大利考古團隊也參考斯瓦特谷區域的其他現代考古研究，包括建築物的殘跡，以及許多留有壁畫的岩棚與榨酒池。他們主張，在佛教鼎盛時期，也就是建造阿姆路克達拉佛塔的時候，該區域受當地貴族控制，他們把部分地區送給佛教社區。不過，其中有些可能是早已被農業耕種的土地，並且有灌溉的基礎設施，如同谷地上游處的馬拉坎（Malakand）所發現的一段西元二世紀之後的銘文所示。有些土地當地人可能持續耕種，而那些人也不必然全部都皈依佛教。行腳僧慧超（七〇四～八七）的記述顯示，此時期的社區參與程度——但社群對於這一點實際上毫無選擇的餘地，因為：「國王為了支持寺院而捐贈出他治下大部分的村莊及其居民，只有少數幾座村莊仍然屬於他所有。而且即便是那幾座村莊生產的糧食與衣物，也都捐贈給寺院」。[64]

就算早期的狀況不是如此，當地人也可能付出勞力獲取以及生產寺院社區所需的商品。除了農業產品以外，他們也可能供應其他食物，例如水果與蜂蜜，也可能參與生產燈油，甚至是紅酒。[65]我們很難確認這些物品的生產是受寺院控制，平民只是擔任勞工——或甚至是奴隸——還是平民控制了生產活動，而將產品賣給寺院。[66]在其他佛教世界地區，我們可見寺院控制了當地社區需要的麵粉廠與榨油廠，而且還扮演銀行的角色，提供利息極高的貸款。[67]

谷地裡有野生葡萄，該區的葡萄汁生產也可從在當地高處發現的二十個榨汁槽證實。根據估計，這些榨汁槽每年可以生產六千至八千公升的果汁。發現於佛教建築群附近的榨汁槽沒有流出孔，顯示這些槽可能是用來發酵，而不只是用於榨汁。因此，這點也可能顯示當地的佛教徒延續飲酒的習俗。[68]其中一個榨汁槽發現於一座繪有岩石壁畫的岩棚裡，表示當地社群可能也參與葡萄酒的生產活動，也許還把部分的酒賣給寺院。

岩棚裡的壁畫與西元第一千年間的佛教生活屬於同一個時代。主題表達對於當地農業儀式、葡萄酒的生產、羱羊的獻祭，以及儀式性狩獵與薩滿習俗的關注——薩滿習俗在斯瓦特谷中游與上游延續到了現代時期，並且與卡菲爾語（Kafir）及達爾德語（Dardic）的語言族群有關。[69]不過，這個地區的岩棚壁畫在第一千年末期就不再出現，也就是佛教活動大幅消退的時候。這是否表示這個地區在這時出現整體性的衰微，包括人口減少或者遷離？有些證據顯示後來仍有建造工作——遲至十三或十四世紀——而且至少有一份現存的記述能夠支持這一點，但完全比不上第一千年間大部分時期的佛教活動那麼活躍。

佛塔的崇拜活動

如同先前討論過的，到了建造阿姆路克達拉佛塔之時，佛塔的核心已是放置舍利的空間——不論就實質上還是隱喻上而言都是如此。儘管阿姆路克達拉所保存的所有舍利都遭到劫掠而遺失，鄰近的遺址卻發現其他舍利匣，例如在迦膩色伽以及堯里安（Jaulian）的佛塔。在白沙瓦附近的迦膩色伽佛塔發現的舍利匣，年代在西元一二七年左右，是一個刻有銘文也裝飾有圖案的鍍金銅盒，高七吋，基部是個六角形的水晶舍利匣，內含三塊骨頭碎片。[70]

堯里安位於印度河東岸，在斯瓦特谷東南方，接近塔克西拉。堯里安佛塔A11號（四至五世紀）的舍利室面積為十．五平方英尺，高三呎八．五吋，裡面有個高三呎八吋的佛塔模型，剛好放得進那個空間。這座佛塔以灰泥製成，有個七華蓋的寶傘。整座佛塔漆成藍色與紅色，嵌有石榴石、紅玉髓、青金石、海藍寶石、紅寶石、瑪瑙、紫水晶以及水晶。[71]內部有一條空心通道，底部是個已經腐朽的木盒，由四根鐵釘固定。這個木盒裡有青金石、象牙、金葉、水晶、金珠、幾顆綠色的人造寶石，以及珊瑚——也就是佛教七寶的部分物品。[72]此外，還有一個比較小的銅鎏金圓形盒子，裡面裝著一個材質相同但更小的圓筒。這個圓筒內只有沙塵，但我們可以假定那些沙塵是舍利的殘跡。

這座佛塔是寺院的公開部分。如同我們先前見過的，其大小與建造位置的目的在於吸引崇拜者——以及捐贈者。許多佛塔必定都採鍍金表面，使其穹頂在天空之下更醒目，而且外表也一定「包覆」絲綢旗幟與橫幅，就像佛像也都套有外衣一樣。在五二〇年左右，旅經此地的中國朝聖僧宋雲，提及塔里木盆地于闐國的這種習俗：「後人於像邊造丈六像者，及諸宮塔乃至數千，懸綵幡蓋亦有萬計。」[73]他從寫在布幡上的禱文得以知曉其年代。他提到有一幅布幡上的文字寫於百年前的朝聖僧法顯的時代，顯示那些絲綢就這麼懸掛在佛塔上，因為于闐乾燥的沙漠空氣而得以保存下來。在比較潮溼的斯瓦特谷，這類布幡必定不久就會腐爛。

崇拜者也可能帶了花環前來妝點、在佛塔前方焚香，或是帶了由寺院利用黏土鑄模製作的佛塔模型。他們也可能會把經典抄本的殘跡塞進佛塔的壁龕裡。許多古代抄本都是以這種方式保存下來——但在斯瓦特谷的潮溼氣候中不可能。後代的一份西藏文獻列舉供養佛塔的好處。這份文獻雖是杜撰，卻被稱為是蓮花生所寫。傳統上認為蓮花生是一位出生在斯瓦特谷的僧人，將佛教傳入西藏。[74]這份文獻可讓人對崇拜者如何展現虔誠信仰的許多方法獲得一些概念。[75]文獻列出了超過一百種供養佛塔的方法，以下僅節錄其中十一種：

繞行大佛塔者可獲得人天七德：種姓高貴、形色端嚴、緣分優異、智慧廣大、財勢富足、無病以及長壽。

……

向大佛塔獻花者可得安樂與滿足，富足與健康；獻香者可成就清淨行業；獻燈者可得照亮無明黑暗；獻香水者可免除焦慮和苦難；獻食物者可生活在禪修中而遠離飢餓。

向大佛塔獻音樂者可將法音傳遍十方；獻鐃鈸音者可得深厚的悟解與富足；獻鈴聲者可得柔和甜美的嗓音——即神聖的梵音。

……

向大佛塔聖像獻法衣者可享有美好舒適的衣裳；為佛塔塗堊者可得白皙光澤的膚色、喜樂、富足與健康，並可支配人、神、魔。獻凝乳、奶與奶油者可得隨欲寶牛與一群牛；獻糖漿、蜂蜜與糖者可得天食。[76]

重建與翻修

做為信徒崇拜的中心，佛塔就像大多數的宗教建築一樣，也會一再擴建與重新裝修，新的捐贈者與崇拜社群會要求各種改變與增建以展現他們的虔誠。阿姆路克達拉佛塔也不例外：奧里維耶利提及從三到九世紀期間至少有過六次重建的證據。這座佛塔的改建也透露了這個時期佛教在斯瓦特谷的狀態。

圖 14 阿姆路克達拉佛塔在 1926 年的情景，照片由斯坦因拍攝。British Library Photo 392/30 (129)。British Library Board。

所有翻修工程大都日期不明，但原本的藍片岩裝飾可能在貴霜時期被由甘珠爾石（kanjur stone）製成的裝飾元素所取代，包括壁柱在內，採用的是犍陀羅科林斯柱式的一種後期版本（圖 14）。雕刻的壁柱與托架裝到正面所留下的空間，然後再塗上灰泥並且上漆。主階梯也在這個時期重建。奧里維耶利指稱這座階梯有可能在一場地震中遭損毀（地震在這個區域並不罕見）。[77]新的階梯建造於原本階梯的殘跡上，因此比較高也比較長，以致破壞原始建築的對稱性。

到了四世紀，貴霜帝國已經不再統治這個地區，但佛教仍然持續活躍於斯瓦特谷，這點可由當地的建築景象看得出來。至於政治面貌，則是沒有那麼明顯可見。錢幣證據顯示了貴霜薩桑王國與薩桑王朝的影響或統治，接著從五世紀開始，則是陸續受到寄多羅人（Kidarite）、嚈噠人、突厥沙希人（Turki Shahi）與印度沙希人（Hindu Shahi）統治。四〇三年左右，中國朝聖僧法顯在前往印度的途中停留於此，留下了一份報告。[78]

> 度河便到烏萇國（烏仗那國）。烏萇國是正北天竺也。盡作中天竺語……。俗人衣服、飲食，亦與中國（印度）同。佛法甚盛。名衆僧止住處爲僧伽藍，凡有五百僧伽藍，皆小乘學。若有客比丘到，悉供養三日，三日過已，乃令自求所安常。
>
> 傳言佛至北天竺，即到此國已。佛遺足跡於此。跡或長或短，在人心念，至今猶爾。及曬衣石、度惡龍處，亦悉現在。[79]

佛足跡與曬衣石都已被辨識為斯瓦特谷上游留存至今的遺址。[80]法顯以及他的一些夥伴在結夏安居期間待在烏仗那國——結夏安居是印度佛教發展出來的制度，藉此讓僧侶避開夏季的季風雨。[81]這段期間結束後，他們繼續朝下游前進，而來到下斯瓦特谷。法顯指稱佛教在那裡相當盛行，並且確認佛陀當初為了救一隻鴿子而割下自己身上一塊肉的地點：這是〈尸毘王本生譚〉的主題，連同其他數百則有關佛陀前世的故事而集結為《本生經》。[82]根據法顯的記述，當地人在那個地點建造了一座佛塔，並以金銀加以妝點。[83]從他的報告看來，該處距離犍陀羅還要五天的路程——所以可能是在塔克西拉地區。

法顯的記述裡所描寫的繁盛的佛教社區，也得到考古學上的支持，因為考古結果顯示佛教及其群體在政權更迭下仍然持續受到扶持。在法顯造訪後也許才過了一、二十年，斯瓦特谷區域被來自北方的不同統治者所控制——亦即寄多羅人。寄多羅人是一系列侵略者當中的第一批，這些侵略者通常被稱為「伊朗匈人」。由於文獻與考古證據的貧乏與混亂，這些族群的統治年代與持續時間都缺乏確定性，只有錢幣是最好的證據，而且斯瓦特谷也有些寄多羅人的錢幣，但這不表示他們統治過這個區域。在寄多羅王朝期間，雕塑不少巨大的佛陀與菩薩黏土雕像——有些高度超過四十英尺——但不是在斯瓦特谷。

寄多羅人在四六七年被逐出巴克特里亞，對手可能是薩桑人與嚈噠人的聯盟，同樣又是另一個所謂的「伊朗匈人」同盟（見第五章）。他們在斯瓦特谷掌權可能達十年以上。接著，屬於嚈噠聯盟一部分的阿克罕（Alkhan）也翻越高山而占領了犍陀羅。[84]

阿姆路克達拉在這個時期又被改建更多。新的階梯中央蓋了一座小廟，側邊還切出半圓形的壁龕，可能是為了放置還願的東西。在階梯增修多次之後，證據顯示接下來則是一段遭遺棄絕對是受忽略的時期，也許是因為僧侶以及贊助人的人數過於稀少，不足以負擔其維護工作。我們可以假設這段期間是在嚈噠時期，因為就我們所知，嚈噠人並非佛教的支持者。宋雲與惠生是統治中國北部的拓跋政權——北魏（三八三～五三五）——所派遣的使者，他們在五一九年與嚈噠帝國的統治者會面之後，就指稱那裡絕大多數的人「不信佛法，多事外神」。[85]

不過，如同桑山正進索指出，這兩名僧侶也沒有提到佛教徒遭到迫害或者佛教建築或雕像遭到摧毀的情形。[86]與北方的嚈噠人會面過後，宋雲一行人往南翻越山區抵達烏仗那國。[87]他們在這裡會見了「晨夜禮佛」的當地國王。他們走訪法顯提及的部分著名佛教地點，例如佛足跡，甚至還捐款資助一座佛塔的建造工程，原因是那座佛塔就蓋在以做為〈尸毘王本生譚〉發生地而聞名的山丘上。他們的報告顯示，佛教在這座山區王國裡仍然興盛不衰，也持續被扶持。[88]

葛樂耐（Frantz Grenet）指出，嚈噠帝國對於中亞的統一，促成了佛教的二度興盛，「比貴霜時期的第一次興盛影響更廣」。[89]佛教在這段時期的影響範圍延伸得比先前更廣，在梅爾夫（Merv；位於塔克西拉西北方將近一千英里處）這個同樣被嚈噠人征服的區域建造一座佛塔。[90]確實有證據顯示中亞在這段時期有持續不斷的貿易活動，來自北方的商人——尤其是粟特人與巴克特里亞人——在沙提亞及印度河上游其他地區留下銘刻文字。鑒於貿易與佛教之間的共生性連結，佛教會盛行於這裡以及中亞內陸深處——包括塔里木盆地裡——也許是意料中事。

下一份留存至今的記述來自於另一名中國朝聖僧：玄奘，不過他描繪的是一幅非常不同的圖像。[91]他約在六三〇年抵達犍陀羅，像亞歷山大大帝一樣從西方的卡比薩來到這裡。他指出：「邑里空荒居人稀少。……僧伽藍千餘所，摧殘荒廢蕪漫蕭條。諸佛塔頗多頹圮，天祠百數異道雜居。」[92]這時候，犍陀羅東部到印度河岸皆屬卡比薩所有，被巴格拉姆統治，印度河以東則是受喀什米爾統治。至於烏仗那國是否被卡比薩統治，並不明確。

玄奘的旅程記述指稱，他接下來從鄔地版達（Udabhanda；穆扎法拉巴德〔Muzaffarabad〕）沿著印度河流域北行，穿越河流——他沒有說明是在什麼地點——並且翻山越嶺抵達了斯瓦特谷上游的烏仗那國。儘管這點頗受爭議，但他要是真的走了這條路線，就有可能經過香拉山口（Shangla Pass），從而經過印度河西岸的比爾薩。記述中提到斯瓦特谷的肥沃豐饒，他也描述指稱那裡「花果繁茂」。[93]不過，記述中也提到斯瓦特河岸上原本雖有一千四百座伽藍（寺院），現在卻「多已荒蕪。昔僧徒一萬八千，今漸減少，並學大乘寂定為業，善誦其文未究深義」。[94]記述中提到印有佛陀足跡的岩石，以及佛陀洗衣處。玄奘針對斯瓦特谷南部所提到的其他地點當中，還包括醯羅山，而法國考古學家富歇（Alfred Foucher；一八六五～一九五二）已確認這座山即是伊蘭山。[95]斯坦因又進一步辨識玄奘描述的其他地點，包括巴里果德與甘布泰。[96]阿姆路克達拉沒有涵蓋在內。

玄奘的描述雖然顯得荒涼慘淡，但佛教就算在南方的犍陀羅已遭到捨棄，在烏仗那國與斯瓦特谷下游也顯然還是持續深受信奉。考古發現支持這一點，證據顯示斯瓦特谷有些佛教地點在這段時期曾經重建。如同先前提過的，玄奘所提有些建築損毀現象可能是地震導致，並不是人為造成的結果。[97]不過，佛教社區看起來確實比全盛時期大為衰滅，而且可以獲得的資助來源也不如往昔，因此不免導致這裡的許多佛教建築都破落失修。在這段時期的某個時候，阿姆路克達拉的階梯中央建造了幾座正方形神龕。[98]

玄奘之後的現存紀錄包括慧超的記述，他在七二七年從印度返國途中曾經由喀什米爾前往犍陀羅。他描繪的情景也非常不一樣，指稱國王「大敬」佛教，並且要求大多數的村莊及其居民供養寺院，如先前所提。他接著指出，當地「足寺足僧，僧稍多於俗人也」。這段顯示佛教文化盛行的陳述，又受在七五一年左右造訪此地的另一名中國旅僧悟空的記述所支持。[99]他是一支派往喀什米爾的中國外交使節團的成員，在途中卻因為生病而沒有隨著使團返國。超過了十年，他才返回中國——他也可能加入那個區域的一個佛教社區，因此延宕了返鄉時間。

佛教在玄奘造訪之時陷入衰微，後來又在八世紀中葉大幅復興，這樣的情形確實有可能發生。不過，必須指出的是，有一名學者對於玄奘是否真的造訪過烏仗那國提出質疑，認為玄奘的記述是取自別的來源。[100]他認為是編纂者在玄奘的遊記裡添加烏仗那國的部分，原因是這個地點在佛教中國廣為人知。

八世紀末或九世紀期間沒有相關記述，但在這段期間，阿姆路克達拉佛塔就算還有被使用，其全盛期也已經過去了。其露台已有部分掩埋在土壤與岩石底下。一度潔淨的灰泥與漆面可能也已剝落褪色。這時候統治斯瓦特谷的印度沙希人，在主塔露台旁建造一座軍事瞭望塔。[101]這座佛塔雖然有可能持續讓一個小社群使用了一百年左右，大概在九或十世紀遭到廢棄，終結身為活躍宗教建物的生涯。

遺忘千年：十世紀到二十世紀

在接下來的一千年間，我們對於阿姆路克達拉佛塔發生了什麼事一無所知，但也許值得注意的是，這段期間斯瓦特谷雖然盛行佛教以外的其他宗教，這座建築物卻得以保存下來。如同先前探討過的，當地的宗教也許一直與佛教並存，但在印度沙希人入主這個區域之後，佛教就被其他宗教取代，其中最主要的是伊斯蘭教。自從白沙瓦在一〇〇五年受伽色尼王國（九七七～一一八六）——由信奉伊斯蘭教的突厥人所建立——占領以來，斯瓦特谷的人口可能有更多人改信伊斯蘭教。在拉合爾（Lahore）鑄造的伽色尼王國錢幣，被人發現於烏德格拉姆附近的一座廢墟，就在阿姆路克達拉與巴里果德以北。[102]在這裡從事的挖掘活動證實曾經有一段伊斯蘭教占領時期，從伽色尼王國在這裡遂行統治之後即告開始，一直持續到十三世紀，許多建築物都蓋在既有的佛教建築上。[103]一片山坡的下方發現一座清真寺的殘跡，其中還有一〇四八年進行重建工作之時留下的銘文，於是這裡也就成了這個區域年代最早的一座清真寺。另外還有一座墳場，其中包含五十個左右的穆斯林墳墓，該墳場的年代介於十到十三世紀之間。伊斯蘭聚落當中的部分鋪路石已被辨識為佛塔寶傘的殘跡。最有可能的情形是，那些寶傘經過地震或洪水之後傾頹掉落，於是被撿去重複利用。

接下來出現一連串的政權改變，就像斯瓦特谷較早之前的歷史一樣。花剌子模（一〇七七～一二三一），另一個由伊斯蘭教突厥人統治的帝國，因為在烏德格拉姆發現他們鑄造於白沙瓦的錢幣，而證明他們也曾在這個地區掌權。他們原本的根據地在撒馬爾罕，但在蒙古人的進逼下被迫往南移動。不久之後，蒙古帝國（一二〇六～一三六八）也抵達這裡。如同先前提過的，僧人蓮花生此時風靡西藏，一般認為他出生在烏仗那，而且是佛教傳入西藏的關鍵人物。一名西藏僧人的遊記手稿中把這個地方設定為朝聖之旅的焦點，他在一二六〇年左右抵達，就在蒙古侵略前後。[104]他被稱為鄔僅巴（Orgyan Pa），意為「來自烏仗那」。如同其他旅人，他也提及這座谷地與伊蘭山的豐饒景色：「滿地盡是柔嫩的花草，呈現出各式各樣的色彩與香氣。……東方坐落著伊蘭山。……地面上沒有藥草，因為藥草不生長在這裡。……八足獅與羚羊在那裡自在徜徉。四處可見許多葡萄園，還有各式各樣色彩鮮豔的美麗鳥兒發出嘰嘰喳喳的啼聲。」[105]

他從伊蘭山沿著谷地北上，也許抵達烏德格拉姆，而提及這裡和鄰近的一座聚落只有一百間屋子。由此可見，伊斯蘭聚落在這個時期已幾乎被遺棄，而這項猜測也得到考古證據支持——或者該說是因為缺乏考古證據而獲得支持。不過，鄔僅巴也提到有一尊檀香木佛像仍然矗立著，於是他獻上一些供品，而且也獲得一些施捨，可見那個地方有些人仍然敬重佛教，甚至可能是信徒。

成吉思汗死後，這個區域成了察合台汗國的領土，但他們對於斯瓦特谷這座位在帝國邊緣的山谷究竟握有多少控制權，我們則並不清楚。這個區域自從巴布爾（一五二六～三〇年在位）時代以來就是蒙兀兒帝國的一部分。蒙兀兒帝國雖然存續到一八五八年，那時最後一位皇帝才遭到英軍廢黜，但斯瓦特谷在這段時期的大部分時間可能多多少少都處於自治狀態，由當地的可汗與太守統治。

現代時期：考古與劫掠

阿姆路克達拉佛塔在被忽略約一千年後，仍然能夠保存得如此完整，可見斯瓦特谷在這段受非佛教人口進駐的期間，並沒有發生全面摧殘佛教紀念建物的情形。這點得到第一個懷著考古目的來此的人士支持，也就是出生於匈牙利的學者暨考古學家斯坦因。[106]他在拉合爾為英屬印度工作，在一九二六年抵達斯瓦特谷（他自從一八九〇年代就開始嘗試造訪這個地方）。他針對自己初次見到那座佛塔的體驗寫道（圖14）：

> 令本考古學家深感欣喜的是，在（伊蘭山）構成的壯觀背景前方矗立著一座龐大的佛塔……以精巧的石工技藝建造而成，保存的完好程度也遠勝於其他我見過的遺跡，而且也不像我至今檢視過的其他佛塔那樣在過去遭到挖掘以找尋「寶物」。……這座巨大建物仍然保有其精緻的半球體穹頂，直徑約七十呎，石材表面幾乎完好無缺。……唯一掉落的東西，就是原本屬於穹頂上方那個「球座」的巨大圓形石傘。現在，四個圓形石傘堆疊在佛塔的正方形基座上，其中最大的一個直徑整整有十四呎：要把那塊巨石搬到那

麼高的地方，絕對不遜於埃及建造者所面對的挑戰。[107]

斯坦因注意到穹頂北側位於階梯頂端的損壞，認為那是劫掠者造成的，但奧里維耶利則認為，此一損壞應是依附在穹頂側邊的一個大型石龕掉落下來造成的結果——他在其他遺址的相同位置見過這樣的結構。此外，如同斯坦因指出的，那個破洞並未延伸到穹頂本體。因此，我們可以假設舍利室在這個時期仍然保存完好。斯坦因在一九三三年回到這裡，並且取得開挖的許可。不過，他卻因為跌下馬背受傷而無法照計畫進行。[108]斯坦因在一九四一年再度造訪此地，但無法在阿姆路克達拉從事進一步的研究工作。

我們對於這座佛塔所擁有的下一份記述，來自於義大利學者圖齊（一八九四～一九八四）。他在一九五五年造訪此地以獲取考古研究許可，並且進行初步勘查。伴隨他同行的勘查員卡羅里（V. Caroli）畫了兩張素描：一張立面圖和一張平面圖。不過，他們這次沒有進行任何開挖。[109]

這座佛塔在一九五八～五九年間依據巴基斯坦考古學與博物館部的指示而修復。[110]第二層的重大修復，採取同樣式干預作法，也就是採用與原始建物相同的技術與材料，因此很難看出哪些部分是原始結構，哪些是新裝修的部分。

一九五七年，卡羅里又回到這裡，但這次是跟著法切那（Domenico Faccenna；一九二三～二〇〇八）一起來。法切那在一九五六年開始到斯瓦特谷從事考古工作，此後占據了他的大半生涯。在接下來幾十年裡，除了義大利團隊多次造訪之外，還有考古學與博物館部於一九六八年執行更多的修復工作，以及桑山正進在一九九三年來訪。[111]二〇一二至二〇一五年間，一個由奧里維耶利領導的義大利團隊進行系統性的挖掘，並且發表完整報告。

二十世紀，考古學家在對此地投注的重視，幾乎可以確定導致這座佛塔遭遇更大的損壞，劫掠者因此注意到這座遺址以及在此發現的物品所具有的販售潛力。我們不知道舍利室在什麼時候遭到闖入，但北側被挖出了一個大洞與一條隧道。這可能只是二十世紀期間許多這類活動的其中一項，後來在二〇一一年形成大規模的劫掠，警方終於出面阻止。這座佛塔在二〇一二年二月起受到保護。二〇一六年，整個考古區域都交由地方考古當局管理。挖掘工作在二〇一二年四月展開之後，考古學家面對的開挖層都已經有超過90%遭到非法挖掘者破壞，以致混入了其他材料，也就幾乎不可能做到層位的分辨。此外，非法挖掘者也構築了擋土牆與坡道，以供他們的推車接近佛塔以及運走物品。只有少數幾個區域沒有遭到侵擾。

不過，第三個千禧年開始也出現另一個遠遠更大的威脅。塔利班在二〇〇七年控制斯瓦特谷，他們雖然在二〇〇九年被巴基斯坦軍隊驅離，卻還是活躍於這個區域——這點可由女學生馬拉拉・優素福扎伊（Malala Yousafzai）在二〇一二年於明戈拉遭槍擊的事件看出來。阿姆路克達拉佛塔在一千年的無人聞問之下仍然留存了下來，撐過洪水與地震的考驗，經過劫掠也仍然保有其壯麗。然而，塔利班對巴米揚大佛採取的作為，顯示二十一世紀對於這座佛塔以及斯瓦特谷的其他佛教遺址所帶來的威脅無庸置疑。

儘管如此，這座遺址經過好幾百年來無人聞問之後，現在卻出現了佛教活動的復興。自從二〇一二年以來，已有數以千計的訪客來過這裡，其中許多都是佛教僧侶代表團，來自不丹、南韓、斯里蘭卡與泰國等地，他們在阿姆路克達拉佛塔周圍繞行、祈福，以及舉行其他儀式。

注釋

關於本章提及的地點，請見夾頁彩色地圖的五號地圖。

[1] 本章深受奧里維耶利（Luca Olivieri）的幫忙，包括義大利人近來在他的領導下發掘這座佛塔所發表的報告，以及他對我眾多疑問的慷慨答覆，還提供了詳盡的平面圖與照片。文中如有任何錯誤、誤解與疏漏，皆是我自己的責任。

[2] 羅摩是印度教神明毗溼奴在世間的化身，也是印度史詩《羅摩衍那》的主角。

[3] 伊蘭山自從遠古以來就是聖地。根據印度教的神話，羅摩流亡森林期間有三年在這裡度過。關於亞歷山大大帝，見以下的注5與42。

[4]「烏仗那」意為「果園」或「花園」。這座王國又稱為「Oḍḍiyāna」。不過，不是所有學者都認同這一點，有些人主張「Oḍḍiyāna」指的是印度東部的一個地方。關於這點的進一步討論，見Kuwayama（1991）；關於佛教在這個區域的一項清楚介紹，見Behrendt（2004）。

[5] Stein（1929）；Rienjang（2012）；Olivieri（2015a）。

[6] 見Behrendt（2004: 39ni）所列的參考文獻。關於其年代，見Errington（2000）與Falk（2006）。

[7] 銘文裡沒有提到佛教。婆羅米文也差不多發展於同一個時期。這兩種文字似乎都是為了書寫口語而不是古典語言——用於書寫普拉克里特語，而不是梵文。見Falk（2014b）。

[8] 沒有證據顯示佛教在這個時期傳抵地中海或塔里木盆地。

[9] 不只經由陸路，也經由海路。

[10] 菲斯曼（Gérard Fussman）認為舍利在早期的重要性還比不上佛塔的紀念面向，這種紀念性會激發崇拜者的「善念」（1986: 44-45）。

[11] 見 Fussman（1986）對於早期佛塔的使用與象徵所進行的討論。

[12] 關於佛教舍利的完整討論，見 Strong（2004）。

[13] 有些佛塔擁有一根中央核心支柱，經常由樹幹製成，但許多佛塔都沒有這種結構。見 Fussman（1986: 42）。

[14] Behrendt（2004: 39-41）。印度希臘王國的諸國王在西元前的最後兩個世紀分別統治了這個區域的不同領土。

[15] 見 Errington（2000: 191-92）對發現於這座殘跡裡的錢幣在定年方面的探討。另見 D. Faccenna（2007）概述這個地點在前貴霜時期的樣貌。

[16] Behrendt（2004: 48）。

[17] Iori（2016）。

[18] Liu（1994: 114-15）。

[19] Behrendt（2004: 23）。

[20] 舉例而言，見大都會藝術博物館收藏的石盤，上有阿波羅與達芙妮的圖案（Heilbrunn Timeline of Art History, "Dish with Apollo and Daphne," www.metmuseum.org/toah/work-of-art/1987.142.307/）。這個區域使用的語言是犍陀羅普拉克里特語。見前注7。

[21] Salomon and Schopen（1984）。相關圖片見 Heilbrunn Timeline of Art History, "Inscribed Reliquary, Donated by

"King Indravarman," www.metmuseum.org/toah/works-or-art/1987.142.70a,b/。這個舍利匣還有一段銘文，指稱其來自穆里坎洞窟佛塔（Murykan Cave Stupa），而且保存於另一個地方——想必是另一座佛塔。

[22] Lenz（2003: 100）。見 Salomon（1999）對於這份手稿的介紹。這兩位統治者主要都是透過其錢幣而為人所知。

[23] Rhys-Davids（1890-94: 274），引用於 Neelis（無日期）；另見 Neelis（2013）。

[24] Errington（2000: 6）。埃林頓（Elizabeth Errington）辨識出這枚錢幣的年代可追溯到阿澤斯二世，但這麼一位統治者以及其錢幣的存在受到 Senior（2008）的質疑，他認為印度斯基泰人只有一名統治者叫做阿澤斯，統治期間在西元前五十八—十二年左右。克里布主張有兩位不同的統治者，這點可由錢幣當中的重大差異證實（私人通信，二〇一六年）。

[25] 一個著名的例子是佛羅倫斯的聖母百花大教堂，當初構想出來的時候其實還沒有能夠加以實現的工程技術。

[26] 這是賈爾（Ernst Gall）界定哥德式建築而寫下的語句。馮西姆森（Otto von Simson）引用這段文字以提出反駁，指稱「垂直化不是哥德式建築獨有的性質，甚至也不是最醒目的特徵……所謂哥德式建築利用垂直化讓人的心靈對於神的國度充滿渴望，這種浪漫假設我找不到任何歷史證據能夠予以證實」（1988: 156n）。

[27] D. Faccenna and Spagnesi（2014: 549）。

[28] D. Faccenna and Spagnesi（2014: 550）。另見 Behrendt（2004: 28n40）。

[29] Olivieri（2016）。

[30] Whitfield（2018a）。

[31] 羅馬的萬神殿高四十三．五公尺。

[32] Olivieri（2014: 352）。

[33] Schopen（1997: 118）；Behrendt（2004: 90）。

[34] D. Faccenna and Spagnesi（2014: 549-51）。

[35] 獲得 D. Faccenna and Spagnesi（2014: 175）證實。

[36] Olivieri（2014）；Schopen（1997）；Shimada（2012: chap. 4）。

[37] Schopen（1997: 92）。這段敘述所屬的篇章探討了僧侶涉入佛塔熱潮的情形；另見 99-113 與 165-203。

[38] Shimada（2012: 147），引自 Dehejia（1992）。

[39] Shimada（2012: 163）。

[40] D. Faccenna and Spagnesi（2014: 171）。

[41] 鄰近的卡拉卡路（Karakar road）也同樣應該被考慮。亞歷山大大帝利用這條道路，而且這條路從古代一直到蒙兀兒帝國時期也都持續被利用。見 Olivieri and Vidale（2006）與 Olivieri（1996）。

[42] 巴里果德已受到確認為巴吉拉（Bazira）／貝拉（Beira）這座城市，在西方文獻裡描述為「金碧輝煌」而且「防護嚴密」，在西元前三二七年遭到亞歷山大征服（Callieri 2007: 135）。

[43] 英國工程師 W. W. McNair（1884: 5）在喬裝旅行期間於一八八三年進入斯瓦特谷，就提到他隨時都可看到多達二十座佛塔。

[44] Olivieri（2014: 332）；Snodgrass（1991: 15）。

[45] Olivieri（2014: 33）；Fussman（1986）。

[46] Stein（1929: 32-35）。德文郡位於英格蘭西南部。

[47] D. Faccenna and Spagnesi（2014: 550）。

[48] Schopen（2006a: 489）。

[49] Stein（1929: 17-18），引用於 Schopen（2006a: 499）。

[50] Schopen（2006a: 493）。

[51] 這點與女性神明在斯瓦特谷扮演的角色之間有一項值得探究的有趣關聯，尤其是西藏傳說又指稱烏仗那是女性神靈荼吉尼的家（Tucci 1949: 212-13; Eck 2013: 292-93）。

[52] Schopen（2006a: 497）。

[52] Olivieri（2014: 337）。

[54] 阿姆路克達拉佛塔看不到軸心的存在，但這不表示當初一定沒有利用一道軸心確立這座建築物的中心線。

[55] Rockwell（2006: 165）。另見 Olivieri and Vidale（2006），C. Faccenna et al.（1993），以及 Olivieri（2016）。

[56] Olivieri（2014: 339，以及 337-38）。

[57] Rockwell（2006: fig. 4）；Kempe（1986）。

[58] Olivieri（2016）。

[59] Schopen（2006b: 231-33）。他陸續討論了每一個角色；見 233-39。另見 Silk（2008），尤其是 75-100 對於寺主角色的探討，以及 Shimada（2012: 158-60）。

[60] Schopen（2006b: 228-29）。

[61] Schopen（2006b: 240, 242-43）。

[62] Olivieri（2015b: 119）。

[63] Olivieri（2015b: 120n136）。

[64] Hyecho，Yang 編譯（1984: 50）。見以下對於慧超的進一步探討。

[65] Olivieri（2015b: 20）。他提議油可能是由谷地裡為數豐富的芥菜子榨取而來。關於芥菜子在西藏佛教當中扮演的角色，見 Beer（2015）。

[66] 關於強制勞動的說法，見 Schopen（1994）；另見第十章對於寺院及其他地方的奴役活動的討論。

[67] 見 Gernet（1995）對於中國寺院經濟的討論，包括那些寺院對榨油廠與麵粉廠的控制。

[68] Falk（2009）。

[69] Olivieri（2015b）。「薩滿」一詞的使用經過仔細考慮。

[70] 這個銅盒收藏於白沙瓦博物館，舍利匣則是在曼德勒（Spooner 1908-9: 49）。

[71] Marshall（1951: 373）。

[72] 傳統上的佛教七寶為金、銀、水晶、青金石、紅玉髓、珊瑚與珍珠，但也有些其他材料當成替代品使用。見 Liu（1994，1996）對於這七寶在貿易中扮演的角色所進行的討論。

[73] Jenner（1981: 219-20）。另見 Chavannes（1903b: 393）。宋雲提及他在那些布幡上看見漢字，而且大多數都寫於四九五、五〇一與五一三年，只有一幅寫於法顯（約四〇〇年）的時代。另見 Bhattacharya-Haesner（2003: 42）。

[74] 蓮花生成了佛教在十二世紀傳入西藏的中心人物。見 van Schaik（2011: 96）。關於描述西藏人前往斯瓦

特谷朝聖的一份早期文獻，見 Tucci（1940）。

[75] 當然，在沒有其他支持證據的情況下，我們對於早期行為做出的假設都必須謹慎為之。

[76] Dowman（1973: 33-34）。

[77] Olivieri（2012: 109）。圖齊（Guiseppe Tucci）在開挖前的一九五八年初步勘查中也指出：「我確信曾有重大災難襲擊斯瓦特谷，並且是嚴重經濟崩潰的主要肇因，而不免對宗教情勢造成了影響。針對土壤進行的初步研究……已使我相信是地震與大洪水這類自然災害造成了紀念性建物最大部分的毀損」（212）。

[78] 見 Stein（1921: 5-9）追溯法顯的旅程。Kuwayama（2006）以譯文對於法顯及其他朝聖者的記述提出質疑（見下注91）。

[79] Beal（1884: xxx-xxxvi）。

[80] Deane（1896）提及這一點，而他也拓印了雕刻圖案。另見 Tucci（1958）。後來的中國朝聖者宋雲與玄奘也都提到這些地點，見 Stein（1930: 56-58, 60, 65, 102）的概述。那些足跡目前保存於斯瓦特博物館。

[81] 不過，後來有些寺院雖然建造於不受季風影響的地方，例如塔里木盆地，但也還是延續這項制度。

[82] 關於《本生經》的譯本，見 Cowell et al.（1895）。〈尸毘王本生譚〉是 vol. 4 的 no. 499。

[83] 考古學家斯坦因認為是甘布泰佛塔（Gumbutai Stupa）。

[84] 中國文獻記載，四七七年有一支寄多羅人的使節團來訪。斯瓦特谷依據錢幣學的證據而被確認為是他們的基地（Göbl 1967, vol. 2: 224）。關於嚈噠人，見第五章。另見 Kuwayama（1992）。

[85] Beal（1884: xcii）。另見 Chavannes（1903b: 405）。

[86] Kuwayama（1992）。

[87] Stein（1921: 9-11）描述他們的路線。關於宋雲在烏仗那國停留的期間，見 Chavannes（1903b: 406-15）。

[88] 在二十世紀的大半期間，學者都認為犍陀羅的僧院活動在這段時期出現衰退。這是依據 Marshall（1951）對於自己在塔克西拉的考古發現所做的解讀而推導出來的觀點。不過，Errington（2000: 199-203）概述這種觀點的缺陷，因此晚近的考古研究已大體上修正這個看法。

[89] Grenet（2002: 213）。

[90] Callieri（1996: 399）。位於梅爾夫城牆內的佛塔，是經確認的佛教證據中位置最西的一項，開始建造的時間可能是在三或四世紀（Herrmann 1997: 11）。不過，有人提議指出，這座佛塔蓋到一半即告中止，原因是薩桑王朝在二二四年將祆教奉行為國教，不再容忍其他宗教（Emmerick 1983: 957）。嚈噠時期重建的證據，以及嚈噠文物與一部佛教經典抄本的發現，為嚈噠統治下出現佛教復興情形的說法提供若干支持。

[91] 這份文獻嚴格說起來不是第一手記述，而是事後依據玄奘的筆記以及其他資料撰寫而成。Kuwayama（2006: 61）質疑玄奘是否真的造訪過烏仗那國，而認為這有可能是別人的記述，恐怕來自另一個不同的時期。

[92] Beal（1884: 98）。

[93] Beal（1884: 120）。

[94] Beal（1884: 120）。

[95] Foucher（1942-47: 48n3）。

[96] Stein（1921: 16-17）。

[97] 見前注 82。

[98] Olivieri（2014: 356-60）。

[99] 譯文見 Yang et al.（1984）；關於悟空，見 Chavannes and Lévi（1895）。

[100] 見注91。

[101] Olivieri（2003）。

[102] Guinta（2006）。

[103] Bagnera（2006）。

[104] 見 Tucci（1940）對於這份手稿以及另一份記述的翻譯。

[105] Tucci（1940: 51）。

[106] 關於考古與修護活動的一段簡短概述，見 Olivieri（2014）。

[107] Stein（1929: 34）。

[108] Olivieri（2014: 321）。

[109] Tucci（1958）。

[100] Khan（1968）。

[111] Khan（1968）；D. Faccenna and Spagnesi（2014）翻印了桑山正進的許多照片。

第五章

一支巴克特里亞的銀壺

左圖這支鍍銀水壺在中國西北部、六世紀時某將領的墳墓被發現，不過這個銀壺可能是在巴克特里亞（現在的阿富汗北部）製作，也許是在嚈噠帝國統治那個區域時製作的。[1]

銀壺呈現薩桑波斯技術，以及來自古典希臘但受印度影響的文學主題。因此，這支銀壺的故事也就涵蓋了整個絲路的地理範圍，並且引發許多值得注意的問題，尤其是想利用物品為絲路上的文化界定做身分認同。這支銀壺有許多前例，可追溯到比它製造時間早一千五百年的古典希臘，也比它的誕生地更偏向西方遠處。這支銀壺被埋進墳墓裡之後，在中國西北部待了十五個世紀，這可是在它誕生地巴克特里亞以東的地方。要理解這支銀壺以及其歷史傳承、製作方式與生命歷程，就必須對西元五〇〇年左右的絲路核心地帶有所了解，也就是這個銀壺的製造地點：推定是位於中亞的巴克特里亞。[2]為此，我在本章把這個銀壺稱為巴克特里亞銀壺。

現藏寧夏固原博物館

巴克特里亞與嚈噠帝國

巴克特里亞位於現在阿富汗北部，地處南方的興都庫什山脈與北方的阿姆河之間。[3]山上的河流流入後形成一片沖積平原，河流灌溉足以支持廣大的農業活動，以綠洲城鎮為中心。首府巴爾喀位於王國西部的巴爾喀河，又稱為班達米爾河（Band-e Amir River），其城堡則是矗立在地貌上的一處小丘。東側有塔什庫爾干城（Tashkurghan，意為「石堡」），位在庫爾姆河（Khulm River）上；還有昆杜茲城（Kunduz），位在昆杜茲河上；以及阿伊哈努姆城（Ai Khanoum），位在廓克查河（Kokcha River）與阿姆河匯流處。巴克特里亞更是多條路線的交會處，往西可到梅爾夫、裏海與波斯；往北在泰爾梅茲（Termez）渡過阿姆河前往粟特與乾草原；往東沿著谷地進入塔里木盆地與中國；往南則可通往巴米揚盆地（Bamiyan basin）、喀布爾以及印度。通往南方的路線，是跨越興都庫什山脈的道路中最數一數二容易的一條。

由於巴克特里亞位於中亞核心，因此多年來歷經許多統治者。西元前第一個千禧年期間，阿契美尼德人（約西元前五五〇～三三〇年）把這塊轄地稱為巴克特里亞，並且將住在其中的人口稱為巴克特里亞人。不過，「巴克特里亞人」這個名稱現在也用於指稱在西元前二五〇年左右開始統治該區域的民族，他們採用許多希臘作法（因此被稱為希臘巴克特里亞人）。當時有名羅馬史學家曾提及「極度繁盛的千城帝國巴克特里亞」。[4]後續的貴霜時期（西元一至三世紀；見第三章）也留下巴克特里亞語言與文字——由希臘文字修改而來——的範例。到了西元五〇〇年，巴克特里亞已是嚈噠帝國（約四五〇～約五五〇年）的中心。在許多文獻裡都有提到，嚈噠人的起源雖仍然無法確定，可能是從北方來到巴克特里亞，[5]從薩桑人手上奪下這個區域。他們在這裡建立首都，並且發行印有巴克特里亞文字，並且發行印有巴克特里亞幣文的錢幣——巴爾喀長久以來都是一座鑄幣城市。[6]他們在五世紀末與六世紀初進行擴張，占領南方的犍陀羅、北方的粟特，以及東方的幾個塔里木盆地國家。[7]

嚈噠人是五世紀中葉以來在中亞出現的一股重要勢力，在亞美尼亞、阿拉伯、波斯、拜占庭、中國、印度以及其他地方的文獻中都有被提及。[8]既然如此，我們對他們所知為何會如此之少？原因是文字證據零碎不全，有時也缺乏一致性，而考古記錄目前為止也極為有限。[9]他們的起源、種族以及語言全都無法確定。[10]他們也凸顯絲路研究中的許多問題，因為我們很容易把焦點集中在參考資料比較豐富的其他民族與文化上。不過，我們對嚈噠人可以確定的一點是——他們的武力。這點可由他們的征服行動中證明，而且當時絲路兩端的觀察者也都提到這一點：中國史學家盛讚其弓箭手；亞美尼亞史學家帕普（Lazar of P'arp；約五〇〇年）則指出：「即便在和平時期，單純看見或是提起嚈噠人還是令所有人深感害怕。與嚈噠人公開作戰的結果更是必敗無疑，所有人都還清楚記得嚈噠人對雅利安人與波斯人的國王所造成的災難與挫敗。」[11]我們對這個民族缺乏更深了解，只知道他們來自北方——乾草原——並且對定居民族的帝國造成威脅，因此拜占庭史學家普羅柯比（Procopius of Caesarea；約五〇〇～約五六〇年）也就把他們與當時正進逼歐洲邊界的另一個乾草原聯盟——匈人——聯想在一起：[12]

> 嚈噠人雖是匈人民族，並且被這樣稱呼，卻沒有和我們所知的那些匈人交涉往來，因為他們沒有交疊的邊界區域，居住地點也不接近。……他們不像其他匈人民族那樣採取遊牧生活，而是許久以前就已定居於肥沃的土地上。……他們是匈人當中唯一皮膚白皙而且長相不醜陋的一群。他們擁有不同的生活方式，

也不像其他匈人那麼野蠻，是由一名國王統治，也擁有法治國家結構，在他們本身人口之間以及與鄰居的相處都遵循正義，毫不亞於拜占庭人與波斯人。[13]

「皮膚白皙」這句話令許多史學家困惑不解，但金汯辰在他針對歐亞大陸各地的匈人所進行的研究當中指出，這是因為他們被指為「白匈人」。這個名稱代表的不是他們的膚色，而是他們在各部落之間的位置。四個方位基點都各有代表色，所以白匈人就是西方的匈人。[14]金汯辰主張有足夠強烈的證據能夠把他們與匈奴畫上等號，但必須附上一條但書，亦即嚈噠人與匈奴一樣也是政治聯盟，幾乎可以確定其中涵蓋了許多不同民族：「鑒於乾草原政治實體與朝代的混雜性質，以上提及的所有族裔與『種族』群體（突厥人、蒙古人、伊朗人）大概都以某種形式存在於白匈人嚈噠國家裡。」[15]中國北部的統治者在四五六至五五九年間固定接見嚈噠人的使節團，但中國文獻對於他們的起源一樣無法確定——有些指稱他們來自塔里木盆地北部的吐魯番，有些則認為他們來自康居，位於現在的哈薩克南部。在七世紀奉派前往中亞的中國使者韋節，提到他們的起源混亂不明的情形：「親問其國人，並自稱挹闐。……此或康居之種類。然傳自遠國，夷語訛舛，年代綿邈，莫知根實，不可得而辨也。」[16]考古資料也沒有多大的幫助，主要是因為除了錢幣以外，幾無其他考古發現能夠辨識嚈噠人的遺址。有一種辨識方法可能是聚焦於改變頭骨形狀的習俗，也就是嬰兒的頭骨藉由纏上繃帶或者夾在木板之間而加以拉長。這種作法被描述為這個時期的某種匈人傳統，隨著他們的遷徙而西傳。[18]從中亞乾草原到歐洲多瑙河流域的墳墓裡都發現過這種變形的頭骨。嚈噠人也被認為奉行這種習俗，但證據並不確鑿。首先是該習俗起源的問題。這種習俗雖然通常與匈人連結在一起——根據的是羅馬時代對於匈人外貌畸形的指涉、錢幣上的圖像，以及帶有這類變形頭骨的遺骸

圖 15 一枚銀德拉克馬（drachme），圖案顯示一位頭部變形的阿克罕國王。參考自 Alram（2016：17）。

發現於已知屬於匈人的地區和時代——但也有一項主張認為這種習俗起源於多瑙河，然後往東方與西方傳播，可能與匈人沒有多少關係。[17] 接著，還有嚈噠人是否真的奉行這種頭骨變形習俗的問題。這項主張的證據同樣也是基於錢幣上的肖像（圖15）。不過，有些學者已辨識出這類錢幣屬於阿克罕匈人所有，並且利用這些錢幣區別嚈噠人與阿克罕群體。[19] 考古證據充滿問題：在沒有其他證據可以辨識墳墓的情況下，我們如果因為其中的遺骸帶有頭骨變形的情形而認定這個墳墓屬於嚈噠人所有，即有可能犯下循環論證的毛病。[20]

就目前而言，錢幣在我們的理解當中具有關鍵地位，幾乎是我們在眾多不確定性的流沙當中唯一擁有的堅實地面。錢幣雖然不是沒有問題，但與當時的鄰近帝國當中的文字資料結合起來，即可用於建構出一套基本的編年敘事。[21] 嚈噠人在五世紀中葉於中亞崛起為一大強權之後，很快就在這個區域開始擴張。[22] 一開始與薩桑鄰居和平共處的時期——有些文獻指稱他們在薩桑皇帝卑魯斯一世（Peroz I；四五九～八四年在位）還是太子的時候曾經幫助他[23]——但很快即告結束，可能是因為嚈噠人占領了巴爾喀。[24]卑魯斯隨即對嚈噠人開戰。然而，他在第一場戰役中就遭到俘虜，有賴拜占庭皇帝的協助支付部分贖金才得以獲釋。[25]他在第二場戰役中再度戰敗，也再次遭到俘虜。薩桑王朝的財庫沒有足夠的資金把他贖回，於是他留下自己的兒子當做人質以換取自己的自由。[26]卑魯斯一世返國後開徵人頭稅，才籌到贖回兒子所需的資金。[27]儘管如此，卑魯斯又再度踏上戰場。嚈噠人的回應顯示他們認為自己是足以和薩桑王朝平起平坐的政治強權：「你以署名蓋章的書面文件與我談和，並且承諾不再對我開戰。我們劃定邊界，約定雙方皆不得抱持敵意越界。」卑魯斯在這次作戰中喪生，後續幾年間恢復了和平，因為嚈噠人忙著幫助新任統治者卡瓦（四八八～九六年在位）收復薩桑王朝領土。嚈噠人利用卑魯斯統治下鑄造的最新錢幣——亦即卑魯斯統治期間鑄造的第三類錢幣——做為貨幣，後來又以仿製的錢幣取代，錢幣上的圖案呈現出一名看似擁有變形頭骨的統治者。[28]在此同時，他們也持續擴張，最遠在五世紀末達到塔里木盆地的吐魯番，往北則是在五〇九年左右延伸至粟特。[29]不過，他們的統治時間很短。後來的薩桑王朝皇帝霍斯勞一世（Khusrow I；五三一～七九年在位）與突厥人的軍隊聯手（他們的聯盟由霍斯勞與突厥可汗的女兒成婚而確立），在五六〇年左右一場位於布哈拉（Bukhara）附近的決定性戰役當中打敗了嚈噠人。[30]這場戰役的描述可見於菲爾多西（Ferdowsī）的詩中——人由突厥可汗領導，嚈噠人則是由蓋特卡（Ghátkar）領導：

> 聽可汗與嚈噠人如何交戰，
>
> ……
>
> 蓋特卡聽聞可汗的功業，

於是從嚈噠人當中挑選一支軍隊，
一支遮天蔽日的大軍，並且要求
各地支應財寶、金錢、兵員與武器，包括巴爾喀、
什格南、阿姆維、扎姆、卡特蘭、提爾米德，
以及維薩戈德；他召集各地的兵員；
包括高山與荒原，沙漠與貧瘠之地，
密密麻麻，如螞蟻與蝗蟲。可汗
率領大軍渡過大河，
隨著鼓聲與強壯的大象，
他把部隊聚集於瑪伊與馬爾格；太陽
變得有如獵鷹的羽毛一樣黑暗

……

至於那座戰場的問題，
以及循環起落的太陽與月亮偏好哪一方，
在整整一個星期當中，那些熱愛戰鬥的大軍
相互敵對，四處可見死屍
成堆，塵土與岩石都被血染紅。
長矛、錘矛、戰斧與長劍密集如林，

令人不禁驚呼：「天空下起了石頭雨！」
太陽在惡臭中消失蹤影；塵土飛揚
飛翔的老鷹被遮蔽眼睛，而因此偏離方向。
到了第八天，面對蓋特卡，全世界
全都陷入有如深藍夜色的黑暗中，
嚈噠人遭受無可挽回的推翻，
傷者在多年間流散四方。[31]

薩桑人與突厥人瓜分了他們征服的土地，以阿姆河為界。梅南竇（Menander Protector）提到突厥使者在西元五六八年抵達拜占庭君士坦丁堡，皇帝查士丁二世（Justin II，五六五～七四年在位）問他們：「你們制服了嚈噠人的所有勢力？」

「沒錯。」使者回答。[32]

嚈噠人是什麼人，他們又怎麼看待自己並且選擇進駐這個中亞希臘化世界？他們同時代的人怎麼看待他們？他們是否利用物品——諸如這支銀壺以及那些錢幣——彰顯他們的自我形象？魏義天認為他們沒有強烈的族裔認同：「他們就像那個時期所有的部落集合體一樣，由錯綜複雜的政治與宗族關係交織而成，但不是以族裔或語言為主的實體。」[33]不過，這不表示別人就不會尋求從這些面向辨識他們，也不表示他們從來不曾以這些面向界定自己，尤其是要把自己和別人區辨開來的時候。[34]如同希安・瓊斯（Sian Jones）在她研究族裔性質的著作裡指出的：「族裔認同奠基在對於自我與他人的那種依據情境而不斷變動的主觀辨識上，這種辨識植根於日常行為與歷史經驗裡，但也會出現轉變與中斷的現象。」[35]

魏義天認為在四世紀於巴克特里亞建立寄多羅政權的民族以及所謂的嚈噠人，可能都是在四世紀下半葉的一波遷徙當中從乾草原移入中亞——而不是像其他學者提出的那樣歷經數波遷徙。[36]我們在當代文獻與零星考古發現裡得到的極其有限的了解，看到有一個部落聯盟幾乎立刻就與當時由沙普爾二世（三〇九～七九年在位）統治的薩桑王朝建立結盟關係，在戰場上為他們提供幫助，也鑄造印有「kydr」字樣——即「寄多羅」——的錢幣。他們可能在巴爾喀建立首都，並且在四世紀末與五世紀初期間往南擴張至犍陀羅。接著，有些證據顯示他們與南方的印度笈多王朝（約三二〇～五五〇年）以及西方的薩桑王朝發生衝突，然後稱為嚈噠的聯盟即告崛起。

在寄多羅時期，嚈噠人似乎沒有立刻採取完全定居的生活型態，也沒有像寄多羅人那樣接收了這個區域的前統治者貴霜帝國的治國體系和語彙（見第三章）。他們似乎在六世紀初以前都仍然持續採取至少部分遊牧的生活型態，因為中國佛教朝聖僧宋雲在五一九年經過他們的區域，就提到那裡的人「以氈為屋，隨逐水草，夏則遷涼，冬則就溫」。[37]

宋雲的行程經過的地方遠在巴爾喀以南，而且也有人認為他看到的可能是嚈噠人的夏季營地。[38]有人認為寄多羅人與嚈噠人的民族如果是在大致相同的時間遷徙到中亞，嚈噠人之所以保有乾草原生活型態的元素，可能是他們想把自己和寄多羅人區辨開來的方式——當時寄多羅人已開始融入當地的文化。[39]如同瓊斯指出的，突顯族裔認同經常是一種將自己的群體和別的群體區辨開來的過程。我們在鮮卑人的歷史當中可以看到平行的現象，他們從乾草原遷移到中國北部而建立北魏（三八六～五三四）。他們的統治者刻意推動進一步融入漢人世界的作法——例如將首都南遷，以及採用中國服裝和語言——引起其他鮮卑人的反抗而成立另一個政權，以下會再討論到。我們對鮮卑所知遠多過於寄多羅人／嚈噠人，但如果說嚈噠人延續遊牧生活型態的作法同樣是對於其遷徙同伴揚棄這種共有過去的行為所做出的反應，並且希望藉此與對方保持差異，那麼這樣的假設絕對不算不合理。

但在這之後不久，就像魏義天所說：「嚈噠人就巴克特里亞化了。」[40]普羅柯比在六世紀中前期提到他們的定居生活型態以及與仍然採取遊牧生活的匈人所呈現出來的差異。這點在他們的統治結束之際獲得米南德證實，因為他記錄了自己和粟特大使以及拜占庭皇帝之間的一場對話：

「他們住在城市還是村莊裡？」

「稟報陛下，那些人住在城市裡。」[41]

在嚈噠人定都巴爾喀而遂行統治的這段短短時間，他們似乎已大幅適應既有的行政文化。巴克特里亞的手抄本顯示當時的行政組織井然有序，以巴克特里亞語為官方語言，並且課徵稅收。[42]他們有幾位早期國王取了伊朗人的名字，顯示他們受到薩桑鄰居的影響。[43]我們也知道他們對這個區域取得控制之後，即利用薩桑王朝的鑄幣廠鑄造錢幣，一開始使用原有的模具，接著才改換成新的。

除了錢幣以外，我們能發現到的嚈噠人物質文化實是少之又少。這究竟是因為我們對他們缺乏了解，還是反映實際上遺跡有多麼稀少，或是嚈噠人融入既有文化所造成的結果？這三項因素也許都扮演一定程度的角色，但我們對那些在他們的統治下製造出來的物品所擁有的理解與從事的解讀卻因此受限。如同先前所見的，與他們同時代的其他人也不曉得怎麼定位他們——普羅柯比極力想要把他們與匈人連結在一起，儘管兩者之間的差異明顯可見；而中國人則是坦承對他們的定位困惑不明。

我們不清楚嚈噠人看待宗教的態度，而他們對既有的宗教——尤其是佛教——是否抱持寬容的態度也受到許多討論，證據顯示巴爾喀有祆教、佛教、摩尼教與基督教社群，也顯示那裡受來自印度的印度教影響。[44]嚈噠人本身的宗教不為人知，但普羅柯比提到他們會把死者埋葬在墳塚裡，而且經常是多人同葬。這個區域雖然發掘了許多遺址，卻很難把任何一個遺址明確歸為嚈噠人所有，而且發現的物品也非常稀少。僅有的發現包括壁畫、幾尊雕像以及金屬器皿。[45]

中亞的採礦與金屬加工活動

中亞擁有特別複雜的地質史，因此造就豐富的金屬與礦物資源。絲路主要的青金石礦場，位於現在廓克查河上的巴達赫尚，在巴爾喀東南方，[46]而且阿姆河流域也有許多金礦。嚈噠人承繼並且延續既有的採礦、鑄幣以及金屬加工技術。嚈噠錢幣原本依據他們在四八五年打敗的薩桑國王卑魯斯一世的錢幣鑄成。這些銀德拉克馬的反面呈現他的胸像與鑄幣廠名稱「baxlo」（巴爾喀）；胸像前方的額外幣文「eb」被解讀為「ēbodalo」（嚈噠），該項解讀也得到這個字眼出現在其他嚈噠錢幣上的情況所支持。[47]不過，要確認特定的金屬器具是否由嚈噠人製作比較困難，其中有些經過辨識的物品，例如奇列克碗（圖16）以及一件目前收藏在大英博物館的類似物品，則是展現高度的製造技藝。

奇列克碗在一九六一年發現於撒馬爾罕附近的村莊奇列克（Chilek）。[48]碗上描繪了六名女性人物，底部有個胸像，類似阿克罕錢幣上的國王肖像，以敲花技術繪製而成。第二件物品是個鍍銀的碗，在一九一

圖 16 奇列克碗外部的圖案，顯示底部的胸像。參考自 Dani, Litvinsky, and Zamir Safi（1996：fig. 18）。

二年捐贈給大英博物館，隨附的資訊顯示這件物品發現於斯瓦特谷。[49]碗上面繪製四幅帶有騎馬獵人的場景，其中一名沒有馬鐙的騎士用矛穿刺獵物，構圖類似第八章即將探討的紡織品，也是這個時期在西亞與中亞都相當常見的主題。博物館方面指出這些圖畫是鑄造而成，不是用敲打的方法。

嚈噠人幾乎一掌權就開始鑄造錢幣，同時他們的錢幣以薩桑王朝的錢幣為範本，這增添下列一項想法的可信度：亦即嚈噠人承繼了一項他們自己相當重視的金屬加工技術，並且利用這項傳統追求其政治與文化目的。因此，他們也有可能製作其他器具，例如這些碗，並且修改設計以符合新主人的要求或品味。在此之前沒有嚈噠人從事金屬加工的證據，不過對我們當前的認知，欠缺此一證據其實沒有多少意義。不論是在歐亞大陸乾草原還是定居社群中，金屬加工技術都存在於最早的時代；而礦場的發現與控制，尤其是生產如青銅這類更強韌的合金所需金屬的礦場，也是理解古代民族遷徙與相遇的一項重要元素。[50]

在古代世界已知並會使用到的金屬中，銀與金是最軟的兩種。當時的黃金大多是純粹的金塊型態，而且直接即可加工。其他金屬則是礦石的形式，而必須經過加熱才能把金屬與石頭分離，在人類歷史早期就已擁有這類技術。到了我們所謂的絲路開始之時，絲路上所有民族都會使用金屬，製作武器、樂器、容器以及裝飾品。不過，各族使用的金屬以及呈現出來的型態仍然各有不同。第一章討論乾草原民族加工黃金的作法，而在西亞乃至中亞各地，金器與銀器則是菁英階層不可或缺的配備。不過，中國的菁英階層以青銅和玉的製品代表自己，這些材料比金銀更受珍視。

在這個時期，銀主要是從鉛礦萃取而來——但可能也有少量來自於銀礦石。在萃取過程中，必須在還原狀態以及（或者）氧化條件下冶煉鉛礦，藉此產生鉛金屬。接著，再以一種稱為灰吹法的程序萃取出銀。灰吹皿是一種充滿孔洞的淺容器，用來在高度氧化的環境下加熱鉛金屬，因此產生的氧化鉛（密陀僧）就會受到灰吹皿當中的多孔材料吸收。這種材料通常由骨頭或者磨成粉的陶器碎片製成。經過這樣處理之後，剩下來的就是銀金屬。這種作法可能必須重複數次，其程序也許在礦場附近進行。在銀當中添加銅能夠提升其可加工性，而這些銅可能也是取自當地的礦場。

像這支銀壺，也是以這種銀銅合金製成。分析顯示，在薩桑傳統當中，這類銀壺物品都是以敲打的方式製作。[51]銀片先被敲打成正確的形狀，裝飾也是以敲打方式添加上去——這種方法稱為「敲花」（從背面或是放在模具上敲打）。手把可能是以失蠟技術鑄造而成。有時候，器具的腳架與蓋子也是分開製作。接著，沒有浮雕的部分再漆上金汞合金：鍍金原本漆在浮雕處，但因為易於褪色，所以到了五世紀與六世紀，比較常見的作法都是漆在背景。

這是目前我們了解薩桑銀器的情形。身為本章主角的這個巴克特里亞銀壺，可能製作於薩桑王朝隔壁一個曾經受過他們統治的地方。不過，巴克特里亞也擁有金屬加工的悠久傳統：在阿契美尼德王朝（約西元前五五〇～三三〇年）的首都波斯波利斯，描繪的巴克特里亞使者都帶著杯與碗的禮物，據信是他們的產品。後來，巴克特里亞也受到希臘化世界的器具影響，包括金屬與陶瓷器具。此外，我們也絕對不能忘記乾草原民族的金屬加工技術。這支銀壺的型態和裝飾元素雖然有其獨特性，卻也能夠看出和其他傳統對話的色彩。

寬口水壺的型態自從五世紀就已可見於薩桑人的金屬加工產品當中，但這個銀壺有些裝飾元素卻與我們至今為止所知的其他薩桑銀器不同。首先，薩桑水壺的手把通常是截面呈正方形，終端處飾有波斯野驢的頭，頂端還有個球狀的拇指抓握處。這個銀壺的手把則是六角形，終端處飾有駱駝頭，拇指抓握處則是有如人頭的形狀。第二，薩桑水壺的壺身通常只有單一飾帶，這個銀壺卻有兩個。第三，這個時期的薩桑水壺在頸部與腳座上通常沒有裝飾，但這個銀壺卻有凸起的飾條與圓珠裝飾。有一個可以看出這些差別的典型薩桑物件，就是目前收藏在大都會藝術博物館的鍍銀水壺，依其風格而可定年於六世紀。[52]

巴克特里亞銀壺的圓珠裝飾與雙飾帶比較屬於西元四世紀與五世紀的羅馬器具所帶有的典型特色。這個時期有幾組精美的銀器也被發現，而且也描繪銀質餐具，例如在龐貝城的繪畫裡。一般而言，銀壺通常是餐具的一部分，包括五世紀的塞弗索寶藏（Sevso Treasure）也是如此。[53]這組銀器包括酒神水壺，高十六吋（四十一公分），鍍有酒神狂歡的圖案。這類銀器大多都描繪古希臘故事與神話裡的場景，酒神狂歡尤其適合妝點盛酒的水壺。另一件物品是一世紀的羅馬鍍銀水壺，壺身上則是顯示特洛伊戰爭的一幕場景。[54]我們必須追蹤這項傳統，才能了解這個巴克特里亞銀壺的裝飾。但要做到這一點，我們必須回到絲路開始之前的一千多年前，並且往西走三千英里到絲路的邊緣，來到古希臘。

特洛伊戰爭

古希臘一個歷久不衰而且一再反覆講述的故事，就是特洛伊戰爭的故事集。這套可能與史前時代的實際事件有關的故事，講述帕里斯拐走斯巴達國王梅涅勞斯的妻子海倫之後，希臘軍隊對特洛伊發動為期十年的圍城之戰。[55]幾部現存的文獻裡也記載這個故事，包括西元前八世紀詩人荷馬所寫的兩首史詩，也就是《伊里亞德》與《奧德賽》。這兩首史詩只講述部分事件，前者記述國王亞格曼儂與阿基里斯兩位主角人生中為期幾個星期的事蹟，還有他們兩人的爭吵；後者則是描述這場戰爭的其中一位英雄奧德修斯返鄉的故事。另外還有一組詩則講述整場戰爭的過程，但只有部分存留下來，而且主要都是出現在後代文獻引述的文字裡。這些詩據信都是與口述傳統並存。

在現存的特洛伊戰爭故事圖畫當中，年代最早的可以追溯到西元前七世紀初，通常可見於西元前六世紀的希臘花瓶上，但也出現在壁畫當中。[56]最常被描繪的情節包括帕里斯的裁判、誘拐海倫，以及海倫與梅涅勞斯的重逢。帕里斯是特洛伊的王子，年輕的他接受神祇賦予一項任務，也就是挑選出最美麗的女神，並且獻上一顆刻有「獻給最美的」字樣的金蘋果。帕里斯當時正在山坡上放牧牲畜，突然受到信使之神荷米斯交付這項任務。三位女神前來接受他的評判：希拉、雅典娜與阿芙羅黛蒂。阿芙羅黛蒂為了爭勝，不惜向帕里斯允諾幫他贏得世間最美麗的女人海倫的芳心，儘管她已嫁給梅涅勞斯。於是，帕里斯把蘋果獻給阿芙羅黛蒂。

故事並未在此結束。帕里斯到斯巴達拜訪梅涅勞斯，梅涅勞斯在這時接到消息而必須離家參加一場喪禮。趁他不在，帕里斯藉阿芙羅黛蒂的幫助成功誘拐海倫，並且將她帶回特洛伊。此舉造成歷時十年的特洛伊戰爭，最後特洛伊遭到攻陷，海倫又與梅涅勞斯團圓。

相對而言，西元前第一千年間存留下來的希臘陶罐數量頗為豐富。從西元前七世紀末左右開始出現在科林斯的黑繪式風格，在一個世紀後又接著出現始於雅典的紅繪式風格。這兩種風格各呈黑色與紅色，在色彩對比的背景上繪製人物。這兩種風格都在希臘世界各地傳播，繪製的主題也都是特洛伊戰爭的故事。[57]目前發現的這類陶罐，年代最早可追溯至西元前四世紀與三世紀期間。現存的帕里斯裁判場景有幾種描繪方式，但經常都是帕里斯在畜群當中彈奏著里拉琴，三位女神站在他面前接受評判，荷米斯側身一旁。金蘋果極少出現在畫面裡。在這些早期作品中，女神都身穿袍裙（chiton），一種下擺及踝的傳統希臘長袍。這幅場景也可見於其他媒體上，例如一座西元前六世紀中葉的伊特拉斯坎墳墓牆壁上的赤陶板。這個時期也生產青銅、黃金與銀質的器皿，但極少存留下來——想必是遭到熔解以重複使用金屬。這類器皿的製作採用鑄造與敲打的技術：在這個區域各處的生產地點都發現模具、基材與印模的殘跡。[58]這些器皿偶爾也有希臘神祇的圖案，但因為證據太少而無法確認是否像希臘陶器那樣飾有特洛伊戰爭的場景。不過，我們可以假設特洛伊戰爭的故事在這段時期廣受閱讀以及說書人的講述，因此在希臘世界廣為人知。

希臘世界在西元前四世紀大幅擴張，原因是後來人稱亞歷山大大帝的馬其頓國王（西元前三三六～三二三年在位）四處征戰。亞歷山大大帝成年後的大半人生都投注於往東擴展疆界，大體上也相當成功。他在西元前三二九年抵達巴克特里亞，並且在後續兩年間征服它們。他在三二七年獲得勝利之後，娶了羅克珊娜（Roxane）為妻，史學家通常將她描述為巴克特里亞人，是奧克夏特斯（Oxyartes）的女兒。[59]亞歷山大的統治雖然時間不長——他在西元前三二三年死於巴比倫，可能是中毒的結果——但希臘的語言、治理方式、建築、藝術以及文化往東傳入中亞，卻帶來重大影響，也就是對這個區域造成所謂的希臘化。[60]而這項影響也可能進一步往東擴展：有些學者認為中國出現真人大小的寫實雕像是受到希臘化影響的結果——典型的例子就是秦始皇（西元前二二一～二〇六年在位）陵墓裡的陶俑——表示希臘化的影響力擴散及於整個歐亞大陸。[61]

亞歷山大死後，巴克特里亞被塞琉古人統治（西元前三一二～六十三年），其帝國在巔峰時期從地中海沿岸延伸至此。希臘菁英在城市裡居於支配地位，而且又有來自祖國的新移民流入。因此，希臘化乃是一項進行中的過程，由移民、外交官、商人與士兵帶來新的推動力與新觀念，並且受到每個新世代的調適修改與同化。不過，希臘化不必然會壓倒當地的傳統。舉例而言，希臘阿提卡的黑泥陶衣器具可見於塞琉古帝國初期，接著卻在三世紀消失；而在美索不達米亞，當地那種依照希臘陶器型態製成的典型綠釉陶器與精緻蛋殼陶器，則是持續和黑泥陶衣器具一同被製作。[62]

塞琉古人把持中亞領土的時間並不長——他們在西元前三世紀中葉遭到帕提亞人逐出巴克特里亞與波斯，此後即在他們位於敘利亞的基地施行統治。一名當地總督在三世紀中葉宣布自己為粟特、巴克特里亞與馬爾吉阿納的統治者，而塞琉古皇帝的女兒與這個當地統治者在西元前二一〇年和親結盟之後，即鞏固所謂的希臘巴克特里亞王國（西元前二五六～一二五年）的自主性。[63]塞琉古與巴克特里亞的錢幣都呈現出風格有如亞歷山大肖像的國王人像，反面則是有希臘幣文與希臘神祇，諸如宙斯、阿波羅與海克力斯。我們雖然不確定這個王國在接下來的兩個世紀中維持統一的程度有多高，但希臘化的影響無疑存續下來——例如經過修改的希臘文字還有錢幣——有些面向也受到在西元一世紀崛起的貴霜帝國採用（見第三章）。[64]

長久以來，史學家與考古學家都致力於解釋希臘巴克特里亞王國為什麼在當代的記述中是那麼富庶，考古遺跡卻如此稀少。希臘史學家斯特拉波（西元前六十三年～西元二十四年）將其描述為「千城巴克特里亞」，但在整個二十世紀期間，考古學家於巴爾喀這座被認定為古巴克特里亞城市的地區進行挖掘卻都一無所獲，以致法國考古學家富歇（一八六五～一九五二）稱之為「巴克特里亞海市蜃樓」。[65]但在一九六四年，一座大城市遺跡在阿伊哈努姆被發現，位於巴爾喀以東的阿姆河與廓克查河交匯處。這裡在巴納德（Paul Barnard）領導下進行十年的挖掘工作，被辨識為東巴克特里亞的首都。希臘化影響可見於典型希臘建物的殘跡當中，例如「英雄祠」（heroon；建國者的紀念碑）、體育館、劇場、一座綴有雕像的噴泉，以及列柱中庭。[66]但考古學家指出，位於城市中央的大宮殿以及上層階級住宅，明顯可見都是受到伊朗的概念影響，廟宇和防禦工事則是帶有向美索不達米亞汲取靈感的徵象。[67]如同梅爾斯（Rachel Mairs）指出，在時間與空間上的外部觀看巴克特里亞，我們恐怕會將其視為「一種精神分裂般的集合，由這些影響力湊集而成，卻沒有充分關注整個有機的整體——亦即這些多元影響力共同造就而成的巴克特里亞政體與社群」。[68]

除了在阿伊哈努姆發現被我們描述為科林斯柱式的石柱以及希臘神祇的雕塑之外，另外也發現這個時期的金銀物品，其中都帶有歷久不衰的希臘化主題。其中最著名的一批發現，就是所謂的巴克特里亞寶藏：這些物品發現於蒂拉丘地一座西元一世紀的廟宇以及墳墓當中，年代可以追溯到希臘巴克特里亞時期以及貴霜帝國剛崛起之際。[69]其中包括一件稱為「巴克特里亞的阿芙羅黛蒂」的貼花飾品，還有刻著雅典娜圖案及其希臘文名稱的戒指。[70]其他暫時將年代定在希臘巴克特里亞時期的物品（儘管出處並不確定），包括了三個容器，其上的圖案被解讀為希臘劇作家歐里庇德斯（西元前四八〇～四〇六年）的作品插畫。這些圖案全都是以敲花技術敲製而成。[71]魏茨曼（Kurt Wietzmann）認為這些物品可能都是仿效較早期的希臘與希臘化時代範例，經常以幾個容器呈現一則故事。[72]不過，他也提及與那些原始作品的不同之處，尤其是在紡織品中：「在模仿過程中，即便人物的動作與輪廓不變，最先出現的改變也經常發生在對於紡織品的處理。紐約那個碗上的女性袍裙形狀已不再被理解，而裙擺以波浪狀垂落於地面上的模樣，也顯示出東方元素的入侵。」[73]

袍裙是一種典型的希臘服裝，由羊毛或亞麻布製成，以垂掛在肩膀上的方式穿著。女性穿的袍裙長達腳踝，在胸部下方用腰帶束著，有時會讓多餘的布料垂在腰帶上方。在魏茨曼描述的那個容器上，袍裙則是垂到腳下而拖在地面。這點也可清楚見於收藏在大都會博物館的那個後期薩桑水壺上，其中的女性人物都袒露著胸部。這個後期的容器上呈現的主題，亦即女子在拱廊下舞蹈，手裡拿著各種代表人物屬性的物品，例如器皿與花卉，也通常被人和有關希臘酒神暨戲劇之神狄厄尼索斯的圖像聯想在一起。有些學者指出，這種主題雖然源自古希臘，卻也隨著代表水與豐饒的伊朗女神阿娜希塔（Anahita）所得的信仰融入了薩桑文化。[74]其他人則是認為這些主題雖然取自羅馬或希臘羅馬時代的圖像，在這個時期卻已和當地的季節慶典連結在一起。[75]

我們雖然可以看到希臘遺緒的部分面向被羅馬文化採用，而且也可以合理認定特洛伊戰爭的圖案——例如先前提到的一世紀羅馬鍍金水壺上呈現的那些圖案——能夠輕易獲得許多人理解，卻難以確認那些一度居住在亞歷山大帝國邊緣的民族是怎麼看待這些圖像。如果在希臘巴克特里亞王國與貴霜帝國在西元一世紀崛起的時候是如此，那麼在幾百年後的嚈噠巴克特里亞必定更是如此。不過，我們不該徹底漠視故事所帶有的長久力量：舉例而言，七世紀粟特繪畫與典籍的主題都已可信的被辨識為《伊索寓言》改編版本。[76]因此，馬爾夏克（Boris Marshak）與穴沢光提議巴克特里亞銀壺上的圖案是特洛伊戰爭故事集當中

圖 17 銀壺上的圖案。

的場景，許多學者立刻就接受這個理論。[77]不過，我們必須記住這只是一項假設，而且就算這些圖畫當中的故事可以追溯到希臘神話，在這個時候也可能已經納入其他敘事裡，而且其創作者／擁有者可能會以我們認不得的方式加以描述。實際上究竟如何，我們就是不知道。

巴克特里亞銀壺

因此，且讓我們回頭更加仔細檢視此銀壺的設計。其中的飾帶描繪三個場景，每個場景都有一名男子和一名女子（圖17）。依據馬爾夏克與穴沢光的辨識，我們看到的是帕里斯的裁判、誘拐海倫，以及海倫的回歸。第一個場景顯示帕里斯與阿芙羅黛蒂。在古典希臘藝術裡，阿芙羅黛蒂的特色包括一條魔法腰帶、一頂金頭冠，以及一顆蘋果，其中蘋果所指涉的就是這起事件，也因此代表她的美貌。她通常都是以半裸或全裸的樣貌出現，但此處的阿芙羅黛蒂則是穿著看似希臘袍裙的衣服，以腰帶束著，而且腰帶上方有多餘的布料垂下來。她胸部下方的帶子可能代表魔法腰帶，像是冠冕的頭飾則可能代表金頭冠。不同於其他女性人物，她還戴著耳環。她的左手手指碰著下巴，右手拇指與食指拿著什麼東西，可是看起來不像是蘋果。帕里斯拿著兩個可能是蘋果的東西，但他在原本的故事裡當然只有一顆蘋果可以給人。此外，他也穿著希臘式的無袖外衣，長度及膝，腳上則是穿著高達小腿的靴子。

左側的場景——依順時鐘方向來看——被辨識為誘拐海倫，其中的女性人物同樣穿著衣服，但沒有腰帶也沒有耳環。男子則是全身赤裸，但肩上披著披風，頭上戴著頭盔，腳上穿著與前一幅圖相同的靴子。他以手指觸摸女子下巴的動作，可以看出是希臘藝術裡代表愛情的典型姿勢。他的另一隻手握著她的手腕。畫面裡雖然沒有船，但她抬腿往上踏，顯然是登船的舉動。

在第三幅場景裡，海倫戴著不同的頭飾。她以正面呈現，而且擺著印度藝術裡的一種典型姿勢——經常稱為三折肢（tribhaṅga）或三屈姿勢。舉例而言，這種姿勢可見於當代從印度與中亞透過塔里木盆地而傳入中國的菩薩雕像身上。她臀部的布料皺摺——不像許多希臘圖畫那樣在胸部下方——也讓人聯想到印度藝術，還有布料緊貼在雙腿的模樣也是如此。她同樣以一手的手指觸碰著下巴，不過是右手。她的左臂彎曲，拿著一個小容器。馬爾夏克認為這個容器代表先前由海倫與帕里斯從她丈夫那裡偷走的一盒寶物。圖中被推斷為她的丈夫梅涅勞斯的男性人物，則是拿著長矛與盾牌，代表戰士的地位。不過，他看起來似乎倚靠在盾牌上，但盾牌沒有任何可見的支撐物。他也穿著希臘式的無袖短外衣，但又和圖裡的女子一樣穿著涼鞋。這些圖像有多少是為了呈現出人物的身分以及其感受或行為而刻意選擇的結果，又有多少是在不知道其代表意義的情況下單純模仿，這是個沒有答案的問題。

中國之旅

我們不知道這個巴克特里亞銀壺是怎麼從推定裡的中亞製造地點，往東移動到中國北部，也不知道這個銀壺是在什麼地方及什麼時候以什麼方式落入李賢（五〇二～五六九）這位將軍手中。不過，我們對於李賢倒是略知一二，因為他的重要性足以讓兩部中國史書為他作傳：《周書》（記錄北周的歷史；五五七～五八一）以及《北史》（記錄北朝的歷史）。他的墳墓，也就是發現這個銀壺的地方，也含有他和他妻子的墓誌。從這些資料可知，李賢在五〇二年出生於固原地區一個顯赫的家族裡——位在現在的中國寧夏省，亦即這座墳墓的所在地，在當時受到北魏統治。他的家人是由外地移居到這裡。史書裡的傳記指稱他的十世祖俟地歸從乾草原翻越陰山山脈來到西南方。[78]這座山脈標誌了蒙古戈壁沙漠的東南界線，起於黃河繞行鄂爾多斯高原的最北端，然後往西北延伸，經過現在的北京——北京在北魏統治時期是一座鄉下城市——進入朝鮮半島以北的滿洲地區。固原位於鄂爾多斯沙漠以南的黃河大彎內部。傳記指出，李賢的曾祖父早就採用「李」這個中國姓氏，他在定居於固原之前曾經擔任寧西將軍以及現在甘肅省天水地區的郡守。這個地區位在從中國前首都長安（現在的西安）通往塔里木盆地的主要道路上，只是在較南端的部分，而這條道路也是絲路當中的一個重要路段。李賢的父親可能帶著家族遷居於固原地區。我們不知道他們是否保有自己原本的語言——也不知道他們原本是說什麼語言，但可能是阿爾泰語系的其中一種語言——或是在家裡也說中文。不過，從傳記當中的記述看來，他們並沒有忘記自己的祖先來自於北方乾草原地區。

中國的文化相當複雜，尤其是漏洞百出而且經常受到挑戰的北部與西北部邊界，更有一波波的侵略者與移民流入。[79]我們不該假設中國習於統一的狀態，也不該假設現在稱為中國這個區域當中的所有人都把統一視為常態或是理想狀態。這個時候，中國北部以及西側的河西走廊都受到北魏統治。北魏是鮮卑的一個宗族，來自於北方乾草原地區。自從漢朝在西元二〇六年滅亡之後，中國就一直處於分裂狀態。就我們對中國在絲路上扮演的角色的理解，北魏占有極度重要的地位，因為佛教就是在他們的統治期間在中國北部紮根。北魏對於佛教的支持可見於兩大座石窟佛寺建築群中：雲岡與龍門，分別位於北魏先後的兩座首都大同與洛陽附近。隨著北魏的統治從黃河流域往西延伸到塔里木盆地，於是確保了朝聖者與商人的安全。

在李賢出生之時，北魏以黃河上的洛陽為都，但王朝已陷入困境。北方的叛亂活動以及敵對黨派的爭鬥，導致北魏在五三四年分裂。後人為此一動盪提出的一個理由，是北方的地方統治者在仍與乾草原保持聯繫的情況下，覺得首都的菁英距離他們越來越遠，也越來越漢化。首都在四九四年南遷到黃河上的洛陽附近，北魏朝廷還通過一系列的改革，包括宮廷裡禁穿鮮卑服飾、強制學習中文，以及強制採用中國的單字姓氏。他們並且從乾草原遷移大批居民以充實新都的人口。推行這些運動的皇帝擁有漢人母親，他遷都洛陽以及推行改革的舉動也是漢化的徵象：揚棄尚武與乾草原民族這種不同於中國人的既有族裔認同。

此一動盪造成北魏的滅亡。固原落入繼之而起的西魏（五三五～五五七）疆域內，統治者宇文泰（五〇六～五五六）——原是一位勢力龐大的鮮卑軍事指揮官——定都於長安。東魏（五三四～五五〇）控制中國北部黃河以東的大部分地區，包括前北魏首都洛陽。李賢在西魏的軍隊裡一路往上爬，後來受命駐守西部邊界的戰略要地，包括最早在西元前二世紀末被漢朝建立成軍事駐地的敦煌。他在有生之年見到宇文泰的兒子推翻敵對王朝東魏的最後一任皇帝，而建立新帝國北周（五五七～五八一）。不過，黃河大彎以東那片原本由東魏統治的區域，卻還是受到別的政權控制。北周開始擴張，但不是往東，而是往南到達現在的越南邊界。接下來的兩任皇帝也都是宇文泰的兒子，李賢就是在其中的第一位皇帝宇文邕（五六一～五七八年在位）掌權期間去世（五六九年）。

身為邊疆駐地的軍事指揮官，李賢必然走過許多地方。他有許多旅程必然是在絲路的貿易路線上，另外也還有進京報告以及領受命令。我們不知道他是怎麼得到這個巴克特里亞銀壺，只能夠推斷出幾種可能性。舉例而言，這個銀壺有可能是由四五六至五五九年間來訪的其中一名嚈噠帝國使者帶到北魏或北周的朝廷。我們也知道李賢是敦煌刺史，這時敦煌已成為一座繁榮的絲路城鎮，擁有豐碩的財富與贊助人，得以開始在城鎮周圍挖建他們自己的石窟佛寺。他必定能夠接觸市場以及經過此地的商人。身為州刺史，當地的顯赫家族想必會為了討好他而向他進貢禮品。此外，他也可能獲取戰利品，或是從他控制的區域當中直接奪取他覬覦的物品。所以，我們不知道他是在什麼時候、什麼地方或是從什麼人手上取得這個銀壺，只能假設這是他的家族所獲得的其中一件珍貴物品。[80]他的孫女在九歲夭折下葬，墳墓裡也擺滿金銀器皿。[81]

吳焯討論李賢與嚈噠人之間一項可能的直接關係。一名嚈噠帝國使者在五二五年左右於前往洛陽的途中經過固原。[82]據說他帶著一頭獅子做為外交禮物，而且因為一場叛亂活動在固原耽擱了一段時間。後來，他終於抵達首都——那頭獅子的下場沒有被記錄，但這樣的禮物並非獨一無二。根據記錄，吐火羅人在七世紀與八世紀期間也曾向中國人贈送獅子，還有一頭在六三五年由撒馬爾罕送來的獅子，更受到皇帝命人作賦讚譽。[83]李賢在當時還年輕，但鑒於李家的地位，李賢在那名使者被迫停留於固原的期間應該見過他也接待過他。[84]後來往赴首都而途經此處的其他使者也可能都受到李家接待，李賢也有可能在邊疆駐地或是宮中見過這些使者。到了五〇八年，嚈噠人已占領塔里木盆地的焉耆與吐魯番，因此李賢必定很清楚他們的存在，一方面是政治盟友，另一方面也是對北魏邊界的潛在威脅。

至於李賢怎麼看待以及使用這個銀壺？這是不是一件異國物品，只在正式宴會上才會拿出來使用，裝滿為賓客準備的當地葡萄酒，藉此反映他的地位以及國際觀？還是說也會在比較不正式的場合上使用——或甚至是根本沒有受到使用？[85]就我們所知，他說不定是在死前不久才取得這個銀壺，而且從來不曾使用過。這些都是相當引人入勝的問題，但答案都只能夠臆測。李賢對於銀壺上的圖案有何理解也是如此。就算特洛伊戰爭的故事融入當地神話裡，他知不知道這些故事？還是說他認為這些圖案描繪另一則當地故事？或是說這些圖案根本沒有任何人去解讀，只是被視為美麗或者帶有異國色彩的裝飾？不是每個人都會對自己周圍的世界以及自己接觸的物品提出問題。實際上，對這個銀壺比較感興趣而且也比較重視的說不定是他的妻子：因為這座墳墓是他們夫妻的合葬墓。接著，還有這個銀壺為什麼會跟著他們一起下葬的問題。這也是一個只能臆測的問題，尤其是我們根本不知道墓裡原本有哪些物品。[86]

五六九年，李賢想必在長安去世不久後隨即安葬。他的妻子吳輝在五四七年就已去世，原本葬在她家族的墓園裡，移過來與李賢合葬。[87]巴克特里亞銀壺在李賢死後就放在墳墓裡，直到該遺址在一九八三年被中國考古學家發掘為止。[88]盜墓者在那之前就侵入過這座墳墓，但他們可能因為墓室屋頂坍塌而沒有看到銀壺。同樣的，我們只能猜測他們可能偷走哪些東西，以及其中是否包括其他銀器。連同他妻子的印章戒指，還有一個薩桑玻璃碗和一把薩桑長劍沒有遭到竊取。這個巴克特里亞銀壺目前收藏在固原博物館，館內也複製了李賢的墓。這件遺物已在中國與海外的許多展覽當中展出過。[89]

注釋

關於本章提及的地點，請見夾頁彩色地圖的一號地圖。

[1] 我要感謝樂仲迪（Judith Lerner）對本章提出的極度有用的詳細評論，而且本章當中的許多洞見都來自於她。另外，也要感謝凱爾德（Jorrit Kelder）在我造訪蓋提研究中心（Getty Research Institute）的時候陪我喝著飲料而提出的想法。文中如有任何錯誤、誤解與疏漏，皆是我自己的責任。

[2] 這是概略的製造時間，但目前的共識認為不會早於五世紀。製造時間如果是在五世紀上半葉，那麼就會是在巴克特里亞被薩桑王朝統治的期間。

[3] 為了清楚起見，我在本章中一律使用巴克特里亞這個名稱，儘管這個區域並非向來都被這樣稱呼。Leriche and Grenet（[1988] 2011）概述：「不過，巴克特里亞這個名稱在貴霜時期被捨棄。我們不知道這個區域之後被取了什麼名稱。地理學家托勒密在西元二世紀下半葉寫道，這個區域後來主要由吐火羅人居住。在中古波斯語和亞美尼亞語當中，『巴爾喀』（Balḵ）這個名稱指的僅是首府城市。到了貴霜時期結束之際，巴克特里亞已改稱為『托卡雷斯坦』（ṬoḴārestān）。薩桑王朝征服這個區域之後，托卡雷斯坦即是其省分『貴霜之地』（Kūšānšahr）的核心地帶。在中國文獻裡，無疑是新名稱音譯的『吐火羅』一詞取代『大夏』這個舊名稱。」

[4] 查士丁（Marcus Junianus Justinus），《腓利史概要》（*Epitoma historiarum Philippicarum*），bk. 4，Corpus Scriptorum Latinorum，www.forumromanum.org/literature/justin/texte41.html。

[5] 庫巴諾夫（Aydogdy Kurbanov）在他的論文一開頭的章節裡概述這項主題的許多觀點，而總結指出：「這

些理論大多數都奠基在經常互相矛盾的書面文獻上。……考古資料極少被考量，而且就算有，也只是利用一小部分以支持自己的觀點」（2010: 32）。

[6] 在貴霜時期可能是主要鑄幣廠，在後續的幾百年間更確定是如此。見 Bracey（2012: 121-24）。另見第二章。

[7] 對於粟特的占領可得到一項事實支持：粟特派往中國的使節團就此中斷，並且由嚈噠人的使節團取代（Litvinsky 1996: 140-42）。

[8] 不過，如同 Judith Lerner and Nicholas Sims-Williams（2011: 18n6）指出的，古代與現代的史學家對於這個名稱有點濫用之嫌，用於指稱各種被歸類為「匈人」的不同群體。

[9] 關於文字與考古資料的一項近代考察以及相關學術研究，見 Kurbanov（2010）。如同他指出的：「至今還沒有發現任何與他們直接有關的建物」（37）。另見 Sims-Williams（2007）對於近來發現的這個時期的巴克特里亞文件所進行的探討。

[10] 見 La Vaissière（2007, 2009）。

[11] 引用於 Litvinsky（1996: 139）。

[12] 見 Litvinsky（1996: 144），更完整的討論請見 La Vaissière（2007）。榎一雄原本提議他們來自西喜馬拉雅地區，但這個觀點現在已普遍遭到揚棄；魏義天（Etienne de la Vaissière）檢視這一點（119-20）。另見第一章對於乾草原聯盟和位於其邊界的文化之間的互動。

[13] Procopius（1961），引用於 Litvinsky（1996: 136）。

[14] Kim（2016: 49），引自 Pulleybank（2000b）。其他的顏色分別為代表北方的黑色、代表南方的紅色，以

及代表東方的藍色。

[15] Kim（2016: 51 與第三章的完整討論）。他接著採取和魏義天及其他人一樣的觀點，主張匈奴／嚈噠人與後來的文獻記載出現在乾草原西部的匈人是同一個政治集團。許多學者都不同意這種看法；見第一章。

[16] 摘自《通典》（一部寫於九世紀初的中國史書），引用於 Enoki（1959: 7）與 La Vaissière（2007: 122）。

[17] Molnar et al.（2014）。

[18] 見 Holloway（2014）。

[19] Vondrovec（2014）與 Alram（2016）。阿克罕匈人有時被辨識為南方部落，也就是紅匈人——見前注 14（Maas 2014: 185）。

[20] Kurbanov（2010: 41）假定皮爾麥巴巴丘地（Pirmat-Baba-Tepe）附近的貝茲米亞尼（Bezymyanny；意為「無名」）四號塚當中一座西元五世紀的墳墓可能與嚈噠人有關。這些雙排墳墓都葬有數人，在五個人的上方有一名男子的墳墓。普羅柯比提及嚈噠人的集體埋葬作法。顯示這些墳墓可能屬於嚈噠人所有的另一點，則是七個頭骨當中有四個都經過人工變形。不過，另見底下對於錢幣的討論。

[21] 比較完整的版本請見 Bivar（2012）。

[22] 年代可追溯至四世紀，而且重複使用沙普爾二世（三〇九—七九年在位）與三世（三八三—八八年在位）的薩桑模具的錢幣，都含有阿克罕的名稱。這些錢幣可能是由所謂的阿克罕匈人鑄造於喀布爾。有些學者提議阿克罕匈人就是嚈噠人，但大多數學者仍然將這兩者區分開來。另外有些人提議這些錢幣可能鑄造於巴爾喀，因為嚈噠／阿克罕人在三五五年左右占領了這個地方。見 Vondrovec（2014）與 Alram（2016）。

[23] 他的弟弟在他們的父親死後趁著卑魯斯不在而奪權。

[24] 由五世紀拜占庭史學家普利斯庫斯（Priscus of Panium）所記載，引用於 Litvinsky（1996: 138）。

[25] 參考自一部六世紀敘利亞語編年史，據說作者為苦修者喬舒亞（Joshua the Stylite；1882: 8）。

[26] 這種作法並不罕見。

[27] Joshua the Stylite（1882）：「他傲然承諾自己願意支付三十頭滿載銀幣的騾子換取性命安全，於是將消息傳回他統治的國家，可是卻連二十擔也差點籌集不到，因為他先前打的戰爭已經徹底耗盡了前任國王留下的財寶。因此，在缺了十擔的情況下，他留下自己的兒子卡瓦（Kawād）做為人質，等他籌足缺額之後再把兒子贖回。……他回國之後，隨即對全國開徵人頭稅，然後送出十擔銀幣贖回了他的兒子。」

[28] Göbl（1967, vol. 2: 89-91）。

[29] Litvinsky（1996: 141）。

[30] 有些文獻指稱雙方的通婚發生在戰勝之後。

[31] Firdausi（1915, vol. 7: 328-33）。

[32] Blockley（1985: 11）。

[33] La Vaissière（2007: 124）。另見 Bernshtam（1951: 119）。

[34] 見以下對於鮮卑的討論。我在此處對於族裔認同採取過程性的觀點，如同 Jones（1996）討論的方式。

[35] Jones（1996: 14）。

[36] La Vaissière（2007: 121-22）主張只有一波遷徙，從三五〇年左右持續到三七〇年代，其中包括曾是匈奴聯盟成員的民族。

[37] Chavannes（1903b: 403-4）。

[38] 儘管當時是早已入冬的農曆十月。根據他在記述裡描寫的行程，他必定是在巴達赫尚南部遇到他們，在瓦罕（Wakhan）以西不遠處。

[39] 對於菁英統治階層採用的生活方式也被所有人遵循，這種假設我們必須抱持謹慎的態度：中國史書《北史》提及寄多羅人「隨畜牧移徙，亦類匈奴」（引用於 Zürcher 1968: 373-74）。

[40] La Vaissière（2007: 123）。

[41] 這個年代取自羅布（Rob；即現在的魯伊〔Ruy〕，接近巴米揚）的一份巴克特里亞文書；見 Sims-Williams（2000: 32-33）。不過，我們至今仍未發現能夠被視為屬於嚈噠人所有的建築殘跡（感謝樂仲迪指出這一點）。

[42] 六世紀史學家普羅柯比指稱他們「居住在繁盛的地域，是匈人裡唯一擁有白皙膚色的一群；他們不過遊牧生活、只敬奉一位國王、遵循規定完善的法律，也公正對待鄰國」。他也描述了他們將貴族埋葬於墳塚內的作法，由死者的好友陪葬，也就是他們生前的僕人。

[43] La Vaissière（2007: 122-23）。

[44] 見 Nattier（1991: 110-17）對於嚈噠人迫害佛教的討論。

[45] 見 Kurbanov（2010: 73-86）。不過，如同他指出的，許多發現的辨識都缺乏確定性：舉例而言，有些人對於巴拉雷克（Balalyk）的繪畫定年在嚈噠人之後（76）。

[46] 這裡也發現了紅寶石與尖晶石，後者出現在巴達赫尚的礦場裡，但我們不知道這些寶石有沒有在那麼早就被開採（Hughes 2013）。翡翠發現於卡比薩省的潘傑希爾谷地（Panjshir Valley）。

[47] Alram（1986）。但這點不足以證明這些錢幣是由嚈噠人製作而成。

[48] 目前收藏於撒馬爾罕博物館。見 Litvinsky（1996: 160 以及圖 17 與 18）。

[49] 大英博物館，登記編號 1963,1210.1。

[50] 舉例而言，見第二章探討過的烏魯布倫（Uluburun）沉船上發現的銅與錫來源的討論。

[51] P. Harper and Meyers（1981: 148）。

[52]「刻有女子在拱廊內舞蹈圖的水壺」，Heilbrunn Timeline，Metropolitan Museum of Art，www.metmuseum.org/toah/works-of-art/67.10a,b。

[53] 見 Rosenthal-Heginbottom（2013）。

[54] 貝爾圖維爾珍寶（Berthouville Treasure）當中的特洛伊場景水壺。壺身上的圖畫描繪阿基里斯拖著赫克托的屍體繞行特洛伊的城牆。見 Lapatain(2014: 53-56）以及《貝爾圖維爾的古代奢侈品以及羅馬銀器珍寶展》（*Ancient Luxury and the Roman Silver Treasure from Berthouville*）的圖片，二〇一四年十一月十九日—二〇一五年八月十七日，Getty Villa，J. Paul Getty Museum，www.getty.edu/art/exhibitions/ancient_luxury/。

[55] 這套故事是否反映了一場實際發生過的戰爭，至今仍然備受爭論，肯定者認為這場戰爭可能發生在西元前十二世紀。特洛伊最常被辨識為土耳其東部的希沙利克（Hisarlik）。關於新近證據的討論，見 Easton et al.（2002）。

[56] Woodford（2003）。

[57] 舉例而言，見大英博物館線上資源：「古希臘：神話與傳說」（Ancient Greece: Myths and Legends），https://www.britishmuseum.org/PDF/Visit_Greece_Myths_KS2.pdf。

[58] Treister（2001: 382）。

[59] 有些史學家認為奧克夏特斯是粟特人。

[60] 不過，Rotroff（2007: 140-41）提出一項重要論點，指稱希臘化不必然會立刻體現在物質文化當中，並舉古典陶器為例，這種陶器直到三世紀都一直沒有改變。「明顯可見，軍事與政治事件需要經過很長的時間才會對一般人製作物品的方式產生影響」（141）。

[61] 這個概念長久以來都與佛教放在一起討論（舉例而言，見 Grousset 1948），但關於這項更具爭議性也更晚近的論點，見 Nickel（2013）。

[62] Rotroff（2007: 147）。另見 Momigliano（1979）。

[63] Leriche and Grenet（[1988] 2011）。

[64] Mairs（2013）討論了這個區域的族裔認同。

[65]「Bactrien mirage」（Foucher 1942-47: 73-75, 310）。

[66] Bernard（1981）。

[67] Bernard（1981）；Barnard, Besenval, and Marquis（2006）。

[68] Mairs（2013: 370）。

[69] 開挖於一九七八年，目前收藏於喀布爾博物館（Sarianidi 1985）。這批物品在世界各地都舉行過展覽，包括在華府（Hiebert and Cambon 2007）。關於貴霜帝國的更多內容，見第三章。

[70] 這批寶藏的其他物品還顯示了來自印度、中國與乾草原的影響。

[71] Treister（2001）。

[72] 但就風格上而言，這三件物品相隔了數百年之久。

[73] Wietzmann（1943: 319）。

[74] Shepherd（1964: 66-92）；Ettinghausen（1967-68: 29-41）；Trever（1967: 121-32）。

[75] P. Harper（1971: 503-15）；Carter（1974: 171-202）。

[76] 可能源自印度而往西傳播。關於彭吉肯特的繪畫，見 Marshak（2002）與 Compareti（2012）。關於典籍，見吐魯番研究網站（http://turfan.bbaw.de/front-page-en?set_language=en）。另見 Zieme et al.（無日期）。

[77] Marshak and Anazawa（1989）。多次被翻印，包括在 Juliano and Lerner（2001）、Watt et al.（2004）與 Whitfield（2009: 89, cat. 55）中。

[78] 假設一個世代是二十至二十五年，那麼這項南遷應是在三世紀期間。

[79] 和所有位在乾草原邊界的定居帝國一樣；有關對於此一互動更廣泛的討論，見 Christian（1998）與第一章。

[80] 他的墳墓裡也還發現其他物品，但大多數的內容恐怕都早已遭人盜取一空。見下述。

[81] 李靜訓公主（六〇八年去世）。由她的祖先，可以看出李家怎麼持續興盛不衰：她的外祖父是北周皇帝，外祖母則是隋朝第一任皇帝的女兒，也是第二任皇帝的姐姐。她葬在西安附近，其墓在一九五七年被開挖。關於墓中物品的例子，見 Watt et al.（2004: cats. 186-88）。

[82] Wu（1989: 66, 68）。

[83] 譯文見 Schafer（1963: 85）。

[84] 他年輕時也曾在宮裡當年輕皇帝的玩伴。

[85] 我們對於希臘人與羅馬人的飲食文化以及這類水壺的使用方法雖然所知頗多，對於鮮卑人的這些方面卻

是所知極少。關於他們的墳墓，見Dien（1991）。

[86] 原因是許多物品都早已遭到盜墓者竊取。

[87] 她的遺體被發現的時候，有個帶有薩桑印章的金戒指。

[88] Shaanxi sheng kaogu yanjiusuo（2005）。

[89] 包括在薩格勒布（Lukšić 1996）、紐約（亞洲協會〔Juliano and Lerner 2001〕與大都會藝術博物館〔Watt et al. 2004〕），以及布魯塞爾（Whitfield 2009）。

第六章

一塊于闐王國的木畫

左圖這塊頂端略呈三角形的長方形木板，上面繪有一匹斑點馬兒與一頭駱駝的圖像，分別騎在這兩隻馱獸的騎士頭上並畫有光環，兩人左腰各佩一劍，右手各執一碗。木畫背面有五個小孔，大概是把木畫固定在牆上用的。這塊木畫是在斯坦因（一八六二～一九四三）帶領，挖掘東部絲路王國于闐佛教遺址時發現的。該遺址現今深處於塔克拉瑪干沙漠當中，叫做丹丹烏里克（Dandan-Uliq）的地方，意即「象牙之地」。對於這件物品的年代眾說紛紜，從六世紀到八世紀都有，大家根據發現環境以及在附近發現的其他物品而假設這是一件與佛教有關的宗教物品。圖畫中的光環也支持這個論點，就像在猶太基督教與佛教情境裡，聖人與神明頭上通常都會畫上光環，有時甚至連統治者也會。然而，在過了一個世紀之後，這幅圖像上面的部分圖素仍然令人困惑不解。[1]

這塊木畫發現於一九〇〇年，是考古學家斯坦因前往中國中亞地區的四次考察之旅中第一趟旅程時發現的。[2] 瑞典探險家斯文赫定（Sven Hedin；一八六五～一九五三）之前也造訪過丹丹烏里克，並在那裡進行初步挖掘。不過，斯坦因的挖掘工作，算是對早已被塔克拉瑪干沙漠的沙子覆蓋的絲路城鎮和廟宇首度進行有系統的開挖。[3]斯坦因之所以來到于闐——西元第一千年時中國文獻曾描述它是一座繁榮的佛教王國——原因是他認為這裡是印度、伊朗與中國的三股影響力匯聚融合的地方。這點沒讓他失望，第一趟旅程後他就將這裡稱為「一座極富多元性的王國」。[4]這塊木畫也彰顯這樣的多元性。不過，我們首先必須考慮為什麼這件物品會製作，為誰而作，想解答這些問題，我們就必須對其描繪的內容多做了解。接下來，讓我們先從于闐以及于闐佛教談起。

現藏倫敦大英博物館

于闐國

于闐是興盛於西元第一千年間的一座綠洲王國，一〇〇六年被喀喇汗國（八四〇～一二一二）征服——這群伊斯蘭突厥民族的侵略者來自於帕米爾高原以西。[5]在二十世紀初期的挖掘工作之前，我們對於于闐的理解主要都是來自中國史書以及僧侶往返中國與印度途中經過此處所留下的記述。舉例而言，在西漢滅亡後撰寫的《漢書》（西元前二〇六～西元九年）提及于闐有三千三百戶人家，一萬九千三百名人口，以及兩千四百名武人，[6]首都位於兩條從崑崙山脈往北流淌的河流之間。這兩條河流分別名為白玉河與墨玉河（玉龍喀什河與喀拉喀什河），不僅是灌溉水的來源，而且也生產玉石。此外，他們也在山上受到開採玉石並且對外輸出——至少從西元前第一千年間就已開始，這時在中原地區已可見到于闐玉。[7]玉石與河流也確保了于闐的繁榮。

白玉河與墨玉河經過這座城鎮後匯聚成于闐河，往北流過塔克拉瑪干沙漠，但每年可能有一些時間會消失在沙子底下。從于闐河往北可以抵達阿克蘇與龜茲這兩個王國：因此在沙漠中可見一座聳立於河邊的陡岸上方，有建造一座防衛來自北方侵略的堡壘。朝西有幾條路線通往莎車（現在的葉爾羌）。來到這裡的旅人如果不是往西北前往疏勒國（現在的喀什），就是往南前往西藏高原，或是往西南前往帕米爾高原、興都庫什山脈與喀喇崑崙山脈的隘口，通往巴克特里亞與犍陀羅等中亞王國，接著再到印度北部。朝東則有樓蘭王國。在于闐首都以東一五〇英里左右的精絕國（現稱為尼雅）則標誌了于闐的邊界，它們曾數度受于闐或樓蘭控制。

我們不能確知于闐的早期歷史。不過，七世紀文獻裡的一則故事，指稱這座王國是由被阿育王（約西元前二六八~約二三二年在位)逐出犍陀羅塔克西拉的放逐者所創建,但這則故事沒有其他證據支持。[8]到了七世紀,已出現由當地于闐語寫成的文書,該語言屬於中古波斯語系。有些學者主張于闐取代了較早之前的一種藏緬方言,但這兩種語言的存在都無法為于闐是由遭放逐的犍陀羅人創建的故事提供支持。[9]不過,這裡倒是發現了西元頭幾世紀的青銅漢佉二體錢幣,上面刻有于闐國王的名字,而且那些國王都擁有伊朗人的名字。[10]這些錢幣結合兩種錢幣系統:貴霜(見第三章)與中國。[11]興盛於西元一至四世紀期間的東側鄰國樓蘭,其文書則是以佉盧文字書寫普拉克里特語。這些文書與錢幣的證據,顯示移民可能從犍陀羅遷徙到塔克拉瑪干沙漠南部,但這樣的遷徙可能是到了貴霜時期(一到三世紀)才出現。克里布研究這些錢幣之後指出:「這些錢幣的發行者,在從印度斯基泰王國與印度帕提亞王國過渡到貴霜帝國的控制時期,尤其是緊接在那段過渡變化之後的時期中,都與巴克特里亞以及印度西北部的王國有密切接觸,不論是政治、文化,還是經濟上的接觸。」[12]和這塊于闐木畫的描繪內容有關,這些錢幣之所以引人注目,是因為帶有佉盧文銘文的那一面有一頭沒人騎乘的馬匹或者駱駝的圖案。馬與駱駝的圖案曾經發現於各式各樣的錢幣上,包括印度斯基泰王國、印度帕提亞王國與貴霜帝國的錢幣。其中一類的漢佉二體錢幣可能是仿造自貴霜錢幣,有幾枚錢幣是以貴霜德拉克馬重覆壓鑄而成,而且所有類型的錢幣都帶有貴霜人使用的徽記(見第三章)。[13]不過,錢幣的重量分別為三、六或二十四格令,這點則是仿效中國的錢幣。[14]所以,于闐雖然明顯受到西側帕米爾高原上的貴霜帝國強烈影響,同時卻也連結於東側的中國經濟體系。鑒於于闐在玉石及其他石頭上與中國的貿易,這項連結想必相當重要。

中國史書指出,于闐在西元一世紀可能擴張其控制範圍,包括往東納入精絕國,以及往西納入莎車。[15]中國的軍隊從東方來到這裡的時候,其司馬曾經短暫駐守於于闐(七十七~九十一年)。二世紀期間，于闐試圖把疆域擴張到精絕以外而至樓蘭境內。此舉雖然沒有成功，但于闐在三世紀與四世紀期間仍然相當穩固。二六〇年，來自中原地區的佛僧朱士行來到于闐求經，發現一本梵文的《般若波羅密多心經》之後，即想要帶回中國。根據他的傳記所述，他的要求原本遭到當地的佛教徒阻擋，因為他們認為那部經典的教誨是邪魔外道：一般猜測認為他們信奉的是聲聞乘（小乘佛教）。最後，朱士行終究把這部經典送到洛陽，並在那裡被翻譯。他繼續待在于闐，後來有一名于闐僧侶在二八二年帶著另一本相同的經典前往中國。

在這之後，大乘佛教就似乎居於主導地位。中國僧侶法顯和同伴們在四〇〇年前往印度的途中抵達于闐，他們曾有這樣的描述：

其國豐樂，人民殷盛，盡皆奉法，以法樂相娛。衆僧乃數萬人，多大乘學，皆有衆食。……家家門前皆起小塔，最小者可高二丈許。作四方僧房，供給客僧及餘所須。[16]

于闐國王把法顯和他的同伴安置在一座大乘佛教的大寺院裡，法顯的記述指稱其中有三千名僧侶。他還提到另外四座大型寺院，其中一座位於城外，稱為「王新寺」。這座寺廟「作來八十年，經三王方成。可高二十五丈，彫文刻鏤，金銀覆上，衆寶合成。塔後作佛堂，莊嚴妙好，樑柱、戶扇、窻牖，皆以金薄」。[17]

于闐的繁榮不是單靠玉石而來。記述顯示于闐是個貿易中心，尤其是半寶石的貿易。除了當地的玉石以外，還有來自西側帕米爾高原上巴達赫尚的青金石、翡翠與紅寶石。在西元頭幾世紀當中，于闐也發展出絲綢與造紙工業（見第八、九章）。貿易帶來的財富讓他們得以建造覆有金箔的佛教佛塔，其舍利室可能充滿了部分流經其市場的半寶石，而且就像僧侶宋雲所描述的，裡面還裝飾著還願絲綢：「後人於此像邊造丈六像者及諸像塔，乃至數千，懸彩幡蓋，亦有萬計。魏國之幡過半矣。」[18]

宋雲這位出生於東側敦煌的朝聖僧，在五一八～二二年間的旅程中記錄了一則當地故事，指稱于闐之所以會開始信奉佛教，原因是有個商人將一名僧侶引見給國王。那名僧侶後來在國王的資助下建造一座佛塔。[19]菁英階層對佛教的贊助，以及佛教與商人還有貿易的密切關係，都存在著明確的證據，而且也是佛教成功傳播至中亞、南亞與東亞的主要因素。[20]宋雲還提及那裡的女性和男人一樣穿著長褲與短上衣，腰間「束帶」，而且「乘馬馳走，與丈夫無異」。[21]

同一時期，嚈噠人正在擴張勢力，從他們位於巴克特里亞的基地——現在的阿富汗北部——越過帕米爾高原進入塔里木盆地，征服疏勒與北方的龜茲國（見第五章）。宋雲離開于闐之後經過他們的領土，但沒有造訪首都，只提到于闐人會派遣使者到嚈噠帝國去。我們不確知嚈噠帝國對于闐的影響程度有多高，但維持盟友關係對於于闐來說想必相當重要，因為在于闐交易的那些石頭，有許多礦場都受嚈噠人控制。宋雲的記述也顯示這時期佛教盛行於于闐。[22]

于闐持續繁榮興盛，但也不免受到周邊帝國的興衰所影響。從七世紀開始，于闐陸續受到中國、西藏與西突厥汗國控制，于闐的文化也顯示出雙向的影響，例如造紙與絲綢技術從中國傳入，于闐佛經則是傳到中國與西藏。這裡持續有印度裔的居民，這點可見於部分抄本的題獻當中。[23]屬於東伊朗語系的于闐語，採用婆羅米文的印度文字書寫在以「梵筴」（pothi）這種印度棕櫚葉抄本為基礎的寫本上。

于闐在七世紀初可能臣屬於西突厥汗國，其權力中心位於天山以北的乾草原。七世紀的中國朝聖僧玄奘在這裡待了幾個月，並且獲得駐在此地的突厥統治者——或稱吐屯——給予通關文書。[24]他在回程造訪于闐，指稱此處「國尚樂音，人好歌舞。少服毛褐氈裘，多衣絁紬白氎。儀形有禮，風則有紀。文字憲章，聿尊印度。微改體勢，粗有沿革。語異諸國，崇尚佛法。伽藍百有餘所，僧徒五千餘人，並多習學大乘法教」。[25]

于闐王在六三二年派遣一名使者往訪中國朝廷，結果于闐成了中國與西突厥外交談判當中的棋子，導致于闐王必須將兒子留在中國首都當人質，並且向中國皇帝表示效忠。不過，于闐南方出現一個新的西藏帝國，結果這個帝國往北擴張並在六七〇年征服了于闐。自此之後，于闐就受制於中國與這個區域的西藏帝國之間的權力鬥爭。中國在七世紀末與八世紀初居於支配地位，但後來隨著中原地區爆發內戰，被迫把軍隊撤離這個地區。西藏人得以再度移入，在八世紀末又開始控制于闐。到這個時候，西突厥人在蒙古乾草原地區已受到另一個突厥部落聯盟取代，也就是維吾爾人。但在這段時期，于闐國王持續統治著這座塔克拉瑪干王國。[26]

西藏與維吾爾帝國都在九世紀中葉滅亡，許多維吾爾人南下移入塔克拉瑪干，在于闐的北方與東方建立王國。于闐在十世紀又與中國恢復往來，但也和敦煌的鄰國關係密切。他們的統治家族互相通婚，于闐的佛教贊助者也從這個時期開始被描繪在敦煌莫高窟的石窟寺廟裡。敦煌藏經洞也是于闐抄本的一大來源，其中有些是佛教經典，但也包括一些世俗文書，例如一家于闐寺院曾為敦煌商品開收據。[27]于闐再度往西擴張至喀什，九七一年時派遣一名使者帶一頭在這場戰役中擄獲的大象前往中國。不過，這只是一場大規模鬥爭當中的一部分，對象是突厥聯盟喀喇汗國（伊兒汗國），它在當時統治帕米爾高原以西的中亞北部大部分地區。根據伊斯蘭文獻的記載，喀喇汗國在一〇〇六年占領于闐，在一〇〇九年以喀喇汗（黑汗）的名義派遣使者往訪中國朝廷。

佛教在于闐

在這段時期，于闐信奉佛教，[28]最早的佛教遺跡來自於三世紀左右。[29]可以確定的是，在法顯到訪的時候已經有了大型寺廟，儘管丹丹烏里克可能還沒出現——考古學家通常認為丹丹烏里克起源於六世紀。[30]

在于闐初期盛行的佛教是聲聞乘（大乘）佛教，這點三世紀僧侶朱士行也有記述可支持。不過，現存的于闐佛教文獻來自比較晚的時期，可能是在七〇〇年左右之後。這些以婆羅米文寫成的抄本（如玄奘所言）含有梵文典籍以及翻譯成當地于闐語的譯文。這批文獻都屬於大乘佛教，而且可能是經過印度北部的吉爾吉特而來到于闐。不過，于闐位於印度西北部與中國的路線上，也是西藏人侵入中亞的主要路線。這個位置確保于闐在大乘佛教從印度傳往中國與西藏的重要性。于闐文獻也發現於敦煌的藏經洞裡，顯示于闐佛教徒與更往東的中國及西藏佛教社區都存在著連結。

于闐佛經幾乎全都是直接從梵文經典翻譯而來，而且有幾部僅存于闐語的版本，例如《贊巴斯塔書》（*Book of Zambasta*，圖18）。[31]這部經是基於印度經典，但不是直接翻譯。其他文獻，例如一首于闐語的詩，也顯示

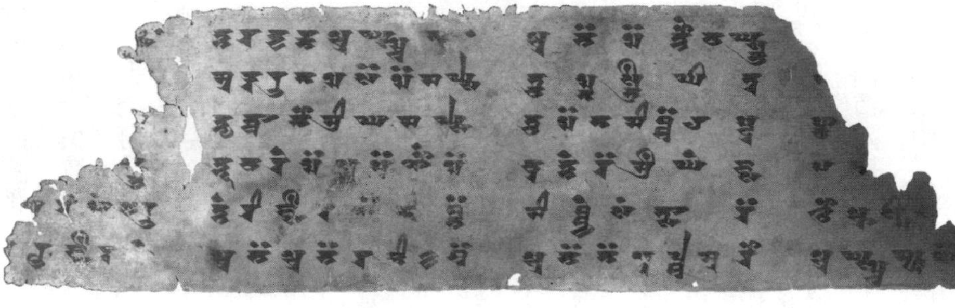

圖 18 于闐佛經《贊巴斯塔書》的一張對摺頁。大英博物館 Or. 9614。

它與印度的關聯。這首詩本質上是《羅摩衍那》的印度教印度故事，但以佛教的觀點加以詮釋，認為故事主角羅摩與羅什曼那分別等於釋迦牟尼佛以及未來佛彌勒佛。

北方守護神毗沙門天在于闐的藝術與佛教當中扮演中心角色，也有助於我們理解這塊木畫。[32]七世紀文獻講述這座王國的創建傳說。當初建國的國王在毗沙門天的廟宇祈求上天賜給他一個繼承王位的兒子，結果一個男嬰就從神像的頭上冒了出來。國王把他帶回家，但嬰兒都不肯進食。國王再度回到廟宇祈禱，結果地面上冒出一個乳房，嬰兒從那裡吸奶而長大茁壯。國王因此蓋了一座新的毗沙門天廟，玄奘也確認過是他造訪過的其中一座廟宇，裡面滿是珍稀物品。文獻也提到毗沙門天受到佛陀指派保護于闐。

就考古方面，于闐的古都約特干（Yotkan）沒有留下多少殘跡。這座古都位在現代的城市以西五英里左右，並且埋在厚達好幾公尺的泥沙底下。這裡的主要發現除了金箔碎片以外，就是數以百計的陶土模型，其中許多都是猴子，有些擺出交配的姿勢，這些模型的重要性與用途至今仍然備受爭論。[33]不過，在東北方二十英里左右還矗立著一座宏偉的佛塔，稱為熱瓦克佛塔（Rawak Stupa；與丹丹烏里克以北的熱瓦克聚落不同）。依其多層的佛塔基座與每一側都有的階梯判斷，這座佛塔可能採取了一種發展在西方的風格，也可見於迦膩色伽王在犍陀羅建造的佛塔，位在白沙瓦河谷的沙基奇德里（Shah-ji-ki-dheri）；還有在阿富汗巴爾喀的托皮魯斯塔姆（Top-i-Rustam）；以及塔克西拉的巴馬拉佛塔（Bhamala Stupa；見第四章）。這些佛塔似乎都遵循三世紀經典《天譬喻》（*Divyāvadāna*）的文字描述，因為其中把佛塔描寫為具有四道階梯、三個平台、一個蛋形穹頂，以及其他常見的元素。這種形式在熱瓦克的發展，顯示這裡和西側帕米爾高原上的佛教鄰居持續存在著深厚的連結。[34]

兩道邊牆的內側與外側都矗立著雕像，有些體積巨大，有些則是真人的大小，而且邊牆也上了漆。一道大門的兩側牆邊立著守護雕像，兩腳之間有個小小的赤裸女子軀體，學者認為這是在呈現那則建國神話，也就是嬰兒受到地面上冒出的乳房哺餵，並且由毗沙門天擔任守護神。[35]一尊毗沙門天的雕像也出現在丹丹烏里克，這個地點位在現在介於克里雅河和于闐河之間的城市往東北六十英里左右，[36]其名稱意為「象牙房屋」。這塊木畫即發現於此，為此，斯坦因的挖掘工作值得我們詳細檢視，以便更了解這塊木畫的背景。

丹丹烏里克的挖掘工作

斯坦因是在一九〇〇年十二月十八日抵達丹丹烏里克遺址，當時由於夜晚氣溫降到華氏零度至零下十度，他牙痛得很厲害，牙齒的神經痛在夜裡最是強烈[37]，因此他裹著所有的衣服在帳篷裡睡覺，把頭縮在毛皮大衣裡，把袖子當成呼吸管。他的團隊從于闐河步行五天才抵達這裡，距離克里雅河還要再往東走三天才會到。然而，這個地方雖然如此偏遠，他卻發現許多遺址都早已被盜寶者截足先登，甚至他的嚮導「老圖爾迪」也是其中之一，因為老圖爾迪「自從兒時以來就經常造訪這個地方，他在這片荒涼的環境裡顯得相當自在。寶藏的迷人想像也吸引他和他的親屬一次又一次來到這裡，儘管他們艱苦的遊蕩旅程所帶來的具體報酬多麼貧乏」。[38]

丹丹烏里克必然曾經擁有豐富的水源，才能支持這麼大的一個聚落。美國地理學家亨廷頓（Ellsworth Huntington；一八七六～一九四七）在一九〇五年到這裡探勘策勒河的舊河道（並且因而對亞洲的氣候變遷提出了一項理論）。[39]這條河就像塔克拉瑪干南部所有的河流一樣，也是從克里雅河以西的崑崙山脈往北流，而在丹丹烏里克西北方的某處消失於沙漠裡。策勒河必定流淌數百年之久，確保這座聚落的發展——其占地面積超過八．五平方英里，核心區域約為一．七平方英里。該區在某個時間點被捨棄：斯坦因認為是在西元八〇〇年左右，依據的是定年於七八一至七九〇年間的文書，還有一些八世紀的中國銅錢。[40]目前還沒有任何能夠挑戰此一假設的發現。有人指出，此地遭捨棄是中國結束對這個地區的統治所造成的結果，原因是中原地區的內戰導致中國將部隊撤離邊遠駐地。不過，一如其他地點，這裡遭捨棄也可能有別的原因，例如河水流向改變、水供應下降，或是人口減少導致灌溉設施難以維護。

丹丹烏里克的成立時間更加不確定。就算有水源供應，聚落也不在主要道路上。不過，這裡卻不僅是個小型農耕聚落（這點可由至今為止發現的佛祠數量看得出來）。丹丹烏里克不是策勒河上最邊遠的聚落：在北方八英里左右的地方，斯坦因也發掘兩座小土墩（可能曾經是佛塔），名為熱瓦克（和距離首都近了許多的熱瓦克佛塔不同）。[41]

斯坦因抵達之後就立刻展開工作，發掘出一座小佛祠，其中有許多用於妝點牆面的灰泥裝飾（編號 D.I，其中的「D」代表丹丹烏里克），接著又有兩座鄰接的佛祠，含有雕塑與壁畫（編號 D.II）。在主要佛像殘存的蓮花座旁有發現三塊木鑲板，全都繪有圖案（雖然已經褪色），斯坦因認為是還願用的供品。[42]值得注意的是，斯坦因發現了一些證據，顯示曾有手抄本黏在圖案上方。我們不確定還願的效果主要是來自於原本的木畫，還是那些抄本，或是兩者效力相等。[43]壁畫的殘跡主要有好幾個佛陀的圖像，但斯坦因在北通道牆的內側發現一幅圖畫的殘跡，內容是「三排少年騎著巴克特里亞駱駝或斑點馬匹，每排四或五人，每個人伸出的右手都拿著一個碗，其中一名騎士的頭上有一隻鳥俯衝下來啄食此一供品」。[44]這幅圖畫和木畫上的一樣。

另外還有四塊彩繪木鑲板是在鄰接的佛祠裡（D.II.010, 79, 16, 21）被發現，同樣也是佛教物品，但大部分都已褪色，其中一塊畫著象神迦尼薩（Ganesha）；再一次，斯坦因猜測這些木畫同樣是還願供品，同一座佛祠裡也發現一個小小的棉布袋，內有人類牙齒與小塊的骨頭碎片。斯坦因問：「這些是與某些迷信物品一起放置在這裡的還願品，還是後人帶來這裡的舍利？」[45]祠堂裡還有一尊雕像的殘跡，是名身穿裝甲冑的守護者，踩在一個惡魔的身體上。雕像左手拿著一個物品，斯坦因辨識為一個錢袋；因此，他認為這是一尊毗沙門天的雕像。[46]

下一個被開挖的遺址斯坦因編號為D.III，是一間小小的住宅，而且在其中發現了第一批重要的抄本。這些抄本中有幾部幾乎完整的梵筴——也就是用棕櫚葉模仿印度書本形狀而製成的長方形紙頁，並以細繩綁在一起。抄本主要都以梵文寫成，其中有大乘佛教經典。斯坦因認為這座建築可能是一座寺院，梵筴是寺院圖書館遺留下來的殘跡。[47]

我們討論的于闐木畫發現於斯坦因挖掘的第七座建築裡——編號D.VII。該建築採用當代典型的榫卯木框構造，接合處都塞有蘆葦或檉柳墊，再覆上黏土並且塗上灰泥。D.VII與D.I至D.V遺跡分隔較遠，附近有一座佛祠（D.VI；圖19）。建築由兩個正方形的房間構成，其中一個的牆邊有個壁爐，可以看出翻模石膏緣飾的跡象。依據殘跡以及地板上的碎屑，斯坦因猜測這裡原本是一座兩層樓建築，但後來二樓坍塌了下來。他認為這塊木畫原本高高掛在一樓房間的牆上，結果因為二樓坍塌而掉落下來，所以發現的時候才會埋在地板上的一堆碎屑底下。旁邊還發現了另外兩塊不同形狀的木畫，其中一塊兩面都繪有圖案，另外也有一些寫有中國文字的殘紙。[48]

這些中國文字提到八世紀末住在這裡的中國佛僧姓名，顯示這裡屬於一座大寺院的外圍設施，大寺院

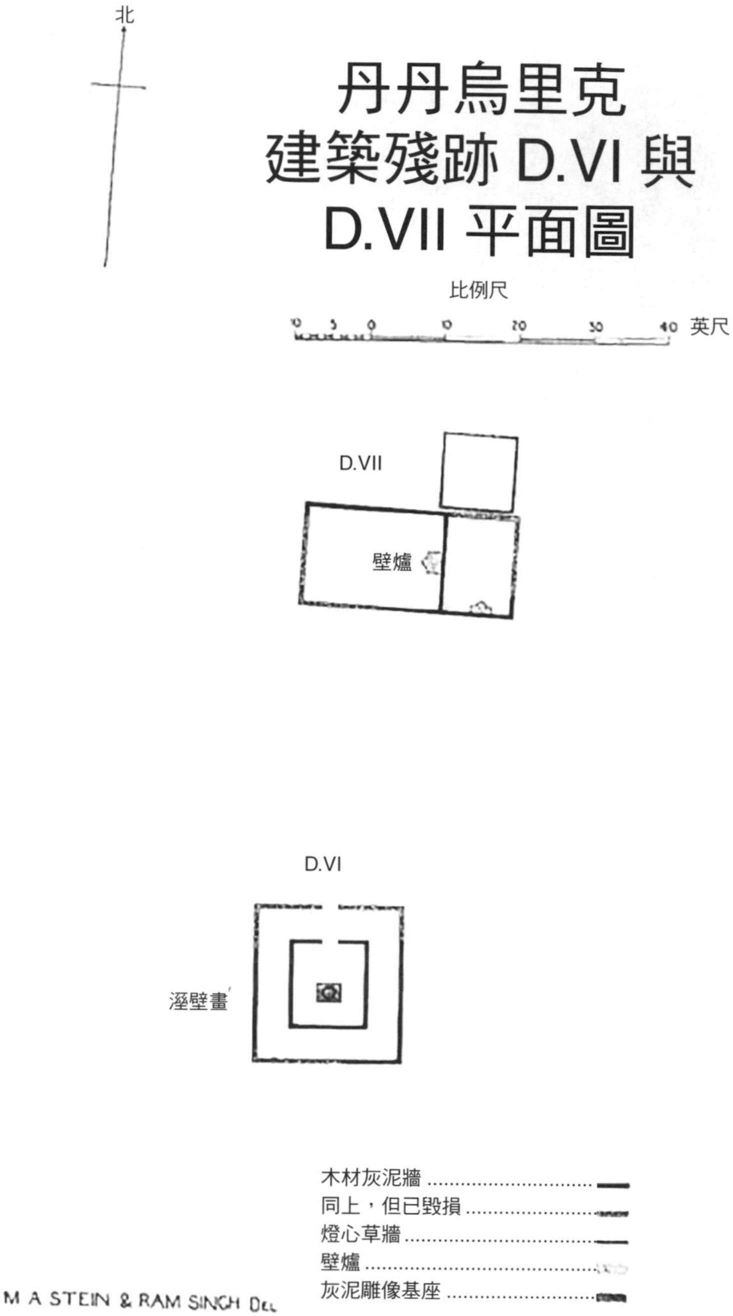

圖 19 丹丹烏里克平面圖，七號房屋。參考自 Stein（1907）。

名為護國寺。其中一份文書是護國寺方丈對其他僧侶下達的命令，要求他們督導外圍設施的維護工作，包括其土地。[49]這項命令在仰領被接收之後，廟宇的所有僕人都必須利用三天從事割草的工作，只留下一人看管田地的灌溉。斯坦因於是斷定這個外圍地點可能稱為仰領，而且這項命令是從位於比較中心地區的護國寺發送而來。仰領雖然看似偏遠，其居民卻不貧窮。在發現的文書當中，有一份是借據，由護國寺僧侶虔英在七八二年開給一個名叫馬令痣的士兵，借款一千銅錢。那名士兵承諾以自己所有的動產做為擔保，並以10%的利率支付給那名僧侶利息。[50]

斯坦因接著又在其他遺址發現更多抄本與木畫，包括在編號D.X的遺跡裡。其中一塊木畫繪有三個人物，中央的人物經學者辨識為「傳絲公主」（D.X.4）。[51]另一塊木畫再度呈現斑點馬匹與騎士的主題。一塊發現於D.IV的木畫則描繪當地的鼠王傳說。[52]斯坦因在一九〇一年一月四日離開，但他在北方的熱瓦克從事挖掘工作的同時，當地人仍然在此地持續自行挖掘，並且在D.XIII發現一張揉成一團的紙。該張經修護之後，才知道這張紙是一封以希伯來文字寫成的波斯語信件。[53]

這些木畫和其他發掘物先是送到秦尼巴赫（Chini Bagh）的喀什英國領事館，在那裡等待斯坦因。他在這次考察之旅結束後，即在一九〇一年五月回到秦尼巴赫。[54]斯坦因獲得俄國當局許可搭乘俄屬突厥斯坦鐵路前往歐洲，並且將發現的物品帶往英國進行初步分類。他在喀什把這些物品重新分裝在十二個大箱子裡，以便進行這趟漫長旅程。這些箱子在喀什的俄國領事館接受通關檢查之後密封起來，封條蓋上俄國雙頭鷹國徽的印記。五月二十九日，斯坦因啟程翻越山脈，經由伊爾克什坦的中俄邊界前往奧什（Osh），帶著「六匹結實的小馬，載運著我的古董」。[55]那些小馬必須涉過許多因為大雨而導致水位暴漲的河流，使得斯坦因每天焦慮不已，但那些物品終究安然送抵目的地。他在十天之後抵達。經過短暫休息以後，只需再開車四小時即可抵達安集延（Andijan），也就是鐵路的起點站。他在六月十一日搭火車出發，途中在馬爾吉蘭（Margilan）、撒馬爾罕與梅爾夫短暫停留。在裏海東岸的克拉斯諾德斯克（Krasnowodsk；現在的土庫曼巴希），斯坦因與那些箱子乘船渡海至巴庫，然後又搭上另一列火車。他接著必須乘船橫越英吉利海峽，才終於在七月二日抵達倫敦。那十二箱物品暫時存放在大英博物館，俄國的封條仍然完好無損。

究竟這些木畫是誰製作的？為了什麼？在什麼時候？又是在什麼地方？在于闐其他地方的佛寺裡，必定也有在原地繪製的壁畫描繪相同的主題，可見這些木畫上的繪畫應該也是在當地繪製，而且可能是出自同一群畫家之手。于闐以外沒有發現類似木畫的情形，也更進一步強化這項推測。工匠想必可由當地的白楊樹與果園當中取得充足的木材，而這些木畫可能是由蓋房屋或製作家具之後剩下的材料製成。畫家也必定能夠取得充分的顏料以繪製壁畫：同樣的，製作這些木畫想必是一件相對簡單的事情，也許是利用壁畫委託工作結束後剩下的顏料為之。[56]

我們對畫家這門行業在于闐的狀況幾乎一無所知，但如同弗雷瑟（Sarah Fraser）指出的，在這個時候的敦煌，繪畫已是一門獲得富人與虔誠信徒支持的職業。許多佛教壁畫與紡織品上的圖畫，都題有供養人的姓名。我們無法知道這件作品是有人訂做還是畫好之後才拿去賣。其製作過程想必頗為直截了當，但從筆跡看得出來畫家是個充滿自信的老手。于闐木畫切割成所需的形狀之後，上面必須塗上某種膠料為顏料打底。接著，再把木畫塗成白色，採用的可能是為壁畫打底的高嶺土混合物，或是採取當時常用的鉛白。那些動物與騎士都以充滿自信的墨水線條畫成，再塗上薄薄一層紅漆或綠漆著色。[57]這些色彩沒有經過分析，但墨水幾乎可以確定是碳素墨水——也就是我們現在所謂的印度墨水。當地還有這個時期的佛教洞窟壁畫、可攜式畫作以及當地抄本的插圖所使用的紅色與綠色顏料，經常都是以辰砂（銀硃）與孔雀石製成，但也有發現有機顏料，例如以膠蟲、紅花與茜草製作的紅色。

木畫的形狀也為其用途提供了線索。三角形的頂端是佛教還願木畫常見的造型，而且都會上色並且雕刻，其造型可能反映佛塔的形狀。佛塔模型也會被製作來當成還願供品（見第四章）。這種形狀不限於佛教。頂端呈三角形並且繪有馬匹的木畫在日本稱為「繪馬」，在神道教與佛教傳統中都是用來向神明傳遞訊息。[58]繪馬的意思為「馬匹的圖畫」，瑞德（Ian Reader）主張這種木畫源自神道教，年代可追溯到八世紀，原本畫有馬的圖像。馬是神明的傳訊者，重要的神社可能也使用真正的馬匹來傳訊。不過，如同瑞德指出的：「這種複製品或替代用的馬匹同時是一種供品，也是傳達祈願的一種方式，可讓各行各業的人將他們的心願與需求傳達給神。」[59]瑞德雖然認為這種作法只受到十二世紀的日本佛教徒採用，但還願佛塔與頂端呈三角形的木畫早就已經存在於中亞——可能也存在於中國——的情形，顯示日本的這種作法可能是受到更早之前的影響。

這塊木畫不是放在佛祠裡。就其發現地點與背面的孔洞判斷，原本應是固定在住宅的牆上，其建築可能是當成駐僧的祠堂使用。如果真是這樣，那麼就不禁令人好奇那些僧侶離開之時為什麼會拋下這些木畫。那些僧侶絕對能夠輕易把這些木畫拆下帶到下一個住處。而且，這些木畫如果是發現於佛教寺廟裡的還願供品，也許會比較合理。從丹丹烏里克發現的類似木畫數量來看，這種木畫並不罕見，所以也許的確有其他木畫在僧侶離開的時候被一起帶走。

這塊木畫如果是固定在牆上當作佛壇，那麼其中的畫作主題顯然對居住者具有重要性。木畫上的圖相當特別，可見到鳥兒飛進碗裡，而且如同先前提過的，斯坦因也在于闐的其他地方發現了類似的圖畫。[60]

同樣的這項主題在更晚近也被人發現於丹丹烏里克的另一幅壁畫上；還有在一座小佛祠內，位在首都以東的道路上，接近於現在的達瑪溝（Domoko城。[61]在那座佛祠，這樣的圖畫構成牆壁底端的飾帶，就像在丹丹烏里克發現的壁畫一樣，上方則有多位佛陀。然而，這種主題沒有發現於塔克拉瑪干與戈壁沙漠的其他綠洲王國裡，儘管在莫高窟與敦煌其他石窟佛寺遺址中存留大量的壁畫裝飾，而且龜茲與吐魯番附近的遺址也有少量的壁畫，也沒有發現。

至今為止唯一一部詳盡探討于闐藝術的著作中，喬安娜．威廉斯提出一項可能的假設來解釋這種圖像。[62]簡言之，她把這種圖像跟第五世達賴喇嘛（一六一七～八二）在其著作裡述說的一則故事連結，內容是關於毗沙門天與「巴達霍爾」突厥人的守護英雄佩卡爾（Pekar）。[63]佩卡爾化身為猛禽，卻遭到毗沙門天的一名金剛護法射箭擊落。[64]這段情節似乎描繪於敦煌的一幅畫作裡。[65]在于闐以外也有一個已知的例子把騎士與碗還有鳥結合在一起——但在這個例子裡，騎士身穿盔甲，而且淺淺的碗內放著一個花瓶。這是一幅畫在紙上的圖畫，發現於吐魯番附近的交河。[66]在佩卡爾的傳記裡，也有一段情節提到一座位於西藏與蒙古邊界的佛塔舉行開光儀式之時，有一隻大鳥棲息在一棵樹上。

圖齊辨識出西藏故事裡的「巴達霍爾」突厥人，他們是原本居住在貝加爾湖周圍的民族，可能是維吾爾突厥人。[67]他們在七四四年於歷史中出現，原因是當時他們成立了一個聯盟，而控制位於他們南方的土地，也就是現在蒙古的一大部分地區，而且一路延伸到中國邊界，位於天山以北、裏海以西。[68]他們在這個地區統治了將近一百年，才被吉爾吉斯族這個同樣來自北方的群體趕走。這是八四〇年的事情，於是有些人往南移入塔里木盆地。不過，維吾爾人南遷幾乎可以確定是在丹丹烏里克遭到捨棄以後的事情。而且這塊木畫的年代如果是在七世紀或八世紀初，那麼那時候的維吾爾人仍然住在遠遠位於北方的貝加爾湖周圍。

我們知道突厥人在更早之前就出現在于闐，這點可見於先前提過的玄奘在七世紀留下的記述，還有在中國的歷史紀錄裡，提及于闐國王在七二五年因為與突厥人共謀而於中國邊界遭到斬首。木畫上的圖是否具有突厥源頭完全無法確知：西藏文獻出現的時間晚了許多，並且將佩卡爾明白描述為一隻大型猛禽，和此處的圖案不符。不過，這幅畫也有可能是于闐人重述一則突厥傳說，因此扭曲其中的部分元素。

艾辛（Emil Esin）也在這幅畫裡辨識出若干突厥與維吾爾主題，例如騎士的服裝——「遊牧民族的馬褲與靴子，還有後來由突厥石像穿著的斯基泰短上衣」——以頭巾綁住飄揚的頭髮，以及額頭上尖刺輪形的裝飾圖案。[69]他也指出，手拿杯子的主題在其他突厥繪畫當中相當常見，代表「具有皇室階級的超自然人物」。斑點馬是皇室坐騎，其重要性也從頭飾上的日月標誌（圓形與新月形）突顯出。不過，騎士的服裝、飄揚的頭巾以及日月標誌都不是突厥人的藝術所獨有——如果真有突厥人的藝術這麼一個類別存在的話。舉例而言，騎士的服裝在這個區域到處可見，甚至唐朝的中國菁英階層也會穿著。我們不難想像于闐人也穿著這種服裝。日月標誌也廣泛見於其他地方，例如在佛教與摩尼教藝術裡就經常可以看到。

或許這幅畫也和粟特人有所相關。虞弘（卒於五九二年）可能是粟特移民，他曾經參與一支出使薩桑伊朗的使節團，並且在六世紀中葉定居中國。虞弘的石棺床發現於中國北部的太原，石棺上面畫了許多反映他的人生與信仰的圖案。[70]其中一幅圖案呈現一名騎士騎馬，右手拿著一個碗（圖20），還有一隻鳥在他的頭上飛翔。這個圖像與馬匹木畫的相似性明顯可見，但就我所知，到目前為止並沒有人把這兩個圖像連結在一起。

當然，這塊木畫也可能描繪于闐固有的傳說，後來在維吾爾人南遷至塔里木盆地之後才與他們產生關

圖 20 虞弘（592 年去世）石棺上的一幅圖案細部。

聯，並且在數百年後被西藏史家記錄。鑒於目前在于闐進行的考古研究仍然持續發現有新的遺址與遺物，我們對於這塊木畫及其背後的故事也許還有更進一步的了解。

不管木畫上圖像的來源為何，無疑的，這幅圖畫對于闐佛教具有相當程度的重要性，那個時代的當地人不需解釋就看得懂。[71]我們先不管整體意義，這幅圖畫上個別元素的設計也反映于闐受到多元文化的影響，以及于闐在絲路上的地位。這些元素包括頭上帶有光環的人物、飄揚的頭巾、新月形與圓形的裝飾圖案、頭上的球飾，以及雙峰的巴克特里亞駱駝。[72]要討論這些元素，每一個都足以寫上一整章，因此我在這裡只簡短討論其中一項元素，也就是身上有斑點的馬匹。

斑點馬匹

一般而言，駱駝經常被看做絲路的代表動物，馬匹其實扮演同樣重要甚至更重要的角色。馬是乾草原聚落裡不可或缺的一部分，而且馬的馴化可能至少可以追溯到西元前三五〇〇年。馬的馴化促成了青銅時代的大遷徙，使得歐洲邊界的民族移入蒙古、塔里木盆地以及印度。從DNA採樣顯示所有的馬都衍生自同一個種馬世系，母馬的基因就比較多樣化，顯示來自野生族群的母馬在馬的早期歷史中就被引進牧群裡育種繁殖。人類使用馬來拉一種雙輪戰車，不但改變了戰爭結果，也讓這些民族得以控制從美索不達米亞到阿爾泰山脈開採的礦石。這些礦石可以製作以及裝飾馬匹的鞍轡，馬也成了神話與藝術的一部分。我們在塔克拉瑪干沙漠的墳墓裡發現，年代可以追溯到西元前一千年的馬具——包括馬勒與馬鞍。[73]學者在于闐以南的崑崙山也發現這個時期已有牧民騎馬的證據。[74]到了絲路開通之際，馬匹已經被鄰近乾草原周圍地區的牧民用在騎兵部隊裡，包括中國在內。

在絲路的整個歷史當中，馬在經濟、外交、戰爭、藝術與文化上都扮演重要角色。舉例而言，如同愛爾森（Thomas Allsen）指出的，騎馬狩獵成了外歐亞大陸定居帝國與王國皇家生活一個主要活動。騎馬打獵的共同語彙也成了招待高階外交訪客以及向他們表達敬重的理想活動。[75]馬球也扮演了類似的角色，從薩桑波斯到唐朝中國的皇室馬廄裡都飼養許多馬球小馬。

不過，成功飼育馬匹以及馬術技藝雖然受到許多早期歐亞帝國的重視，包括伊朗的阿契美尼德人以及古希臘人在內，但這些活動在古中國的能見度卻沒有那麼高。[76]波斯國王雖然經常騎乘在馬背上，中國君王身為儒家君子，卻不會把馬術視為自己的必備技能。[77]傳統中國服飾是長及腳踝而且袖子非常寬大的長袍，想必很難穿著這種服裝騎馬。當然，中國的君王不是不需要軍事方面的技能，他們也要會拉弓射箭以及駕駛馬車。[78]西元前一千年下半期間統治中國的王國所留下的史書中，就記載趙國國王在西元前三〇〇年左右率先下令其軍隊成立騎兵部隊。[79]自此以後，騎兵也在其他王國的軍隊當中占有一席之地，包括秦國的軍隊。秦國在西元前二二一年終於擊敗最後一個鄰國，統一中原地區，開啟秦始皇（西元前二二〇～二一〇年在位）這位「中國第一位皇帝」的統治時期。在秦始皇陵墓裡，發現大批陶俑士兵，其中也有騎兵部隊以及雙輪馬車。如果沒有馬，秦始皇的統一大業幾乎可以確定不可能完成。

秦朝在秦始皇死後不久即告滅亡，奪得權力的劉邦在打敗另一個同樣起兵抗秦的主要對手項羽之後，把自己的朝代命名為漢朝。其後，漢朝終於打敗位於北方與西方的乾草原聯盟匈奴，相關過程在第一章已經講過。其中一部分，是漢武帝在西元前二世紀中葉派遣張騫出使月氏（見第三章）。張騫穿越位於中亞高山與乾草原之間豐饒的綠洲費加那谷，。[80]他在這裡發現一隻特別品種的馬，和中國馬極為不同。隨著漢帝國往西擴張，也設置許多軍事駐地確保此路線的安全，就開始出現雙向往來的外交與貿易代表團，以求獲取盟友與商品。依據中國史書的記載，在中國人眼中最珍貴的一項商品，就是大宛天馬。在中國歷史上，馬一直在貿易當中占有重要地位，大部分時間中國都是用絲綢交易馬匹。

考古研究顯示現在的中國地區，在新石器時代就已經有馴化的馬存在。在西元前一千年期間，就有育種繁殖馬匹的記錄。儘管如此，中國似乎從不曾培育出能夠永續繁殖的新品種，既有的品種也沒能繁殖出足夠的數量可供軍隊使用。[81]西元前二世紀有位中國作家提到中國培育的馬比不上匈奴：「上下山阪，出入溪澗，中國之馬弗與也。」[82]造成這種現象的一大原因，想必是欠缺合適的牧場——中國北部平原大都投入農耕使用。[83]一千年後，另一名中國官員寫道：「西北二敵所以能抗中國者，惟以多馬而人習騎，此二敵之長也。中國馬少又人不習騎，此中國之短也。」[84]

但在這段時期，如同顧立雅（H. G. Creel）指出的，「中國的外交關係、軍事政策、經濟狀況，乃至其身為獨立國家的地位，都深受馬的影響」。[85]馬也確實深受重視，在文學、藝術與宗教當中都可見其身影。此外，漢朝滅亡之後的幾位中國北部統治者，都擁有來自乾草原的祖先。唐朝皇帝也是，據信他們擁有突厥血統。在唐朝期間，我們看到許多王侯的墳墓裡繪有馬球與皇家狩獵的壁畫，皇帝最喜愛的駿馬被畫成駿馬圖而深受頌揚。皇家狩獵活動不免引起異議，[86]但唐朝還是不得不向鄰近的維吾爾族及其他民族購買數以萬計的馬匹。

如同顧立雅所言，中國人對於馬匹雖有迫切需求，馬卻似乎從未完全融入中國文化，並且一直帶有「異國」色彩。[87]「我們很難不得到這樣的印象：在一般的中國人眼中，騎乘用的馬匹一直帶有陌生的色彩，幾乎可說在本質上就具有外來性。一般而言，馬匹與騎士都和北方與西方的邊疆地區聯想在一起。最引人注意的事實是，出現在中國藝術裡的馬夫與馴馬師，幾乎總被描繪成非漢人。」[88]

也許因為在馬術方面高度缺乏自信，漢人才會發明硬馬鐙。[89]即便在硬馬鐙發明之後，漢人許多習於騎馬的鄰居也不使用這種裝置，文獻也指稱技術精熟的騎士不覺得他們需要這種東西。[90]和我們這塊木畫同時代，但生產於波斯與拜占庭的絲綢與銀器上，其裝飾圖畫所描繪的皇室獵人幾乎沒在使用馬鐙（見第八章）。

不過，于闐地區雖然偶有漢人及其駐軍，距離中國農耕平原極為遙遠，相當程度上屬於伊朗、印度與中亞文化，因此，馬可能是他們生活中既有的一部分。[91]于闐位於通往北方與西北方的路線上，該區就有肥沃的馬匹繁殖場，[92]但也有可能是在比較鄰近的地方飼育。斯坦因提到木畫上描繪的那匹馬和現今當地某一品種具有相似性：「這匹馬畫得相當細緻，連馬腿與馬蹄都描繪得一絲不苟，全身都是白毛，並帶有黑色的大斑點——令人不禁聯想起『莎車』花斑馬，這種馬直到近代仍然深受印度北部本地人喜愛。」[93]

我們幾乎可以確定的是，馬身上的毛色深具重要性。在印歐文化裡，白馬受到高度珍視，被認為與太陽神有所關聯。[94]白馬出現在許許多多的情境裡，例如在佛教當中，佛陀就是騎著白馬離開父親的宮殿，符合他的王子身分。白馬後來也一直是佛教裡的主題：傳說佛教傳入中國，有兩名僧侶從阿姆河上的月氏騎著白馬而來，七世紀的唐朝聖僧玄奘也因為挑選白馬做為他赴印度取經的坐騎而著稱。

斑點馬也具有相當重要的地位：希臘傳說中提到海神波賽頓把桑托斯（Xanthos）與巴利俄斯（Balios）兩匹長生不死的馬送給佩琉斯（Peleus），佩琉斯的兒子阿基里斯後來在特洛伊戰爭裡就用這兩匹馬來拉戰車。[95]兩匹馬的毛色分別是「金色」（白色）並帶有斑點。[96]可見斑點馬在中亞文化裡頗具重要性。[97]在菲爾多西撰寫的波斯史詩《列王紀》（*Shahnameh*）裡，主人翁魯斯塔姆（Rustam），乘著一匹斑點馬名叫拉庫什（Rakush），來自於貴霜地區（見第三章），故事指稱拉庫什從數千匹馬當中被挑選出來，並且繁衍許多美麗的斑點小馬。在突厥文化裡，「北艾拉央德魯人（Northern Alayondlu）、遏羅支韃靼人（Alakcin Tatars）、北亞與東亞的拔悉密人（Basmils）、突克西人（Turkhsi）、查加尼納烏古斯人（Chaghanina Oguz），以及木爾坦地區（Multan）的凱恰尼亞突厥人（Qaiqaniah Turks），全都專精於培育斑點阿拉卡馬（alaca horse）」。[98]拔悉密人住在古突厥人（Kok-Turks）北方，後來定居於吐魯番，當時維吾爾人尚未抵達那裡。[99]在塞爾柱文化，輪子上的黑白斑點馬是代表時間不停前進的主題，馬身上的黑色與白色斑塊代表黑夜與白晝，就像九世紀的《占卜書》（*Irk Bitig*）所記載的：「我是騎著黑白花斑馬的神祇／驅馳著白晝與黑夜。」[100]

十一世紀的突厥辭典編纂者喀什噶里，也提到不同方言當中描述各種不同顏色與花樣的斑點馬所使用的突厥詞語。[101]

我們可以想像，一千多年前，于闐這座綠洲王國有一群僧侶從首都朝西北方進入沙漠。他們穿越綠洲邊緣的小型農耕聚落，沿著灌溉渠道前進，朝著沙漠深處走了一個星期。他們來到這座聚落，聚落種了蘋果樹、杏樹與沙棗樹的果園，並且滿布有佛塔圓頂的小寺廟。這些僧侶安定下來，住在聚落邊緣的兩層樓小屋子裡，他們的工作就是看管其中一座寺廟及周圍園地和小農地。他們每天清掃地面、割草、灌溉田地，並照顧作物。可能也負責主持當地各種典禮，並且舉行自己的敬佛禮拜儀式，沿著妝點了壁畫的廊道繞行佛塔。

到佛祠還願獻上供品是佛祠日常生活中的一部分。每個寺廟也會用黏土做些迷你佛塔以及裝飾的木畫與陶板等供品，賣給來訪的朝聖者與供養人，這也促成個人的工作坊。板子雖然都描繪佛教故事的景象，反映的卻是于闐的佛教。隨著時間過去，僧侶也開始裝飾自己小小的居處，在壁爐上方的牆面鑽孔，掛上幾個木畫做成佛壇。他們離開之後，這些板子卻留下了。時間慢慢過去，隨著建築坍塌，這些板子也從牆上脫落，埋在石礫底下。這些木畫在石礫的保護之下一直沒有受到干擾，直到許久以後才被來自遠方的考古學家發現。今天，這些于闐板子收藏在一座博物館的儲藏庫裡，遠離它們原本的環境與用途。它們之所以受到重視並不是因它有還願的神力，而是因為它們記錄了一個滅絕已久而且至今仍然鮮為人知的歷史文化遺產及藝術。

注釋

關於本章提及的地點，請見夾頁彩色地圖的六號地圖。

[1] 我必須感謝喬安娜．威廉斯（Joanna Williams）對於于闐藝術的興趣，而在她為此所寫的論文裡討論這件物品。她引起我對這件物品的注意，也幫忙閱讀了這一章的內容。另外，我也要感謝艾杜盧索（Yidriss Abdurusal）以及他在新疆文物考古研究所的同事，讓我得以到現場目睹古于闐國的許多遺址；還要感謝古樂慈（Zsuzsanna Gulácsi）閱讀本章。文中如有任何錯誤、誤解與疏漏，皆是我自己的責任。

[2] 關於斯坦因，見 Mirsky（1998）與 Walker（1998）。關於斯坦因針對他的第一趟考察之旅所寫的通俗與學術記述，見 Stein（1904, 1907）。

[3] 赫定的造訪時間是一八九六年。關於這些早期探險家的一項生動記述，見 Hopkirk（2006）。

[4] Stein（1907: 429）。

[5] Biran（[2004] 2012）對於這段時期提供了一段簡明的概述，並且附有比較詳細的參考文獻。

[6] Abel-Rémusat（1820）針對中國文獻裡的于闐告示彙編了法文的翻譯。較為晚近的翻譯可見於印刷品與網路上，例如 Hill（2015）。

[7] 最引人注意的是在商朝王后暨將領婦好的墳墓裡發現的七五五件經過雕刻的玉石，年代約在西元前一二五〇年。其中幾件的照片可見於「婦好墓之玉」網頁：http://depts.washington.edu/chinaciv/archae/2fuhjade.htm。早期中國文獻提及月氏在這段時期是于闐玉的供應者（見第一章），但另見第一章提到近來對於婦好墓及中原其他地區發現的早期玉石是否真的來自于闐所提出的質疑。

[8] 這則被放逐者的故事出現在西藏文獻〈理縣預言〉（*The Prophecy of Li County*）裡，並且被七世紀中國朝聖僧玄奘引述（Emmerick 1967: 15-21；Beal 1884, bk. 12: 309-11）。

[9] Schafer（1961: 47ff.）。

[10] Cribb（1984, 1985）。在精絕國以東的安得悅（Endere），也發現了一份文書——一份以普拉克里特語寫成的駱駝買賣合約，定年於于闐王尉遲信訶（Vijita-siṃha; Burrow 1940: 137）在位的第三年——其中提出了「國王名字最早的當地型態」，連同「『hīnāza』（軍隊領導人）這個伊朗稱號，以及其他幾個明顯可見屬於伊朗人的個人姓名。因此，由此可知當時的王室以及一大部分的人口都是伊朗人」（Kumamoto 2009）。

[11] 見 H. Wang（2004: 37-39）對於這個區域發現的漢佉二體錢幣與中國錢幣所進行的檢視。

[12] Cribb（1984: 141）。

[13] Cribb（1984: 142-43）。

[14] H. Wang（2004: 37-38）。關於貴霜錢幣、巴克特里亞鑄幣技術以及嚈噠人重覆壓鑄薩桑人發行的錢幣，另見第二章與第五章。

[15]「明帝永平中（西元五十八—七十六年），于闐將休莫霸反莎車（葉爾羌），自立為于闐王（公元六十年）。休莫霸死，兄子廣德立，後（在公元六十一年）遂滅莎車，其國轉盛。從精絕（尼雅）西北至疏勒（喀什）十三國皆服從。而鄯善（樓蘭）王亦始強盛。自是南道自蔥嶺以東，唯此二國為大」（Hill 2015: sec. 4）。另見 Zürcher（1959: 62n187）。

[16] Beal（1884: xxv）。關於中國對於于闐記述的法文翻譯彙編，見 Abel-Rémusat（1820）。

[17] Beal（1884: xxvii），Jenner（1981: 219-20）。

[18] Beal（1884: lxxxvi）。這段文字描述的是前往于闐首都途中的一座城鎮。另見 Jenner（1981: 219-20）。

[19] Beal（1884: lxxxviii）。

[20] 關於這方面的討論，見 Liu（1994）與 Whitfield（2016）。宋雲也提及在于闐騎駱駝；巴克特里亞駱駝通常被當成馱獸使用。

[21] Chavannes（1903b: 394）。

[22] Mariko Walter（2014）認為不是如此。關於其他參考資料，見 King（2015）。

[23] Burrow（1940）。

[24] 這名吐屯在玄奘離開後不久遭到刺殺（Chavannes 1903a: 194-95）。

[25] Beal（1884: 309）。

[26] 見 Hill（1988）對於這個時期的定年所進行的討論。

[27] 大英圖書館，IOL Khot 140，是十世紀一座于闐寺院的商品清單。清單上列有絲綢與羊毛外套、長褲、內衣、鞋子、毯子、一個駱駝皮袋、一只銀杯、香，以及其他物品。

[28] 關於于闐佛教的評論還有一份值得參考的書單，見 Emmerick and Skjaervo（1990）。關於于闐人為了「祈求長壽」而資助的毗沙門天圖像，見 Maggi and Filigenzi（2009）。

[29] 見 Whitfield（2016）對於佛教在塔里木盆地的討論，其中談到許理和（Eric Zürcher）主張出家修行的制度直到三世紀才建立的論點。記錄顯示八世紀的一名于闐國王曾經迫害佛教，但時間顯然不長（Hill 1988）。Yamazaki（1990: 68-70）認為祆教也存在於于闐，甚至可能在早期占有支配地位。證據顯示敦煌在四至十世紀期間曾經有個祆教社群（見 Grenet and Zhang 1996）。

[30] Whitfield and Sims-Williams（2004: 158）。

[31] Emmerick（1968）。

[32] 關於于闐人製作的毗沙門天圖像，見 Maggi and Filigenzi（2009）。

[33] 舉例而言，見 Whitfield and Sims-Williams（2004: 139-41, cat. 29-33）。

[34] 關於進一步的討論，見 Whitfield（2016, 2018a）。

[35] Hansen（1993: 81）。她引用蘇柏（Alexander Soper）的文字，解釋乳房為何以女人的型態呈現。不過，這項與故事歧異的表現，還有定年的結果——熱瓦克的年代可追溯至三／四世紀，但建國神話卻是在七世紀才有紀錄（但話說回來，我們也沒有更早之前的文字資料）——使得此一辨識帶有不確定性。

[36] Stein（1907: 252-53）。

[37] Stein（1907: 276-77）。

[38] Stein（1907: 279）。由此可見，外國探險家的到來雖然可能提高了得到「報酬」的可能性與數量，但尋寶活動卻不是由他們促成。實際上，于闐人從事這種活動已有數百年之久，沿著古河床挖掘玉石，就像近代的淘金客一樣。

[39] 見 Huntingdon（1906: 363; 1907: 170ff.）與 Wagner et al.（2011: 15737）概述較為晚近的研究。見 Foret（2013）對於當時的氣候變遷理論所提出的一項值得注意的討論。

[40] Stein（1907: 236-88）。他認為這裡曾有灌溉渠道供應水源，但越來越乾旱的情形導致這個地點在八或九世紀不再適合居住。在斯坦因之後，亨廷頓也造訪這個地點，在一九二八年又有椿克爾（Emil Trinkler；一八九六—一九三一）與博斯哈德（Walter Bosshard；一八九二—一九七五）前來。一九九六年，新疆文物

考古研究所勘查這個遺址做為開挖前的準備工作，然後在二〇〇二年與日本佛教大學尼雅研究院合作進行開挖。他們發現另一座廟宇，而將其壁畫移到烏魯木齊。從勘查到開挖之間的時期，一支由兩名歐洲人率領的非正式團隊在一九九八年來到這裡進行挖掘活動，還移走更多的壁畫。所幸，這些壁畫後來都獲得尋回，目前收藏在烏魯木齊的新疆文物考古研究所。

[41] Stein（1907: 304-5）。其他遺跡還有可能會被發現。中法考古團隊在東側的喀拉墩發現比斯坦因辨識的遺跡更位於沙漠深處的遺址，有人提議那些遺址位在一條橫越沙漠的路線上（Debaine-Francfort and Idriss 2001）。

[42] D.II.2, 4, 03；見 Stein（1907: 247）。目前收藏於大英博物館，reg. no. 1907,1111.63。

[43] 還是說這些木畫是梵筴式抄本的封面？

[44] Stein（1907: 248）。

[45] Stein（1907: 251, D.II.013）。

[46] Stein（1907: 251-53）。

[47] Stein（1907: 258）。

[48] Stein（1907: 275-77）。關於其內容的翻譯，見 Chavannes（1907）。

[49] 大英圖書館 Or.8210/S.5868（D.VII.7）；Stein（1907: 276）。

[50] 大英圖書館 Or.8210/S.5867（D.VII.2）；Stein（1907: 275-76）。做為比較，當代一份文書提及一頭驢子賣了六千錢（H. Wang 2004: 103）。

[51] Stein（1907: 259-61, D.X.3, 4, 5, 8）。

[52] Stein（1907: 264-65）。Whitfield and Sims-Williams（2004: 1367）。

[53] Stein（1907: 306-8 and Appendix C）：這份文件目前收藏於大英圖書館，Or.8212/166。

[54] Stein（1904: 491-93）。

[55] Stein（1904: 495）。

[56] 針對壁畫與木畫當中的顏料進行分析，將有助於證實這一點，但還沒有人從事這樣的研究。

[57] 綠色已經嚴重褪色，所以原本有可能是藍色。

[58] Reader（1991）。

[59] Reader（1991）。在佛教中，馬也是對冥界傳遞訊息的傳訊者；舉例而言，見插畫版本的《佛說十王經》。

[60] Stein（1907: 278）依據 D.X.5 中的描繪方式，而將那隻鳥認定為野鴨。

[61] 關於前者，見 Whitfield（2009: 184-85, cat. 157）；後者則是收藏於達瑪溝附近的托普魯克墩寺廟博物館（Tuopuklun temple museum）。

[62] J. Williams（1973: 150-51）。

[63] 這個故事講述於 Tucci（1949: 734-35）。佩卡爾成了藏傳佛教當中的重要人物，傳說他從霍爾（Hor）遷移到西藏的桑耶居住。

[64] 另見 Lin Shen-Yu（2010: 18）對於這個段落的討論。

[65] 大英博物館，reg. no. 1919,0101,0.45。

[66] Von le Coq（1913: pl. 48）。

[67] Tucci（1949: 736）。

[68] J. Williams（1973: 151-52）；Reynolds（2007: 356）。

[69] Esin（1965）。但大多數人都把那條頭巾解讀為圍在脖子上，並且纏繞於上臂，就像佛教領巾一樣。

[70] Zhang et al.（2002）；Wu Hung（2002）。

[71] 住在丹丹烏里克的僧侶雖然包括中國人，但他們使用當地主題的作法顯示他們已融入于闐文化：他們有可能是華裔第二代或更多代以後的人士，出生於于闐。

[72] 有些人將其描述為單峰駱駝，但騎士身後明顯描繪一個駝峰。巴克特里亞駱駝雖然最常用於載運物品，而不是騎乘使用，但中國僧侶宋雲提及騎乘駱駝（Abel-Rémusat 1820: 22; Stein 1907: 278）。圖中的駱駝也有鬃毛，喉嚨下方頸部亦有長毛。馬匹與駱駝的圖案都可見於漢佉二體錢幣上（見第五章）。關於馬匹鞍轡上的流蘇，見 Ilyasov（2003）；至於馬匹鋸齒狀的鬃毛，見 Trousdale（1968）。

[73] Whitfield（2009: cat. 69），發現於蘇貝希的墳墓。另見 Timperman（2017）舉出其他墳墓裡含有馬具的例子。

[74] Wagner et al.（2011）。

[75] Allsen（2006）。

[76] 關於古伊朗在馬匹飼育方面的概述，見 Shahbazi（[1987] 2011）。關於希臘，見 Carlà（2012）。苜蓿這種飼料可能是由阿契美尼德人傳入希臘，因為希臘人稱之為米底草（Median grass）。

[77] 根據被歸為孔子所言的主張，六藝分別為禮、樂、射、御、書、數。

[78] 中國在西元前一二〇〇年左右就有馬拉戰車的證據，可能是仿效自西北方的乾草原文化。

[79] 見第一章的進一步討論。

[80] 今天（截至二〇一三—一四年為止），烏茲別克、哈薩克與塔吉克的人口總和約有五千五百萬人，其中一千四百萬居住在費加那谷，儘管這塊谷地在這三國的領土當中只占了一小部分。

[81] Erkes（1940）；Sinor（1972）。在遠遠更早之前就已引進了馬的印度，在育種繁殖的維繫上也有類似的問題，因此同樣必須透過陸路與海路輸入馬匹（Gommans 1995: 15-16; Karttunen 1989, 2014）。

[82] 引用於 Creel（1965: 657）。這段文字引人注意之處，在於作者考慮的是中國北部而不是南部的地貌，所以才會滿是高山、深谷與急流。

[83] 做為馬匹主要飼料的苜蓿，在西元前二世紀之前引進中國。

[84] 宋祁（998-1061），引用於 Creel（1965: 667）。

[85] Creel（1965: 648）。

[86] 唐太宗（六二七—四〇年在位）因為參與皇家狩獵活動而遭到大臣批評，但他辯稱狩獵活動對鄰近的伊朗與突厥人深具重要性（Marshak 2004: 47）。另見 Allsen（2006）對於唐太宗與皇家狩獵活動的討論（109）。

[87] 見第二章對於玻璃的「異國色彩」以及未能融入中國藝術的討論。

[88] Creel（1965: 670）。

[89] 目前所知最早呈現出硬馬鐙形象的物品，是中國一座墳墓裡的雕像，年代在西元三〇〇年左右。不過，其他發現可能會改變中國人發明馬鐙的這項結論，所以這項論點全然只是臆測。見 Dien（2000）對於中國的馬鐙所進行的討論。

[90] 見第八章以及 Shahid（1995: 577）。

[91] 于闐早期鑄造的漢佉二體錢幣呈現馬匹與駱駝的圖案。見 Cribb（1984, 1985）以及 H. Wang（2004: 37-38）。

[92]「長久以來，伊朗西部與亞美尼亞的牧場都以其馬匹著名，亞美尼亞人在慶祝密特拉神（Mithra）的節日都必須向國王進貢兩萬匹幼馬。」Creel（1965: 652）引用 Tretiakov and Mongait（1961: 62）。

[93] Stein（1907: 278）。現在已經絕種的莎車馬可能是在帕米爾高原上被培育出來，帶到于闐的葉爾羌綠洲販賣。這裡雖然沒有討論到印度，但印度對於馬的需求也有一大部分必須靠北方的中亞予以滿足（見前注81）。Gommans（1995: 16）探討後來透過巴爾喀與布哈拉進行的貿易。另見 Moorcroft（1886）提出的結論：「看來已經被證明的是，在其他條件相同的情況下，土壤的砂質與乾燥程度越高，馬匹就越健康」（27）。馬也經由河流與海洋運送。

[94] Mallory and Adams（1997: 277-78）。

[95] *Iliad* 16.148。

[96] 白（灰）馬與斑點馬的組合也出現在杜甫（七一二—七〇）稱頌一幅畫的詩裡：

國初已來畫鞍馬，
神妙獨數江都王。
將軍得名三十載，
人間又見真乘黃。
曾貌先帝照夜白，

龍池十日飛霹靂。
內府殷紅瑪瑙盤，
婕妤傳詔才人索。
盤賜將軍拜舞歸，
……
昔日太宗拳毛騧，
近時郭家獅子花。
今之新圖有二馬。

〈韋諷錄事宅觀曹將軍畫馬圖〉，譯文參考自Herdan（1973: 108）。

[97] 值得注意的是，十一世紀的突厥辭典編纂者喀什噶里（Mahmud al-Kashgari）提及「ak」在每個突厥方言當中都是「斑點」的意思，只有在烏古斯突厥人（Oguz Turks）的方言裡意為「白色」（Esin 1965: 176）。有些人追溯阿帕盧薩馬（Appaloosan horse）的起源，發現其祖先來自中亞。

[98] Esin（1965: 168）。

[99] 拔悉密突厥人是組成喀喇汗國的部落之一，後來喀喇汗國在一〇〇六年征服于闐。

[100] Esin（1965: 179）。塞爾柱君王在授權儀式中就騎乘在這樣的馬匹上。以輪子象徵時間的作法廣泛可見——例如印度的吠陀文化就是如此——而且可能顯示了佛教的影響，而不是突厥人的影響。

[101] Esin（1965: 177n6）列出一份現代詞彙，例如「ciren」（紅褐色斑點）、「kok」（藍灰色斑點），以及「bogrul」（只有側腹出現斑點）。

第七章

一張藍色的可蘭經

當我們看到這部可蘭經時，它早已支離破碎，即使有像左圖的斷箋殘篇得以倖存，也流散在世界各地。它再也不可能恢復完整，即便是以數位形式也不太可能。這件經書是手抄成的線裝書，全書可能多達六百頁。庫法體（**Kufic script**）這部阿拉伯文本是以金色墨汁採取寫成的可蘭經，紙上還有銀色的裝飾圖案。[1]

這部可蘭經為現代藝術與古書市場提供一個讓人深思的問題，它突顯公共博物館一旦踏入與私人市場相同領域將會面臨的困難。不過，在考慮這件物品的現代困境之前，我們要先檢視這件物品在一千年前是為了什麼原因製作出來，而且是在什麼時候以及什麼地方製作。現在讓我們先從中世紀的書籍製作談起。

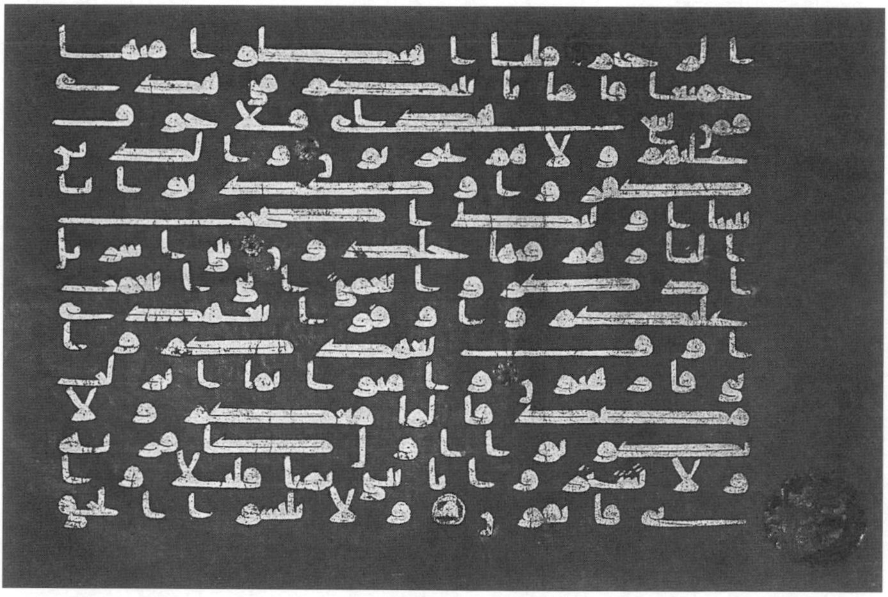

現藏多哈伊斯蘭藝術博物館

書的世界

在討論書的歷史時（此處所指的「書」，乃就最廣泛的意義而言），我們可以先做一個基本區別，簡單來說：有一種是為了長久使用而作，另一種則是用完即棄：就像今天我們出版的書籍和隨手寫的購物清單是不一樣的。這兩個極端之間雖然存在很大一片灰色地帶，但宗教典籍，尤其是主流教派花費高成本製作的經典——就像這部可蘭經——通常都是為了長久保存而製作。[2]本章所談的就是宗教典籍，第九章再討論一部保存時間比較短暫的文本——曆書。[3]

七世紀末期以來，隨著伊斯蘭統治與文化逐漸發展擴散，它在歐亞非大陸的不同地區必然會遇到幾個根深蒂固的手抄本文化，各自展現其書籍形式與媒介的多樣變化。[4]伊斯蘭書籍文化如何受到周圍文化的影響，影響程度又有多高，都是很難確認的事，但在這個時候的歐洲、西亞，還有北非與東非，手抄本冊子已是基督教傳統中的使用形式。[5]現代印刷書也有採用冊頁本的形式，通常是把對摺起來的紙張在一側加以裝訂，形成可以翻閱的頁面。[6]這就是這部可蘭經原本的形式，先前其他可蘭經可能也採用此種形式。[7]在基督教冊頁本以及後來的伊斯蘭教冊頁本中可以看到的形式，是把幾張紙疊在一起對摺形成一台，再把這些一台台的紙在對摺端繫住，而構成一本書。頁面能夠受到裝訂處保護。[8]在這個時候的基督教世界，書籍製作主要都在修道中心被身為識字菁英的神職人員控制，而且我們在東方基督教與西方基督教的傳統中都可以看到聖經採用標準的冊頁本形式。[9]且常以其製作地點與格式稱呼，例如「西奈抄本」（Codex Sinaiticus）是一本來自西奈山的四世紀中葉冊頁本。[10]

不過，書籍的冊頁本形式是在西元三〇〇年左右才在古典與基督教傳統中蔚為主流。[11]在此之前，這類文本主要都是採取卷軸的形式。[12]卷軸原本都是以埃及莎草紙做成。現存最早的這類書籍來自於西元前三千年中期的埃及。[13]紙莎草在埃及帝國各地都相當常見，也廣泛被利用，它們不僅能用來製作書籍，也用於製作日常物品，例如籃子、繩索，以及涼鞋。不過，莎草紙易碎又難以對摺。到了西元一千年末期，大家開始使用羊皮紙（parchment），接下來的幾百年間，西亞與歐洲大體都以羊皮紙取代莎草紙。[14]「羊皮紙」指的是由動物皮製成的紙張——主要是綿羊、山羊以及小牛的皮。[15]較精製的皮又稱為皮紙（vellum）——[16]這些詞語的使用不一定精確：「皮紙」有時用來指精製程度較高的羊皮紙，不論其材質是綿羊、山羊還是小牛的皮；有時又只單純指小牛皮製成的紙。[17]這些皮沒有經過鞣製，所以和皮革不同。[18]

貝特阿利耶（Malachi Beit-Arié）主張，猶太社群的高識字率，且缺乏中央集權式的政治或智識體制，「形塑希伯來書籍具有個別化與個人化本質，排除複製文本的標準化情形」。[19]換句話說，他主張希伯來書籍採取各種形式製作，而那些形式都受到當地文化的影響。不過，從考古發現當中可以看到，在基督教冊頁本普及之後，卷軸仍然持續存在數百年之久：在猶太世界裡，冊頁本似乎直到九世紀才開始取代卷軸。現存能夠定年的希伯來冊頁本中，年代最早的是十世紀。這不是因為他們不知道有冊頁本這種東西：伊斯蘭教、基督教與希伯來社群彼此相鄰，而且他們之間也有互相影響以及分享書籍製作方式的證據。[20]現存的早期可蘭經都是冊頁本。

隨著伊斯蘭教往東擴張，它也開始接觸信奉別的宗教社群，例如薩桑伊朗的祆教徒。祆教發展於中亞，在西元前一千年間傳到伊朗，成為阿契美尼德國王信奉的宗教。如同猶太教與基督教，祆教也遵奉神的話語，其典籍為《阿維斯陀》（*Avesta*）。不過，祆教的書面文件少得可憐，許多學者因此認定祆教採取口述傳統，因此《阿維斯陀》的內容沒有被抄寫。[21]儘管有些證據顯示，包括《阿維斯陀》在內的典籍在西元三世紀期間於皇室贊助之下獲得書寫有被抄寫下來，但現存最早的《阿維斯陀》手抄本卻是來自西元九或十世紀期間，並且是發掘於中亞的一處遺址。[22]該抄本雖然只剩下一張紙，原本卻可能是採用直向卷軸形式，這點可由紙底部的黏膠痕跡看出來。

仰賴口述傳遞的方式在許多宗教中也很常見，包括發展於北印度的佛教也是。傳說中，佛陀講道的內容一直到他死後幾百年才被書寫。不過，如果認為口述傳統與書寫傳統彼此互斥，那可就錯了：較常出現的情形是兩者彼此互補。[23]一如希伯來與佛教經典——還有其他宗教典籍，可蘭經在教學時也還會要信徒們在心中默記。

現存最早的佛教經典抄本發現於中亞，書寫在用樺樹皮製成的卷軸上。[24]在印度，佛教徒都用傳統書寫材料的棕櫚葉來寫書，在葉子刻上文字之後再抹上墨汁，之後用一或兩條細繩穿過葉子中央綁縛起來，然後用兩片木板夾起葉子：這種形式經常被稱為梵筴或補薩多迦（pustaka）。這種傳統也傳播到東南亞，佛教傳到這些的方，似乎適應、採用當地的材料，有時仍保有印度的格式——例如西藏的大紙張梵筴，有時則是採取當地的格式——例如東亞的紙張卷軸。[25]

我們幾乎可以確定佛教往西傳入薩桑伊朗，甚至遠至現在的土耳其，但僅有零星的證據留存下來。[26]不過，伊斯蘭教社群在東移的過程中，必定會遇到佛教及其經典。不過，薩桑伊朗也誕生另一個非常強調書籍的宗教：摩尼教。摩尼教的三世紀創始人摩尼可能生長在南美索不達米亞的一個猶太基督教浸信會社群裡——也就是艾卡塞特人（Elkhasaite）。這個宗教往西傳入羅馬拜占庭世界，也往東傳入中亞，接著再傳入中國。如同佛教，原以敘利亞語（東亞拉姆語）寫成的摩尼教典籍也譯有許多語言——包括四世紀的科普特語譯文乃至帕提亞語、中古波斯語、粟特語以及突厥語譯本，其譯本採用的格式包括卷軸與冊頁本。[27]其中許多都帶有華美的裝飾，這也支持早期文獻中提到有用於教導信徒的「摩尼的圖畫書」。[28]

為此，我們可以看到中世紀的書籍世界其實比強調西方中世紀乃以冊頁本為主的觀點呈現出來更加多樣化的樣貌，而伊斯蘭教的抄寫員、學者、教導者與資助人在考慮怎麼把伊斯蘭教的教誨記載成文本的時候，見到的就是這個多樣化的世界。[29]

伊斯蘭教書籍與可蘭經

根據伊斯蘭教遜尼派的傳說，先知穆罕默德在七世紀初獲得的教誨原本以口述方式保存——就像祆教、佛教其他宗教一樣。不過，遜尼派的傳說也提到，穆罕默德去世才二十年後，在第三代哈里發奧斯曼（Uthmān ibn 'Affān；六四四～五六年在位）領導期間，就有一部以書寫方式保存的權威版本，最後形成可蘭經。[30]二〇一五年，收藏在伯明罕大學的一部可蘭經殘頁，兩張殘留下來的羊皮紙經過放射性碳定年之後，其年代介於五六八至六四五年間。[31]不過，這部經文的定年並沒有獲得全然接受——有些學者認為那兩張羊皮紙可能被重複使用，因此紙上的文字年代其實更晚——但另外幾部現存的可蘭經抄本則被接受是七世紀的產物。[32]

以阿拉伯文寫成的可蘭經使用的字母可能由納巴泰人發展出來，該民族從西元前一千年中期開始統治約旦佩特拉周圍的一座王國。目前也發現西元二世紀起就有利用這種字母銘刻的亞拉姆語內容。後來書寫在莎草紙上的文本，顯示這種字母發展成充滿曲線的形式，而在後續幾百年的時間裡演變成阿拉伯字母。

最早使用阿拉伯字母的例子，是一份三語銘文——包括希臘文、敘利亞文與阿拉伯文——書寫於五一二年。現存的部分文本——主要是詩作——雖然比可蘭經還早，阿拉伯文卻是隨著伊斯蘭教的崛起而發展成為一種盛行的書面語言。[33]原本的字母在閱讀上存在著許多模稜兩可的空間，例如其中沒有標示短母音，所以讀者只能依據上下文進行辨識。不過，這種字母在後續的幾百年間修改得比較完善，有一部分的原因幾乎可以確定是為了提供一部標準書面版本的可蘭經。十一世紀以前的可蘭經抄本所採用的字母稱為庫法體（Kufic），命名自伊拉克的庫法（Kufa）。[34]

我們談的藍色可蘭經就是在這種背景之下製作而成。在討論至今仍然不斷受到辯論的製作時間與地點之前，我們還要先檢視它的製作方法——這點爭議比較小，儘管仍然有些不確定性。

藍色可蘭經的製作

藍色可蘭經是用羊皮紙製成，這也是西歐亞世界直到三世紀用以製作書籍的首選，但這種材料自從西元前二世紀或甚至更早之前就開始受到使用這種材料。[35]羊皮紙由獸皮製成——主要是小牛、綿羊或山羊的皮。小牛皮雖然必須取自難產或不到一週大的小牛身上——否則其皮膚就會變得太厚——但成年綿羊與山羊的皮也適合使用，因為羊皮比牛皮薄得多。[36]藍色可蘭經的紙張材料乃由綿羊皮製成。[37]這種把獸皮製作成紙張是一種頗需技術且過程緩慢又髒亂。[38]獸皮必須在石灰溶液當中浸泡幾天的時間，除毛後，再把皮繃緊在一個架子上（圖21）。如果繃得太緊，皮就可能會破掉。當時，小破洞可以修補，這可見於製作完成的書籍上。獸皮在沒乾燥前還要再刮刷一次，然後再進一步繃緊。另外，可能也用浮石磨過，以便

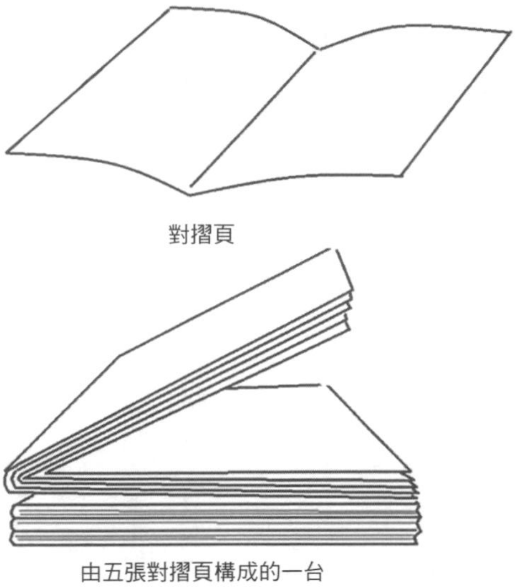

右：圖 21 描繪一名羊皮紙製作者的木刻版畫。參考自 Josef Amman，Das Ständebuch（1568）。
左：圖 22 利用五張對摺頁形成一台的書籍單位。參考自 Marzo（無日期）。

表面能夠吸附墨水，最後再風乾這張獸皮。獸皮乾了之後，如果表面還留有油脂，會導致墨水難以吸附，就要經過鈣化合物加工，例如石灰、白堊或木灰，以乾粉或漿糊的形式塗上。[39]一張皮大概能製作成一至四張紙，依據獸皮以及所需紙張的大小而定。藍色可蘭經的紙張由綿羊皮製成，紙張大小是寬三十一公分，長四十一公分，顯示所使用的獸皮相當大張，也許能夠製作成兩組雙頁的紙張——每組各自對摺，形成四張書紙，亦即八頁（圖22）。[40]因此，像這麼一本由六百張對摺紙構成的書籍，就需要用上至少一五〇頭動物。[41]

這部可蘭經的羊皮紙又由一種含有靛藍的植物萃取出來的染料染成藍色。靛藍自從遠古以來就被當做紡織品染料使用，只要是有生長這種植物的地方，當地的人口就會獨立發展出這種染料。[42]根據目前的發現，南美洲在西元前四〇〇〇年左右就開始有這種例子，中東是在西元前三〇〇〇年左右，埃及包裹木乃伊的亞麻布則是在西元前二四〇〇年左右開始有這種例子。[43]在這之後乃至整個西元前第二千年期間，又有更多亞麻布與羊毛布的例子。靛藍這種染料主要來自於木藍與菘藍兩種植物，但也存在於其他許多植物當中。利用木藍萃取染料的效率遠遠高於菘藍，但木藍是屬於亞熱帶與熱帶的植物，不原生於北歐亞大陸或北非的大部分地區。菘藍可見於歐亞大陸的乾草原與沙漠地區，包括高加索、西亞乃至東西伯利亞，還有北非的部分區域。菘藍種植於歐洲各地，其種子也曾發現於新石器時代的遺跡當中。這種染料的使用一直持續到西元一千年間，但都是用於紡織品上。由於靛藍染料可測得的主要成分存在於所有來源當中——不論是種植於土耳其的菘藍還是來自印度的木藍，所以分析檢測也就無法對物品的出處獲得多少資訊。[44]因此，我們無法知道藍色可蘭經使用的靛藍來自於哪一種植物。[45]

自從六世紀開始，就可以看到利用染成紅紫色的羊皮紙製成的聖經。[46]紫色染料在若干古代社會深受重視。許多的這種染料都是藉著烹煮骨螺而來，據說是泰爾（Tyre）這座腓尼基城市的居民在西元前十四世紀之前發現的，因此稱為泰爾紫。[47]這種染料非常昂貴，製作小量的染料就需要用上大量的骨螺。[48]在西元三〇一年的羅馬世界裡，一磅泰爾紫染料要價十五萬第納里（denarii），相當於三磅左右的黃金。[49]不過，這個時期也使用以地衣（石蕊）製作的紫色染料，有些文獻還提供結合使用這兩種染料的配方。[50]在羅馬，紫色用來展現地位：元老穿的托加（toga）與丘尼卡（tunic）都帶有一條紫色條紋。這種關聯持續到拜占庭時代，當時紫色成為拜占庭帝國專屬的顏色，使用者受到嚴格限制。紫色就是在這個時候開始使用於書籍當中。長久以來的假設雖然都認為這些書籍是以骨螺染色而成，但至今為止針對這類著作進行的檢測當中，幾乎全部都顯示其中使用的染料來自地衣。[51]

近代利用類似於為紡織品染色的方法對羊皮紙進行的早期染色實驗，原本都不成功，因為紫色不但無法吸附在羊皮紙上，也會造成羊皮紙縮水，可能因為昔日許多科技都沒有流傳到現代，我們才會經常無法加以複製。另外，一開始欠缺成功的情形，有一大部分可能都是因為製造羊皮紙的方法不同。比較近期的嘗試已經獲得成功的結果，不但兩側能充分上色，而且羊皮紙也得以在染色後重新拉伸。在羊皮紙上塗色之後再重新拉伸，也獲致同樣好的結果。[52]有些中世紀手抄本可以看得到筆刷的痕跡，可見採用的是第二種方法。不過，曾經檢視過藍色可蘭經幾個頁面的雪柔．波特指出，這部經典的頁面沒有任何筆刷痕跡，但她也依據實驗獲致的結果指出，只要二度塗敷染料，筆刷痕跡就會消失。[53]她也根據自己對於表面磨損的若干頁面所從事的觀察指出，用筆刷塗上的顏色只會黏附在表面上。

由此可見，藍色可蘭經的對摺頁必須利用已經上色的羊皮紙製作。[54]如同先前提過的，這部可蘭經的頁面大小頗不尋常。另外值得注意的一點是文字方向。這部冊頁本採取橫向而不是縱向的格式。早期的冊頁本，不論是在基督教還是伊斯蘭教傳統當中，通常都是縱向。後來的伊斯蘭教冊頁本也恢復為縱向格式。改為橫向格式的一項解釋，可能是採用庫法體字母的關係。不過，由於現存的早期伊斯蘭教冊頁本相對稀少，因此直接貿然提出任何結論都不免過於輕率。[55]到了六世紀，我們已可看到採取縱向格式但比例類似的希臘手抄本，有些塗成紫色，例如共有二三一張對摺頁的《聖彼得堡紫抄本》（*Codex Purpureus Petropolitanus*），就長三十二公分，寬二十七公分。不過，不同於這部手抄本以及其他大多數的希臘手抄本，可蘭經的內容都是以單欄形式書寫。其中的紙張以凹版印上十五條線的文字格線，可能是利用拉了線的框架印成，[56]然後再寫上文字。

原本認定的文字是以金色墨汁寫成，這種技術稱為金字體書法（chrysography）。[57]這種作法可見於基督教手抄本上，也描述於伊斯蘭教文獻當中，例如一部十世紀的書法手冊裡。[58]在這個時期，蘆葦筆被普遍使用：蘆葦先浸泡在水裡，然後削尖形成筆尖。筆尖的形狀不僅顯示各區域的差異——尤其是西班牙／北非與中部及東部地區的差別，也顯示書寫者的不同。[59]有些蘆葦筆還被發現帶有墨水池。

許多現存的可蘭經都使用金色字體。不過，雪柔．波特利用顯微鏡檢驗一張收藏在波士頓美術館的頁面之後，發現其中的字體是以金箔構成。[60]手抄者以某種黏著劑——可能是阿拉伯膠——寫上字母，然後再貼上金箔，接著刷掉碎屑，而且可能再加以擦亮。[61]字母並以褐色的單寧酸鐵墨水描上外框。[62]這種墨水自古以來就已備受使用。如同布魯姆提到的，阿拉伯的墨水配方顯示它以五倍子做為單寧的來源，但在其他地方，也有使用核桃殼與石榴樹皮。[63]接著，單寧酸再與硫酸亞鐵混合。布魯姆認為，亞蘭．喬治提到的以褐色墨水描出字母外框的作法，是為了把金箔的毛邊「收拾整齊」。[64]這些文字幾乎可以確定是由職業手抄者寫成，但我們對這個群體所知有限，只知道其中不只男性。一項參考資料提到，十世紀期間在西班牙南部的哥多華有一七〇名女性手抄者以庫法體字母抄寫可蘭經。[65]

至於標題與記號以銀色墨水寫上。再一次，喬治與布魯姆又各有不同的解讀。前者主張標題與記號是事後添加的——連同在既有的文字上添加銀色的頁面裝飾。[66]後者主張這些標題與記號是與手抄本的其他內容同時寫上。[67]

最後——而且這點也獲得共識——對摺的頁面以正確的順序疊在一起形成一台台的單位，然後再固定於封皮內（圖23）。封皮的模樣無人知曉，而且可能也已經佚失：如同奧塔指出的，只有在馬穆魯克王朝（Mamluk Sultanate；一二六〇～一五一六）期間才發現大量的封皮，當時距離這部可蘭經的製作時代已是許久之後。[68]不過，也如同她提到的，有些學者認為早期的封皮與裝飾都受到科普特裝訂法影響。現存最

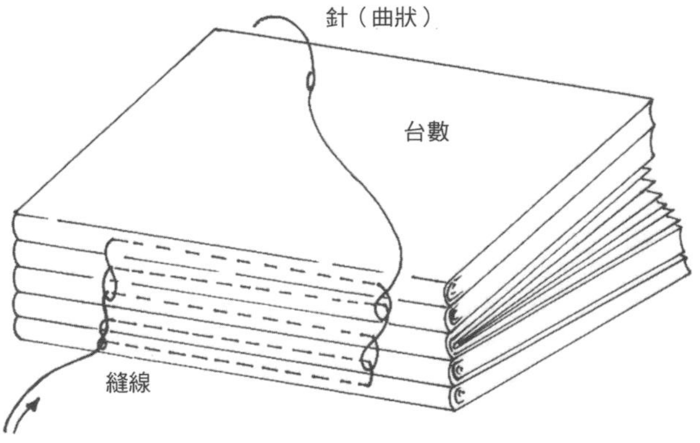

圖 23 把一台台的紙張縫起來形成冊頁本。參考自 Marzo（無日期）。

早的伊斯蘭封皮可以追溯到九世紀，而且是盒式封皮，由外覆皮革的木材製成。[69]

這部經典的製作時間與地點都沒有確切的答案。學者主張的製作時間介於八世紀末至十世紀，地點則包括伊朗、突尼西亞、伊拉克乃至西班牙與西西里。[70]在二〇一五年一篇檢視了先前所有這些討論的文章裡，布魯姆依據奧坎剃刀原則——也就是最簡單的解釋應該受到最高的重視——而主張製作地點在突尼西亞。他列出三項可能的證據以支持這項論點。第一，另外有一張留存下來的紙頁，屬於另一部以金色墨水書寫在藍染紙張上的可蘭經，其年代在於十四世紀。那部可蘭經採用一種發展於北非的字母，稱為馬格里布體（Maghribi）。[71]第二，一二九三年開羅安大清真寺的圖書館清點藏書，結果清點之後的書單列出了幾部可蘭經，其中一部「採用大開本，以金色的庫法體字母書寫在深藍色（akhal）的羊皮紙上……其中的章名、節數與部族名都採用銀色墨水，封面是包覆著雕花皮的木板，邊緣綴飾著絲綢」。[72]第三，目前收藏在拉卡達國立伊斯蘭藝術博物館（Raqqada National Museum of Islamic Art；位於開羅安西南方七英里左右）的六十七張藍色可蘭經對摺頁，幾乎可以確定是來自開羅安大清真寺的圖書館。[73]

因此，在沒有反面證據的情況下，這部手抄本源自突尼西亞的主張也就頗具可信度，儘管引起不少爭議。那座清真寺興建於六七〇年，後來成為伊斯蘭世界一個重要的學習中心，尤其是在九世紀到十一世紀期間。[74]這個區域位在地中海貿易路線上，而且距離埃及、西西里與黎凡特都不遠，因此和伊斯蘭世界的其他地方都保有密切聯繫。成立於那裡的智慧宮（Bayt al-Ḥikma），據說在醫學、天文學、工程學與翻譯學方面的研究都不比巴格達的同名機構差。[75]前述的一二九三年圖書館書單，指稱清真寺圖書館是由包括可蘭經在內的捐贈書籍發展出來，並且在成立後持續獲得當地學者與著名家族捐贈藏書。[76]

定年的證據——也就是這部可蘭經的製作時間——也缺乏確定性，喬治與布魯姆分別針對八世紀末到九世紀初以及十世紀初這兩個時間點提出強而有力的主張。我不打算對此進行探討，因為這個議題遠超出我的專業之外。不過，未來可能會出現進一步的證據，或者分析技術也可能在未來提供更多的資訊。

剩下來的，就是「為什麼」的問題了。這個問題至少可分為兩部分。在無法進一步得知時間與地點的情況下，我們沒辦法確知當初是什麼動力促成了這部可蘭經的製作，只能假設是由一名非常富裕的菁英階層人士委製而成。這部可蘭經的大開本與華麗外觀——其「引人注目的精巧性」——顯示這部書具有公開與儀式性的功能：製作這本書不是為了私人收藏而用。[77]這部書使用的材料如此奢華，不僅是顯示資助者的慷慨，也彰顯了神的旨意。[78]

不過，我們如果想要獲得更進一步的了解，就必須盼望會有更多證據出現。第二個部分涉及製作者為什麼挑選了這樣的配色。我們沒有見過其他先例，後來也只有另一部可蘭經採用同樣的配色。因此，這點不免促使我們思考顏色象徵與美學的議題，也揭起了幾個引人入勝的問題。

為什麼採用藍色與金色？顏色的認知、美學與象徵

當這部手抄本的對摺頁首度出現在西方書籍收藏家的世界之時，大家認定這部手抄本是來自伊朗東部的馬什哈德（Mashad），並且是在阿拔斯王朝哈里發哈倫・拉希德（Hārūn Ar-Rašīd；七八六～八〇九年在位）去世之時由他的兒子下令製作，因為藍色代表哀悼。[79] 有關這部可蘭經的起源以及藍色的象徵意義，似乎都沒有什麼支持證據，但這種說法還是獲得其他學者接受，甚至進一步加油添醋。[80] 不過，最重要的是這個說法為一部市場上的手抄本提供了出處。如同前述，這部可蘭經的出處雖然不很確定，但其配色的選擇以及可能的影響來源已經得到比較有根據的討論，儘管仍無共識。

一如先前提到的，拜占庭文化認為紫色染料是皇家的代表，不但把紫色用在皇室成員的衣物上，也用於皇室敕令上。[81] 到了六世紀，染成紫色的羊皮紙已開始用在以金色或銀色墨水抄寫的基督教聖經當中。[82] 在七八一～八三年間，手抄員戈德斯卡爾（Godescalc）在一部為了當時的倫巴底國王查理曼所製作的基督教典籍末尾寫了一首詩，其中一段的內容是這樣的：

黃金文字寫在此處的紫色頁面上，
天神位於繁星蒼穹上的光耀國度，
揭露於玫瑰紅的血墨中，透露天堂的喜樂，
上帝的言語也閃爍著應有的光輝，
承諾殉教者將可獲得的美妙獎賞。[83]

這種把代表上帝金言的星星與夜空並置的象徵——也就是黑暗中的光芒——是許多宗教當中常見的意象，甚至可說大多數的宗教都是如此。不過，對於這些紫色／金色的典籍有可能對藍色可蘭經的配色造成影響的說法，喬治並不認同。他認為那些聖經的紫紅色與這部可蘭經的深藍色明顯不同為基礎，而指稱這樣的差異必然會受到敏銳的知覺，「因為在那個時代……明亮與晦暗是顏色認知的根本面向」。不過，我認為這個論點不足以徹底駁斥那種影響的可能性。[84]如同前引那段詩文顯示的，雖然美學的表現有所不同，但光明與黑暗的這種相同概念也在基督教抄本當中被探索。[85]此外，我們也不能忽略紫色聖經隨著時間過去而可能出現的顏色變化。泰爾紫雖以耐久而不易褪色著稱，利用地衣製作而成的染料卻不是如此。[86]不過，喬治也提到的以紫色代表基督的血這種象徵性聯想，想必不會在伊斯蘭教的情境裡引起共鳴。[87]

深藍色與金色並置的一個明顯可見的例子，是在青金石自然形成的樣態中。這種石頭開採於現在的阿富汗東部，並且至少從西元前第二千年開始就已輸入到北非與西亞。青金石在伊斯蘭世界裡是一種備受珍視的寶石與顏料，並且輸出至基督教世界。[88]金色的黃鐵礦屑經常可見於受到開採的石頭中。[89]這種藍色與金色的組合也使用於拜占庭馬賽克壁畫以及伊斯蘭教和其他紀念碑銘文，例如耶路撒冷圓頂清真寺的銘文。[90]另外，在比較居家的層面上，九世紀詩人阿爾魯米（Ibn al-Rūmī）頌讚一個以烏木鑲金製成的墨水池，將其比擬為「喜歡穿黃色連身裙」的非洲黑人女子。[91]內斯（Lawrence Nees）主張一種可能的連結，對象是「孔雀與所羅門，還有一種不是主要受到羅馬啟發的統治概念」。[92]

圓頂清真寺的早期馬賽克銘文是以金色拼貼在一個被描述為深綠色而不是藍色的地面上。不過，綠色與藍色的差異已受到許多的科學檢視。有些人類學家與神經科學家指出，一個文化是否為一種顏色命名，和那個文化的成員能否學會將那個顏色和其他顏色辨別開來有所關聯。[93]許多受到引用的這類實驗，都是在沒有詞語能夠指涉我們所謂的藍色這種顏色的文化當中，觀察他們如何辨識綠色與藍色——或者應該說是缺乏辨識。布魯姆認為古典阿拉伯語沒有指涉「藍色」的詞語。他指出，在可蘭經裡，「azraq」一詞只出現一次，用於指涉邪惡的藍眼人，但其他顏色則是重複提及好幾次。布魯姆舉例指出，用於描述海洋顏色的詞語，必定是我們會翻譯為綠色或深色／黑色的那個詞（khadra）。這項論點可受到部分阿拉伯文獻把天空描述為「khadra」的事實所支持。[94]如同前述，喬治認為金色在深藍色的映襯之下能夠產生「光芒戰勝黑暗的共鳴」，這點即是理解這種配色的美學與象徵的關鍵。他引述一部九世紀的敘利亞百科全書，其中指稱顏色光譜是基於「白色與黑色這兩種普世性的顏色」。[95]

再更進一步，我們可以主張藍色可蘭經這種以淡金色文字書寫在靛藍色背景上的光明黑暗美學，是以具體型態代表話語的力量，能夠把非信徒從黑暗帶入光明，從黑夜帶入白晝——可蘭經的內容也一再提及這種概念。[96]

阿拉是保護者，
保護信仰虔誠的人：
從黑暗的深淵，
他帶領他們前進
邁向光明。至於那些
排拒信仰的人，其守護神

是塔烏特；從光明當中，
他們會帶領著這些人
投入黑暗的深淵。
——第二章第二五七節

不論這些提議看起來多麼可信，都擺脫不了這個問題：這種組合如果在伊斯蘭世界裡帶有為人熟知的象徵意義與美學傳統，那麼我們應該會在伊斯蘭世界各地看到更多可蘭經採用這種配色。然而，如同先前提到的，目前只有後來的另外一張對摺頁採取這種色彩組合。[97]我們可以為此提出若干解釋：第一，確實有其他藍色可蘭經，只是都已佚失，僅有這麼一部留存下來；第二，這樣的可蘭經製作起來非常昂貴也非常困難；第三，這種美學表現與象徵意義僅是地區性的，或者這些書是製作於相當程度上和外界隔絕的社群裡。我們如果接受一項論點，認為許多可蘭經都受到藏匿，只有極少數人能夠看到，那麼上述第三項假設的可能性即可獲得強化。

接著，且來簡短探討一下這些假設。第一，這個時期有相當多的可蘭經留存至今，而且分別來自許多不同地方。儘管不是不可能，但要說伊斯蘭世界各地連一部製作精巧的可蘭經都沒有保存下來，未免令人難以置信。由此進一步推論，如果真有其他類似的可蘭經，那麼應該也可以預期這些典籍會對其他書籍文化產生影響（不過，請見以下的評論）。

第二，花費與困難度本身不會是製作這種可蘭經的障礙。實際上，對於一個富有又虔誠的贊助人來說，這些挑戰甚至還可能會產生激勵效果。而且，實際上也不乏製作極為精緻而且花費極為高昂的可蘭經。此外，如同先前提過的，使用金色墨水的作法在當時廣為人知，而且染色或塗色也不是難以精通的技術。金色與靛藍都不難取得，有許多可蘭經都使用了這兩種顏色。

第三，藍／綠與金色的配色美學絕不僅限於特定區域，因為這種配色也可見於伊斯蘭建築以及其他帶有藍色裝飾的可蘭經裡。還有，北非的伊斯蘭社群在這個時期也絕對沒有和伊斯蘭世界的其他地方隔絕開來。

不過，藍色與金色的搭配雖然可能是一種為人熟知的象徵與美學表現，但使用純藍色背景的作法可能很快就受到揚棄，原因是贊助者偏好比較細緻而且具有裝飾性的效果。[98]圓頂清真寺的早期銘文呈現類似於藍色可蘭經的美學表現，方形的庫法體字母只局部遮掩了綠色的背景。然而，這樣的作法和後期的銘文明顯不同，因為後來的庫法體字母本身已變得更具裝飾性。到了十一世紀，納斯赫體文字（Naskh）在可蘭經抄本當中已經大體上取代庫法體，從而確立另一種非常不同的美學表現。[99]

除此之外，值得注意的還有一點。稀有而且珍貴的佛教經典大約在同時出現於東亞，而且同樣是染成靛藍色，並以金色或銀色墨水書寫內容——只不過採取的是紙卷軸的型態，也就是這個區域到處可見的書籍媒介與型態。[100]中亞及西亞的伊斯蘭世界與東亞的佛教世界在這個時期的連結沒有受到充分探究，但兩者之間無疑存在交流與共同之處，因為這兩種文化都非常重視書法。[101]不過，在佛教當中——接著是道教——使用這種配色的手抄本雖然不常見，但可能不是極度稀有。[102]這種配色成了委託製作手抄本的贊助人所能夠挑選的一種選項，並且傳到日本、西藏與尼泊爾。這種美學表現存續了下來。

冊頁本的破壞

二〇一五年，藍色可蘭經一張對摺頁被拍賣，且以三十六萬五千英鎊的高價賣出。[103]這部手抄本為什麼會被拆開並且分散？拍賣市場對於這部抄本的存續、散落情形以及學術研究又有什麼影響？

如果說這部手抄本在一二九三年收藏在開羅安大清真寺，那麼是在什麼時候、因為什麼原因被拆散，其中部分冊頁又是在什麼時候、因為什麼原因被取出那座清真寺？在沒有進一步證據的情況下，我們無法知道這些問題的答案，但布魯姆提出假設，這個過程始於十六世紀，在鄂圖曼人占領突尼西亞之後。他們可能把這件驚人而且幾乎是獨特的發現物品取走一部分帶往伊斯坦堡。鑒於這部經書的華麗與稀有性，鄂圖曼征服者如果想要獲取其中的部分，絕對可以理解。目前所知收藏在突尼西亞以外的對摺頁，都是來自這部可蘭經的第一部分，包括第二、三、四章。所以，他們有可能是取走了這部可蘭經的一部分。當然，這麼做必然不免拆掉裝訂處。[104]

這項論點主要奠基於這項事實：藍色可蘭經最早受到市場注意，是因為瑞典外交官暨商人弗萊德里克·馬丁（Fredrik R. Martin；一八六八～一九一三）宣稱自己在在伊斯坦堡取得幾張冊頁。不過，如同先前提過的，他賣出的其中一張冊頁，也就是目前收藏於哈佛的那一張，上面蓋有波斯的關印。沒有其他證據顯示他賣出的這張頁面和伊斯坦堡或波斯有關，或是這部手抄本早在十六世紀就遭到拆開分散。

古書市場向來都存在，不論是國內還是國際市場。而拆開冊頁本分開販賣以求取更高利潤的作法，則是至少從十七或十八世紀就已出現，我們透過一部現在稱為《洛爾施的奧瑞胥冊頁本》（*Codex Auresh of Lorsch*）的聖經而得知這一點。這部聖經在洛爾施修道院於一五六三年解散之前從其中的圖書館被人帶往海德堡，接著在三十年戰爭期間於一六二二年在那裡遭到竊取，而據說被拆成兩半，並且移除了封面。前半賣給了包賈尼主教（Ignác Batthyány；一七四一～九八），目前收藏在羅馬尼亞，在他創立於一七八〇年的圖書館裡；後半與封底現在收藏於羅馬的梵蒂岡博物館，封面則是收藏在倫敦的維多利亞與艾伯特博物館。

冊頁本所以被拆散且經常不再有社群能夠保管它，這種情形可能是宗教或政治變革造成的結果。由此可見，世界各地許多修道院解散的情形，不免造成修道院圖書館的藏書失去一個安全的家，也不再能夠獲得一群僧侶的守護。在部分案例中，有人試圖遏阻藏書遭到破壞以及分散。舉例而言，英國國王亨利八世（一五〇九～四七年在位）在一五三三年委託利蘭（John Leland）走訪英格蘭各宗教會院的圖書館，記錄其中的藏書。[105]一五三六年，亨利八世通過解散小修道院的第一項法案，於是利蘭寫信給首席國務大臣克倫威爾，請求他協助挽救那些修道院的藏書，以免落入日耳曼人手中：「日耳曼人察覺我們對於書本的漠視，不斷派遣年輕學者前來破壞那些（書籍），從圖書館裡拆散帶走，攜回他們的國家，再對外宣稱那些典籍屬於他們國家所有。」[106]他獲得另一位愛書人約翰．貝爾（John Bale）的協助。貝爾雖然支持解散那些修道院，卻也對修道院圖書館遭遇的那些未能預見的後果深感痛心。他同樣彙編書目，並且盡力買下部分書籍：「我也去了我們的第二名城諾里奇（Norwyche），那裡所有的圖書館建築都交給當地的雜貨商、蠟燭工匠、肥皂商以及其他世俗從業者使用。……我在那裡以及北福克（Northfolke）與南福克（Southfolke）其他若干地區，針對作者姓名及其著作名稱盡力予以挽救，而且如果負擔得起所需的花費，也必然會在全國這麼做，但我沒有這樣的能力。」[107]皇家圖書館因此受到成立，以便為許多書籍提供收容之處，但也有許多書早已流散各地。

同樣的情形也可見於非宗教的情境裡，例如威尼斯共和國滅亡之後，該國收藏的手抄本也因此命運堪虞。[108]在一些著名的例子裡，例如開羅藏經室或敦煌藏經洞，那些地方的社群似乎都致力提供能夠長期儲存書籍的地方，以防那些書籍遭到破壞以及四處流散。[109]

從十九世紀開始，尋找舊抄本也在西方世界蔚為潮流，美國與歐洲的考古學家、探險家及其他人士都四處找尋願意割愛出售藏書的收藏家。許多人因此前往埃及尋求早期聖經。弗瑞爾（Charles Lang Freer；一八五四～一九一九）——他的收藏後來構成華盛頓史密森尼學會的弗瑞爾藝廊——概述了當時激烈競爭的情形：「我認為讓別人知道我打算走訪埃及的事情可能不是明智的作法……因為一旦被人知道有人正在認真尋求稀有物品，就很難知道會冒出多少競爭對手。」買家的發現會受到媒體報導，因而不免引起競逐以及價格上漲。[110]

不過那時候，許多書籍仍然是以完整的狀態購買，而且直到十九世紀中葉也還是如此。不過，個別對摺頁的市場——尤其是帶有裝飾的頁面——促使有些人設法避免自己的收藏遭到拆散。在主題為「撿拾碎片」的二〇一五年荀白克手抄本研究研討會（Schoenberg Symposium on Manuscript Studies）上，依茲（Anne-Marie Eze）討論威尼斯抄本的案例，那些抄本在威尼斯共和國於一七九七年亡國之後就開始遭到拆分以取走其裝飾華麗的扉頁。[111]美國藝術史學家諾頓（Charles Eliot Norton；一八二七～一九〇八）決定把自己的藏書捐給剛在波士頓開幕的伊莎貝拉嘉納美術館（Isabella Stewart Gardner Museum），以確保那些書籍能夠獲得完整保存。[112]那場研討會的其他論文則是指出冊頁本進入市場之後的命運：例如十五世紀的蘭加托克日課經（Llangattock Breviary），在一九五八年的佳士得拍賣會上以含有五一三張對摺頁的完整冊頁本受到拍賣。[113]得標者波士頓古德斯比書店（Goodspeeds of Boston）將其拆開之後，開始在市場上販售個別的對摺頁。在另一個例子裡，赫斯特（William Randolph Hearst）在一九二六年向蘇富比購買十三世紀的博韋彌撒經（Beauvais Missal），接著在一九四二年透過金貝拍賣行（Gimbel Brothers）賣給紐約書商埃格（Otto Ege），結果埃格將其拆開，開始販賣個別頁面。[114]

另外有些例子當中，書籍被拆解則是出於個人的必要。舉例而言，克羅格（Jens Kroger）撰文提及薩爾家族收藏的一部伊斯蘭抄本。[115]弗雷德里克・薩爾（Frederick Sarre；一八六五～一九四五）在一九〇四至一九三一年間擔任柏林伊斯蘭藝術博物館的創館館長。第二次世界大戰期間，有人試圖向他購買博物館收藏的一部分，但他因為當時情勢不明而沒有接受。那部抄本雖然完整保存至他去世以及戰爭結束之後，後來卻遭到他的妻子瑪麗亞（一八七五～一九七〇）和女兒瑪麗露易斯・薩爾（一九〇三～一九九九）拆開販賣，藉此支應她們流亡瑞士的生活所需。直到一九八六年，柏林伊斯蘭藝術博物館才得以買下仍然保留在薩爾家族手上的五十四張對摺冊頁，並且在一九八八年獲得捐贈末頁。

我們可能永遠不會知道藍色可蘭經為什麼會被拆分，可以確定的是這項事實早在十二世紀初就已經發生。馬丁在他一九一二年的著作裡針對這些對摺頁提出先前提過的出處，雖然沒有任何支持證據，阿諾德（Thomas Arnold）與格羅曼（Adolf Grohmann）卻在他們的一九二九年著作中接受這個說法，並且還加以潤飾。馬丁的那些對摺頁在後續幾年間分別賣給波士頓美術館（一九三三）、比提爵士（一九六七年之前；現在收藏於都柏林的比提圖書館）、哈佛大學的福格美術館（Fogg Art Museum；一九六七）、西雅圖美術館（一九六九），以及薩德魯丁・阿加汗親王（Sadruddin Aga Khan；一九八二）。[116]在一九三三年賣出的那張對摺頁，售價是八十五美元。[117]

一九七六年，倫敦舉行一場伊斯蘭慶典。慶典上展示了藍色可蘭經的兩個冊頁，都來自突尼西亞的收藏。其中一張展示於大英圖書館，該館指稱這件文物來自九世紀的伊朗。海沃德美術館（Hayward Gallery）展出了另一張冊頁，指稱來自於十世紀的突尼西亞。這兩場展出不僅造成延續至今的學術辯論，也讓這部手抄本再度呈現於世人面前，卻無疑也造就市場更濃厚的興趣。瑞德爾（Dagmar Riedel）主張這次的展示也終結了有錢的美國人士與機構大量購買完整的伊斯蘭書籍與收藏品的行為，因為這次展出「突顯以阿拉伯文書寫的抄本不僅是單純的書本，而是伊斯蘭文明的文化成就」。換句話說，一張對摺頁本身就可被視為是藝術或文化物品，而不是一脫離原本一部經書就可能失去其意義。

也因此，難怪藍色可蘭經的其他對摺頁——其出處通常無人知曉——開始陸續冒出來，西方拍賣公司以越來越高的價格售出。一張對摺頁立刻受到蘇富比拍賣，但其他對摺頁是在一九八〇年代初期才開始經常性的出現在市場上。自從一九八四年以來，已有三十張以上的對摺頁被賣出，大部分都是由拍賣公司拍賣，流入私人收藏中。[118]在這段時期，中東也加入伊斯蘭書籍與藝術品的市場，尤其是在沒有基本收藏的新博物館成立之後，例如多哈伊斯蘭藝術博物館（成立於二〇〇八年）。目前該博物館收藏藍色可蘭經的一張對摺頁。

這些新博物館的購買力也把其他許多博物館和圖書館擠出市場，尤其是公立機構。在此同時，有些機構也發表指導原則，指稱他們不會購買拆散的對摺頁。[119]他們主張這些原則的目的是要遏阻古籍在未來被進一步拆分。不過，這類機構在市場上只占一小部分，而且許多私立博物館或私人收藏家也不太可能會配合不購買單一對摺頁。這種情形和市場上那些出處可疑的文物所造成的兩難困境一樣：公立博物館到底是應該購買這些文物，以便進行修護並且提供大眾接觸，還是應該拒絕購買以免支持劫掠者？這個問題沒有解決之道，而這些機構採取的立場也只是一種道德宣告，而不是真的可望促成行為的改變。

拒絕購買單一對摺頁的這些機構，通常也還會繼續以這種形式展示館內的收藏，而且——引用瑞德爾的說法——他們對這些對摺頁身為「單純的書本」的情境也沒有提供什麼資訊。實際上，有些機構甚至拆除裝訂以便於展出。二〇一二年，藍色可蘭經的三張對摺頁在紐約展出，其中，大都會藝術博物館的《拜占庭與伊斯蘭》展覽中展出向波士頓借展的兩張頁面，而由杜拜的羅斯信託基金會（Rose Trust）持有的一張摺頁，則在魯賓博物館（Rubin Museum）展覽。瑞德爾在她為此撰寫的部落格文章裡指出，這兩場展覽都沒有向觀眾告知「由於這件獨特物品的無法解釋而引發的學術爭議」。她也提到這兩場展覽對於這件物品的物質性所採取的不同態度：大都會藝術博物館沒有把這部可蘭經和同時展出的染成紫色的拜占庭抄本並置陳列，藉此造就出「一種並列敘事，藉由排序和情境暗示可能的因果關係」；魯賓博物館倒是展示這樣的敘事，方法是把這部可蘭經和同樣染成藍色的佛經及其他抄本陳列在一起。[120]

重新集結冊頁本

拆散手抄摺頁可以說是二十世紀的特色，而二十一世紀藉由數位方法重新集結抄本的世紀，只見許多計畫都善用數位化與網路取用資料的潛力，試圖反轉過去造成的拆解與分散後果。[121]這些作法包括重新集結考古收藏的計畫，例如國際敦煌項目，但也有些計畫是專注於單一的冊頁本，例如博韋彌撒經。[122]儘管許多機構原本都對這種作法持疑，但想要加入這類計畫的渴望已日益高漲。目前還不確定這部藍色可蘭經會不會成為這麼一項計畫的主角，但至今為止，已知的現存對摺頁不論在真實世界還是虛擬世界裡仍然散落各處。

注釋

關於本章提及的地點，請見夾頁彩色地圖的七號地圖。

[1] 布魯姆（Jonathan Bloom）與亞蘭．喬治（Alain George）對於藍色可蘭經的研究以及持續不斷的辯論，是本章不可多得的參考資料，而且我也推薦讀者閱讀George（2009）與Bloom（2015）以了解這部可蘭經當前的狀態。Emily Neumeier（2006）彙整一篇清楚明白的概述。我必須感謝奧塔（Alison Ohta）與雪柔．波特（Cheryl Porter）提出極有助益的評論，而且慷慨分享她們的知識。維努切克（Jiri Vnouček）與塞拉斯（Peter Sellars）都提供富有洞見的評論以及深具感染力的熱情。維努切克提供的幫助在於羊皮紙方面，塞拉斯則是針對可蘭經傳統的若干面向。與他們的談話是我挑選這件物品所得到的一項意外收穫。文中如有任何錯誤、誤解與疏漏，皆是我自己的責任。

[2]「可蘭經」意指先知穆罕默德獲得的啟示。至於以口語或書面型態流傳的內容，則是可蘭經的副本（mushaf）。不過，我在此處採取一般的英語用法，直接以可蘭經指涉這些副本。

[3] 本章專注於幾種形式，諸如冊頁本、卷軸與梵筴，這些都是重要文本常用的形式。除此之外，還有許多其他的形式與材料。關於中亞的例子，見Whitfield（2015a）。

[4] 刻在石頭上的阿拉伯文在這之前就已存在，而且也有資料提及書寫在棕櫚樹皮與羊皮紙上的文本，但都沒有留存下來（Roper 2010: 321）。

[5] Pedersen（1984: 101）提議指出，冊頁本形式是由阿克蘇姆（衣索比亞）基督徒傳給穆斯林，因為指涉可蘭經副本的「mushaf」一詞即是來自他們的語言。

[6]《冊頁本起源考》（*The Birth of the Codex*）這部影響深遠的著作，把這種形式描述為「一批任何材質的片狀物，對摺之後在書背或書脊處裝訂起來，並且通常加上封面保護」（Roberts and Skeat 1983: 1）。

[7]不過，Déroche（2006: 174）指稱有些證據顯示早期的可蘭經採用卷軸的形式。Ohta（2012: 40n1）提及一部一四〇〇年的卷軸形式可蘭經（arabe 6088），收藏於法國國家圖書館。另外值得注意的是，這部可蘭經採取橫向書寫，這項特徵將在以下討論。

[8]裝訂方式隨著時間過去而改變，以下會簡單探討這一點。

[9]書籍生產活動後來移入了主教座堂學校、大學，以及商業店面（Beit-Arié 2009: 22）。「Bible」（聖經）一詞衍生自希臘文的「biblia」，意為一批書。冊頁本含有我們今天所知為舊約與新約聖經的部分內容。

[10]這些是近代由收藏家與持有人給予的名稱，並不代表該書的源頭。在這個例子裡，這部冊頁本先前都收藏於西奈山的聖凱瑟琳修道院（Monastery of Saint Catherine），後來在十九世紀遭到拆解分散（但只分藏於四個機構，因此得以在網路上以數位方式將這些部分重新結合起來；見"History of Codex Sinaiticus"，無日期，Codex Sinaiticus，造訪於二〇一七年九月二十三日，www.codex-sinaiticus.net/en/codex/history.aspx）。

[11]已有不少人提出各種理論，解釋從卷軸或冊頁本轉變為其他形式的情形；見Roberts and Skeat（1983）以及Skeat的更新版（1994）。不過，這些理論都不完全令人滿意。見以下的進一步討論。

[12]見Skeat（1994）。其他形式與材質持續受到使用；如同先前所提，我們在此處只聚焦於為了長久使用而製作的書籍所採用的形式。

[13]由埃及與法國的一個聯合團隊在二〇一三年發現於瓦迪艾賈弗（Wadi al-Jafr）這座位於紅海沿岸的埃及港口（Tallet 2012）。

[14] 但莎草紙在特定情境下仍然持續受到使用，包括在冊頁本當中。Ohta（2012: 40n1）提及海德堡莎草紙收藏當中有一部九世紀的莎草紙卷軸。舉例而言，教宗詔書使用莎草紙撰寫的情形一直持續到一〇二二年（Diringer 1982: 166）。希伯來文本也書寫在皮革上。

[15] 除此之外，也有其他動物的皮受到使用。

[16] 我對羊皮紙所擁有的淺薄知識，絕大部分都來自於維努切克，他是哥本哈根皇家圖書館的修護員，在約克大學針對這項主題撰寫了一篇博士論文（Vnouček 2018）。我要感謝他在二〇一六年以及後續期間為我帶來的許多引人入勝的談話，還有在蓋提研究中心為我提供的實際展示。本文中如有任何錯誤或誤解，皆是我自己的責任。

[17] 如同引言裡提到的，大部分的中世紀抄本收藏目錄都沒有指明那些抄本採用什麼動物的皮，可見大多數的學者——還有策展人（除了少數引人敬重的例外）——都對這些物品的物質性興趣缺缺。這種精確性的欠缺也不僅限於歐洲中世紀抄本。正如「皮紙」一詞的模糊不清，用來指涉中國與日本抄本的詞語——「麻紙」與「桑皮紙」——也一樣足以對人造成誤導，因為這些詞語都是指涉一類紙張，而不是其所使用的纖維。當然，要對物質進行分析有資金方面的問題，但只要策展人與學者對這類問題懷有足夠的興趣，一定找得到資金來源。

[18] 皮革、木材以及其他許多材料也都用於書寫——例如有些死海古卷就是書寫在皮革上——但我在此處只聚焦於宗教典籍使用的主要材料。

[19] Beit-Arié（2009: 23）。

[20] Beit-Arié（1993; 2009: 27-29）。

[21] Kellens（[1987] 2011），Skjærvø（2012）。

[22] 大英圖書館，Or.8212/84。見 Whitfield and Sims-Williams（2004: 118, cat. 2）。

[23]「因此，在中世紀伊斯蘭教社會裡，書面文本的本身並不是目標，而主要是記憶的附屬品」（Bloom 2001: 95；關於這項主題的一般性探討，見 94-99）。

[24] Salomon（1999）。

[25] 在東亞，由絲綢或綁在一起的木條構成的卷軸，在西元前第一千年間用於製作經典，並且持續到第二千年期間。不過，到了西元頭幾世紀，卷軸就已通常都是由紙張製成：因為紙比絲綢便宜，又比木頭方便而且輕盈。直到九至十世紀期間，冊頁本才開始出現，並且在後續幾百年間廣為普及（Whitfield 2015a）。我不打算捲入從卷軸轉變為冊頁本的辯論，只是要對主張冊頁本比較優越的這種常見論點——西方世界的中世紀研究者尤其經常這麼主張——提出一些告誡。這點絕非明白可見，因為文字的本質與文本的目的也都是影響因素。見 Gamble（2006: 25）清楚概述基督教典籍面對的問題。此外，在中世紀的西方與中國，促成這種轉變的力量也有可能是經濟因素。根據文欣的研究，中國早期的冊頁本對於紙張展現了非常儉省的使用方式（即將發表；私人通信，二〇一六年九月）。

[26] 關於一項引人入勝的討論，見 Vaziri（2012）。

[27] Gulácsi（2005）。

[28] Gulácsi（2011, 2015）。

[29] 沒有人提及他們在這一點上有任何的共識或者正式討論。

[30] Schoeler（2006）。關於可蘭經書面傳遞的概述，見 Déroche（2006）。

[31]〈伯明罕可蘭經抄本〉（*The Birmingham Qu'ran Manuscript*）【常見問題】，無日期，伯明罕大學凱德柏瑞研究圖書館（Cadbury Research Library），www.birmingham.ac.uk/facilities/cadbury/TheBirminghamQuranManuscript.aspx。

[32] 關於這些早期抄本接受碳定年的討論，見〈可蘭經抄本的放射性碳定年（碳十四定年）結果〉（*Radiocarbon (Carbon-14) Dating of Manuscripts of the Qur'ān*），伊斯蘭覺知網站（Islamic Awareness），二〇一六年八月十四日更新，www.islamic-awareness.org/Quran/Text/Mss/radio.html。

[33]「由於極度強大的啟示來自於書籍的形式，文本因此成為阿拉伯與穆斯林認知過程的首要特質，並且遍布於穆斯林社會裡」（Roper 2010: 322）。一份十世紀的參考書目列出了四萬三千名阿拉伯作者（323）。

[34] 見 George（2010）。此處還有另一個值得討論的方向，也就是書法的重要性，以及書法為什麼會在某些傳統當中受到極高的重視——例如在伊斯蘭與中國文化裡——但在其他傳統當中卻不然，例如羅馬文化。

[35] 羊皮紙在拉丁文當中稱為「pergamaneum」，是由帕加馬（Pergamum）這座城鎮的名稱衍生而來。普林尼記載指出，西元前二世紀的一位國王在莎草紙貿易遭到封鎖的期間發明這種紙張。這點以及羊皮紙的製作方式各有一項清楚明白的概述，見 Curci（2003）與 Baranov（無日期）。

[36] 我對羊皮紙的評論，奠基於維努切克針對中世紀手抄本進行的廣泛研究以及製作與使用羊皮紙的實際操作經驗（Vnouček 2018）。他認為製作這種紙張的皮必須取自死產或非常幼小的小牛，一旦年齡比較大就不再適合，這項結論並沒有獲得所有人認同。關於近期的分析，見 Fiddyment et al.（2015）。

[37] 這是菲迪曼（Sarah Fiddyment）在英國約克大學進行測試之後得到的結果。

[38] 見短片《製作羊皮紙》（*Making Parchment; British Pathé, 1939*），www.britishpathe.com/video/making-parchment-issue-title-is-the-very-idea。

[39] R. Reed（1975: 90）。

[40] Porter（2018）。

[41] 這本書原本的大小是依據可蘭經的內容長度估計而來。

[42] Sandberg（1989）；Balfour-Paul（1998）；Cardon（2007）。

[43] 在祕魯的瓦卡普列塔廟宇（Huaca Prieta Temple；Splitstoser et al. 2016）。

[44] Ferreira et al.（2004: 330）。

[45] Bloom（2015: 208）對於羊皮紙是否可能染色表達懷疑，George（2009: 76）則是引述尚未出版的顯微鏡分析支持染色的可能性。

[46] 例子見 Evans and Ratliff（2012: 40-41）。

[47] 學名為 Murex trunculus、Purpura lapillus 與 Helix ianthina 的骨螺，尤其是 Murex brandaris（Ferreira et al. 2004: 331；Cardon 2007）。

[48] 卡索（Beatrice Caseau）指稱一萬個骨螺只能製造出一公克的染料，引用於 Bagnall et al.（2012: 5673）。

[49] 羅馬皇帝戴克里先頒布的價格敕令。

[50] 見 Casselman and Terada（2012）對於染料的經濟與政治面向以及不同染料的組合使用所提出的深富趣味的討論。

[51] Porter（2008）。另見 Muthesius（2002: 159-60），其中討論了如何結合骨螺與地衣還有茜草染料與靛藍，在當成外交禮物的絲綢上模仿出比較昂貴的紫色。

[52] 見維努切克的博士論文（2018）敘述如何利用紫色染料成功為羊皮紙染色以及塗色，還有 Cheryl Porter

（2018）的文章，提到惠特沃斯（Isabelle Whitworth）以靛藍成功為綿羊皮染色。藝術家卡諾德（Inge Boesken Kanold，2005）也利用一桶冷染料加上清潔劑而獲得成功的結果；關於她這件作品的其他參考資料，見其網站 www.artemision.free.fr/boesken/index-en.php。不過，維努切克沒有添加清潔劑也一樣獲得極佳的結果。另見 Biggam（2002: 32）。

[53] Porter（2018）。

[54] 一般假設這些對摺頁是製作於染色之後，但當然也有可能是在染色之前。

[55] Ohta（2012: 41-43）。

[56] George（2009: 77）；顯示於 Bloom（2015: figs. 2 and 5）。

[57] George（2009: 75）。

[58] 作者為伊本拜德（‘al-Mu’izz ibn Baid，卒於一〇六二年），見 George（2009: 75）。

[59] Roper（2010: 324；Schimmel 1984: 39-40）。

[60] Porter（2018）。引用於 Bloom（2015: 210-11）。

[61] Porter(2018)。此一檢驗與瓊恩．萊特（Joan Wright）合作進行。她列出了幾種可能的黏著劑：「樹脂、蛋白，或者植物性或動物性黏著劑，例如無花果樹汁、羊皮紙碎屑，或者魚膠原蛋白。」

[62]「這項結果由瓊恩．萊特取得於波士頓美術館，並且在紐約大都會博物館利用雷射拉曼光譜分析獲得確認」（Porter 2018: n15）。

[63] Bloom（2015）。

[64] Bloom（2015: 2011-12）。這類墨水對紙張具有侵蝕效果。在這種墨水開始受到使用之後，黑色墨水也

開始利用煤灰與樹脂製作而成，在當時早已使用於莎草紙上，而且比較近似於自從早期以來就在印度與中亞及東亞受到使用的墨水（Roper 2010: 324）。

[65] Roper（2010: 329）。

[66] George（2009: 89-92）。

[67] Bloom（2015: 212）。

[68] Ohta（2012: 40）。

[69] 見 Ohta（2012: 41-42 以及該章其他內容）對於這點的完整討論。另見 Hobbs（無日期）附有插圖的討論。關於盒式封皮的進一步討論，見 Dreibholz（1997）。有些這類封皮發現於突尼西亞的開羅安（Kairouan），也就是這部經典的其中一個可能製作地點。

[70] 這項討論的歷史在最近受到了布魯姆概述，而他本身則是主張這部經典在十世紀製作於突尼西亞的開羅安（2015: 204-6）。關於製作地點在西班牙的主張，見 Stanley（1995），至於西西里，見 Fraser and Kwiatkowski（2006）。

[71] Bloom（2015: 205）提到其他帶有若干相似性的抄本，例如弗瑞爾藝廊（Freer Gallery）收藏的一張帶有藍色裝飾的庫法體頁面，還有一部十五世紀的可蘭經，以銀色與金色墨水書寫在染成紫色與褐色的紙張上。那部可蘭經製作於北非（Blair and Bloom 1994: 116-17）。

[72] Shabbūḥ（1956）引用於 George（2009: 79）。如同不少學者指出的，這段描述不完全合乎藍色可蘭經。Stanley（1995）探討了這一點，並且提出一項可能的解釋。

[73] George（2009: 75）從他向抄本管理員收到的私人通信當中引述了六十七張對摺頁這個數字。有些人對

此持疑，因為那些對摺頁沒有發表，也沒有受到學者研究（Bloom 2015: 205）。

[74] Laugu（2007: 103, 105）。另見 Othwa（[2002] 2010）。

[75] Al-Rammah（1995: 29）。

[76] Ibn al-Nadim（1872: 8, 29）；Othwa（[2002] 2010）。

[77] Touati（2010）。

[78] 在伊斯蘭教與基督教傳統中，「珍貴材料——尤其是金、銀、象牙與絲綢——與引人注目的精巧性帶有一種正面含意，代表了神的旨意呈現在造物的贈禮與奧妙當中」（Schoeler 2006: 124）。

[79] F. Martin（1912, vol. 1: 106, 141）。

[80] Arnold and Grohman（1929: 20），引用於 Bloom（2015: 197）。波斯起源的唯一證據是一枚波斯關印，布魯姆注意到這枚印記蓋在後來賣給哈佛的那張對摺頁上（Bloom 2015: 199）。

[81]「基督君王」的圖像也呈現出基督身穿紫衣的模樣。值得一提的是，中國的佛教徒也把御用顏色——中國的御用顏色是黃色——用在他們的神聖經典上。佛經使用的紙張通常以黃蘗染色——取自黃柏的樹皮——其中主要的成分是小蘗鹼。這種染料還有其他效益，可以為紙張賦予防水與防蟲的性質。

[82] 來自六世紀的例子包括羅薩諾福音書（Rossano Gospels）與西諾普福音書（Sinope Gospels），還有《聖彼得堡紫抄本》。見 Evans and Ratliff（2012: 40-41）。

[83] 摘自巴黎的一份抄本，BnF MS. nouv. acq. lat. 1203, 26v-127r，引用於 H. Kessler（2006: 77）。關於進一步的討論，見 102-3。

[84] George（2009: 95）。

[85] 還有在其他情境中也是如此：如同瑟爾瑪．湯瑪斯（Thelma K. Thomas）針對絲綢指出的：「拜占庭的審美觀欣賞與明亮結盟的顏色」（2012: 128）。

[86] Casselman and Terada（2012）探究了這兩種染料單獨使用以及結合使用的色牢度。此外，還有墨水的變化。

[87] George（2009: 97）。

[88] Hoffman（2007: 324）。

[89] Bloom（2015: 214-15）提及這種先例。

[90] 年代可追溯至七世紀晚期。關於近期的討論，見 Nees（2011）。

[91] 引用於 Schimmel（1984: 40）。

[92] Nees（2011），引自「伊斯蘭藝術論壇播客」的摘要，二〇一四，http://podcast.islamicartdoha.org/2009/laurence-nees/。

[93] 這點有許多文獻，其中一個例子是 Kowalski and Zimiles（2006）。

[94] 這點令人聯想起荷馬把海洋描述為「酒暗色」這個受到大量討論的用語。古典中文也有類似的情形，亦即「青」一字可用於描述草、天空以及海洋。這個字眼也用於描述深色調——灰色與黑色。

[95] Job of Edessa（1935），引用於 George（2009: 105）。另見 Bloom and Blair（2011）的討論。

[96] 舉例而言，見 Berrada（2006）。

[97] 不過，藍色與金色倒是大量使用於其他可蘭經的頁面裝飾。有幾個例子可見於 Canby（2012）。

[98] 就某些方面而言，可以說是類似於日本人偏好不在一個頁面上使用太多漢字，原因是這樣會導致文字顯

得太密集。

[99] 見Schimmel（1990: 1-33）對於這些字體的討論。

[100] Tucci（1949: 212-13）提到一份引人注意的早期西藏文字資料，指稱西藏佛經以深藍色的文字書寫在金頁上，也就是染成金色的紙張。

[101] George（2009）提及這項可能的連結。

[102] 十世紀以前的斷簡殘編可見於敦煌的藏經洞；舉例而言，見M. Cohen（1996）與Whitfield and Sims-Williams（2004: 295, cat. 251）。

[103]「一張大開本可蘭經頁面，以金色庫法體字母書寫於藍色皮紙上，北非或近東，九至十世紀期間」，拍賣於蘇富比的「二〇一五年伊斯蘭世界藝術」拍賣會當中，第六十二號物件，www.sothebys.com/es/auctions/ecatalogue/2015/arts-islamic-world-l15220/lot.62.html。這一節的標題摘自包德（Doug Baude）的影像暨藝術作品《破壞冊頁本》（*Breaking the Codex*：經過改造的書本、盒子、拼貼、木架，12 x 12 x 3英寸，二〇一〇年，http://dougbeube.com/artwork/2933849_Re_Breaking_the_Codex.html）。

[104] 藍色可蘭經的裝訂處如果還在，我們也不知道是哪個部分，儘管Neumeier（2006: 16-17）提到有幾張裝訂在一起的零散頁面於一九七七年受到佳士得拍賣（佳士得拍賣會，一九七七年十一月九日，物件編號六十六）。

[105] Leland（2010）。

[106] Shrank(2004: 100)。如同Dagmar Riedel(2015)指出的，穆斯林社會的書商也影響並且形塑了這種貿易。

[107] Graham and Watson（1998）。

[108] Eze（2016）。

[109] 這兩個例子也帶出「神聖棄物」的議題——亦即那些抄本或抄本殘篇已不再受到使用，卻仍然具有價值，原因是其中含有文字內容，而需要被保護。此外，這兩個例子雖然都非常成功，其中的抄本藏匿了千年之久，但這兩批收藏卻都在二十世紀被發現，並且因此流散各地。關於後來致力以數位方式重新把那些抄本集結起來的嘗試，見以下的討論。

[110] 舉例而言，倫敦的《泰晤士報》報導了比提（Alfred Chester Beatty）買下十二本早期的基督教冊頁本（一九三一年十一月十七日）。

[111] Eze（2016）。這場研討會描述於賓州圖書館（Penn Libraries）網站：www.library.upenn.edu/exhibits/lectures/ljs_symposium8.html。

[112] Eze（2016）。

[113] Cashion（2016）。

[114] Davis（2015）。

[115] Kröger（2005）。

[116] Bloom（2015: 197）。

[117] Bloom（2015: 204）。他指出這個價錢相當於今天的一千四百美元。

[118] 見 Bloom（2015: Appendix A）依照出現日期順序列出的清單，截至二〇一二年為止，但他遺漏了二〇一一年的蘇富比拍賣；見「一張大開本可蘭經頁面，以金色庫法體字母書寫於藍色皮紙上，北非或近東，九至十世紀期間」，www.sothebys.com/en/auctions/ecatalogue/2011/arts-islamic-world-evening-sale-l11229/lot.2.html。

[119] 例如大英圖書館聲明指出：「本館通常不會購置在上一個世代受到拆散的抄本頁面與殘篇。」大英圖書館，「西方手抄本：收藏發展策略」（Western Manuscripts: Collection Development Strategy），無日期，取用於二〇一七年二月一日，www.bl.uk/reshelp/bldept/manuscr/mancdp/。

[120] Riedel（2013）。

[121] 見 Davis（2015）。

[122] 見「國際敦煌項目：線上絲路」網站（http://idp.bl.uk）以及殘破書本計畫（http://165.134.105.25/brokenBooks/home.html?demo=1）。

第八章

一塊拜占庭的獵人絲綢

儘管有些學者試圖排除以絲綢為「絲路」命名的關鍵貿易角色，並且主張其他商品也具有相等甚至更大的影響力，絲綢的重要性卻沒有那麼容易被排除。之所以如此，並非絲綢在貿易商品的金額或數量中占有多高的地位——這點還沒受到確切的量化，而是和這種紡織品連結在一起的故事，以及大家追求其祕密的渴望。絲路初始之際，中國雖是唯一擁有養蠶取絲文化的民族，過了幾百年後，這項工藝已沿著貿易路線傳給其他文化。此章討論的布料——我們稱之為「獵人絲綢」——製作於拜占庭時期。拜占庭帝國很可能從四世紀開始就利用進口絲線成立自己的絲綢生產中心，而且可能早在五世紀就開始自行養蠶，到了八世紀就擁有精細的織布機，能夠織出我們在這裡看到的這種繁複圖案。

因此，這塊布料可以告訴我們許多故事，不只關於絲綢生產的傳播，也關於圖案所呈現的文化對話與影響——由環形裝飾花紋圍繞著狩獵場景，是一種在絲路各地都看得到的主題。不過，學者們又對使用的技術與主題有不同解讀，可見我們與昔日物品進行的對話經常會被更新，而且極少能夠假設我們已經得出結論。除此之外，這塊絲綢的功能與價值在西移過程中也出現許多變化。這塊絲綢經過幾位皇帝之手，並且在基督教環境下被賦予宗教意義，現在則成了博物館裡的收藏品。

獵人絲綢中的圖案呈現兩名騎士，中間隔著一棵樹，兩人準備用矛分別刺殺一頭獅子，各自的獵犬也站在獅子下方。狩獵主題的周圍則用團花圖樣圈繞。學者依據這塊布料的織法與圖案而將其定年於八至十世紀不等。[1]這塊布料並不完整，它只是原本大塊絲綢破損的一角，長七十三・五公分，寬七十一公分。其織法是緯面多層斜紋組織——亦即斜紋緯錦（samite）——採用Z撚向的經線，一條絞經，一條主經。[2]緯線為無撚紗，並且染成藍色、紅褐色、黃色以及淺藍色。[3]

要理解這件物品，我們必須了解這塊布料「如何」製作？如何將它放在絲綢工藝的發展，以及西元一千年間絲綢工藝沿著絲路傳播的故事當中。這段故事相當複雜，而且至今也還是充滿闕漏與不確定之處。

現藏里昂織品博物館

養蠶技術的發展與傳播

隨著中亞各地的路線開通，栽桑與養蠶的技術——亦即種植桑樹（Morus sp.）、採集桑葉，以及養殖蠶蛹並且利用蠶繭取絲的技術——終究傳出中國以外。早期的蠶絲生產並不限於中國，印度早自西元前三千年中期就已經有野絲生產活動，[4]賽普勒斯也發現年代可追溯到西元前二〇〇〇年的野絲纖維，[5]青銅時代的愛琴海也有絲的證據，[6]此外，中國也生產野絲。不過，早期只有中國可以有專門飼養以及培育家蠶還有對完整蠶繭進行繅絲的明確證據，現有的證據顯示這種作法可能早自西元前二七〇〇年就已經開始出現。[7]

如同慕特修斯指出：「養蠶是一項極度複雜而且細膩的工作，需要極大的耐心與技巧，不僅當時如此，至今也還是一樣。」[8]到了絲路的時代，中國已經長久練習精進這項工藝，得以用經過選拔育種並且餵食白桑葉的家蠶吐的絲，製作出強韌高級的絲線。[9]蠶寶寶幼蟲啃食大量的桑葉，體重在不到一個月的時間裡就會增加到一萬倍。[10]要餵食剛孵出的蠶寶寶，必須把桑葉撕成細絲，因為這時候的蠶寶寶差不多只和針尖一樣大，而且在孵出之後的第一個白天與夜晚可能得一個小時要餵食兩次。隨著蠶寶寶逐漸長大，餵食的桑葉也越來越大片，餵食次數則是逐漸減少。儘管如此，這仍是非常勞力密集的工作。蠶座上的排泄物與乾枯的葉子必須經常清理，而且在這段時期也必須檢查蠶寶寶有無感染疾病，並保持其環境溫暖而乾燥——依據蠶寶寶本身的狀況，這段時期大概要四到五個星期。早期中國記錄顯示養蠶是女人的工作，養蠶地點包括特殊的養蠶建築以及一般人家的農舍，並以托盤放置蠶寶寶（圖24）。

除了技術之外，養蠶也需要有容易取得的新鮮桑葉來源，因此也就必須種植大片的健康桑樹：任何真菌或其他類型的感染，都會對嬌弱的蠶寶寶造成傷害。桑樹需要三到六年才會成熟，這種樹木不是特別脆弱，但需要溫和的氣候與平坦、潮溼、鬆軟而肥沃的土壤。白桑的葉子是蠶蛾偏好的食物，由此產出的絲品質也最好。白桑原生於中國北部，也許這就是中國在養蠶技術上得以領先的原因之一。[11]中國的農民也發展出嫁接白桑樹的技術，因而能夠改善這種作物。

圖 24 一幅描繪養蠶情景的 17 世紀中國圖畫；養蠶用的托盤可見於背景當中。摘自《御製耕織圖》，1696。

黑桑樹是另一個不同的物種。這種樹木可能原生於西亞的山區，但很早就被人種植於中亞與西亞各地，並且據稱在西元前二千年中期就已傳入埃及。黑桑果在羅馬歐洲廣受喜愛，而且可能在羅馬時代以前就已經傳到北歐。白桑樹早期的傳播沒有被充分記載，而且這兩種樹直到現代時期也還是經常受到混淆。[12]舉例而言，英國嘗試在十六與十七世紀期間成立蠶絲業，之所以失敗，一大原因可能就是沒有搞清楚這兩種植物的不同——發送給農民種植的植物是黑桑，而不是白桑。[13]不過，印度河流域文明的哈拉帕遺址有白桑樹存在的證據，年代可追溯至西元前第三千年以前，還有在西元頭幾世紀的印度西北部與喀什米爾，也可見到白桑樹的證據。[14]

蠶一旦結繭——在蛻皮三或四次之後——就必須把牠們悶死，或是藉著降低溫度遏阻牠們進一步發展，以免牠們發育成蛾而把繭頂破。死掉的蠶可在事後油炸吃掉——炸蠶至今仍是中國的一道美食。接著，蠶繭必須繅成絲，這又是一件高度技術性而且細膩的工作。繭必須放進水裡加熱，然後將少數幾條絲的末端挑出來，再同時一起抽取：同時抽取的絲越多，抽取出來的生絲以及因此織成的布料就會越厚重。由蠶繭抽出的絲線，最長可達九百公尺。[15]絲線會在這時受到稍微撚合。不過，經紗需要更多的撚合，每公尺的絲線纏繞多達兩到三千次，因此需要利用紡錘才能達到這樣的效果。絲線的撚合方式有兩種，一種稱為「S撚」，原因是撚合的傾斜方向與「S」字母中間的那段斜線同向；另一種稱為「Z撚」，因為傾斜方向與「Z」字母中間的斜線同向，也就是說這兩種撚合方式的方向相反。生產於中原地區的生絲通常是S撚絲線。[16]之後，生絲可被染色、販售或者編織。

一般常說中國把絲綢工藝視為商業機密，希望保有獨占地位。不過，這種說法已受到部分學者提出合理的質疑，例如拉西克（M. G. Raschke）就指出有些記述提及中國移民在西元前二世紀把養蠶技術帶到朝鮮半島；在西元三世紀期間嘗試教導匈奴聯盟中鄰近中國的民族養蠶技術，甚至晉朝還把蠶與一棵桑樹贈與鄰近的鮮卑族。[17]早期法典只有零碎的內容留存下來，其中規定禁止輸出的原料部分，也完全沒有提及蠶絲。

西元前一世紀，中國開啟西向貿易的規律路線，可以預期會造成絲綢工藝更廣泛的傳播，並且促成絲綢市場的成長。這種情形看起來的確是那個時期的趨勢，趙豐主張中亞的編織者能夠取得中國的絲綢，並且試圖加以模仿。中國沿著通往塔里木盆地的戈壁與塔克拉瑪干沙漠的西向路線建立要塞城鎮，並且將來自中原的農民安置在那些地方。其中有些人想必帶著養蠶技術過去，儘管要在這種沙漠環境裡種植桑樹可能需要一些時間。[18]二十世紀的考古學家斯坦因（一八六二～一九四三）提及一到四世紀的精絕國（尼雅）遺址有乾燥的桑樹殘跡，而且這個區域的絲綢生產活動也被定年於同一個時期。[19]同時，這些綠洲王國也有印度人定居其中，他們也可能帶來他們自己的蠶絲編織技術。[20]採取經面多層平紋組織的彩色編織絲綢——稱為「錦」——在中原地區生產的時間比這個時期早了多達一千年。[21]這種布料的生產不但需要擁有技術的織工，也需要有高度的織布機科技。在西元一千年初期，中亞當地織工沒有足夠精密的織布機能夠製作出經向的重複圖案，因此他們雖然想要仿造中國織錦，卻只能在緯向上製作出有限的圖案。這類織物上的部分圖案——例如龍——雖是典型的中國圖案，但緯面的紋路與經線的Z撚顯示這些絲綢與編織於中國的絲綢不同。[22]

在更早之前，也可以看到中國鄰居握有來自中國的絲綢：在巴澤雷克（Pazyryk）的乾草原墳墓，位於現在的俄國境內；還有在塔里木盆地的阿拉溝（接近吐魯番）——年代可追溯到西元前五至三世紀期間。另一項經常被提及但尚不確定的事實，則是中國絲綢在這段早期時代是否出現在更西方的地區。舉例而言，當初有人指稱在一座西元前一〇〇〇年左右的埃及墳墓裡發現絲綢，就引起大家高度興奮，消息也傳到新聞媒體。[23]不過，這項發現後來備受質疑，現在已不再被引用。[24]其他地方宣稱的發現也同樣遭到質疑：舉例而言，在歐洲北部介於西元前八至六世紀期間的哈爾施塔特（Hallstatt）墳墓當中發現的絲綢，現在已經受到辨識為野絲，而不是來自中國的家蠶絲。[25]

絲綢工藝如果沿著中國以西的陸上道路傳播出去，而在西元頭幾世紀期間抵達塔里木盆地的各個王國，那麼找尋絲綢生產證據的下一個地點，應該就是鄰接於西側的貴霜帝國（一到三世紀；見第三章）。

貴霜帝國的疆域涵蓋印度北部，並且經歷佛教成長以及擴張至塔里木盆地的過程。絲綢對佛教的重要性以及佛教與貿易的緊密關係，在其他地方已經有過充分討論，因此這點也就不免讓人預期絲綢曾經在貴霜帝國使用。[26]不過，印度或貴霜在這段時期都沒有什麼紡織品的殘跡，而且至今為止在中亞發現的絲綢也極少被辨識為生產於印度，因此我們也就很難對絲綢的需求或是絲綢工藝在貴霜的發展得出任何確切的結論。

至於鄰接於貴霜西側的帕提亞帝國（約西元前二五〇～西元二二四年），絲綢在其中扮演的角色也同樣缺乏證據。帕提亞人已知是中國絲綢的消費者，但沒有什麼證據顯示他們自行發展絲綢工業。[27]在這裡發現的紡織品證據只包括極少數的發掘物品，而且都是厚棉布、亞麻或羊毛。[28]有一段定年於西元前一世紀的絲繩，可能是由外部輸入而來。[29]不過，證據確實支持帕提亞人是透過對陸上貿易的控制而取得中國絲綢。羅馬人企圖繞過帕提亞人，透過印度的港口從海上運送絲綢。[30]後來，帕提亞人對於貿易的控制又因為貴霜帝國的興起而遭到挑戰。貴霜人控制從中國往西通往帕提亞，以及往南通往印度港口的路線，還設定他們自己的金本位，並且透過印度港口與羅馬人通商。這也許是促成帕提亞人發展蠶絲編織的動力，但沒有實質殘跡可以證實這一點。要生產精緻的紡織成品，就必須發展出精細的織布工業，織布機必須能夠經過改造，使用遠比其他纖維都還要細的絲線。這個時期的中國，已經能夠由技術熟練的織工操作織布機而織出繁複的圖案。所以，持續向中國購買絲綢也許是比較可行又比較划算的作法。至於有多少絲綢從印度來到帕提亞——如果有的話——則仍屬未知。

不過，從帕提亞繼續往西，來到底格里斯河與幼發拉底河周圍的美索不達米亞古文明（現在的伊拉克和敘利亞），即可在帕邁拉（Palmyra）的墳墓裡發現西元二世紀的中國絲綢，並且在杜拉歐羅普斯（Dura-

Europos）看到三世紀的當地多層組織布料。[31]後者的年代雖然可能是在帕提亞人控制這座城市之後——那座城市自從西元一六五年開始即屬於羅馬帝國，但畢竟顯示出編織工業的存在。帕邁拉在西元一世紀末以來即是絲路上一座繁榮的商業中心：一三七年的一段銘文提及奴隸、紫色絲綢與香水，其他文獻則是顯示絲綢、玉石、穆斯林薄布、黑檀木、香、香料、象牙、寶石與玻璃的貿易證據。[32]帕邁拉商人從紅海的港口出航，並且在裏海以東的梅爾夫有代理商。[33]因此，在菁英階層的墓裡發現這些中國絲綢也就不令人意外：這些絲綢如果不是透過海港，就是經由梅爾夫的商人取得。

這裡也發現許多類型的紡織品，包括來自羅馬與波斯的綴織作品，以及採用平紋、花緞與平紋緯錦（taquete）等織法的絲織品。此外，這個區域也有羊毛與亞麻布編織中心的證據。不過，羊毛與亞麻（還有野絲）製成的線比家蠶絲製成的線短了許多，所以也就發展出非常不一樣的織布機，整體上都是用於織出緯面組織。[34]到了三世紀，就像塔里木盆地各王國那樣，發現於杜拉歐羅普斯的紡織品已可看出當地的織工試圖仿造中國絲綢。紡織品史學家對於杜拉歐羅普斯的織物所進行的分析，顯示他們使用了一種和中國不同的提花機——通常稱為西方提花機。

織布機科技

到了這個時候，織布機已經從簡單的手織機出現了長足進展，而且也像許多複雜的機械裝置一樣，功能相當難描述，就算有圖片也還是如此。不過，織布機的發展和絲綢的傳播密不可分，要了解其中一者就必須也要了解另一者。首先，我們必須回到中國，因為中國和其他編織中心不同，很早就發展出織布機以

圖 25 一部簡單的中國踏桿織機。摘自《御製耕織圖》，1696。

善用繅絲帶來的極度細長又堅韌的絲線。絲線的長度表示經面組織有可能做到，其細度則表示織出來的結果有可能極度精緻而且複雜。

基本的織布機上會有拉緊的線，並且朝著遠離織工的方向捲動——這就是經線。織工把緯線一上一下地穿插於經線之間，製造出最簡單的組織，稱為平紋。如果連續有兩條線在下方，則會構成斜紋組織。不久之後，織布機就發展了一種裝置，能夠把部分經線提高，在兩組經線之間造成一個開口，稱為梭口（圖25）。織工利用帶著一條緯線的梭子穿過梭口，確保這條緯線和前一條緯線緊密相依。接著重複這樣的程序，但這時提高另一組經線。要織出圖案，必須以某種方法提高不同組的經線。到了西元前一千年中期，中國已經利用挑花棒達到這種效果。[35] 為了織出圖案，不同組的經線就會挑起於個別的棒子上。踏板操控提升軸，依照圖案所需的組合提起挑花棒，好讓緯線能夠穿過由此造成的梭口。寬度受限於織工，因為織工必須把帶著緯線的梭子穿入開口，又必須操作踏板。這個時期的布料寬度通常是五十公分左右。[36]一匹絲綢的長度約是九百公分。[37]

為了製作更複雜的圖案，就必須使用超過一組或一層的經線以及／或者緯線，而形成多層組織。中國織工可能早在西元前八世紀就已能夠製作出彩色經面多層平紋組織的「錦」。[38]在這個時期，這種布料主要都是織上重複的小型幾何圖案或動物圖案。[39]錦在西元前五世紀之後就相當常見，到了二世紀，中國已有三大絲綢生產中心。這時候，最常見的圖案是雲朵和動物，有時還會在絲綢裡織入中文吉祥語。許多這類中國織錦都在塔里木盆地被發現。利用必須由織工踩踏板操作的織布機生產這類布料的程序之複雜，也可見於當時的一段文字：「霍光妻遺淳于衍蒲桃錦二十四匹、散花綾二十五匹。……霍顯召入其第，使作之。機用一百二十鑷，六十日成一匹，匹直萬錢。」[40]

之前，蒙古北部諾彥烏拉墓地的一座墳墓裡發現一塊彩色經面多層平紋絲綢，促使學術界熱烈討論什麼類型的織布機能夠製造出這麼一塊絲綢，最後的結論認為那是一種挑花棒織布機，其綜線棒可由織工提起，出現的時間早於提花機。[41]製作這塊布料想必須要三五〇根挑花棒，而且這些挑花棒也必須用棒子提起以製作出那樣的圖案。這塊絲綢的年代可以追溯到西元前一世紀下半葉。中國的提花機可能發明於不久之後，儘管我們所知最早的文獻是來自於西元二世紀。[42]提花機必須由一名或是多名助手——藉此取代踏板——利用引線拉起經線（圖26）。[43]這些助手後來被稱為提紗童。一首題為〈機婦賦〉的二世紀中國文學作品，描寫女孩爬上織布機理線的情景。[44]不過，在這項工藝仍然受到發展與精通的這段早期時代，複雜圖案的絲綢除了以提花機製作以外，可能也必須由踏桿織機與挑花織機製作。[45]

圖 26 中國提花機。摘自《御製耕織圖》，1696。

到了西元三世紀，緯面多層平紋組織——稱為平紋緯錦——的布料已可見於中國之外，包括塔里木盆地、中亞，甚至往西遠至敘利亞的杜拉歐羅普斯。這些布料大多數都是以羊毛或亞麻編織而成，其中呈現了繁複的圖案，但由於羊毛與亞麻線比較短，因此發展出來的織布機與中國不同，所以圖案通常由緯線織成。塔里木盆地的那些布料上的圖案，盡是人物、葡萄藤與玫瑰花結，可見得是受到其西方鄰居的影響，而不是中國，而且趙豐也認為這些布料編織於中亞——巴克特里亞或犍陀羅。[46]在杜拉歐羅普斯的發現中，有一小塊帶有幾何花紋的絲綢平紋緯錦，是西亞已知最早的一塊這種布料。[47]這塊布料同樣顯示那裡的織工也試圖仿製中國的絲綢織物。至於製作杜拉歐羅普斯這塊絲綢的織工，使用的絲線是當地生產還是取自其他地方，則是無法確定。另一塊敘利亞平紋緯錦由羊毛織成，上頭的圖案是一幅狩獵場景。[48]趙豐認為這兩塊布料都模仿錦的織法，但圖案是在緯線而不是經線上。許多學者認為這些繁複圖案的紡織品只有利用提花機才織得出來，但與中國發明的提花機類型不同，來源也不同，原因是這些布料呈現的都是緯面圖案——所以，如同先前提過的，這種提花機經常被稱為「西方提花機」。[49]

因此，到了西元三世紀，我們已經看到東亞、中亞與西亞都使用提花機製作多層平紋組織。中國的這種布料帶有經面圖案，中亞以西的布料則是帶有緯面圖案。這個時期的圖案主要仍是幾何形狀、花卉，或者雲朵之間的小動物，主要影響來源仍是中國。但另外也有一些比較大的圖案，例如狩獵場景。印度的影響仍然不確定。

三世紀晚期，羅馬帝國的行政中心區分為東、西兩部分，造成一段演變進程，終究導致通行希臘語的東半部分裂而出，成為拜占庭帝國。在三三〇年左右，君士坦丁大帝將首都拜占庭遷到現在的伊斯坦堡（所以才會被人稱為君士坦丁堡）。短短幾十年後，基督教就成了國教。拜占庭帝國的疆域涵蓋地中海與黑海周圍大部分的土地，其中有些區域在更早之前即出現模仿中國絲綢的多層組織布料的證據。拜占庭帝國包括北非與阿拉伯北部的行省，因此控制了紅海北部的港口。他們與阿克蘇姆王國——位於現在的衣索比亞與厄利垂亞——互為盟友，後者也會從紅海派遣商人前來（見第三章）。

有關養蠶技術引進拜占庭的普遍說法，都提到皇帝查士丁尼一世（五二七～六五年在位）在五五〇年左右派遣基督教修道士出使中國。如同羅馬帝國，中國在三世紀也處於分裂狀態，北方地區——包括鄰接塔里木盆地與中亞的區域——由來自乾草原東北部的鮮卑人統治。據說那些基督教修道士取得蠶卵，放在空心竹竿裡帶回國，使得拜占庭絲綢工業得以開始發展。不過，拜占庭敘利亞在這之前的五世紀就已經有桑樹園與養蠶活動的證據。[50]我們沒辦法知道那些桑樹是怎麼傳到那裡去的，也不知道那些樹是白桑還是黑桑，但鑒於拜占庭對於絲綢的需求，顯然有強烈的經濟動力驅使他們精通養蠶技術。[51]他們很可能承繼美索不達米亞和敘利亞區域織工的技術，這點可由發現於杜拉歐羅普斯的紡織品為證。北非也有編織中心的證據：安提諾波利斯（Antinopolis）的墳墓裡發現超過十五萬件紡織品，其中有些年代為三世紀晚期。[52]這些紡織品大多數是亞麻布和羊毛布，並且包括平紋緯錦多層組織布料，但沒有絲綢的證據，布料上的圖案看來也比較是受到羅馬人與科普特人影響。

在二二四年從帕提亞人手上取得介於拜占庭與中亞之間那些土地的薩桑王朝，則是不同的狀況。薩桑文獻記載絲綢編織早在沙普爾二世（三〇九～七九年在位）統治期間就已開始，他從美索不達米亞和敘利亞雇用技術精熟的織工，而在胡齊斯坦（Kūzestān）成了編織中心。[53]此外，也有大量證據顯示薩桑人藉由控制來自中國的陸路與海路貿易——這些貿易路線在先前的帕提亞人統治期間都遭到威脅——而得以取得絲綢。到了六世紀中葉，薩桑人已壟斷在塔普羅班（斯里蘭卡）交易的中國絲綢。拜占庭皇帝查士丁尼一世要求他的阿克蘇姆盟友派海上商人前往塔普羅班挑戰這項壟斷。他提議，他們藉著自行購買所有的絲綢以打擊薩桑人。接著，他又希望他們以優惠價格把那些絲綢賣給他。不過，阿克蘇姆商人沒有成功，於是薩桑人繼續對中國藉由海路輸出的絲綢保有掌控。

在這個早期時代，薩桑人似乎也控制絲綢的陸上運輸。六世紀的亞歷山卓商人科斯馬斯（Cosmas Indicopleustes）曾經遠赴印度（因此他的名字意為「造訪過印度的科斯馬斯」），他在五五〇年提到波斯取得的絲綢大部分都來自陸路，而不是海路。[54]這點後來受到挑戰。五六五年，中亞城市布哈拉與撒馬爾罕的粟特商人透過突厥鄰居的安排找上薩桑人，提議對方讓他們穿越薩桑而與拜占庭直接交易絲綢。薩桑人拒絕這項要求，並且燒掉了粟特人帶來的絲綢。在第二支使節團的代表遭毒死而再度失敗之後，粟特人轉而向突厥人請求允許穿越他們的土地，從位於比較北邊的乾草原路線前往拜占庭。突厥人同意這項請求，於是粟特人的使節團在五六八年左右抵達查士丁尼二世的宮廷。[55]在此之後，粟特與拜占庭就藉由這條路線建立了直接貿易。粟特人大部分的絲綢都是透過突厥人取得，原因是中國人用絲綢向突厥人交換馬匹。[56]到了這時候，典型的中國圖案開始被人物與動物取代，有時圍繞在圓形花紋或框紋裡，有時則是獨立呈現，顯示外來的影響經由絲路傳入中國。[57]

雖有文字證據——包括沙普爾二世雇用敘利亞織工的文獻——顯示薩桑人擁有絲綢編織工業，可惜的是在考古發現當中，薩桑人根本沒什麼紡織品殘留下來，更遑論絲綢。[58]養蠶技術在薩桑的發展也同樣充滿疑問，但可能在六世紀左右始於裏海邊緣，接著移入伊朗中部。十世紀旅人暨地理學家埃斯塔克里（Estakrī）提議指出，在他的時代，絲綢已生產於伊朗高原的大部分地區。不過，蠶卵仍然持續由梅爾夫輸入。[59]

薩桑王朝被阿拉伯哈里王朝的軍隊攻打下滅亡，該王朝又在七世紀往東橫越伊朗。他們奪取絲綢作坊並加以發展，生產出自己的獨特設計。這個時期可以見到絲綢編織的一大發展，也就是出現採用緯面多層斜紋組織的斜紋緯錦。這種織法在拜占庭成為主流，也使用在我們談的這塊獵人絲綢上。趙豐說明指出：「嚴格來說，這種織法可以視為是由兩種基礎發展而來，一種是來自於平紋緯錦……把基本組織從平紋改為2：1斜紋；另一種是來自於斜紋錦……把經線與緯線的方向旋轉九十度。」[60]不過，由於養蠶技術與絲綢編織中心在這個時候已成立於北非與亞洲各地，貿易、外交以及其他往來聯繫也仍然持續透過陸路與海路進行，設計圖案與主題的工藝發展與時尚也就傳播得相當快。拜占庭斜紋緯錦通常帶有對偶主經，而在編織於中亞的斜紋緯錦當中，經線則是以三條或四條為一組。這兩者都使用Z撚線。相對之下，中國織品則是有雙重或三重S撚經線。許多斜紋緯錦，包括在塔里木盆地最早發現的物品，都帶有包圍在圓形花紋內的動物圖案，一般都認為是屬於薩桑人的特色。

慕特修斯重新檢視一些先前定年於六至七世紀期間，並且統稱為「亞歷山卓」絲綢的單主經斜紋組織布料，——包括莫扎克（Mozac）獵人絲綢在內，結果認定這些布料分別織於東地中海的不同中心。她主張其中至少有一部分織於拜占庭帝國的皇家作坊，而且那些作坊「在這類絲綢的發展當中可能扮演重要角色」。[61]德斯羅謝斯在更近期進行的重新檢視，顯示這塊布料屬於一小群的斜紋緯錦，其中的紅色Z撚經線以特定方式絞合。[62]德斯羅謝斯對於慕特修斯把獵人絲綢視為君士坦丁堡作坊的產物表示同意，但主張這種技術直到九世紀初才出現，所以認為這件布料的生產時間比慕特修斯提議的還要晚。

因此，到了獵人絲綢出現的時代，養蠶與編織的活動已出現於亞洲各地——儘管還沒出現於歐洲。[63]中國絲綢在亞洲各地雖然仍有市場，這項工藝已在其他地方紮根。拜占庭帝國的宮廷作坊生產帶有複雜圖案的對偶經線斜紋緯錦，而對中國絲綢在中亞的影響造成挑戰，中亞織工為了仿造這些拜占庭布料而紛紛採用其織布機、圖案與配色，就像他們在幾個世紀前模仿中國的錦一樣。[64]斜紋緯錦組織在西亞與中亞廣為普及。拜占庭帝國的皇家織工使用精巧的提花機，可能帶有花色綜絲，並且採用從家蠶繭抽取而來的絲。鑒於獵人絲綢的精細程度與圖案，這塊布料有可能就是製作於這些拜占庭皇家作坊裡。[65]至於絲線生產於何處，則無法確定：有可能產於當地，也可能是從外地輸入。不過，絲線的染色也許是在當地進行。其配色是拜占庭織品的典型配色，帶有鮮紅、藍色與黃色。[66]這塊織品沒有受到染料分析。

主題與圖案

正如這種工藝傳遍歐亞大陸各地，其中的團花花樣主題也是如此。獵人絲綢上面帶有珍珠的圓形花紋經常被指為源自薩桑人，不論這樣的花紋是出現在拜占庭、中亞，還是中國編織的布料上。這種圖案可見於其他媒介上的薩桑裝飾藝術，包括金屬作品與印章，還有後來的一些羊毛紡織品。此外，這種圖案也出現在薩桑人圖像的服裝上，尤其是發現於塔克波斯坦（Tāq-e Bostān）與安提諾波利斯的四世紀石雕。不過，康馬泰（Matteo Compareti）觀察指出：「謎樣的珍珠圓形花紋仍然代表薩桑藝術的一大問題，尤其是在紡織品生產的領域當中。」[67]布朗柏格（Carol Bromberg）主張薩桑人對於這種圖案的使用，只能夠經由建築裝飾元素證實，在紡織品中並沒有證據。[68]不過，這種圖案廣泛使用於粟特、塔里木盆地、中國以及拜占庭的紡織品上，還有伊斯蘭時期的波斯。[69]

圍繞在圓形花紋內的是狩獵場景，不只是靜態的一隻動物或一對動物，也被指為是源自薩桑人，但後來傳布開來。[70]同樣的，這也是一種可見於裝飾藝術當中的主題，包括薩桑與中亞的金屬器具、岩石藝術以及印章。[71]狩獵活動普遍存在於古代世界，但獵人絲綢描繪的是愛爾森所謂的「政治狩獵」——這種活動的重點除了獲取額外的蛋白質來源之外，也在於展現皇家權勢與外交。也就是說，狩獵活動代表精力的投注，而不是一種捕捉精力的手段。[72]獵人絲綢上的騎士是皇室家族的成員，這點可見於他們裝飾華麗珠寶的非軍事服裝以及臉部的形狀，形似於錢幣上的帝王肖像。[73]因此，這幅圖描繪的是皇室狩獵。我們可以斷定獵人絲綢上的圖像象徵皇家權勢，但狩獵的主題當然也反映狩獵活動本身的廣受喜愛。到了這個時候，皇家狩獵已深植於歐亞大陸各地的文化裡。[74]皇家狩獵活動不但可用於向國內對象展現皇家權勢，也是國際外交的一部分。[75]

這雖是一項常見的主題，杜宏卻指稱獵人絲綢的這種描繪方式，也就是雙重呈現身穿巡遊服裝的皇帝，最為近似於岡瑟裹屍布（Gunthertuch）絲綢上的圖案，一般認為那幅圖案描繪拜占庭皇帝約翰一世（John I Tzimiskes；九六九～七六年在位）在九七一年打敗俄羅斯人之後的凱旋場景。[76]他主張莫扎克絲綢可能是用於慶祝拜占庭皇帝尼基弗魯斯二世（Nikephoros II Phokas；九六三～六九年在位）在九六五年對阿拉伯軍隊獲得的雙重勝利，或是巴西爾二世（Basil II；九七六～一〇二五年在位）在一〇一七年打敗保加爾人（Bulgar）。[77]如此一來，這塊布料的年代就可能是十世紀或甚至十一世紀，比慕特修斯（八世紀）和德斯羅謝斯（九世紀）提議的都還要晚。不過，如同杜宏指出的，這項論點並未得到多少關注。[78]

狩獵對象的獅子，到了這個時候已帶有複雜的象徵意義，而且也可見於許多絲路文化中。「身為頂級掠食者，以傳奇性的力量襲擊牲畜與敵人，獅子向來都圍繞在神話之中。」[79]獅子可以代表國王或是他最強大的敵人所擁有的力量，不論是實際上的國王或敵人，還是靈性上的象徵。「長達四千年間，美索不達米亞與伊朗的藝術家都描繪了人類君主與無所畏懼的萬獸之王之間那種半宗教性的關聯——諸如阿卡德帝國（Akkadian Empire）印章上的吉爾伽美什（Gilgamesh）主題；西台人（Hittite）的獅子門；還有亞述人描繪國王與獅子搏鬥的浮雕。」[80]亞洲獅的分布區域從歐洲南部與地中海沿岸到阿拉伯半島，再往東橫越波斯與中亞直到印度——但在西元第一千年間就已在歐洲絕種。貴霜錢幣與薩桑王朝的錢幣與岩石浮雕上，都可以見到獅形寶座。[81]獅子雖然不分布於塔里木盆地、東亞或東南亞，卻也在西元一千年初期於這些地方開始被描繪。這種圖樣也可能經由佛教引進，因為獅子在佛教當中是重要的護法象徵。在寺廟的入口或是佛陀的圖像邊，都可以看見獅子的身影。由於獅子在北非與美索不達米亞是混亂的象徵，殺死牠們也就代表政治保護以及打敗混亂。「原本看似是個世俗的貴族圖樣，卻就此被賦予了一項崇高的宗教與保護主題。」[82]拜占庭人在與這些文化全都有密切連結的情況下，也就承繼這種獅子象徵的傳統，而無疑將其融入他們自己的文化裡。[83]

獵人絲綢圖案的其他部分也值得討論。馬在絲路各文化當中的重要性已在第六章討論過，此處不再贅述，我只是要指出馬具上的裝飾和來自於于闐的描繪頗為相似。于闐所描繪的馬尾巴被綁了起來，而這個例子裡的馬尾巴也綁著一條緞帶：動物有著緞帶裝飾的圖樣可見於薩桑的金屬器具和印章上，但通常都綁在頸部。狩獵用的狗兒在歐亞大陸各地到處可見。獵犬，尤其是靈緹與薩路基獵犬，通常都會在皇家狩獵與鷹獵圖案中描繪到，但獵人絲綢上的那兩條狗看起來和這兩個品種都不像。[84]那兩條狗可能比較接近於中世紀歐洲稱為阿朗特犬（Alaunt）或阿蘭犬（Alans）的這種狗，它們以能夠迎戰各式各樣的獵物而備受稱許。這種狗據稱是由阿蘭人（Alani）從北高加索地區帶到歐洲。阿蘭人是牧民，有許多人都在四世紀與五世紀初往西遷徙，遠至法國、西班牙與北非——所以這種狗在歐洲的名稱才會與阿蘭人如此近似。[85]加斯東（Gaston de Foix；一三三一～九一）在十五世紀初對於這種獵狗的描述，經諾里奇的愛德華（Edward of Norwich；約一三七三～一四一五）翻譯：「阿朗特犬很樂於衝上前去咬馬。此外，牠們也會衝向牛和羊，還有豬，以及其他各種野獸，或是衝向人或者其他獵犬。有人見過阿朗特犬咬死牠們的主人。在各個面向上，阿朗特犬都狡詐而邪惡，也比其他任何種類的獵犬都還要蠢笨。」[86]

不過，獵人絲綢的圖案當中最突出的是馬鐙。自從四世紀或五世紀開始，馬鐙就可見於乾草原東部與中國、朝鮮，還有日本描繪馬匹騎士的圖案裡（見第六章）。[87]這種裝置在拜占庭文獻裡最早被提及是在皇帝莫里斯（Maurice）的《將略》（*Strategikon*）中，有些學者認為這部著作書寫於六世紀晚期。有人提議馬鐙是由乾草原上的突厥語民族阿瓦爾人（Avars）傳播開來。[88]但慕特修斯指出，儘管如此，馬鐙卻沒有出現在其他帶有狩獵圖案的現存絲綢上。[89]馬鐙在薩桑金屬器具的狩獵圖案當中也一樣罕見，普里瓦曼盤子（Pur-i Vahman plate）是個少見的例外。[90]馬鐙的罕見情形也許是因為這類獵人圖案都沿用過往的形式。此外，沙希德（Irfan Shahid）也討論一些證據，顯示一般可能認為技術精熟的騎士不需要馬鐙，不論是為了保持平衡還是用於輔助上馬——這樣的騎士應要能直接躍上馬背。[91]也許到了這個時候，真實世界已開始對這些傳統圖案造成影響，所以馬鐙才會出現在這塊布料的圖案上。這點可能也是學者認為它的年代較晚的理由。

絲綢在外交與宗教中的地位

這塊絲綢的故事也把我們從亞洲帶到了歐洲，當時的歐洲位於絲路這套龐大貿易網絡的邊緣。歐洲雖然還沒有自己的絲綢生產中心，絲綢料子還是深受重視，尤其是在宮廷與神職人員當中。因此，絲綢也就成了理想的外交禮物，輕盈又易於攜帶。絲綢上的圖案如果反映送禮人的權勢，那就更加理想。[92]我們不知道這塊布料是不是為了這種目的而製作，或甚至其目的是否在委製之前就已決定，但至少這塊布料有可能是為外交送禮而織成的。

我們對於這塊布料所擁有的第一項紀錄是一份文獻，記載聖奧斯特雷穆萬（Saint Austremoine）的聖骨從富維克（Volvic）的教堂——位於現在的法國多姆山省（Puy de Domes）——遷移到東方四英里左右的莫扎克修道院。[93]遷移活動由丕平國王贊助，記載指稱他提供了一塊絲綢包裹聖骨，上面蓋了他的王室印璽，他還親自護送這批聖骨前往新的安置處。這份記載當中的「丕平」，原本被認為是加洛林王朝的國王矮子丕平（Pepin the Short；七五一～六八年在位），也就是查理曼的父親，遷移日期也被解讀為七六四年二月一日。我們知道在七五七年，有一名拜占庭皇家使者從君士坦丁五世（七四一～七五年在位）位於君士坦丁堡的宮廷奉派前往丕平的宮廷，位在巴黎以北的貢比涅（Compiègne）。那名使者攜帶的禮物當中包含一部管風琴。這件禮物顯然令人深感興奮，才會獲紀錄者特別提及。[94]其中想必還有其他許多禮物，包括紡織品在內。在這個時候，兩國正為君士坦丁的兒子與丕平的女兒的一項和親提議進行冗長的協商。[95]這項提議的起源，在於倫巴底諸王公於七五一年侵奪義大利南部的拜占庭領土，也對該區域的教宗領土造成威脅。拜占庭帝國與教宗宮廷的關係自從七二六年開始惡化，原因是拜占庭帝國實施聖像破壞政策，定期摧毀各式各樣的宗教圖像。羅馬教廷對此提出抗議：這是天主教會首度公開譴責拜占庭帝國。倫巴底諸王公開始侵犯領土之後，君士坦丁與教宗沒有共同合作，而是分別向丕平尋求軍事協助。丕平與他的兩個兒子在七五四年於巴黎的聖德尼（St. Denis）獲得教宗斯德望塗油，然後丕平的軍隊就在七五六年迫使倫巴底人歸還侵略所得的土地。八〇〇年，丕平的兒子查理曼又繼續得到教宗支持，並在羅馬的聖彼得教堂獲教宗聖良三世加冕為羅馬皇帝。

不過，如同杜宏指出的，記載聖奧斯特雷穆萬聖骨遷移的文獻當中所提到的丕平，比較有可能是阿基坦的丕平二世（Pepin II of Aquitaine；八三八～六四），而且其日期應該解讀為八四七年二月一日，或者也許是八四八年。杜宏討論的其他文字證據支持八四八年，德斯羅謝斯在近期針對這塊絲綢進行的技術分析也是如此。因此，就目前而言，大部分的證據顯示這塊絲綢的年分是在九世紀初期或中葉。不過，無法確定的是丕平二世究竟怎麼取得這塊絲綢，杜宏倒是認為可能是拜占庭皇帝狄奧菲洛（Theophilos；八二

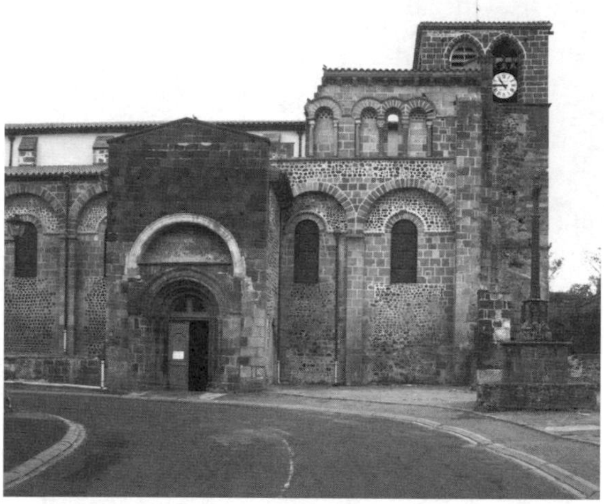

圖 27 莫扎克修道院，2016 年。照片拍攝者：John Falconer。

九～四二年在位）送給虔誠者路易（Louis the Pious；八一四～四〇年在位）的禮物，以感謝他在拜占庭帝國對抗阿拉伯人的戰役中提供的幫助。然後，這塊絲綢又傳給路易的繼承人阿基坦的丕平一世（七九七～八三八年在位），接著再傳給他的兒子丕平二世。[96]這塊絲綢經過剪裁與縫合，顯示可能曾經製作成衣物，但我們不知道這是在丕平取得這塊布料之前還是之後的事情。

位於莫扎克的修道院，比起奧斯特雷穆萬在伊蘇瓦爾的原始埋葬地點，以及富維克的教堂都要宏偉許多（圖27）。這座修道院由卡爾敏（Calmin）及其妻娜瑪蒂（Namadie）建立於六或七世紀，而他們兩人也都獲得封聖。[97]根據記載，這座修道院獲得捐贈聖彼得（聖皮耶）的聖骨，而其中的教堂就獻給了他：卡爾敏及其妻的聖骨後來也收藏於此。

讓我們先岔個題，談論一下絲路的聖骨崇拜，也許有助於大家的了解。到了中世紀，聖骨已然成為基督教信仰當中不可或缺的一部分，在中亞與東亞的佛教實踐與儀式中，聖骨也同樣具有必要性。在這兩種社群裡，聖骨都被埋在神聖的建物中心——在基督教堂的聖壇下，以及在佛教佛塔核心的舍利室理（討論於第四章）。在這兩種宗教裡，聖骨都和其創始人——耶穌與釋迦牟尼——還有他們的門徒與聖人／僧侶有關。[98]基督教修道院與佛教寺院都會宣傳自己所持有的聖骨，因此成為朝聖地點，從而促成香油料收入的增加。[99]不過，對於聖骨的需求，也不免促成貿易與詐騙的盛行。奧古斯丁曾在五世紀試圖控制這種貿易，查理曼（八〇〇～八一四年在位）（丕平二世的曾祖父）也做同樣的嘗試，但都僅是徒勞。[100]

一如基督教世界，聖骨在佛教界中也大幅激增。如同第四章討論過的，佛教舍利也會伴隨佛教七寶下葬：傳統上的七寶是金、銀、青金石、水晶、瑪瑙、珍珠及玉髓（但寶石經常受到其他物品取代）。舉例而言，現在中國西安附近的法門寺佛塔下據說發現佛陀指骨一部分的舍利，就裝在像「俄羅斯娃娃」一樣的套匣裡，每個匣子的材質分別為水晶、銀與金。此外，每個匣子也都包覆著精緻的絲綢。在基督教堂裡，聖骨匣也是由珍貴材料製成，諸如水晶、金、銀、象牙、寶石與琺瑯。[101]在加洛林王朝時期，聖骨都先由亞麻布包裹，而且通常會包好幾層，最外面再包上一或兩層來自東方的絲綢——尤其是來自拜占庭的絲綢，[102]這樣的包裝會用一個結固定住。此外，在這兩種傳統當中，權高勢大者也經常會參與相關儀式：舉例而言，中國皇帝在五八二年散發一名印度僧侶進供給他的舍利，派遣三十名和尚浩浩蕩蕩的帶著這些舍利前往全國各地。皇帝把舍利分成三十份，分別裝入三十個紅色玻璃製成的瓶子裡，再放入一個金罐裡，然後以乳香製成的膠封口。全國三十個區域也分別蓋了一座佛塔來安放這些舍利。[103]

不過，包覆聖骨只是基督教使用絲綢的眾多方式中的一種而已。另外也用來製作聖衣、裝飾、簾子、金屬器具的內襯，以及書本的封皮。如同第四章討論過的，佛教寺廟也以類似的方式使用絲綢。不過，基督教與佛教的領袖有時會對和尚或神職人員購買或穿著昂貴的絲綢表現出不以為然的態度。舉例而言，查理曼就反對這種作法，並且在他造訪英格蘭的時候特別派人向坎特伯里大主教艾瑟哈德（Ethelhard；七九一～八〇五）傳遞這項訊息（那位大主教事先接到通知，而得知查理曼不想看到艾瑟哈德的隨行人員身穿絲綢）。[104]不過，由於絲綢服裝在文獻裡經常被提及，也留下許多殘跡，可見絲綢仍然被製成衣服廣泛穿著。

至於佛教與基督教的聖骨崇拜有沒有任何交互影響之處，則還是有討論空間。比較明顯的不同方式，就是東亞的一般大眾比較容易取得絲綢。而在歐洲基督教，只能依賴國王與菁英階層把小片的進口絲綢贈與教會以包裹聖骨；在信奉佛教的中亞與東亞，許多朝聖者大都買得起當地生產的大塊絲綢，用於包裹舍利匣以及裝飾寺廟與佛塔。舉例而言，十六世紀初的一名中國朝聖僧，在前往印度的途中提到塔里木盆地南部的于闐國，當地的佛像與佛塔都有數以萬計的彩色絲綢幡蓋妝點。[105]

接下來，讓我們回頭談安葬在聖莫扎克修道院，奧斯特雷穆萬包裹在丕平國王賜予的獵人絲綢的骨骸。沒有證據顯示這些聖骨在接下來的幾百年間被移動過。一一九七年，聖奧斯特雷穆萬在再度獲得「肯定」，在聖壇裡的這些聖骨又受到克萊蒙主教羅伯特（Robert）檢視。主教指稱自己看到絲綢上有完整的丕平國王印璽，而且剪開打結處之後（為了避免破壞印璽的印記），也發現裡面的聖骨完好無缺。[106]檢視過後，他又把聖骨放回了絲綢裡。十六世紀時，修道院製作了一個木匣放置這些聖骨，並請了一名義大利藝術家在匣上繪製十二門徒的裝飾畫作。

一七九〇在法國大革命期間，這座修道院遭到解散，變成稱為聖彼得教堂的教區教堂，這些聖骨有可能遭到侵擾。一八三九年十月二十四日，聖骨匣被揭開時，發現裡面裝有幾件物品，包括放在一個小玻璃瓶內的四顆牙齒，裝在一個瓷花瓶裡，還有幾包用亞麻布包裹的骨骸，由羊皮紙綁在一起，上頭寫著「聖奧斯特雷穆萬聖骨」。另外還有一封信件，書寫者是從一七一七年開始擔任克萊蒙主教的瑪席詠（Jean-Pierre Massillon；一六六三～一七四二），內容談及聖骨的安置。一八五二年一月二十九日，有一名副主教和一名醫師辨識這些骨骸，指稱其中包括右股骨、左股骨、局部的右脛骨以及一塊左脛骨；骨盆的一大部分；三塊脊椎骨；一塊膝蓋骨；頭骨的基部；幾乎一整顆的頭顱；兩塊肋骨碎片；局部的踵骨；還有幾塊無法辨識的小碎骨；另外也包含手指與腳趾關節。[107]

博物館展示品

現在，我們來到這塊獵人絲綢的故事中的最後一章，也就是它從神聖情境被移回世俗情境，關注焦點也就轉移到這塊絲綢本身。隨著法國大革命引起法國教會的世俗化，教會財產——例如前述的聖卡爾敏聖骨匣——也開始被販賣。這不是什麼新現象。不同時刻，例如亨利八世從一五三四年開始在英國推行解散修道院運動，以及一六四八年在德國簽署的西發里亞條約（Treaty of Westphalia），宗教財產都曾經遭受國家攫奪，經常被轉交或販賣給別人。[108]十九世紀的不同之處，在於以「博物館」收藏藝術與工藝品供大眾欣賞的理想在這時候已經日益成長，因此那些物品也就比較有可能展示在大眾眼前。[109]

戈莫（Hippolyte Gomot）在他的教會史當中，描述這塊絲綢上有四名獵人和四頭獅子。[110]看起來，他的著作可能助長這件紡織品所引起的興趣，教堂因而得以販售其殘片，藉此賺取迫切所需的資金來進行裝修。另外兩塊殘片目前已知存放在佛羅倫斯的博傑利收藏（Borgelli Collection）與里吉斯貝格（Riggisberg）的阿貝格基金會（Abegg-Stiftung）。[111]

里昂原是絲綢及其他紡織品的生產中心，一七九七年，首度有人提議成立一座博物館表彰此一產業。當地的商會在接下來的數十年間開始收集紡織品的收藏。[112]這套收藏後來又得到第一支前往中國的法國貿易訪問團（一八四三～四六）所收集的材料添補。許多里昂製造商都參與一八五〇年的倫敦博覽會。他們回國之後，要求成立博物館的呼聲又再度興起。商會在一八五六年投票通過提議，成立藝術與工業博物館（Museum of Art and Industry），並在一八六四年三月六日開幕，一八九一年八月六日又改名為紡織品歷史博物館（Historical Museum of Textiles）。

這座博物館有一項積極的採購政策。埃米爾・吉美（Émile Guimet；一八三六～一九一八）在一八七九年於出生地里昂成立與己同名的博物館（後來贈送給國家，並且在一八八五年遷至巴黎），他說服里昂商會提供資助在埃及安提諾波利斯進行挖掘活動，[113]因此獲得的發現都送入該座博物館。[114]不過，博物館的策展人也向當地的教堂尋求購買收藏品。一九〇四年，在考克斯（Raymond Jean-Marie Cox；一八五六～一九二一）擔任館長期間，博物館向莫扎克修道院購得殘餘的獵人絲綢可惜此時剩下的部分只可見到兩名獵人，絲綢其他部分可能已經流落他方。這塊絲綢的價格怎麼談定，並沒有記載，據傳雙方同意博物館應該支付能夠擺滿這塊絲綢面積的錢幣——法國金路易硬幣（louis）。博物館的採購紀錄明白記載這件物品的買價為八千法郎。[115]這在當時是一筆極大金額；同一頁上記載的其他物品，買價都是數十法郎，頂多幾百法郎而已。法郎採取金本位制，所以這個價格相當於二三二〇公克的黃金，在今天約等於十萬美元。

獵人絲綢在一九〇九年一月二十日被歸類為歷史文物，後來在一九五八與一九九二年兩度赴巴黎展出。[116]其未來看似穩固無疑。不過，由歷史可知，世界上沒有真正安全的存放地點。如同世界各地的許多博物館，里昂博物館也面臨欠缺資金的威脅。這座博物館原本持續受到里昂商會的資助，但他們在二〇一五年宣布不再提供資助，指稱這座博物館將在二〇一六年關門。本書出版之時，關門的危機似乎已經解除，但這項消息仍然提醒我們，後代對於這件美麗紡織品的故事，可能還會有另一個章節可寫。

注釋——

關於本章提及的地點，請見夾頁彩色地圖的一號地圖。

[1] 我深深感謝慕特修斯（Anna Muthesius）的研究為我帶來寫作本章的靈感。關於這塊布料的許多細節都來自於 Muthesius（1997: 尤其見 68-69, 175）。我也受益於里昂織品博物館前館長杜宏（Maximilien Durand）提供的許多幫助：他不但提供自己的洞見，也為我指出近期的學術研究，尤其是德斯羅謝斯（Sophie Desrosiers）對織法的研究，還讓我觀看這塊布料以及原本的帳簿，並且針對這塊布料的取得提供更多資訊。見 Durand（2014）對於相關學術研究的概述，以及 Brubacker and Haldon（2011: 225-26）在近期針對定年提出的討論。文中如有任何錯誤、誤解與疏漏，皆是我自己的責任。

[2] 見下注62對於這種技術的細部討論。

[3] 針對染料進行的分析極少，但顯示這些染料取自地衣及其他植物，例如木藍、茜草（茜素與紫紅素）以及淡黃木樨草（相對於來自海螺的那種僅限特定對象使用的著名紫色——見第七章）（Muthesius 1997: 27-31）。

[4] Good, Kenoyer, and Meadow（2009）。

[5] 發現於皮爾戈斯—馬武羅拉奇遺址（Pyrgos-Mavroraki）。

[6] Panagiotakopulu et al.（1997）。

[7] Good（2002）。近來在中國獲得的發現，把蠶絲受到使用的時間——但不必然包括養蠶技術——向前推到西元前六千年，但這項結論尚非確切無疑（Choi 2017）。

[8] Muthesius（1997: 5）。

[9] 關於中國栽桑與養蠶技術的詳細論述，見 Needham and Kuhn（1988: 285-436）。

[10] 關於一部顯示蠶進食與排泄的縮時影片，見《蠶寶寶進食、依偎與吐絲縮時影片》，YouTube 網站，上傳於二〇一一年十一月一日，https://www.youtube.com/watch?v=UtHjDRVRM_Y。

[11] 有些文獻指稱這種樹木也原生於更西部的喜馬拉雅山脈。

[12] 白桑樹雖然以「白」為名，有時候卻也會長出紅色或黑色的果實。

[13] 黑桑樹的耐受性雖比白桑樹高，因此能夠種植於北歐，卻也可能被天氣打擊，因為當時英國經歷了一段「小冰河期」。

[14] Asouti and Fuller（2008: 126）。

[15] Kuhn（1995: 78）。

[16] Zhao（2004: 70）。

[17] Raschke（1976: 622-23）；Good（2002: 11）。

[18] 這個區域的絲綢經常由斷裂的絲線織成。有人提到這是因為他們必須讓蛾破繭而出，以便生產下一代的

蠶寶寶：在蠶蛾原生地的中原則不會這麼做。不過，由於一隻蛾即可產下許多的卵，因此這項解釋不太可信。另一種解釋則是主張，這種情形是佛教禁止殺生的原則所造成的結果——例如今天也有人生產所謂的「不殺生」絲綢。

[19] 舉例而言，見斯坦因的照片 392/26(178)，他標記的圖說為「古代果園裡一排枯死的桑樹」（大英圖書館，http://idp.bl.uk）。他沒有註明是白桑樹還是黑桑樹，但那些桑樹如果是由來自中國的墾殖民帶到這裡，我們即可假設是白桑樹。拉西克也提到這一點，但犯了一項常見的錯誤，把用於餵蠶的桑樹（白桑）和樹皮用於造紙的另一種桑樹（構樹）混為一談——這兩種樹分屬不同科（但這兩科的植物纖維都可見於紙張裡）。Zhao（2004: 70）認為是二到三世紀期間。Hill（2015: Appendix A）考慮了傳絲公主的傳說，而認為養蠶技術可能在一世紀期間傳入于闐。

[20] Rosemary Crill（2015: 143）指稱尼雅至少有一塊羊毛編織掛毯的破片是印度人製作的。以下討論的一件絲綢可能也出自印度人之手。

[21] 如同 Kuhn（1995: 79）指出的，之所以能夠製作出經面圖案，原因是繅絲得到的絲線長度以及撚合造成的彈性。

[22] 見 Zhao（2004: 70）所舉的例子。

[23] Lubec et al.（1993）。

[24] 那個樣本非常小，而且初步辨識先是改為野絲，接著又徹底遭到揚棄，而認為那塊布料是無意間帶入發掘遺址的結果。

[25] Wild（1984）。見 Good（2002）對於原本的發現以及後續討論的探討（36）。

[26] Liu（1996）；Whitfield（2016）。

[27] 有些文獻顯示帕提亞人之前的阿契美尼德人時期曾有利用進口蠶絲的蠶絲編織業——「羅德島的凱勒伊諾斯（Kallixenos of Rhodes）據說在托勒密二世舉行的一場餐宴上見過波斯絲綢被人繡上動物圖案」（Schmidt 1958: 51）——但這個時期沒有任何殘跡遺留下來。關於這項議題的概述，見 Thompson et al.（[1983] 2011）。

[28] 例如在切拉巴德鹽礦（Chehrabad Salt Mine）發現的布料。見 Mouri et al.（2014）。

[29] Kawami（1992: n72）。

[30] Sen（2003: 161）；Warmington（1928: 20）。

[31] Schmidt-Colinet and Stauffer（2000）；Pfister（1934-40）。

[32] Ball（2002: 76）。

[33] Bryce（2014: 283）。

[34] Kuhn（1995: 80）。

[35] 見 Kuhn（1995）對於中國織布機的討論。

[36] Kuhn（1995: 80）。

[37] 如同先前提過的，一個蠶繭產生的單一絲線可能差不多就是這個長度。

[38] Zhao（2004: 67）。「錦」在英文當中經常譯為「brocade」，但這個詞語在討論歐洲紡織品當中有比較廣泛的用法，所以我在此處大體上都避免使用這個詞。

[39] 關於一塊織有龍、鳳凰與舞者的布料，見 Kuhn（1995: 89）與 Zhao（2004: 68, fig. 68）。

[40] 譯文參考自Kuhn（1995: 91）。另見Bray（1997: 201-2）。尼雅的當代記錄顯示一條布料長褲要價四百錢，一匹素色絲綢六百錢，一頭牛三千錢，一個女性奴隸則是兩萬錢（H. Wang 2004: 6-62）。

[41] Riboud（1977）與Kuhn（1995: 94-95）。

[42] Kuhn（1995: 95-97）。關於進一步的討論，見Usher（1988: 54-56, 261），關於各項意見的概述，見Bray（1997: 191）。

[43] 見Desrosiers（1994）對於判斷複雜組織是以什麼類型的織布機製作所面對的問題。

[44] 關於其中部分段落的解釋與翻譯，見Kuhn（1995: 98-102）。如同Kuhn指出的，那名詩人利用天文學的意象描述織布機的操作；關於天文學在中國文化裡的重要性，見第九章。

[45] Kuhn（1995: 102）。

[46] Zhao（2004: 71）。

[47] 這個遺址在二五六—五七年間遭捨棄，因此為生產這些絲綢提供了一個結束時間。見Zhao（2004: 80, fig. 64）。

[48] Zhao（2004: 71, fig. 67）。

[49] 關於有助於理解的描述與圖像，見Broudy（1979: 124-33）。慕特修斯斷論指出：「看來我們可以合理推斷，拜占庭敘利亞（可能也包括拜占庭埃及）在受到阿拉伯征服之前，就已經發展出了一種提花機，和中國發明的提花機各自獨立發展。中國以經面為主的織物，和東地中海的緯面織物，絕沒有人會預期是由同一種織布機織出來的結果。沒有證據顯示中國對提花機的製造擁有獨占地位，也沒有證據顯示中國曾經輸出織布機」（1997: 24, also n30）。

[50]「最早受到記載的拜占庭蠶（想必也包括桑樹園在內）位於五世紀的拜占庭敘利亞」（Muthesius 2002: 150）。另見 N. Oikonomides（1986）。

[51] 十九世紀造訪敘利亞的旅人 Lady Maria Callcott（1842: 283）提及白桑樹比黑桑樹常見，而且種植者為了摘葉不惜犧牲果實。

[52] Schrenk（2006）。

[53] 有些學者主張這是沙普爾一世在位期間的事情；關於這點的討論與參考資料，見 Thompson et al.（[1983] 2011）。

[54] Cosmas Indicopleustes（1897, vol. 2: 45-46）。

[55] 他們的提議獲得查士丁尼二世接受，蔡馬庫斯（Zemarchus）於是在五六八年八月從拜占庭出發前往粟特，這些事件都受到拜占庭史家梅南竇的記載（Blockley 1985）。

[56] 見第六章。

[57] 不過，如同 Kuhn（1995: 89）指出的，我們在戰國時代的中國絲綢早就可以看到人物與動物的圖案，而東漢以來對於動物與人物較為擬真的描繪，可能也是受到刺繡圖案的影響（104-10）。

[58] 發現物品當中包括兩塊來自高加索地區的紡織品（Ierussalimskaya 1969, 1972; Riboud 1976）。關於在蘇薩（Susa）與法爾斯（Fars）得到的發現，見 Laiou（2002）與 Lopez（1945）。

[59] Thompson et al.（[1983] 2011）。Eilers（[1983] 2011）提及指稱絲綢的詞語「abrīšam」在不少語言中都是來自伊朗語的外來語，在亞美尼亞語當中稱為「aprišum」，敘利亞語稱為「’bryšwm」，阿拉伯語稱為「ebrīsam」。

[60] Zhao（2004: 73）。

[61] Muthesius（1997: 74）。另見 Muthesius（2002: 156-58）對於拜占庭織布機的討論。

[62] Desrosiers（2004: 20）：「Mais il se distingue de cat. 104 et 105 par son tissage avec des passées paires à retour, un trait présent sur un autre exemple à fond bleu, le tissue de Mozac conserveé à Lyon. Cette particularité se généralise, à partir du IXe-Xe siècle au moin, pour les samits tissés avec des chaines dans une proportion de 2/1.」

[63] 絲綢生產在八世紀於伍麥亞王朝（Umayyad Caliphate）統治期間引進西班牙南部，而持續到一九〇〇年左右。在義大利南部則是始於十二世紀，並且在十四世紀擴展到北部。

[64]「特別引人注意的是，中亞織工的織布機都經過改造，以製作出來自拜占庭的新圖案」（Muthesius 1997: 98）。

[65]「出現在莫扎克獵人絲綢這類織品上的人物類型，可以支持這類單主經斜紋組織是利用皇家織布機織出的觀點；實際上，拜占庭皇家作坊確實有可能在這類絲綢的發展當中扮演了重要角色」（Muthesius 1997: 74）。

[66] 這種配色對於中亞在這個時期生產的絲綢造成影響，當地傳統的棕黃色與紅褐色都受到了拜占庭的紅、藍、綠色取代（Muthesius 1997: 51-52, n51）。另見 Muthesius（2002: 158-60）。

[67] Compareti（2009）。

[68] Bromberg（1983: 252）。

[69] 關於這種圖案在粟特受到的使用，見 Compareti（2004, 2006a, 2006b）；關於在中國的使用，見 Meister（1970）與 Zhao（1997）。

[70]「帶有狩獵場景的紡織品殘片」（Textile Fragment with Hunting Scene），大都會藝術博物館，www.metmuseum.org/collection/the-collection-online/search/451043。

[71] 見第五章對於金屬器具和狩獵主題的討論。另見Harper and Meyers（1981）。

[72] Allsen（2006: 9）。

[73]「皇帝的臉形最接近於八世紀拜占庭錢幣上的帝王肖像，例如皇帝阿納斯塔修斯二世（Anastasius II；七一三—一五）。在上一章描述過的其中兩件對偶主經斜紋布料：桑斯（Sens）的「獅子絞殺者」絲綢（M44, PL. 17A）以及帶有半身像的桑斯絲綢，其織工都受到同一種臉形啟發，而莫扎克獵人絲綢的織工似乎也相當熟悉這種臉形。這種臉形呈橢圓形，有著精緻的長鼻子、大眼睛以及小嘴巴」（Muthesius 1997: 74）。

[74] Allsen（2006: 266）。不過，這種參與並非不會引起當地人的反對：中國皇帝唐太宗（六二七—四〇年在位）就因為參與狩獵活動而受到大臣進諫，但他予以辯護，原因是他意識到狩獵活動在他的伊朗與突厥鄰居心目中具有重要地位（Marshak 2004: 47）。

[75] 關於拜占庭帝國使用絲綢從事外交的作法，見Muthesius（1992）。

[76] Stephenson（2003: 62-65）。

[77] Durand（2014）。

[78]「Evidemment cette hypothèse a été peu suivé」（Durand 2014）。

[79] Ryken, Wilhoit, and Tremper Longman（2010: 30）。關於亞歷山大時期的希臘世界藝術當中的獅子象徵與狩獵主題，見A. Cohen（2010）。

[80] Rosenfield（1967: 184）。

[81] Rosenfield（1967: 183-86）；Harper（1978: 103-4, 107）。

[82] Ryder（2008）。

[83] Harper（1978: 139）提及獵獅圖案在薩桑銀器上極為罕見，因此主張這點可能顯示了這種圖案帶有特殊意義，例如用於慶祝擊敗敵人。

[84] 見 Allsen（2006: 54-57）對狩獵用狗兒的簡短討論，以及其中列出的參考資料。

[85] Bachrach（1973）；Alemany（2000）。

[86] Edward of Norwich（2013: 117）。

[87] Dien（2000）。

[88] Hildinger（1997: 78）。

[89] Muthesius（1997: 68-69）。

[90] 國家隱士廬博物館（State Hermitage Museum），S247。見國家隱士廬博物館，「普里瓦曼盤子：帶有騎馬弓箭手狩獵獅子與野豬圖案的銀盤」（The Pur-i Vahman Plate: Silver Plate with Horse-Archer Hunting Lion and Boar），S247，http://warfare1.000webhostapp.com/Persia/StPetersburg-Dish_with_hunting_scene.htm。哈爾珀（Prudence Oliver Harper）討論了這個盤子，並且因為其中的馬鐙而認為其年代在薩桑時代晚期（P. Harper and Meyers 1981: 139-40）。Bivar（1972: 290）主張馬鐙不曾見於伊斯蘭時期以前的伊朗。見 Shahid（1995: 575-78）對於證據的檢視。他的結論指出，拜占庭人因為在六〇〇年左右於多瑙河沿岸遭遇阿瓦爾人而學會使用馬鐙。

[91] Shahid（1995: 577）。

[92]「絲綢之美的層級體系橫跨了社會、藝術、宗教、經濟與政治界線。在一個層面上，絲綢是因其美感特質而受到社會利用的裝飾性布料。在另一個層面上，絲綢因為適合用來布置教堂而備受重視。但最重要的是，皇室執意要把這件基本上是珍貴經濟資產的物品，提高到成為強大政治武器的地位。於是，絲綢不但成為頂級的皇室慶典布料，也是『出類拔萃』的外交布料」(Muthesius 1992: 101)。另見Cutler(2008)。

[93]根據都爾的額我略(Gregory of Tours；約五三八—九四年)記載，奧斯特雷莫尼烏斯(Austremonius)是三世紀教宗法伊盎(Fabian)從羅馬派往高盧傳教的七名主教之一。在額我略筆下稱為斯特雷莫尼烏斯(Stremonius)的他，成了克萊蒙(Clermont)的主教，也成功吸引許多人信奉基督教。後來流傳說他遭到斬首的故事，可能並不真實。他埋葬於伊蘇瓦爾(Issoire)(Havey 1907；Gregory of Tours 1916, vol. 1: 30)。額我略指稱他之所以會受到崇拜，原因是一個名叫康修斯(Cantius)的執事看見他的墳墓旁圍繞著天使的異象。他的遺體——在這時已帶有聖骨的地位——在七世紀遷移到莫扎克以西的富維克。記錄顯示他的頭顱在九世紀中葉被帶到伊蘇瓦爾以北的聖伊萬(St. Yvoine)，接著又在九〇〇年左右由逃避諾斯人入侵的本篤會修士帶回伊蘇瓦爾。現在，位於伊蘇瓦爾的聖奧斯特雷穆萬教堂宣稱持有他的頭顱。頭顱和軀體分開存放的情形似乎支持了奧斯特雷穆萬遭到斬首的說法，但分割聖人遺體的作法並不罕見，甚至隨著聖骨的需求增加而變得頗為尋常(Snoek 1995: 22-23)。他在莫扎克下葬之後，隨即獲得書寫聖人傳記，這部傳記把他生存的年代往回移到一世紀，好讓他成為耶穌的門徒。

[94]「可能是蒸汽管風琴，並且使用了在一個世紀後出現於瑪蒙(al-Mam'un)與穆克塔迪爾(al-Muqtadir)的宮殿裡的那種人造鳴禽的絕妙技術」(Truitt 2015: 22)。

[95]結果這場婚姻沒有發生，但為了國家外交而通婚的作法，就像皇室狩獵一樣也是歐亞大陸政治世界當中

的一部分。君士坦丁本身就在七二〇年娶了哈扎爾人（Khazars）國王的女兒。必須注意的是，Muthesius（1997: 69）指稱丕平與君士坦丁五世對於這項通婚的討論直到七六五年才展開。

[96] Durand（2014）。

[97] 關於這座修道院的歷史，見 Gomot（1872）。後來在十二世紀建造了一座聖物壇收藏他們的遺骸。杜布瑞（Thomas Dobrée；一八一〇—九五）得以在二十八歲退休成為藝術收藏家，這個聖物匣是他取得的其中一件物品，並且為他賦予靈感，促使他建造一座宮殿保存自己的龐大收藏。那座宮殿就是現在的杜布瑞博物館（Aptel and Biotteau 1997）。

[98] Geary（1978）。

[99]「擁有重要聖骨似乎能夠提升教會中心的聲望，也有助於鼓勵朝聖活動出現獲利豐厚的成長」（Muthesius 1997: 119）。Teter（2011: 108）舉阿爾特廷（Altotting）的聖母教堂為例，指出那座教堂每年從朝聖活動當中獲得的收入相當於四千匹馬。關於佛教朝聖活動的討論，見 Galambos and van Schaik（2012: 35-59）。

[100] Teter（2011: 109）。

[101] 關於基督教堂聖骨匣的例子，見 Boehm（[2001] 2011）。

[102] Liu（1996）更加詳細討論了絲綢在基督教與佛教傳統當中受到的使用。另見 Muthesius（2008: 119-20）概述使用絲綢包裹基督教聖骨的作法。絲綢代表對於聖骨的尊崇，也從聖骨獲取神聖性（Muthesius 2008: 86）。關於絲綢在維京人葬禮當中做為地位象徵的使用方式，見 Vedeler（2014: 33）。

[103] Liu（1996: 41-42）。

[104] 取自聖高爾修道院僧侶（Monk of St. Gall）的記載——他也提到有些僧侶會把絲綢縫在自己的長袍上，並

且描述主教身穿絲綢服裝，坐在絲綢座墊上（引述於 Muthesius 1980: n21）。另見 Thomas（2012: 127）。

[105] Jenner（1981: 219-20）；Beal（1884: lxxxvi；另討論於第六章）。這名僧侶閱讀絲幡上的中國文字，發現其中大多數都來自於過去三十年間。

[106] *Liber miraculorum: Additamentum de reliquiis sancti Austremonii*, Acta Sanctorum [AS]，一八八七年十一月一日，81；Durand（2014）；Muthesius（1997: n52）；Schorta（2016: 48）；Gomot（1873-74: 47）。

[107] Gomot（1873-74: 220）。

[108] 這種情形處處可見——中國在迫害佛教期間扣押許多佛教金屬雕像，熔解之後用於鑄造錢幣以填補耗竭的財庫。

[109] 博物館出現的時間比這更早，許多重大博物館都在十八世紀即已成立，例如羅浮宮、大英博物館以及普拉多博物館。不過，博物館的數目在十九世紀大為激增，原因是私人收藏家都希望讓自己的收藏獲得大眾欣賞。見 G. Lewis（2015）。

[110] Gomot（1873-74: 221-22）：「l'ossement entier d'une jambe enveloppé dans un morceau d'étoffe très-ancienne sur laquelle sont dessinés quatre hommes d'armes à cheval et quatre lions.」

[111] 館藏編號分別為 2293 C 與 1146。關於阿貝格基金會的收藏品，見 Otavsky and Wardwell（2011: cat. 39）。這兩件殘片都無法與里昂的收藏品直接拼接起來，可見必定還有其他殘片散落於別的地方。

[112] 以下的資訊概述於該博物館的網站：www.mtmad.fr/fr/pages/topnavigation/musees_et_collections/mt_histoire_musee/mt-creation.aspx。

[113] 吉美父子在里昂經營一家工廠，生產合成群青以取代昂貴的青金石。長久以來，青金石都是來自巴克特

里亞的一種歐亞大陸輸出品。見第七章。

[114] 包括一個絲綢綁腿，上頭的圖案可能是描繪阿克蘇姆戰役；見 Whitfield（2015b: prol. And plate 1）。

[115] 感謝杜宏提供這項資訊。這項採購也有相關的信件留存下來；見 Durand（2014）。

[116] Musée Cernuschi（1958: cat. 254）；Musée du Louvre（1992: cat. 132）。

第九章

一部敦煌藏經洞的中國曆書

在這一章，我們要討論的是兩張長達三呎、寬近一呎染成黃色的文書，紙上布滿幾千個密密麻麻的中文字、圖表以及插畫，各自形成三個不同的區塊。印製這份文書的技術發明於八世紀的東亞，到了八七七年，製作這件物品時已經發展出一定程度的精緻性。[1]進一步說，這是一部曆書，是日常生活的指南，它不僅提供年曆，也標示出從事各種活動——從結婚乃至洗髮以及種植作物——的吉日與忌日，上面還附有驅邪方法、符咒、風水建議、節氣、天文資料、占星卜卦等諸多資訊。[2]

我們已知製作這部曆書其中一個主要理由——也就是為什麼。雕版印刷術發明之後，有兩個社群立刻發現到印刷技術的潛力。對佛教徒來說，他們的經典主張複製佛陀形象或話語是一大功德，當然會善用印刷術來推廣自己的信仰——毫無疑問，他們也藉著販售熱門的單頁經文獲利。[3]不過，私人印刷商感興趣的主要是金錢收入，而不是宗教得益；因此，中國在這個時期最熱門的書籍——至今仍是如此——就是曆書。[4]不用說，曆書有它的市場，而且不僅限於識字人口。之前，人工抄寫是一件耗時又昂貴的工作，有了雕版印刷製作副本，可以大幅降低曆書的價格，於是看準了這個機會，私人印刷商也大量冒出。

不過，曆書雖然廣受喜愛，製作曆書卻帶有政治風險，想了解曆書，我們必須先了解曆書與當時政治權威的關係。除此之外，這部曆書如何留存下來也是個謎：曆書是用過即丟的物品，保存期限只有一年——期滿之後，就會因為失去時效而被丟棄。何以這部曆書會保存到次年的八七八年，更遑論留存到今天？同樣令人好奇的是，這部曆書怎麼會從一件每日翻閱的物品變成圖書館的珍藏？後續我們將會好好的探討這些問題。

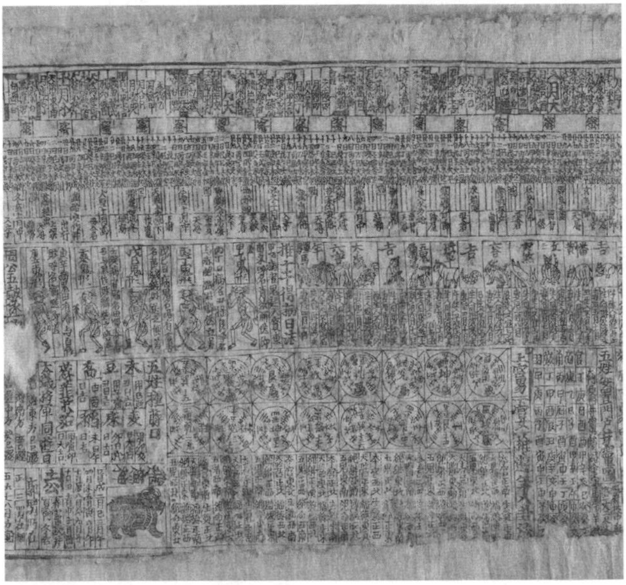

現藏倫敦大英圖書館

曆法、曆書與政治權力

這部曆書可說是個範例，展現識字能力和權力的模糊地帶。曆書內容有其權威，但這樣的權威不是來自統治者或者官員，而是代表自然秩序的權威，它比世俗統治者的力量還要強大。占星卜卦——觀天象與人事的對應——在中國政治與信仰中一直占有中心地位。在古老的中國，能夠解讀星象並且預測日食或彗星等不尋常現象的占卜師與天文學家，都受到朝廷的獨占控制。這點至關緊要，因為這類事件可能會被政治對手當成皇帝「悖離」自然秩序而因此喪失統治資格的證據。這種恐懼並非沒有根據。中國歷史上不乏號稱為了遂行「天命」而展開的叛亂。[5]有些叛亂行動最後獲得成功。東漢（西元二十五～二二〇年）末年，一個號稱黃巾軍的團體自認擁有揭竿起義的正當性，把全國各地的饑荒與洪災指為皇帝失去天命的徵象。黃巾起事也是造成東漢滅亡的原因之一。之後不久的二六七年，朝廷就對若干被視為邪說的文書下達禁令，包括「讖書」這種用於預測未來的文書。[6]

遠古以來，皇帝的天文官就藉由太陽日與太陰年計算時曆或者「定時」，決定統治者的元年始於何時、確立甲子日期，以及預測天象。季節固定的陽曆對於農民而言雖然最為有用，提供春播與收成等等的日子，但中國的陰陽合曆所扮演的主要角色，乃是做為公務而不是農事的指導準則。[7]皇帝制定時曆，以象徵自己擁有統治資格。[8]精確的曆法展現統治者的道德完美，因為這麼一套曆法顯示他能夠順天應地。因此，沒有經過朝廷核可而制定新曆，乃是革命行為。

傳統上認為最早發表皇曆的時間可追溯到西元前二二六五年，儘管現存最早的年曆約在西元前三世紀。[9]考古學家在周家台的一座墳墓裡，發現西元前二一三、二一一、二一〇與二〇九年的四部年曆，全都由木片製成，因為這是中國紙張發明之前的傳統書寫材料。[10]這些年曆也都包含「日書」，也就是針對特定活動標示吉日與忌日的占卜性文書，還有講述占星與宗教魔力體系的文字。[11]這類文書同一個時期也被大量使用，因此許多低階官員乃至菁英階層的個人墳墓裡也可發現年曆。[12]它們都是墳墓主人生前使用的文書，埋在墓裡則顯示這些文書對死者的重要性。我認為這些文書是一種融合過程的開始，造成年曆與占星及其他占卜文字互相結合而形成曆書。[13]

西元前一六九年，中國南部的馬王堆漢墓發現一部最完整的年曆，使用的是較為昂貴的絲綢做為書寫材料。[14]年曆的時代屬於西漢（西元前二〇六～西元九年），也就是在秦始皇死後的權力真空當中，從秦朝（西元前二二一～二〇六年）手中奪取統治權的朝代。以兵馬俑著稱的秦始皇，在掌權期間曾經發生過一起惡名昭彰的事件，即在西元前二一三年焚毀秦朝正統以外的各種書籍，其中包括儒家傳統的經典。這些書籍在漢朝經由口述重新記錄下來，形成所謂的今文經（「今文」指的是字體。這種字體在秦朝標準化，後來用於抄錄這些口述的經典內容）。漢代也開始發現其他典籍，有些是在孔子故居的牆裡。這些典籍都以先秦時期的字體寫成，因此被人稱為「古文經」。[15]這也造成「今文」與「古文」的擁護者互相辯論，今文經的支持者指稱古文經是偽作，意在託古而為當代的政治目的賦予正當性。

盛行於西漢時期的還有讖書與緯書，是對古代典籍的玄祕評論，指稱那些經典的文義裡帶有祕密預言。[16]這樣的預言涵蓋數字的弦外之音、凶兆與吉兆、天與地的關係、對於星辰和雲朵形狀的解讀、歷史事件，以及朝代的滅亡。今古文之爭也涉及那些經典是否真的扮演預言文本的角色。

西漢朝在西元九年喪失統治權力，原因是王莽篡漢建立新朝。不過，王莽的統治有如曇花一現。東漢在西元二十五年重新掌權，但在造反人士的逼迫下從長安東遷於位於黃河沿岸的副都洛陽。漢朝東遷後造成一段緊縮時期，不僅在領土上如此，在思想上也是，東漢皇帝更為嚴厲的強制推行正統思想。先前許多熱門書籍，例如日書，都被認為不符合皇帝所推行的正統思想，因而開始有內、外之分。「外學」書籍越來越被匯集為通俗書摘，其篇幅也在這個時期開始成長。內容可能包含日書、依據個人生肖預測命運（圖28）、依照許多不同方式提出的占卜、符咒，以及呈現家宅裡各個房間及其他部分最佳安排方法的風水圖表（圖29）。

東漢滅亡後，疆域也分裂為幾個持續時間相對短暫的朝代。在這段時期，晉朝（二六五～四二〇）於二六七年首度針對這些普及的預言書發布法律禁令：任何人只要持有這類玄祕書籍即可被關上兩年，研讀這類書籍更可處以死刑。[17]不過，類似的禁令在後續數百年間一再被頒布，可見其效果不彰，而且也反映這類書籍持續廣受喜愛。[18]三七五年的一項禁令涵蓋《道德經》與《莊子》等道家典籍，還有其他占卜和預言書籍，下令者則是一名非漢人的統治者，他企圖把正統儒學奉為國家思想，藉此為自己的權力賦予正當性。頒布於六五三年的《唐律疏議》當中，第一一〇條的內容為：「諸玄象器物、天文、圖書、讖書、兵書、七曜曆、太一、雷公式，私家不得有，違者徒二年。」[19]

朝廷試圖控制私人曆書的製作與發行，但實際上這類曆書為數眾多。八三五年，在現在四川省境內的中國西南部，曾有一名官員向皇帝上書表示：「劍南兩川及淮南道，皆以版印曆日鬻於市。每歲司天台未奏頒下新曆，其印曆已滿天下，有乖敬授之道。」[20]

唐朝後來發布一道命令，禁止地方政府私印並持有曆書。直到一九〇〇年，都沒有看到這個時期留下任何印刷曆書。曆書是經常受到翻閱而且用過即丟的物品，有效期限只有一年。[21]新的一年一旦到來，舊曆書就過期失效，理當會遭到丟棄——也許拿來補鞋底、修補神聖抄本，或者當成「廁紙」。[22]不過，這點

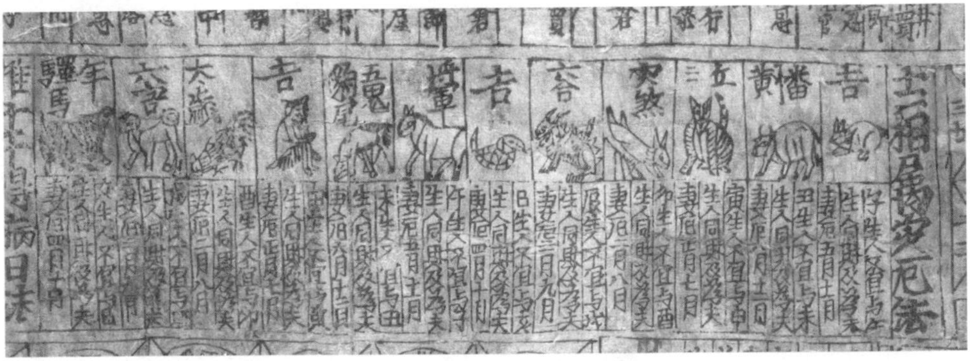

圖 28 曆書局部，可以見到十二生肖的內容。大英圖書館，Or.8210/P.6（局部）。

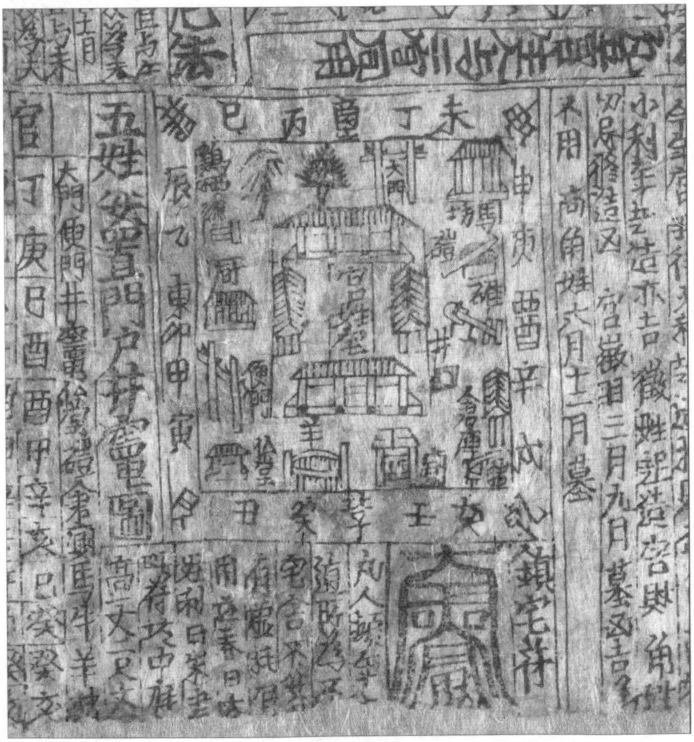

圖 29 曆書局部，可以見到一幅風水圖表。大英圖書館，Or.8210/P.6(局部）。

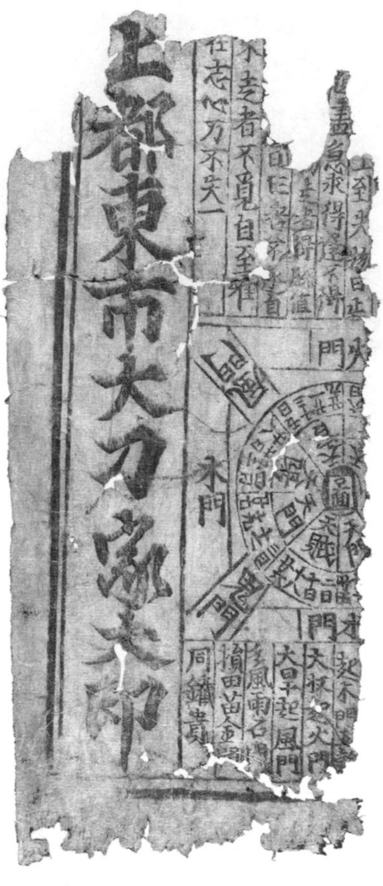

圖 30 中國首都私印曆書的殘篇。大英圖書館，Or.8210/P.12。

在一九〇〇年卻出現了改變，原因是當時意外發現了一座隱藏圖書館，內含數以萬計的文書，地點在中國西北部絲路附近的敦煌，距離唐朝權力中心超過一千英里。這些文書大部分都是佛經，不論是當地寺院圖書館的抄本還是已故僧侶的個人藏書，以及一批神聖的廢紙。[23]另外，也有世俗書籍的殘跡，包括此處討論的手抄本及印刷曆書。許多手抄本都在敦煌製作，我們對當地天文官的生活所知的一切，絕大部分都來自這些曆書以及其他文件。[24]這點也許能夠解釋那些曆書為什麼保存在這裡，並且因此留存至今。

不過，在敦煌發現的印刷曆書——目前所知的這種殘篇只有四份，包括本章討論的這一份在內——卻幾乎可以確定不是在當地印刷。其中一份的年代暫時被定為九世紀末。其左側的大字體顯示這份文書的製作者是「上都東市大刀家」（圖30）。「上都」一詞自從七六二年開始即用於指涉長安。[25]東市鄰接於衙門建築以及長安的富人住宅區（西市則是來自絲路的商人交易之處，其所在區域有許多不同信仰的禮拜堂，還有客棧、餐廳以及酒館）。印刷商昭告自己的名號，顯示他們根本不把法律禁令看在眼裡，因為這部曆書在禁止這種生產活動的官員面前印製，而且想必也會在那裡販售，甚至可能賣給朝廷官員及其家人與僕人，其動機不難看得出來：就是利潤。[26] 九三六年，皇帝下令司天台編印曆書向大眾販售，無疑就是為了控制曆書的內容，但也是獲取政府收入的手段。

私人印刷商——以及買家——一定要承擔一些風險，但禁令的反覆發布（九五三、九五八、一〇七一、一〇八〇以及一二〇二年）以及這份殘篇的存在都顯示風險並不大，印刷商顯然還是持續生產這些遭禁的文書。[27] 除了從這份殘篇可知是來自首都，發現於敦煌的稀少證據是我們了解這個時期的主要資料來源，而這些證據都支持印刷來自中國西南部的觀點。另一份曆書殘篇帶有年分是八八二年，還印著「劍南西川成都府樊賞家曆」的字樣。[28] 除了從敦煌往東及往西的貿易路線外，南北向也有許多人行走的路線，往南可達蜀——也就是現在的四川。[29] 第三份殘篇的來源未知，但內容與編排都類似我們這部曆書，而且定年為八三四年。[30]

許多人可能根本不知道這類書籍遭禁的事實，尤其是身處敦煌這座中國邊疆城鎮的人口。自從八世紀中葉以來，中國對敦煌地區只有斷斷續續且頗為薄弱的控制，中原內戰導致朝廷不得不撤回邊疆地區的駐軍，西藏人乃於七八六年占領敦煌。藏人在那裡待到八四八年，驅走他們的敦煌中國家族雖對中國表達效忠，但與首都及朝廷的連結仍然斷斷續續。接著，敦煌越來越受到隔鄰的突厥維吾爾王國影響，在十一世紀中葉成為西夏王國的一部分。[31] 當然，我不是說大多數購買、使用或製作曆書的人都認為曆書帶有顛覆性質，或是有這個意圖加以使用。大多數情況，曆書對大多數人而言都是日常生活的輔助，尋求官方或正式宗教權力結構未必能提供答案。

曆書的內容大部分都以文字書寫，但我們不該認定曆書只是提供完全識字的一小群菁英使用。中國是一個習於文字的文化，文字是日常生活的一部分，就算是對於不完全識字或完全不識字的人口來說也是如此。韓森（Valerie Hansen）證明中國人民如何受到廣泛使用合約，簽約各方可能以畫十字或其他標記的方式簽名。[32]這些人屬於「功能性識字」這個龐大族群的成員之一，幾乎沒有寫字能力，日常生活中還是經常使用文字，因此「纏身於書寫構成的網中」。[33]此外，書寫文字也不只表達正式權力，例如在合約。就如摩爾蘭所言，文字也可用於「投射以及反抗權力，並且用於為日常生活的例行公事創造意義以及加以組織」。[34]不僅如此，書寫文字還有獨立於字面意義之外的力量與意義。半寫半畫、符令和咒語都表達書寫可能帶有的顛覆性與私下使用方式。[35]像是合約這樣的正式文字雖然把文字使用者和上層的官方世界綁在一起，符令式書寫則是把人與地下世界連結——也就是神靈與妖魔的世界。[36]「書寫行為本身」也成了一種儀式性活動。[37]

另外，假設科學與迷信——天文學與占星學——有所區隔，也可能造成誤導。我不是說中國沒有這樣的區隔；官吏階級確實反對迷信。不過，如同薛愛華（Edward Schafer）指出的：「在早期大多數中國人眼中——就算是最頂尖的天文事件權威也是一樣，天文學與占星學都難以區分。……當然有懷疑論者，但看來大多數人，甚至包括受過良好教育的人在內，仍然認為可以預測的木星是不吉之兆。」[38]敦煌洞窟還有一份手抄本，同時呈現中國天文觀測的嚴謹度以及更廣泛的占星信仰。[39]這份手抄本目前收藏在大英圖書館，內含兩段文字，最後還有一幅奇特而粗陋的電神畫像。第一段文字是依據雲朵形狀進行占卜——占雲術。這種占卜術奠基於中國人的信仰，認為世界上沒有超乎自然的事物：萬物都是緊密相連的自然秩序的一部分，因此我們可以從這套自然秩序當中一部分的現象預測其他部分的事件（星象預兆術背後也帶有同樣的推論）。受到預測的事件有可能是私家或政治事務，例如：

凡人家及園中有氣如狼虎騰躍蹲伏者，必出將軍之子，及封公侯，不出三年。[40]

或者：

呂不韋云，凡近原阜有氣如萬丈竿衝天直竪，黄者，天子之氣也；青赤白黑者，皆主有災禳。臣淳風言，凡此郡邑出公侯，色青者，疫病；白者，有兵起；黑者，邑有盜賊興也。

這些文字的作者李淳風（六〇二～七〇）明白指出他認為這些斷言都奠基於觀察上，也獲得觀察證實。[41]他沒有納入任何自己不曾驗證過的雲朵形狀。他參考了其他人的觀察，例如呂不韋，但堅稱所有條目皆是「臣曾考有驗，故錄之也。未曾占考，不敢輒備入此卷」。

這份手抄本的第二段文字也是奠基於觀察，而且可能是由同一人所寫。[42]這部分完整描繪了中國的星空，包括一三三九顆星星與星群，描繪於一連串的星圖，涵蓋整個天空。[43]這一連串二十四時角的星圖採半圓柱形投影，而且還有一幅拱極星圖採方位角投影。半圓柱形投影的畫法相當近似於法蘭德斯地圖學者麥卡托（Geradus Mercator；一五一二～九四）在九百年後發展出來的投影法，而他的投影法後來就一直用於繪製地球的地圖。這份星圖非常了不起，不僅是所有文明當中最早的手抄星圖，而且精確性很高。[44]而且，就像雲朵形狀，這份星圖也參考前輩觀測者的研究成果，也就是石申、甘德與巫咸這三位撰寫過星空參考書的中國古代天文學家。這三人辨識的星群分別以紅、黑以及白／黃的顏色區分，並且加上文字標示。

今天我們雖然會把第二段文字的部分視為科學性的文件，而把占雲部分歸為迷信，但在那個時候，這些星圖同樣也是占卜的工具，幾乎可以確定其作者以及其他人是把這兩者視為同一類的東西。除了赤道區域之外，天空其他部分都被劃分為許多的小星群（將近三百個），大多數都與實用物品或中國人物聯想在一起，古代天文學家就用這些星群從事占星預測。這三位早期的天文學家列出三份不同的星群，一直維持到漢朝，後來由天文官陳卓（二二〇～八〇）結合起來。把每個星群（或稱為星官）歸屬於不同學派的傳統，因為占星預測的需求而保留下來。每幅圖左側的文字描述中國年劃分的十二個段落，並且提出相關的占星預測，例如：「自女八度至危十五度，於辰在子，為玄枵者。黑，北方之色。枵者，耗也。十一月之時，陽氣下降，陰氣上昇，萬物幽死，未有生者，天地空虛，故曰玄枵，齊之分也。」不過，不表示這些文字沒有科學價值。如同畢達（Jean-Marc Bonnet-Bidaud）、普熱得瑞（Françoise Praderie）和我所指出的：「這些文字主要用於占星，但度數的科學註記揭露這些文字都奠基於天文觀測，並且致力於提出這個時期最精確的描述。」[45]

正如同古希臘故事與星座產生關聯，古中國許多星群也都有故事。其中很多都廣為人知，有些可能還成為節慶的核心。[46]所以，雖然一般百姓可能沒有受過科學訓練，許多人卻認得天空中的若干星星。

這份星圖就像本章主題的印刷曆書一樣，也帶有顛覆性的潛力，因此這類文件的製作也都受朝廷控制。這類控制在天文知識方面可能比在曆書方面還要成功，但八四〇年頒布的一項命令顯示其中還是不免有漏洞。這項頒布於幾顆彗星出現之後的法令——其中包括哈雷彗星——要求涉及天文研究的官員及其屬下必須對工作內容保密，不得向他人透露，包括其他朝廷官員在內。[47]我們可以合理假設那部曆書雖然沒有獲得朝廷許可，卻是為了對大眾販售而生產，但為何會製作這份星圖則是遠遠難以確定。[48]

紙張與印刷

回頭再來談論曆書印刷。我們很清楚這份曆書是「如何」生產的：這部曆書印在紙張上，紙在西元前一世紀左右發明於中國，到了九世紀製造技術已經發展得極為成熟在這個時候，造紙的知識也已經沿著貿易路線西傳至塔里木盆地以及更遠的阿拉伯世界。當時可能已有許多造紙中心，包括在中國的其他地區，例如四川，還有敦煌和于闐這個中亞王國。不過，由不同桑樹的長纖維——並且經常混入火麻、苧麻或其他可在當地取得的纖維——製成的精緻紙張，也經常從中國輸出。[49]在這個時候，紙張已是採取手抄網方式製造（圖31）。[50]先把纖維搗爛，再加水攪和形成漿狀。有時還會添加膠料，例如澱粉，這樣可以保持纖維漂浮，並且增加黏結的強度，在完成的紙張當中也能夠扮演填料的功能。長方形抄網由木框或竹框製成，中間有一根根細條，上面鋪著一張

圖 31 顯示造紙過程其中一個步驟的木刻版畫。摘自《天工開物》，1637。

網，縱向是竹子、蘆葦或稻草的細絲，再由麻或馬毛製成的線固定。造紙工人把抄網放進紙漿裡，抬起來，然後左右搖晃讓紙漿平均分布在網上。瀝乾多餘的水分之後，形成的紙張就拿去風乾。竹子或蘆葦的細絲還有線結的紋路印在紙上，分別稱為橫紋與直紋。只要把紙張放在光線下，就可以看到這些紋路。不過，到了六或七世紀，中國的造紙匠已會在篩網上鋪一張精緻的絲布，避免造成這種紋路。由於纖維受到搗爛，因此即便是以顯微鏡檢視，也經常很難分辨不同類型的纖維。[51]

乾燥之後的紙張通常有一面會被拍打，並且加以磨光，造成平滑的表面——所謂的「正面」——以便書寫或印刷文字。有時候，紙張會染色，當時最常見的一種染料是稱為黃蘗的黃色染料，以黃柏樹皮製成，主要成分為小蘗鹼。[52]這種染料不只為紙張染色，也有抗水與殺蟲的效果。該區使用的墨水都是碳素墨水——所謂的印度墨水或中國墨水，這種墨水非常耐久、無腐蝕性，也不會溶解。在手抄本上，通常用筆刷沾這種墨水來書寫，但偶爾也會使用尖木筆，尤其是在後來的時代。有些最精美的抄本都是由手抄員在抄書室裡書寫而成。[53]

在印刷之前，必須先由手抄員利用非常薄的紙張抄寫出一份手稿。接著，切割出一塊和紙張大小相同的硬木。紙張沾水以後，書寫面朝下放在木板上。這麼一來，墨水會透到薄紙的背面，再由一名技術精熟的雕刻匠把文字筆劃以外的空白處挖除，形成反向的浮雕字樣。刻完後，木板即可用來印刷。先在木板刷上墨水，染黑那些浮雕字體，然後把一張空白紙張放在木板上，並以乾刷抹平，藉此讓墨水印在紙上。這個過程可以重複許多次。

這種技術相較於活字印刷，雖然顯得累贅又缺乏彈性，但對於像中文這樣的非字母文字來說，這種技術其實反倒比較有效率。雕刻木板所需的時間比找尋以及排列活字的時間還要短。[54]不過，在短短幾百年內，木活字印刷術也開始在這個區域用於印刷老突厥語所使用的維吾爾文字。[55]維吾爾文字由粟特文字衍生而來，粟特文字則是基於亞拉姆語的輔音字母。傳說中文的泥活字發明於西元一〇〇〇年左右，但沒有任何實物留存下來。值得注意的是，在一九三〇年代造訪大英博物館而看到這部印刷曆書的上海商務印書館總經理王雲五，認為這兩件來自四川的曆書殘篇都是以泥版印刷而成。[56]不過，就我所知，這個主張只有他一個人提過。接下來，我們看到的就是朝鮮在十四世紀使用的金屬活字。[57]

中國西南部該印刷中心的重要性也可見於一項事實：九七一至九八三年間，皇帝下令在此地印製亦大藏經。據了解，當時總共使用十三萬塊木刻板。[58]可惜這個時期沒有任何木刻板留存下來。現存最早的一組木刻板來自於十三世紀的朝鮮半島，用於印製高麗王朝（九一八～一三九二）委印的大藏經，目前收藏在南韓的海印寺，共有八一二五八塊木刻板。現存最早的印刷文書據信是一部陀羅尼經，可能來自於八世紀初，至少絕對是早於七五一年，當時放置在南朝鮮的佛國寺剛蓋好的佛塔裡。[59]這部經書發現於一九六六年。[60]其文字印刷於一份寬八公分、長六三〇公分的桑紙卷軸上。另一部陀羅尼經在七七〇年左右於日本印刷，有幾本留存至今。這些經書由稱德天皇（七四九～五八年在位）下令印刷，共有一百萬本，每一本都收藏在一座迷你木造佛塔裡。[61]

如同其他許多科技，印刷術也傳遍歐亞大陸。而歐洲也和中國一樣，曆書與宗教典籍是印刷術的兩大主要產品。在歐洲，雖有基督教會的查禁，但占星術的熱門程度仍然不遜於亞洲。[62]日耳曼印刷師古騰堡（約一三九八～一四六八）在他那部著名的聖經前面印了一份曆書。十六世紀，許多書商因為販售法國占星師諾斯特拉德（Michel de Nostradame；一五〇三～六六）的曆書而遭到迫害，原因是他的預言被認為對英格蘭與愛爾蘭的伊莉莎白一世女王（一五五八～一六〇三年在位）的權力造成威脅。不過，曆書仍然持續深受喜愛。在英國，最暢銷的兩種印刷書就是聖經與曆書：一六四九年，禮尼（William Lilly）的《英國梅林》（*Merlinus Angilicus*）——這部極受喜愛的年度曆書印了三萬本。[63]一七七五年，一項反對國王獨占曆書印製權的訴訟案獲得英格蘭的法院受理。[64]如同中國的曆書，歐洲曆書也含有年曆以外的各種其他資訊，其中許多都涉及占星術、預言以及其他大眾信仰。

總而言之，這部曆書以雕版印刷技術印在紙張上，動機可能是為了獲利——為了販售而印製。我們不知道這部曆書有多少人買，但如果生產者是私人印刷商，那麼製作木刻板花費的精力與開銷就必須靠賣書支應。我們不知道印刷這部曆書需要多少成本。接下來要問的問題，就是這部曆書製作於何處。是印製於敦煌，還是由一名旅人帶到那裡去？如果是印刷於敦煌，那麼使用的紙張與木材也是產於當地嗎？此外，敦煌為什麼沒有發現更多本這部曆書或是這段時期的其他印刷曆書？[65]

這部曆書最早由翟林奈定年於八七七年，所以可能是在八七六年底為了新的一年而印製。[66]敦煌在這時由張氏家族統治，他們在八四八年從統治此處近一個世紀的西藏人手中奪下敦煌。這個區域在當時仍然多語並存，以西藏語為通用語言，[67]並與中原地區重新恢復聯絡，來自敦煌的使者在八五一年抵達中國首都。[68]不過，當時唐朝已陷入衰敗，異議與造反活動四起。現在可以見到十世紀期間印刷於敦煌的單頁經文與佛經，其資助者為曹氏家族，他們在九一四年從張氏家族手中奪下敦煌的統治權。這些書籍有些印有製版師雷延美的姓名。[69]在此之前，沒有其他已知的當地印刷品。此外，如同華瀾指出的，我們這部曆書採用的曆法，和敦煌那些手抄年曆的曆法係以不同方式推算而成。因此，我們這部曆書極有可能是印製於其他地方。這點並不令人意外。敦煌是個又小又偏遠的邊疆聚落，而且這個區域受到西藏控制的期間，西藏也沒有印刷活動的證據。

那麼，這部曆書究竟印製於何處？如同先前提過的，敦煌目前存有來自中國首都與西南部的印刷文書。不過，來自西南部的數量遠遠較多。此外，也有製作於中國西南部而被人帶到敦煌的手抄卷軸，例如先前提過的一部金剛經。同樣發現於藏經洞的一部印刷金剛經顯示了極為精巧的印刷技術，而且可能也是製作於中國西南部。還有一項支持證據，則是八三五年的那份官員上書，提及印刷曆書在那個區域大量出現。因此，在我們獲得進一步證據之前——例如分析紙張——這點雖然只能是臆測，但我們這部曆書可能也是印刷於中國西南部。

這部曆書怎麼會來到敦煌？也許是一名旅人在這部曆書剛印出來之後把它帶了過去。也可能是被人當成往後曆書的樣板或是做為教學使用而保存下來。或者，說不定只是保留下來當成廢紙？如同許多的歷史物品，這部曆書的歷史也存在著許多不確定之處，我們只能藉著猜測填補其中部分的空白。

幾乎可以確定的是，這部曆書原本只是一件時效短暫的物品，有用的時間只有一年。在這個時效期滿之後，大多數的曆書都不免遭丟棄。舉例而言，我們看到有些紙張用來修補使用壽命比較長的其他文書。紙張也用於填補其他物品，例如拿來包裹經書以及補鞋底。紙張在日常生活中可能還有其他許多重複使用的方式，例如用來清潔或者當做廁紙。這份曆書得以留存下來的部分線索存在於其被發現之時的形式：不是一件整體的物品，而是兩個不完整的部分，藉著黏貼於其他紙張破片而連結起來並且加以強化。這些補強紙張上面寫有文字，包括一份契約的結尾，簽有地主與兩名證人的名字。另外兩部分則都提及一個名叫「翟」的人。其中一部分有一行以黑色墨水寫下的文字：「四月廿六日都頭守州學博士兼御史中丞翟寫本。」最後一個字以紅色墨水修改過，而且後續又同樣以紅色墨水添加一行比較短的文句：「報麴大德永世為父子莫忘恩也。」另一部分含有四行字，其中一行寫著：「翟都頭贈送東行。」

「翟」幾乎可以確定就是翟奉達（約八八三～九六六年），他是一名在十世紀初負責製作年曆的當地官員。有幾部他製作的年曆在敦煌被發現，但全都是手稿。[70]他有可能利用這些文書破片——他自己書寫的草稿——為一部經常受到翻閱的曆書延長壽命：這部曆書的印製時間比他出生早了六年，他取得之後當成參考書使用，保存的時間遠超過其原本的時效壽命。這點無法解釋這部曆書怎麼從八七七年保存到被翟奉達發現的時候，但我們確知他受過製作曆書的訓練，所以這部曆書說不定原先是引起他的老師注意，被保存起來當成參考資料，後來交給他的優秀學生。

有些證據顯示敦煌藏經洞含有僧侶的個人抄本收藏，所以翟奉達的收藏也有可能在他死後安放在那裡，就在這座洞窟受到封閉的幾十年之前。[71]還有一個物件可能是和這部曆書在同一批物品中被發現，所以可能也屬於翟奉達所有，則是一張紙，上面印有佛像與梵文真言。[72]翟奉達的曆書雖然僅以手稿形式留存下來，但當時有可能製作印刷本，只是已經佚失，或者更有可能的情形是他只想把這種技術使用在他的年曆上。

翟奉達的其中一部手抄年曆——可能是為了九五六年而製作——獻給了當時的敦煌統治者曹元仲（九四四～七四年在位）。[73]如同先前提過的，到了這時候，印刷文書已在曹元仲的資助下於敦煌製作。引人注意的是，金剛經的印刷本不是卷軸，而是採取冊頁本——比較像是現代裝訂方式的書籍。我們在這個時候可以看到這種形式於敦煌發展。使用這種形式也許顯示曹元仲對改變中的科技懷有興趣。不過，這也是一種相對較小的格式，長十四公分，寬十公分，需要的木刻板和紙張都比印刷卷軸來得小（卷軸使用的紙張約是長五十六公分，寬三十公分）。[74]其紙張頗為粗糙，幾乎可以確定是生產於當地，而且印刷品質也遠遠比不上八六八年印刷的金剛經。這一切都顯示敦煌在這時正在發展印刷技術，但還遠遠落後於中原地區。[75]

採用新技術的過程並不簡單，需要有渴望與技術，而後者——有時也包括前者——經常來自於外部。雷延美可能是在一座印刷中心擔任學徒而習得他的技術，例如在中國西南部，然後被人帶到敦煌，而被曹元仲任命為官方製版師。或者，他也有可能是當地人，接受來自外地的雕版印刷師傅訓練。單頁經文在印刷上算是比較容易，只需要用兩塊木刻板印在一張紙上。曆書遠遠複雜得多，而翟奉達也許是希望藉著保留一份印刷曆書的範例，能夠說服曹元仲指示雷延美將其技術應用在年曆上。當然，曹元仲有可能就像中原地區的統治者一樣，希望限制年曆的流傳，因此不願鼓勵這種文書的印刷與傳播。如果他只需要一份年曆以供執行自己的職務，不需要發送給其他人，那麼就沒有必要浪費成本與精力製作木刻板。[76]印刷曆書的欠缺，可能也顯示敦煌沒有私人印刷活動——不然至少也是統治當局對於私人印刷的產品控管得比較嚴格。[77]我們發現的物品當中包括曹元仲資助的印刷品以及年曆的手抄本這項事實，也許就顯示出這一點（不過，這種情形也可能代表技術與科技上的限制）。

不過，我們這部印刷曆書比翟奉達將自己的曆書獻給統治者還早了八十年，有保存下來，而且保存者可能就是翟奉達本人。這個時期的印刷品質之粗糙，再加上沒有任何證據顯示先前有過其他印刷品製作於敦煌，顯示這部年曆的印製地點可能不是在敦煌，而是在一個印刷技術早在八世紀就已經出現高度發展的地方，所以如果不是中原地區，就是中國西南部。究竟這部曆書是在什麼時候以什麼方式來到敦煌，我們可能永遠無法知道，但這部曆書得以保存下來乃是因為翟奉達對它懷有的興趣。接著，這部曆書被人放置在敦煌東南部的莫高窟中的藏經洞裡，時間可能是在翟奉達於九六六年左右去世之時，與這部曆書捆在一起的還有他的手稿與文件。再過幾十年後，藏經洞即被封閉，這部曆書就這麼保存在那裡，直到這座洞窟在一九〇〇年受到發現並且重新開啟。這部曆書接下來的經歷就比較容易追蹤，但其中包括了歐洲與帝國主義收藏史的曲折道路。

西行旅程

一九〇〇年六月，敦煌藏經洞被自命為其守護者與保存者的王圓籙（約一八五〇～一九三一）意外發現，這是一起經常被討論的事件。[78]比較少提到的一點，則是王圓籙和他的工人在發現這座洞窟之後的第一年裡，至少曾經三度搬出洞裡的物品，先是「為了找尋珍寶」，接著是為了取出石碑，再來才是為了把那些文書送給官方妥善保存。[79]到了一九〇七年，出生於匈牙利但歸化英國的考古學家斯坦因（一八六二～一九四三）在他的第二趟中亞探險之旅——他的中亞探險之旅前後共有四次——來到這裡的時候，藏經洞裡的物品都已被重新放置。沒有人提到那些物品依據原本的順序重新放置，而且由於藏經洞沒有更早的記載，所以我們對於洞內物品原本的排列狀況只能猜測。王圓籙原本拿給斯坦因看的抄本，取自書堆頂端那些成捆的文書：「那些捆在一起的物件包括各種的文書、繪有圖畫的布料、還願物品、各式各樣的紙張，明顯可見是因為不再需要使用而被貯藏在此。不過，其特殊價值一眼即可看得出來。其雜亂的樣貌與捆綁方式，明顯不同於那些含有中文或藏文佛經卷軸的整齊包裹。所幸，就是因為這樣，所以那名道士（王圓籙）把那些全部相似的包裹——我稱之為『圖書包裹』——排列堆疊起來的時候，才會把這些雜亂捆在一起的物品放在最頂端。」[80]

斯坦因說服王圓籙第四度清出洞裡的物品，並將那些包裹放在外面的廊道，好讓斯坦因及其中國助手蔣孝琬（一八五八～一九二二）一一檢視，找尋非中文或者非佛教的文書。不過，他們只檢視了幾天，就發現王圓籙又把那些包裹搬回洞裡，他們只能滿足於已經挑選出來的部分。他們給了王圓籙一筆錢，後來王圓籙把這些錢用於整修藏經洞外的寺院。[81]

這些資料被裝進十二個木箱，斯坦因本來打算暫時放在敦煌衙門以保護其安全，好讓他繼續往東探索，等到回程再一併帶走。不過，他後來打消了這個念頭，原因是他聽聞消息當地可能遭軍事干預而動盪不安。於是，他帶著那些木箱前往隔鄰的安西，寄放在那裡的衙門——一個「寬敞的房間，能夠輕易受到看守」。他們把大樑架在「磚頭上，把那些珍貴的箱子墊高於地面上方，並且交代伊布拉因·貝格（Ibrahim Beg）每週要把那些箱子搬出室外曝曬一次，以免內容物受潮」。[82]斯坦因離開敦煌一個月後，當地人就因為徵稅問題而暴動，並且放火燒毀衙門。[83]斯坦因利用當時的動亂形勢，派遣蔣孝琬帶著四頭駱駝回到藏經洞，結果蔣孝琬又額外取得二三〇個包裹，內含三千份卷軸，他就把這些包裹和安西的那幾箱物品放在一起。斯坦因在四個月後回到安西，帶走這些木箱。這些箱子分由四頭駱駝馱運，於是他踏上這趟探險之旅的最後一段路程。十一月初，他把這些木箱和另外四頭駱駝載運的發現物品直接送往喀什，由那裡的英國領事馬戛爾尼（George Macartney；一八六七～一九四五）保管，他自己則繼續進行探險之旅。

一九〇八年六月九日，斯坦因和這批文物在于闐會合——馬戛爾尼把那些物品送了過來。所有的東西都在尼亞茲·哈金·貝格（Niaz Hakim Beg）的花園裡重新打包以便運送。我們不知道這次打包有沒有依照原本裝箱的順序。如果有的話，那麼裝在九十一號木箱的這份曆書，可能就是在蔣孝琬第二度前往藏經洞的時候才取得。斯坦因在他針對這些探險之旅而出版的著作當中，都沒有提及這部曆書。那些木箱重新打包得非常仔細，因為接下來的旅程長達「八千英里，途中必須翻越高山、橫越冰河隘口，載運的工具包括駱駝、犛牛與小馬等馱獸，接著則是馬車、火車與汽船」。[84]在重新打包的過程中，蔣孝琬為大約三分之一的中文敦煌資料列出一小份目錄。[85]九十三箱的物品在八月一日上路，在巴烏（Tila Bau）的看顧下運往喀拉喀什河上游的蘇蓋提（Suget）（桑珠 [Sanju]），這道冰河隘口等待斯坦因。[86]斯坦因在九月二十七日與木箱車隊會合，但因為在滿覆白雪的崑崙山上拍照太開心而嚴重凍傷。[87]他在行軍床上躺了四天，同時也忙著安排事務以及結算帳目，然後在九月三十日勉強出發。他把那些木箱交由辛格（R. B. Lal Singh）照顧。直到一九〇九年一月二十日，斯坦因從孟買搭乘汽船抵達倫敦（在途中順道至義大利探望家人），才得知那些木箱已在幾天前安然運抵大英博物館。[88]這部曆書在敦煌峭壁洞窟裡存放九百年之後，卻在十年內橫越至絲路的另一端，而在大英博物館的倉庫裡找到了新家。

博物館內的歲月

轉移給博物館的過程並不是完全平順無波。斯坦因在那些木箱上標示的收件人雖是大英博物館版畫與繪畫部門的負責人，該部門卻不同意接收這些物品，將其轉給印度事務部，在當時位於倫敦中部的白廳。[89]在這裡，這些物品才被斯坦因的助手安德魯斯（Fred Andrews；一八六六～一九五七）、懷特（Hugh Evelyn-White；一八七四～一九二四）與麥唐納小姐檢查以及拆箱。斯坦因持續遊說博物館的董事——以及他認為可能會有幫助的其他任何人——讓他在博物館內取得工作空間。如果無法得到大英博物館的同意，他也考慮過位於肯辛頓（Kensington）的自然史分館以及牛津的阿什莫林博物館（Ashmolean Museum）。一如往常，他的堅持不懈終於得到效果。在印度事務部拆開的二十五個箱子又重新裝箱，在八月五日運到大英博物館。[90]安德魯斯著手訂購收藏用的玻璃櫃以及獲取工作用的桌子。

一九〇九年十月，懷特先生與麥唐納小姐由兩名新助手取代，分別為德魯普先生（John Percival Droop；一八八二～一九六三）與羅里莫小姐（Lorimer；一八八三～一九六七）。[91]到了一九一〇年一月，他們已拆開三十七個箱子。[92]有些資料送給若干學者進行辨識與研究，另外有些資料則是受到修護。這麼做是為了準備對這些資料進行分類以及納入博物館的收藏當中。斯坦因的探險之旅受到大英博物館與印度政府共同資助，因此他的收藏也應當由這兩者瓜分：例如中文敦煌抄本歸大英博物館所有，大部分的藏文敦煌抄本則是歸給印度事務部圖書館。

一九一〇年，大英博物館的版畫與繪畫部門首度展出這些資料，其中包含斯坦因收藏的圖畫──但沒有手抄本。[93]更多的圖畫與少數幾份手抄本在一九一一年送往舉行於北倫敦水晶宮的大英帝國節（Festival of Empire）的印度區展出，卻也沒有包含這部曆書。[94]到了這時候，數百份來自敦煌的中文卷軸已在一九一〇年送交法國漢學家伯希和編目。[95]他在四月造訪博物館檢視這些資料，翟林奈「挑選一批中文抄本供他審看」。[96]

一九一三年，大英博物館成立「東方版畫與繪畫」部門，由版畫與繪畫部門的前助理負責人賓揚（Laurence Binyon）主掌。任職於版畫室的韋利（Arthur Waley；一八八九～一九六六），成了他的助手。在賓揚向董事提出的簡短月報當中，從一九一三年八月開始提及來自敦煌的圖畫：「斯坦因收藏當中的兩幅圖畫以『掛物』方式懸掛起來，另外還有一幅則是為了懸掛而受到清理以及特別修補。」[97]這些圖畫在後續大多數的月分裡都一再被提及──我們從斯坦因的記述中得知那些緊密擠壓的繪畫在「科爾文爵士（Sidney Colvin）撥冗督導」之下攤開。[98]直到一九一四年五月的報告，賓揚才首度提及整理手抄本的工作：「兩百份中文卷軸經檢視與編號。」接著，六月又有「五百份左右」，七月有六十份，八月有五五〇份。在九月，「針對斯坦因收藏裡的中文卷軸加以分類與編目的工作，仍在持續進行中」。[99]

一九一四年，大英博物館新建的北方陳列館舉行一場盛大展覽，由英國國王與王后揭幕，其中展出一部曆書，但不是我們談的這一份。[100]

在其他手抄本與繪畫進行展出或者寄送給世界各地的學者研究之時，我們可以假設這部曆書一直保存在大英博物館，因為沒有記錄顯示不是如此。到了第一次世界大戰之時，安德魯斯與羅里莫感受到越來越大的壓力，必須對這些物品完成分類，並且分配給大英博物館與印度事務部。[101]有人擔心博物館可能會被燃燒彈擊中，於是版畫與繪畫部門的收藏在二月至五月期間藉由火車移往亞伯立斯威（Aberystwyth）的國立威爾斯圖書館，許多古董與錢幣則是移往倫敦地鐵介於霍本（Holborn）與牛津街（Oxford Street）之間的新路段存放。[102]不過，斯坦因的那些物品仍然留在倫敦。[103]

到了第一次世界大戰結束之時，已經可以明白看出伯希和提不出他承諾的目錄，當時仍然由他持有於巴黎的卷軸也被歸還倫敦。為中文敦煌抄本與印刷文件編目的工作於是指派給翟林奈。他在一九三六年成為東方抄本與印本部門的負責人，並且針對中文卷軸當中受到定年的手抄本撰寫一系列的文章。這些文章在一九三五至一九四三年間發表於《倫敦大學亞非研究學報》（*Bulletin of the School of Oriental and African Studies*）。針對九世紀文書所寫的文章發表於一九三九年。翟林奈在這篇文章裡描述了這部曆書，說明為何將其定年於八七七年，並且指出補強紙張上提到一個姓翟的人物。[104]

第二次世界大戰期間，斯坦因收藏的四十箱的卷軸在一九三九年連同大英博物館的其他手抄本移往亞伯立斯威，這部曆書可能也包含在內。不過，當時認為地上建築恐怕不安全，於是在山坡挖了一條隧道，於一九四〇年完工。四箱的斯坦因卷軸搬進隧道存放：但不確定這部曆書是否包含在內。戰爭結束後，隧道裡的物品在一九四五年五月搬回圖書館大樓，接著又在一年後的一九四六年五月送回倫敦。[105]

如同喬依絲・摩根（Joyce Morgan）指出，翟林奈的手寫目錄完成於那些手抄本送往威爾斯還有他在一九四〇年退休之前，但在這段時期不知放到什麼地方去，所幸在一九四六年又再度被發現。[106]不過，這份目錄直到一九五七年才出版。他為這部曆書所寫的目錄條目，重複先前那篇文章裡的資訊。

這段期間有幾名訪客前來參觀這批收藏，但我在檔案或是出版著作中都沒有看到有人提及這部曆書。[107]一九五九年出版的《中國之科學與文明》（*Science and Civilisation in China*）裡，李約瑟與王鈴在天文學部分也沒有提及這部曆書，倒是提到其他的敦煌文件。[108]

在這個時期，這部曆書連同大英博物館的其他中文敦煌卷軸都製作了微縮膠片，而且膠片裡的影像顯示了這部曆書以及其十世紀的補強紙張。在此之後，這部曆書即送去修護，可惜的是這項修護工作沒有留下紀錄。由此可見，這部曆書被視為是一份重要文件。大英博物館收藏的敦煌卷軸超過六千件，其中許多都有著殘破的開頭與結尾、因為絲綢綁縛而造成的擠壓裂痕、破損，以及放入藏經洞之前受到翻閱拿取而造成的其他損傷。要修護這一切文書，必須要投注數十年的專家修護時間。不過，斯坦因的這些物品只是大英博物館內眾多收藏的其中一批而已，而且這些收藏全都得和有限的修護時間競賽。館長必須做出選擇，而這段時期雖然沒有留下紀錄，但可想而知這類決定經常是受學術興趣所驅使。

這批收藏一旦被編目以及製作成微縮膠片之後，學者就比較容易加以研究。這些微縮膠片有些副本送到日本，由藤枝晃仔細研究。他看出這部曆書的重要性，在一九七三年發表一篇文章。[109]不過，這部曆書在此之前就已經被修護。當時有可能純粹認為這批收藏裡所有受到定年的印刷文書都很重要，所以就把它們列為優先修護對象。[110]

不論是個人、私立或公立的圖書館，都有責任妥善保管其收藏品。圖書館背負的要求很複雜，因為圖書館還有一項與保管同樣重要的目標——也就是必須讓收藏品能夠供人取用。收藏書籍的目的是為了要讓人查閱。然而，保管面對的一大威脅就是藏品的持拿。解決這兩者之間的緊張關係是個持續存在的問題。所以，正如翟奉達在他的私人圖書室裡為了確保這部曆書的長久保存——當時這部曆書可能已經因為經常翻閱有所破損——而利用其他紙張予以補強，大英博物館對於怎麼處理這份曆書也面臨類似的抉擇，近期則是輪到大英圖書館因應這樣的狀況。

大多數的物品都不會像是保存在琥珀裡的昆蟲那樣凍結於時間當中，而是隨著使用而改變，於是這些改變——不論是我們這部曆書的補強紙張，還是蓋在中國繪畫上的收藏章——也會在那些物品的歷史中成為重要的一部分。然而，在部分案例裡，修護人員卻試圖把物品盡可能恢復到「原始」狀態，也就是還沒與自然界或人類產生雜亂的糾葛之前的狀況。在另外有些案例裡，他們則是沒有考慮物品的原始狀態——或是對此幾乎一無所知，採用了熟悉的作法與材料加以修補，不論是否恰當。這兩種修護方式都可見於我們所談的這份曆書上。[111]

首先，這份曆書在一九五〇年代或六〇年代初期於大英博物館被修補，他們利用一張相對較厚的西方紙張補強原本就有的襯底。在這個時候，用於提供襯底的紙張包括牛皮紙與馬尼拉紙。[112]這是當時頗受喜愛的方法，認為可為原本那細緻而且經常已有破損的紙張提供支持。[113]中國與日本繪畫卷軸的襯底雖然採用非常不一樣而且比較柔軟的材料，但也被視為是一種值得仿效的模範。

這種保全物品的嘗試出發點雖是好的，後來卻發現襯底本身也會造成損傷。只要把一份卷軸捲起來，就會導致襯底的紙張拉伸的幅度比原本的紙張還要大，從而對原本的紙張構成壓力。這兩種紙張的重量與類型如果差異極大，造成的壓力就會更嚴重。[114]自從二十世紀末以來，敦煌文書大部分的修護工作都在移除這些襯底，以免造成更進一步的傷害。[115]

大英圖書館成立於一九七三年，名為大不列顛與愛爾蘭國家圖書館，大英博物館收藏的手抄本與印刷書籍——包括這部曆書以及東方抄本與印本部門的其他中文敦煌文書——成為大英圖書館的收藏。這些物品仍然保有原本在博物館的編號，前方附有「Or.」，代表「Oriental」（東方）。一九八一年，前東方抄本與印本部門的收藏品遷移到商店街（Store Street）的新建築，就在倫敦中區的牛津街附近。他們還打造特別設計的壁櫃以放置敦煌卷軸，並且一路沿用至今。一九八二年，印度事務部圖書檔案館——其中收藏印度事務部這個成立於一八五八年並負責治理英屬印度的部門所留下的資料——也出借給大英圖書館管理。商店街的收藏品在一九九〇年底與一九九一年初移入黑衣修士路（Blackfriars Road）的印度事務部圖書館。印度事務部檔案包括發現於藏經洞的手抄本，例如 IOL San 1446 那份印有佛像與梵文文字的單頁。在藏經洞裡，這份單頁與我們的曆書可能是同一捆的物件。一九九七年，這批收藏移到聖潘克拉斯（St. Pancras）的大英圖書館專屬大樓，在那裡存放至今。

到了這個時候，中國學者已經針對這部曆書發表不少著作，還有人在二〇〇一年完整謄寫這部曆書的內容。[116]這部曆書被認定為優先修護對象，在二〇〇二年再度修護，地點在大英圖書館東方修護室。之前，使用不恰當補強材料所造成的壓力，在這時已經廣為人知，而且由於東方修護室主任勞森（Peter Lawson）的努力，他們也和中國還有日本的同僚建立聯繫。不再使用西方紙張與黏膠，而是改用比較接近原本紙張的材料，例如日本的楮紙與澱粉漿糊。[117]這時候，他們試圖把這部曆書回復至其「原始」狀態。

一九五〇年代的補強被移除，再利用染色的楮紙與小麥澱粉漿糊針對破損的原本紙張進行廣泛修補。開頭與結尾的十世紀襯底也被移除。黏附於年曆背面的一塊破片經辨識為二月的部分遺失內容，也被擺回原本的位置。接著，再把現在已分成幾塊的襯底與重建之後的曆書封裝在聚對苯二甲酸乙二酯（簡稱PET，常見的商品名稱有Mylar、Melinex、Secal等）製成的大片透明薄膜當中。[118]然後，這些薄膜再存放於檔案夾裡。新近修護過的曆書，在美崙基金會（Andrew W. Mellon Foundation）贊助的一項計畫之下於二〇〇二年五月在國際敦煌項目的工作室裡進行數位化，於是這部曆書的影像就此免費提供於網路上。[119]

二〇〇四年，這部曆書公開展示於大英圖書館的《絲路：貿易、旅行、戰爭與信仰》（*The Silk Road: Trade, Travel, War and Faith*）展覽當中。[200]後來，在二〇一四至二〇一五年間又展示於大英圖書館的珍藏展示廳。

注釋

關於本章提及的地點，請見夾頁彩色地圖的八號地圖。

[1] 非常感謝華瀾（Alain Arrault）對這章提供的珍貴評論，還有他對這部曆書及其他曆法與曆書的廣博研究，是我的大量參考來源（尤其見Arrault and Martzloff 2003）。我們這部曆書的年代，是由翟林奈（Lionel Giles）根據內容的三點而得出的結論（L. Giles 1939: 1034；另見後述）。文中如有任何錯誤、誤解與疏漏，皆是我自己的責任。

[2]「曆書」一詞在此處是經過認真思考而採取的選擇。華瀾明白區分了年曆與這種含有占卜方法的文書。不過，我認為從西元前三世紀開始與年曆一同出現的「日書」是曆書的起源，而且我對曆書的定義是年曆與占卜及其他內容的結合。這種觀點參考自 Wilkinson（2000: 172）。另見後注。

[3] 如同翟林奈指出的，「我們可以想像印刷術的發明對於佛教徒必定有多大的好處，因為他們不必承擔多少的麻煩或成本，就能夠大量累積功德」（1939: 1031）。印刷一整頁的文字，很可能是受到許久之前的一項發展所影響，也就是利用印章與模板大量印出佛陀的形象（McDermott 2006: 7-12）。另見 Barrett（1997, 2001）介紹印刷術在中國的發展。

[4] 我們不知道這個市場有多大，但可從反覆出現的法律禁令當中獲得間接證據，至少在中國中部與西南部是如此。見以下的討論。

[5] 中國古典哲學家孟子的用詞。關於這點的一項近代討論，見 Nuyen（2013）。

[6] Whitfield（1998: 9-10）。

[7] 如同 Martzloff（2009: 64-66）指出的，年曆裡的二十四個節氣只有三個指涉農事，其他都是天文及大氣現象（其中的許多現象，例如天氣，當然也和農耕曆法有關）。

[8] Eberhard（1957）。

[9] 發現於周家台（Arrault and Martzloff 2003: 85）。在中國西北部的敦煌以北的防禦牆，也發現了一世紀的斷簡殘篇。

[10] Arrault and Martzloff（2003: 85）。

[11] 見 D. Harper（2016），Raphaels（2013: 203-12, 412-21）。一項以這類文書為對象的國際研究計畫在二〇

一三年展開於埃爾朗根大學（University of Erlangen）；見國際人文研究中心（International Consortium for Research in the Humanities），「研究計畫——中國早期的熱門文化與占卜書：戰國時代、秦朝與漢朝的日書」，最近一次更新於二〇一三年七月五日，www.ikgf.uni-erlangen.de/research/research-projects/techniques-and-practices/popular-culture-and-books-of-fate-in-early-china.shtml。

[12] 最早的一件來自西元前二一七年，發現於睡虎地。另見九店秦墓的竹簡，同樣也在湖北省（Loewe and O'Shaughnessy 1999: 847-48; Wilkinson 2000: 173, 461）。

[13] Donald Harper（2016）使用「玄學大雜燴」（occult miscellanies）一詞加以描述。

[14] Wilkinson（2000: 794）。

[15] Nylan（1994: 83-145）；Ess（1994: 146-70）。

[16] 緯書是對經典的玄祕評論，讖書則是依據這些評論提出的預言。這類預言的內容包括了皇帝的起落。「緯」原意指緯線，而正統儒家典籍則稱為「經」。關於進一步的討論，見 Whitfield（1998: 10-11）。

[17] Whitfield（1998: 11）。

[18] 關於中國出版品審查規定的調查研究，見 An and Zheng（1992）。

[19] Whitfield（1998）。七曜曆被描述為「以日、月及五星紀日」的文書。

[20] 馮宿的奏疏，引用於 Tsien（1985: 151）。

[21] 不過，如同先前提過的，也有些曆書是在墳墓裡被發現的，例如馬王堆。

[22] 舊抄本中可以看到割成鞋底形狀的缺口。許多的敦煌手抄本都有不少補丁，其中有些原本是其他抄本的頁面。中國和尚慧遠（三四四—四一六）提及儒士把舊的佛教經典當成廁紙，而明白表達了他對這種褻瀆

之舉的厭惡：「悟滅恆沙罪，多生懺不容。／陷身五百劫，常作廁中蟲。」（翻譯於 Waley 1960: 122）。

[23] 關於「藏經洞」的功能所提出的各種假說，見 Galambos and van Schaik（2012: 18-28）的概述。

[24] 翟奉達（八八三—九九六）。見 Teiser（1994: 102-21）；另見 Whitfield（2015b, chap. 8）。

[25] 大英圖書館，Or.8210/P.12；Des Rotours（1947: 681）。關於這些印刷曆書的描述，見 Arrault and Martzloff（2003: 199-207）。

[26] 司天台在九三六年接到皇帝下令編印曆書向大眾販賣。

[27] Whitfield（1998: 14；2001）。

[28] 大英圖書館，Or.8210/P.10，定年為「中和二年」（L. Giles 1939: 1036-37）。

[29] 一份定年為九〇五年的金剛經手抄本含有這段文字：「西川過家真印本」（大英圖書館，Or.8210/S.5534；見 Giles 1940: 319）。這部手抄本由一名八十二歲的老人抄寫而成（Teiser 1994: 244）。

[30] 收藏於聖彼得堡的東方文獻研究所（Institute of Oriental Manuscripts），D.2880。

[31] 西夏征服敦煌的時間，傳統上都認為是在一〇三六年，但見 Russell-Smith（2005: 73）對於修正此一時間的探討。中國占星文書在鄰近的文化當中廣為流傳；舉例而言，見 Matsui（2012）對維吾爾曆書的討論。

[32] 她也指出敦煌與吐魯番的識字程度（Hansen 1995: 11-12, 45, 63）。

[33] Moreland（2001: 84）。此處的「功能性識字」一詞，與畢爾德（Mary Beard）討論古羅馬所採取的意義相同：「許多小商人、工匠與奴隸必定都需要若干程度的基本識字與算術能力，才能成功執行自己的工作。……這類『功能性識字』能力使得我們認為的高級古典文化也與『平民』人口利害相關」（2015: 470）。關於這點更完整的討論，見 Beard（1991）。

[34] Moreland（2001: 80）。

[35] 見Mary Beard（1991）針對威廉・哈里斯（William Harris）如何看待羅馬世界的識字能力所提出的批評。

[36] Robson（2008: 128）。

[37] Robson（2008: 131），引用強納森・史密斯（Jonathan Smith）的話語。

[38] Schafer（1977: 9）。

[39] 大英圖書館，Or.8210/S.3326。

[40] 這段及以下引言的英譯摘自Galambos（2009）。

[41] 關於李淳風撰寫了這些文字的論點，見Bonnet-Bidaud, Praderie, and Whitfield（2009）。

[42] Bonnet-Bidaud, Praderie, and Whitfield（2009）。

[43] 西方傳統中的星群稱為星座，而且通常比中國的來得大。這兩種傳統都有的一個星群是北斗七星。

[44] Bonnet-Bidaud, Praderie, and Whitfied（2009）仔細研究了這份星圖，而證實了其精確性。

[45] Bonnet-Bidaud, Praderie, and Whitfield（2009: 44）。

[46] 自從漢朝以來最有名的一則故事，就是牛郎與織女。七月七日的七夕，就是在慶祝這兩名情人每年一度藉著喜鵲搭成跨越銀河的橋而相會。見Schafer（1977: 143-47）對這點的討論，還有他在第七章介紹其他帶有故事的星星。

[47] Needham and Wang（1959: 193）。哈雷彗星以愛德蒙・哈雷（一六五六—一七四二）命名，他在一七〇四年確認了這顆彗星的週期性，但中國的天文學家至少在西元前二四〇年就已注意到這顆彗星，巴比倫人則是至少在西元前二世紀開始注意到這顆彗星（Ridpath 1985）。

[48] 鑒於其精確性以及紙張的纖薄精緻，再加上筆跡的潦草隨性，我們可以假設那些星星是描繪自大師的研究成果，而這份星圖則是宮廷天文官的草稿。這麼一來引發的另一個問題，就是這份文件怎麼會流出宮外而保存於敦煌——但我們幾乎可以確定永遠無法得知這個問題的答案。

[49] 在敦煌針對這個時期的紙張進行的分析，顯示構樹（Broussonetia papyrifera）與白桑（Morus alba）的纖維經常受到使用。

[50] Tsien（1985: 68）；Drège（2002: 115-16）。

[51] 見 Cartwright, Duffy, and Wang（2014）利用掃描電子顯微鏡辨別中國明朝紙鈔中的絲與構樹纖維。

[52] Gibbs and Seddon（1998）。

[53] Drège（1991）

[54] 見 McDermott（2006: 14-24）對於這兩種技術在二十世紀所需的相對時間與成本。

[55] 伯希和（Paul Pelliot）在一九〇八年於敦煌發現木活字，現在收藏於吉美博物館。敦煌研究院也在挖掘北方洞窟當中發現了更多的木活字。

[56] L. Giles（1939: 1037）。傳統上據說泥活字發明於一〇〇〇年左右，但現存泥活字的年代都比這個時間晚了許多。

[57] M. Peterson（2010: 68）。

[58] Twitchett（1983: 35）。

[59] Tsien（1985: 149）依據部分中文字的寫法只使用在武則天（六八〇—七〇四年在位）統治期間，而認定其年代在七〇五年以前；Pan Jixing（1997）則主張這部經書印製於中國洛陽，然後才送至朝鮮。

[60] Goodrich（1967）。近期又有其他報告指稱在中國獲得更早期的發現，但這些報告在本書付印之際尚未獲得證實。

[61] 見第四章。

[62] 例如在一四五二年，《巫術法》（*Witchcraft Act*）將占星師與曆書生產者列為迫害對象，原因是他們接觸了邪教力量。

[63] 見 T. Miller（2001: 44）。見 Capp（1979）的概述。曆書不只由男性撰寫。在七世紀的英格蘭，倫敦的莎拉．金納（Sarah Jinner）與薩德伯里（Sudbury）的瑪麗．霍登（Mary Holden），都因為針對十七世紀的英格蘭製作了預言性與醫療性曆書而知名（Weber 2003）。

[64] 藝術與人文研究委員會，〈出版同業工會訴卡南，倫敦（一七七五）〉（Stationers' Company v. Carnan, London（1775)），收錄於「版權第一手文獻（一四五〇—一九〇〇）」（Primary Sources on Copyright（1450-1900)），檔案彙編者為 L. Bently 與 M. Kretschmer，取用於二〇一七年九月二十六日，www.copyrighthistory.org/cam/tools/request/showRecord.php?id=record_uk_1775。

[65] 除了這幾個例子以外，其他曆書都是手抄本。見 Arrault and Martzloff（2003）對於收藏在倫敦與巴黎的那些曆書所提出的詳細檢視。

[66] 這項定年受到了其他人證明無誤；見 Arrault and Martzloff（2003: 203）。

[67] Takeuchi（2004a, 2004b）。

[68] Rong（2004: 57）。

[69] 例如收藏在大英圖書館的單頁經文，Or.8210/P.9，年代標示為九四七年（L. Giles 1943: 149-50），還有三

本年代標示為九五〇年的金剛經（BnF, Pelliot chinois 4515 and 4516，以及 British Library, Or.8210/P.11）。

[70] 見 Teiser（1994）與 Whitfield（2015b: chap. 8）。這些手稿的筆跡各不相同，而且有幾份可能是副本，也許是由學生抄寫而成。

[71] 這些發現全都歸功於特爾吉（Paschalia Terzi）以伊拉斯謨學者身分在大英圖書館從事的研究，並且將會是特爾吉與惠特菲德即將發表的一篇文章的主題。

[72] 大英圖書館，IOL San 1446。

[73] 大英圖書館 Or.8210/S.95。發表於 Whitfield and Sims-Williams（2004: cat. 160）。另見 Teiser（1994: 120-21）。

[74] 感謝文欣對於這一點的觀察（私人通訊，二〇一六年九月，以及即將發表的文章）。他對於小冊的研究，顯示其大小受到充分使用一張標準大小的紙張所決定，就像卷軸一樣。不過，由於雙面都可寫字而且頁邊空白較小，所以事實證明比卷軸來得經濟。

[75] 不過，如果說敦煌在製作冊頁本方面勝過中原地區，則不是不可能的事情。之所以採取這種棄卷軸就冊頁本的作法，至少有一部分是缺乏紙張所造成的結果。

[76] Arrault and Martzloff（2003: 90）指出敦煌有一部九〇〇年以前的帳本，其中記錄了購買一五〇張紙供年曆使用。中原地區在這個時期的印刷書籍數量留下了若干證據：例如一名煉丹師的傳記印了幾千本，還有一幅彌勒佛塔（Maitreya Stupa）的版畫印了十四萬份（Tsien 1985: 152, 255）。

[77] 出自敦煌的印刷品，除了曹元仲資助的佛教文書以外即付之闕如，可以對這點提供支持。不過，只要有利可圖，有心人就會很快掌握新技術。

[78] 舉例而言，見 Rong（2013: lecture 3）。但另見 Galambos and van Schaik（2012: 18-28）對於這座洞窟的封閉原因所提出的其他理論。
[79] Stein（1912: 182）；Wang Jiqing（2012: 3）。
[80] Stein（1912: 182-83）。
[81] Stein（1928: 356）。
[82] Stein（1912: 240）。
[83] 斯坦因寫給艾倫（P. S. Allen）的信件，一九〇七年十月十四日，MSS. Stein 4, Bodleian Library, Oxford University。
[84] Stein（1921: 1317）。
[85] Stein（1921: 1318）。
[86] Stein（1912: 438）。
[87] Stein（1912: 484）。
[88] Stein（1921: 1327）。
[89] 安德魯斯寫給斯坦因的信件，一九〇八年十二月六日，MSS. Stein 37。
[90] 「最後終於定案，我們在週四轉移至布魯姆斯伯里（Bloomsbury）……地下室有五十盞電燈。」安德魯斯寫給斯坦因的信件，一九〇九年八月三日，MSS. Stein 37/153。木箱清單列在 MSS. Stein 37/155。
[91] 關於這段時期的記述，尤其是羅里莫小姐扮演的角色，見 H. Wang（1998）。
[92] MSS. Stein 37/155，但這些箱子裡的物品可能主要不是手抄本，這點可見於羅里莫後來的一份短箋

（MSS. Stein 39/19）。

[93] Binyon（1910: 15-20）。

[94] Festival of Empire（1911: 14-26）。

[95] 關於送給伯希和的手抄本，見F. Wood（2012）。伯希和在一九〇八年走訪藏經洞，又取得一大批抄本——目前收藏於法國國家圖書館。在一九一〇年兩個星期的時間裡，伯希和到大英博物館檢視斯坦因的收藏，估計其中有九千份手抄本。為了協助伯希和的編目工作，兩個裝有四四〇份手抄本的箱子從大英博物館送到巴黎的吉涅大道（Boulevard Edgar Quinet）五十九號，在一九一一年一月十三日由伯希和簽收。這些手抄本唯一的紀錄，就是裝箱清單上的簡單描述：「十五捆手抄本，編號一至二三三號，其中的例外是五十五號（婆羅米文）與二一三號（一幅圖畫）；還有編號二三四—四四三號的十四捆手抄本，唯一的例外是二三七號（遺失）」（F. Wood 2012: 1）。伯希和原本應在一年內完成編目。丹尼森．羅斯（Denison Ross）親手把一些資料從巴黎帶回英國，以便展出於一九一三年的大英博物館展覽（F. Wood 2012: 3）。一九一三年三月七日，大英博物館的東方抄本與印本部門負責人巴奈特（Lionel Barnett）寫信向伯希和表示：「我們的朋友羅斯已帶著手抄本返鄉，還有註記」（Wood 2012: 3）。

[96] MSS. Stein 39/24。翟林奈（一八七五—一九五八）是大英博物館的一名助理負責人。

[97] 賓揚，月報，一九一四年五月六日，大英博物館東方部門（ORIS），1913-26，Asia Dept. Archives。「掛物」是日本的一種懸掛卷軸。

[98] 科爾文（一八四五—一九二七）在一八八四至一九一二年間擔任大英博物館版畫與繪畫部門的負責人。

[99] 賓揚，月報，一九一四年九月一日，大英博物館東方部門，1913-26，Asia Dept. Archives。

[100] 大英博物館（1914）。

[101] 見羅里莫寫給斯坦因的信件，一九一八年一月三十日：「版畫與繪畫部門已完全清理完畢。……印度事務部也因此提議現在就要取走屬於他們的部分，也就是在二月二十八日之後盡早為之——並且將其收藏在印度事務部，直到能夠帶往印度為止。……博物館部門將會主掌他們的部分，而和館內其他的收藏品一起妥善保存」（MSS. Stein 44/84-8）。

[102] Kavanagh（1994: 30-32）。

[103] 一九一八年八月二十日，東方抄本與印本部門負責人巴奈特從亞伯立斯威寫信給斯坦因，當時斯坦因身在他位於喀什米爾的夏季山上住所：「我和……你一樣……在一座山頂上。……就當下而言（亦即接下來幾年裡），回歸我們部門的手抄本將會保存於其目前的收藏處，全部一起收藏在玻璃櫃裡」（MSS. Stein 65）。見 Morgan（2012: 1）。

[104] L. Giles（1939）。

[105] 關於此一過程的完整記述，見 Morgan（2012）。

[106] Morgan（2012: 5）。

[107] 這些訪客包括中國學者胡適與向達。

[108] Needham and Wang（1959）。

[109] Fujieda（1973）。關於後續的研究，見 Arrault and Martzloff（2003）以及後注116。

[110] 受到定年的文件有三分之二都在這個時期受到修護，因此能夠支持這項假設。

[111] 見 Barnard and Wood（2004）對於這部曆書的修護方式所進行的簡短檢視。

[112] 前者以一種發明於一八八四年的強鹼程序製成，由此製成的紙張比當時其他方法做出來的紙張明顯強韌得多，因此稱為「Kraft」，這個德語單字意為「力量」。褐色的色澤是這種程序產生的自然副作用。馬尼拉紙原本是以船上使用的老舊馬尼拉麻繩製成，所以才取這個名稱，但在此時已改用木纖維製造。

[113] 但有些人還是體認到這種作法的問題，例如翟林奈；見後注114。

[114] 翟林奈在一九三九年的一篇文章裡提到重襯底的不適當性，而他描述的對象是八六八年印製的金剛經：「許多年前，在斯坦因收藏受到東方抄本與印本部門接手之前，這部金剛經被黏附在硬度超乎必要而易於龜裂的紙張上」（1939: 1031）。不過，這種作法持續到了一九六八年，如同一份日期標注為一九八一年二月十九日的內部紀錄所示（「直到一九六八年左右，最需要補強的卷軸都在裝訂處受到補強。酸性紙受到使用，未來必須加以移除」）。這項紀錄是在一份報告的驅使下所提出，也就是渡邊明義與增田勝彥這兩位日本學者在一九七九年針對修護作法撰寫的報告。

[115] 除此之外，襯底紙張的化學組成也是個問題，而且那些化學成分也可能會流入原本的紙張裡。

[116] Huang（1992）；Deng（1996, 2001）；Arrault and Martzloff（2003）。

[117] 實際上，執行這項修護工作的松岡久美子就是日本人，並且在來到倫敦之前先在日本接受了訓練。

[118] 關於利用 PET 進行封裝的討論，見 Cope（1999）。

[119] 國際敦煌項目，Or.8210/P.6，http://idp.bl.uk/database/oo_loader.a4d?pm=Or.8210/P.6。

[120] Whitfield and Sims-Williams（2004: 302-3, cat. 264）。

第十章

一個不知名的奴隸

不同於本書其他章，本章不是聚焦於一件現存物品，而是探討有生命的奴隸，那些奴隸早已死亡，遺體也已腐爛。博物館沒有收藏奴隸，頂多只是在從十九世紀末以來相當熱門的全景模型中可以看到奴隸人偶。[1]有些奴隸雖與主人埋在一起，遺體可能因此存留下來，但我們對他們生前的經歷卻幾無所知。既然如此，為什麼我要在這本探討物質文化的書裡收錄這一章？原因是奴隸就像絲綢一樣，也是絲路的商品，他們被購買、使用、販賣牟利，而且有許多奴隸經由陸路與海路長途運送到國外市場交易。[2]這個時期的奴隸在藝術、考古發現與文獻中還是留下了蹤跡。[3]從這些物品，我們可以看出奴役活動可見於絲路各地，且不僅限於特定一個文化、地方或時期。奴隸對於絲路經濟的重要性可能不下於絲綢、馬匹或者本書討論的其他商品。然而，奴隸卻極少在今天講述的絲路歷史當中占有中心地位，甚至根本不占有任何地位。本章利用這些蹤跡述說他們在絲路上的故事。[4]如同其他章，我會探究如何與為何的問題——但何時與何地的問題則無關緊要，因為就像

《麥克米倫世界奴隸制度百科全書》（*Macmillan Encyclopedia of World Slavery*）指出的：「除了婚姻、家庭與宗教之外，奴役可能是人類歷史上最廣泛可見的社會制度。」[5]

我們對於他們所知的大部分證據都是文字，包括留存至今的法典。書面法典雖然可能代表實際行為，但我們認定的時候必須要小心，因為就像懷亞特（David Wyatt）討論中世紀不列顛與愛爾蘭的奴隸所指出的：「一個社會的法律規範也許無法反映沒有載入法典的實際社會與文化實踐。」[6]不過，法典多少能夠呈現當時的狀況，儘管有時候其中描述的可能是沒有實際落實的理想。舉例而言，薩桑王朝的伊朗（二二四～六五一）留下一部彙整於六世紀的巴列維語（Pahlavi）法律案例集，其中有一個關於奴隸的章節，雖然只有部分留存，但其他章節對於奴隸制度的探討有助於補足闕漏之處。[7]伊朗的基督教社群也留下一部關於奴隸制度的文獻。[8]唐朝（六一八～九〇七）法典則把人分為三類，奴隸屬於最低級，他們所受的懲罰比其他兩類都更為嚴厲。

另外，也有許多文學資料與第一手文件能夠補充我們對奴隸的理解。奴隸常出現在故事裡，例如《一千零一夜》；花拉子米（al-Khwārizmī）也把奴隸放在他的數學謎題裡；阿拉伯船長伊本．沙赫里亞爾（Buzurg ibn Shahriyār）講述的許多故事也都提到奴隸。[9]許多語言當中都留下奴隸的原始契約：諸如犍陀羅文、中文、粟特文、希伯來文、阿拉伯文、拉丁文。其他當代作者，例如伊本．魯斯塔（Ibn Rusta；生活於十世紀）與伊本．胡爾達茲比赫（Ibn Khurradādhbih；約八二〇～九一二年），則是討論奴隸貿易路線。此外，也有保存至今的圖畫呈現羅馬帝國的家奴，以及一幅描繪十三世紀葉門宰比德（Zabid）奴隸市場的圖畫。[10]藉由這些資料，我們拼湊出一幅圖像，雖然稱不上完整，卻可勾勒出絲路時期歐亞非大陸的奴役情形。

變成奴隸

一個人為什麼會變成在絲路上被使用與交易的奴隸？大概有幾種過程會造成這種結果：有些正式陳述於法典裡；有些則是可能違反法律規定，但發生於實際生活中；有些奴隸是一出生就背負著這種身分；有些兒童雖然不是出生在奴隸家庭，卻因為家貧，結果被父母賣為奴隸，或是在遭遺棄或被人擄走之後被賣為奴隸；還有些人，則是為了還債而自賣為奴。除此之外，法律也把奴役規定為若干罪行的刑罰。不過，最大多數的奴隸都是來自於在戰爭或是劫掠行動中遭到俘虜的人，不論這些行動是經由海路還是陸路為之。

兒童在什麼時候會一出生就是奴隸？這點取決於當時的法律。舉例而言，我們從薩桑王朝的法典可知，在薩桑王朝初期，兒童承繼父親的地位：也就是說，如果父親是奴隸，兒童就也是奴隸。如果是由女性奴隸與男性自由人生下的孩子——無疑這種情形並不罕見——就一樣還是自由人。不過，可能是在五世紀初的時候，法律規定卻改為孩子繼承母親的地位。[11]

在阿拉伯社會裡，兒童也是繼承母親的地位。不過，如果這樣會造成孩子一出生就成為奴隸，那麼父親即可選擇認可這個孩子而為其賦予自由之身。[12]前伊斯蘭時期的阿拉伯詩人恩達爾（'Antara）就是如此。他的父親是阿布斯族（'Abs）的阿拉伯人，母親則是衣索比亞奴隸。[13]一則記述提及他怎麼獲得自由：「阿布斯族不斷追擊，人在現場的恩達爾受到父親召喚上前衝刺。『恩達爾是奴隸，』他卻答道：『他不會衝刺，只會幫駱駝擠奶還有綁住牠們的乳房。』『衝刺！』他父親大喊：『這樣你就自由了。』於是恩達爾奮力衝刺。」[14]

不過，後來的伊斯蘭法律又為兒童賦予父親的地位。[15]在中國，女性自由人與男性奴隸之間的關係被禁止——但不表示這種情形不曾發生過。男人更是不乏把奴隸納為妾的例子。由此生下的孩子，繼承的是父親的地位。[16]

什麼人可以販賣？在古典羅馬法當中，父親可以把子女賣為奴隸，但他們如果被賣了三次，他就失去了對他們的「patria potestas」（家父權）。二九四年通過一項法律，試圖遏止這種行為，但成效不彰。[17]三二二年的一部法律試圖終結因為貧窮而販賣子女的現象，方法是免除家庭的債務。[18]

中國漢朝（西元前二〇六～西元二二〇年）的法律也禁止家庭販賣子女或其他親人：「賣子一歲刑，五服內親屬在尊長者死，賣周親及妾與子婦者流。」[19]不過，這項法律的頒布即顯示這種作法的存在。幾個世紀後，我們可以看到一名中國官員留下的記述。遭貶謫至中國南部，在現在貴州附近，他提及當地的兒童經常遭到父母賣給債主，或是遭人擄走之後轉賣為奴。身為那個地區的司馬，他著手遏止這種行為，頒布一項法律允許父母工作還債。[20]他還發布一項命令，允許奴隸獲得自由，而且記錄顯示他親自出錢為幾個兒童贖身，原因是他們的家人太窮，無法贖回他們。[21]

儘管如此，面對貧窮、饑荒以及其他困境的家庭，仍然可持續在絲路上找尋販賣子女的市場。中國皇帝唐宣宗曾注意到中國南部偏遠地區的居民背負了沉重的稅負，因此被迫賣兒鬻女，「遂使居人男女，與犀象雜物，俱為貨財」。[22]一〇九五年的一條拜占庭法律提及保加爾人（Bulgar）的家庭在飢荒期間販賣子女。不過，這條法律也規定指出，任何人只要能夠證明自己是由身為自由人的父母所生，就會被視為是自由人。[23]

在杜拉歐羅普斯發現一份借貸契約，是由兩名帕提亞人訂立，其中一人是貴族，另一人是農民。後者同意擔任前者的奴隸，藉此償還一筆借款的利息。[24]在薩桑王朝的法律中，這種行為延續下去：在此時期，一個人可以被當成借款或欠債的抵押品，實際上等於是奴隸。只要欠債沒有還清，這個人就可以被當成奴隸使用。[25]我們不清楚這種作法是否向來都是個人的「自願」行為，還是說債務人有時會提供自己家中的成員——例如兒童——當做擔保品。在羅馬法當中，查士丁尼大帝訂立的法律禁止債權人把債務人的子女充作奴隸以抵償債務。但如同前述，既然頒布了這項法律，就表示這種情形並不罕見，而且我們也無從得知這項法律是否有效。

從晉朝（二六五～四二〇）以來，法律就對在菁英家族充當奴隸的人豁免稅賦與軍事服務。[26]菁英家族也獲准擁有固定數量的這種免除義務的奴隸。對於最高階的官員，此一數目訂為四十戶。[27]另外，也有許多男人因為貧窮而販賣妻兒的例子。一則案例記載，一個男人為了籌集為父親安葬所需的費用，而販賣一子一女。[28]

在中國，一個人如果犯罪，所受的懲罰經常可能會延伸到家族成員身上。在最嚴重的案例裡，犯罪者的所有家族成員都可能遭到處死；不過，他們遭受的刑罰也有可能比較輕，例如發配為奴。這些人是政府的奴隸，不歸私人所有。男性與女性奴隸都同樣被當成奴工使用。男性被發配到首都裡稱為「作部」的勞動營。年輕男性則經常被閹割而成為宮廷裡的太監——不少絲路社會都是如此。女性交由一名官員管理並且分派強制勞動任務，但通常是比較不費力的工作，例如為稻米去殼，有些女奴也可能成為皇宮裡的婢女或妃嬪。她們都任憑朝廷處置，朝廷可能會留下她們，也可能會把她們當成禮物送給得寵的將領或文官。[29]此外，有些案例顯示權勢龐大的家族會從事一種違法的行為，也就是把朝廷的奴隸據為己有。[30]

許多賞賜奴隸的作法也留下記錄，例如于洛拔打贏一場重要戰事之後，獲得西魏（五三五～五五七）皇帝賞賜四十名奴隸；幾年後，于謹因為在五五四年攻下江陵而獲得北周（五五七～八一）皇帝賜予一千名奴隸。徐伯陽（五一六～八一）在隨著同事與上司遊山之時作了一首詩，因此獲賞幾名奴隸。[31]楊素（五四四～六〇六）在六〇一年成為尚書左僕射之時，也獲賞賜一百匹好馬、兩百匹母馬，以及一百名奴婢。[32]陸法和因其法力而獲皇帝賞賜兩百名奴隸，王遇則是因討得皇后的歡心而獲得賞賜數百名奴隸。[33]

以上這些情形雖然都會導致一般人被迫淪為奴隸，但在歐亞大陸各地，最大多數的奴隸卻都是來自戰爭或劫掠：不論是經由陸地、海上，或河流。這點反映在中古波斯語當中，其「奴隸」一詞為「ansāhrīg」——意為「外國人」。紀錄中提出的數字有時令人咋舌。中國史書的記載顯示，北周在五五四年攻下江陵之時，俘虜超過十萬人。[34]這還只是中國北朝往南方與西南方擴張所打的好幾百場戰役其中的一場而已，而這些戰役都造成大量人口被俘為奴。[35]一項記述仔細描寫押送這麼多奴隸的後勤工作。這項記述提及北魏（三八六～五三五）在四六八年的南侵行動。當時受到俘獲的人依據其地位而分類。社會地位顯要的被俘家戶不受奴役，但被迫遷往北方一處劃定供他們居住的區域，並由一個新省分加以管轄。這些人雖然不是奴隸，但歷史卻記載他們的許多悲慘故事：舉例而言，一名男子為了供養年邁的父母而從事十年的強制勞動，結果因為不堪勞苦而死；另外，有些人則是為了活命而加入軍隊或者寺院。不過，平民百姓更慘，全部淪為朝廷的奴隸。

中國人的擴張範圍也及於他們認為地位低於中國人的其他民族與文化。晉朝奴隸的一大來源，即是居住在現在四川北部的獠人。當地的刺史都會定期奉命突襲那個地區，以便俘獲更多奴隸。史書顯示這門生意有利可圖，因為其中的紀錄指稱有許多商人團體都專營獠人奴隸買賣。[36]在唐朝（六一八～九〇七）時，南方的民族如同薛愛華所言，遭到「全面性的奴役」，而且通常被描述得不像是人。[37]在更南方的地區，也就是現在的越南，那裡的女孩因為「肌膚柔嫩光滑」而備受珍視。[38]

中國人也不免在自身疆域遭攻擊時被奴役，包括在邊疆地區以及更遙遠的戰場上。中國人與西藏人之間許多場戰役都產生大量戰俘。西藏文獻指出，西藏人俘獲的所有戰俘一開始都關在一個大坑裡。其中比較重要的人物會受到訊問，有時也遭到刑求，然後再予以刺青並且指派工作。識字的俘虜被指派為傳譯與顧問，並且在手臂上刺青，一般的俘虜則是在臉上刺青。[39]戰俘逃跑的情形並不罕見，但只要被抓回來就會遭到以皮鞭鞭笞的懲罰。高階戰俘如果在俘虜期間死亡，雙方會依據簽訂的各項條約規定，將其遺體裝在棺材裡送回給對方。

拜占庭人與阿拉伯人曾經安排過互換活俘。在八四五年舉行於君士坦丁堡的這麼一場換俘活動裡，阿拉伯俘虜的人數遠多於拜占庭俘虜。根據記載，為了平衡雙方人數，哈里發瓦提克（al-Wāthiq；八四二～八四七年在位）下令贖回在巴格達與拉卡（Raqqa）被販賣的奴隸，還加上他後宮裡的拜占庭女子。[40]

在大多數的社會裡，戰俘可合法成為俘獲者的財產，不論那些俘虜是男人、女人還是兒童。拜占庭的《法學手冊》（*Prochiros Nomos*，八七〇～七九）引述更早以前的立法指出：「根據戰爭法，被征服者屬於征服者所有。」[41]

即使在和平時期，各地人民也不安全，尤其是邊疆地帶、可航行的河流或者海岸上的居民。看似友善的商人可能別有居心，一名十世紀的船長所講述的故事就明白顯示這一點。這個故事說有個阿拉伯商人航行至非洲東岸（可從波斯灣藉著西北季風抵達）與當地的國王交易。他們的交易完成之後，國王出於禮貌前去送他離開。故事接著說：「我心想，要是把那個年輕的國王抓到阿曼的市場去賣，至少可以賣到三十第納爾（dinar），他的七個隨從應該可以賣到一六〇第納爾。」毫無防備之心的國王與他的隨從因此被抓上船，和原本就在船上的兩百名奴隸關在一起。[42]

中亞的薩曼王朝（Samanid dynasty；八一九～九九九）經常從附近被突厥人控制的區域抓取奴隸兵員，正如以下的討論所示。八九三年，一場突襲行動俘獲一萬至一萬五千名俘虜。除了充當兵員的男人之外，其中還包括一名突厥酋長的妻子。[43]薩曼人的這種作法，其實是延續當初阿拉伯軍隊擴張至高加索地區和河中地區（Transoxania）所創的行為。他們在這裡能取得大量的奴隸，包括來自中亞乾草原的突厥人與購自北方商人的斯拉夫人。他們在早期幾百年間雖然持續從伊朗當中沒有信奉伊斯蘭教的區域——例如德萊木（Daylam）與古爾（Gūr）——還有非洲與拜占庭取得奴隸，但到了薩曼王朝，大多數的奴隸都已是突厥人或非洲人。[44]在十世紀的河中地區，穆斯林女孩在烏古斯人（Ghuzz）發動的突襲當中遭劫奪，在鄰近的非穆斯林區域被賣給中國、印度與拜占庭的商人。

經由海上與河流發動的襲擊也普遍可見。北海經常遭到斯堪地那維亞民族襲擊，當時這些民族分別被人稱為北地人、瓦良格人（Varangians）與羅斯人（Rus），現在一般則是稱為維京人。[45]定居在東歐的民族沿著聶伯河（Dnieper）與窩瓦河往下游遷徙移入中亞。他們也沿著法國與西班牙沿岸南下，進入地中海西部與北非。地中海東部是拜占庭與阿拉伯海盜的根據地，印度海盜則是橫行於紅海、波斯灣與印度洋。我們在許多河流上也可以看到海盜的記載，包括多瑙河、底格里斯河、印度河等。有些海盜會攻擊商船，殺害船員並且奪取商品，那些商品經常包含奴隸。另外有些海盜則是上岸奪取人與牲畜——兩者同樣都可以販賣。[46]

也許維京人為西方世界提供海盜活動的樣板，但他們的掠奪所得並不多於當時其他的航海民族。他們自八世紀末以來發動的劫掠行動，都不只是為了取得可以販售的商品——包括可以賣為奴隸的人——也是因為他們需要勞動力以擴張至新的區域，以及與越來越好鬥的基督教鄰居作戰。[47]他們抵達的地域也多得驚人。他們橫渡北海前往不列顛與愛爾蘭沿岸、北方的島嶼，接著再到冰島、格陵蘭以及北美大陸。這些墾殖民包括奴隸在內，而且男女都有。在這樣的擴張當中使用奴隸的作法，可見於《紅鬍子艾瑞克傳說》（*Saga of Eric the Red*）中。他的旅程由他的奴隸促成，原因是他們無意間造成坍方，而毀壞鄰居埃喬夫（Eyjolf）的農場。埃喬夫殺了那些奴隸，接著自己卻遭到紅鬍子艾瑞克所殺。他的親屬要求放逐艾瑞克，於是艾瑞克出發前往冰島的奧斯尼島（Oxney Island），從而展開一連串西行的旅程，最遠可能抵達北美。[48]

《阿爾斯特編年史》（*Annals of Ulster*）記錄「異教徒」在九世紀與十世紀期間對不列顛與愛爾蘭沿岸發動的眾多襲擊，包括八二一年襲擊都柏林附近擄走極多的女人。[49]八五〇～五一年間，許多維京船隻在不列顛的泰晤士河河口度冬，在這段期間，維京人也沿著法國的河谷侵襲盧昂、南特、波爾多、巴黎，以及其他法蘭克人城市。[50]有時候，他們甚至不必動手：八四五年，他們因為獲得支付七千磅白銀而取消攻打巴黎的計畫。[51]

他們也從位於歐洲東北部的聚落循水路與陸路南下，在那裡劫掠與奴役的民族，歷史上稱為斯拉夫人（Slavs）——所以現代英語才會把奴隸稱為「slaves」。[52]他們在順河而下的途中襲擊經過的聚落，常把奴隸賣給保加爾與哈扎爾王國，藉此賺取伊斯蘭銀幣（迪拉姆〔dirhams〕）。在這些路線以及他們的居住地區，發現好幾十萬的這類銀幣。[53]這些奴隸都被送到巴格達的市場，另外有些則是送到布拉格和君士坦丁堡的市場販賣。[54]這門生意受到幾名伊斯蘭作家描述，包括十世紀的伊本·魯斯塔：「羅斯人⋯⋯劫掠薩卡里巴（Saqaliba），以船隻航行至那裡，擄走那裡的居民，帶到哈扎里亞（Khazaria）與保加爾販賣。他們不耕種田地，只靠著掠奪薩卡里巴為生。……他們藉著買賣黑貂、灰松鼠及其他動物的毛皮謀生。他們賣這些毛皮換取銀幣，把銀幣裝在腰帶裡，圍在腰間。……他們善待奴隸，也為奴隸穿上適當的衣服，因為對他們而言，奴隸是貿易的商品。」[55]

據我們所知，海盜至少從西元前第二千年以來就已活躍於地中海。[56]在絲路時期，除了維京人以外，拜占庭人與阿拉伯人也互相劫掠彼此的沿岸聚落，有時甚至襲擊更內陸的地區。七六八年，拜占庭皇帝君士坦丁五世（七四一～七五年在位）以兩千五百件絲袍贖回遭到「斯拉夫海盜」劫走的俘虜。[57]八五五年，拜占庭掠奪者擄走阿祖特人（al-Zuṭṭ）男子，但這些來自印度西北部的人口在二十年前才剛由阿拉伯人帶到艾因扎巴（阿納瓦薩〔Anazarbus〕）定居。[58]女人與牲畜也遭劫奪。儘管這座城市在七九六年才修補過防禦設施，而且在劫掠行動發生的前幾年又修補一次。[59]九四二與九四三年間，拜占庭人越過邊界掠奪位於底格里斯河畔的迪亞巴克爾（Diyarbakir）。他們接著又北上掠奪埃爾祖魯姆（Erzurum）——這個區域位在現在的土耳其東北方，長久以來一直受拜占庭人與阿拉伯人爭奪。

九八八年，阿拉伯地理學家霍加爾筆下提及這些掠奪行動：「在我們的時代，拜占庭人毫不留情的一再掠奪敘利亞沿岸與埃及的海灘。他們在各地海岸驅走沿岸居民的船隻，並且四處捕捉他們。他們沒有希望，沒有獲得穆斯林的援助，也根本沒有人關心。」另一個十世紀的阿拉伯地理學家穆卡達西（al-Muqaddasī）也記載，拜占庭船隻經常擄走阿拉伯人，關在迦薩與雅法（Jaffa）的守衛站，而在那裡接受換俘或贖回。而且，支付贖金救出海盜俘虜的不只有穆斯林。開羅藏經室經卷（Cairo Geniza）中的文件，曾提到拜占庭海盜也劫掠黎凡特的拜占庭猶太人聚落。有些俘虜雖被帶到拜占庭奴隸市場販賣，但也有些獲得當地猶太社群贖回。

阿拉伯人從九世紀初就開始活躍於地中海，從西西里、義大利南部、希臘的島嶼和本土、伯羅奔尼撒以及愛琴海沿岸抓人用於奴役或者換取贖金。[60]他們在八二六年攻占克里特之後，就把這裡當成在地中海東部繼續進行劫掠的基地。

印度洋與南海也是海盜的根據地。老普林尼（約二十三～七十九年）指出，航行紅海與印度洋路線的商船都必須在船上配置弓箭手以抵禦攻擊。我們從阿拉伯與中國文獻得知波斯灣的基什島（Kish）上也有奴隸貿易。這些文獻記載他們如何派遣遠征隊到東非的桑吉巴（Zanzibar）抓取奴隸，然後再派貿易隊伍到阿拉伯的巴斯拉港（Basra），位於阿拉伯河注入波斯灣的河口附近。

六世紀與七世紀期間，中國海盜從朝鮮半島的高句麗與新羅王國劫奪女子，帶到中國東部的市場販賣。這些女子相當搶手，被人買去做為女僕、姬妾以及娛樂之用，儘管朝廷在六九二年曾經試圖禁止這項貿易。[61]八世紀期間，以南海的海南島為根據地的海盜經常劫掠船隻以奪取貨物，包括波斯奴隸在內。鑑真和尚在七四八年受困於海南島，而記載其人數極多，在島上所有的村落裡都能夠看見他們的身影。[62]掠奪者抓到俘虜之後，就必須藉由俘虜獲利，於是也必須把他們帶到可以販賣的地方。

奴隸買賣

奴隸市場遍布於絲路各地，從大西洋岸的都柏林乃至太平洋岸的山東都有。奴隸買賣雖然大部分都是私家商人為之，當地政府卻也藉著對奴隸的移動與販賣課稅而獲利。[63]如同其他許多在絲路上交易的「東西」，奴隸也有當地和區域性的交易以及長途的交易。

舉例而言，堪稱是西歐最大奴隸市場的都柏林，對於那些在劫掠行動與戰役中獲得俘虜的愛爾蘭人、維京人以及其他民族來說都相當便利。位於中國東部的山東，則是專門販賣從朝鮮半島獲得的奴隸。不過，範圍最廣的貿易網絡——至少到了九世紀與十世紀期間的確是如此，則是斯拉夫奴隸的買賣。斯拉夫人在歐洲北部遭羅斯人捕捉，在保加爾人的首都保加爾與哈扎爾人的首都哈姆利吉（阿的爾〔Atil〕）被販賣。伊本·法德蘭（Ibn Faḍlān）在九二二年造訪哈姆利吉之後寫道：

我看見羅斯人在他們的貿易航程上來到這裡，紮營於伊的爾河畔（Itil）。……他們帶著皮膚白皙的少女，注定要被賣給商人，而且他們可以和自己帶來的女孩性交，任由同志在旁觀看。……他們的船隻抵達這個錨地之後，每個人都上岸……俯伏在（神像）前，口中唸唸有詞：「主啊，我來自遠方的國度，帶著賣價如此的許多奴隸少女，還有許多黑貂皮。……祈求您提供擁有許多第納爾與迪拉姆的商人，並且願意以我希望的價錢向我購買。」[64]

簡考維亞克（Marek Jankowiak）主張到了九世紀與十世紀期間，另有一套體系可進行斯拉夫奴隸的交易。他指稱，猶太商人在布拉格市場購買奴隸，因為西班牙人能夠依據特定兌換率換取白銀的小塊布料支付價金。[65]簡考維亞克引用雅庫柏（Ibrahim ibn Ya'qub）這名托爾托薩（Tortosa）商人的遊記，其中提及他在九六〇年代前往布拉格的時候注意到這門生意。簡考維亞克也引述霍加爾描寫薩卡里巴的著作——那是斯拉夫人的國度。「（薩卡里巴）這個國家又長又寬。……他們的國家有一半……都遭到呼羅珊人（花剌子模）掠奪，人口也不免被擄走；而北半部則是遭安達魯西亞人掠奪。安達魯西亞人在加利西亞、法國、倫巴底與卡拉布里亞購買他們，將他們閹割之後，再運到埃及與非洲。世界上的薩卡里巴閹人全都來自安達魯西亞。……他們在這個國家附近被閹割，而且是由猶太商人動刀的。」[66]

伊本・胡爾達茲比赫（約八二〇～九一二）記錄一套更廣闊的網絡，從西歐延伸至非洲、阿拉伯、印度與中國，其經營者為猶太商人，他稱之為拉特納人（Radhanite）。[67]由於這是現存資料當中少數詳細有記載路線的一份，很值得在此全部引述：

> 這些商人通曉阿拉伯語、波斯語、希臘語、拉丁文、法蘭克語、安達魯西亞語和斯拉夫語。他們從西往東行，也從東往西行，取道陸路與海路。他們從西方輸出閹人、少女和少男、錦緞、海狸毛皮、松貂及其他動物的毛皮，還有劍。
>
> 他們從法蘭吉（法蘭西）搭船橫越西部之海，前往埃及的法拉馬（培琉喜阿姆[Pelusium]）。在那裡轉由駱駝載運商品，前往紅海沿岸的古勒祖姆（蘇伊士灣的克利斯馬[Clysma]），這樣的距離長達二十五法爾薩（farsakh）。他們從紅海航行至麥地那的港口阿扎爾（al-Jar），再到麥加的港口吉達（Jeddah）。然後，再繼續前往印度的信德（Sindh）與中國。
>
> 他們從中國帶著麝香、沈香、樟腦、肉桂及其他東方產品踏上回程，途中再次停泊於古勒祖姆，接著前往法拉馬，再從那裡航上西部之海。……
>
> 這段旅程也可以取道陸路。從西班牙或法蘭西出發的商人先到蘇斯阿爾阿克薩（Sus al-Aksa，接近丹吉爾[Tangier]），再到丹吉爾，然後步行至開羅安與埃及首都。接著，他們前往阿爾拉米亞（ar-Ramiah），造訪大馬士革、庫法、巴格達與巴斯拉，然後穿越阿瓦士（Ahvez）、法爾斯、克爾曼

（Kerman）、信德、與德（Hind），最後抵達中國。

有時候，他們也會走羅馬後方的路線，穿越斯拉夫人的國家，抵達哈扎爾人的首都哈姆利吉。他們航越卓章海（裏海），抵達巴爾喀，再從那裡橫渡阿姆河，接著前往托古茲古茲（Toghuzghuz）的尤特（Yurt，位於中亞的突厥人領域），再往赴中國。[68]

從奴隸身上獲利的不是只有商人：運送奴隸會經過的地域、登船的港口，以及販賣的市場，當地政府經常都課徵稅收或者主張獨占權。舉例而言，君士坦丁堡雖有一座奴隸市場——位於哀谷（Valley of the Lamentations）中，但有幾份當代文獻都提及商人因為稅賦過重而經常避開那座市場，把船停泊在安提阿（Antioch）。[69]在八世紀的廣府（現在中國南部的廣州），所有進港商品都受朝廷官員「市船使」控制，這個官員可以購買政府想要的一切外來品。[70]

哈里發軍隊裡的突厥男性奴隸，都從中亞乾草原邊緣被帶到內沙布爾（Nishapur），那裡每年都會把數以千計的奴隸往西送到巴格達。[71]男性奴隸必須要有政府發放的執照才可以運到阿姆河對岸，執照費用介於七十至一百迪拉姆之間。[72]

奴隸的用途

奴隸有很多用途。奴隸從童年開始即可擔任家僕。[73]他們也被當成農耕、建築以及礦業方面的勞動力。[74]女人經常被用來為人提供娛樂，擔任舞者與演奏者，性服務也無可避免是奴隸貿易的一大動機。有些男孩與少年遭到閹割，像阿拉伯、中國與拜占庭的宮廷裡都有太監。有些奴隸則由寺院持有，用於協助一般雜務。[75]另外有些奴隸為富有的奴隸主擔任私人守衛——還有一些則是擔任間諜。[76]為數眾多的奴隸都被當成士兵使用。在中國的一首詩裡，一名新郎夢想著自己致富之後將會擁有奴隸：

漢奴主知倉庫，
胡奴檢校牛羊。
斤腳奴裝鞍接蹬，
強壯奴使力耕荒。
端正奴拍箜篌送酒，
細腰奴唱歌作舞，
矬短擎炬子食床。[77]

此處沒有足夠的篇幅討論所有的奴隸角色，所以我只簡短檢視其中兩種：用於滿足性需求的女性奴隸，以及充當士兵的男性奴隸。[78]

性奴隸

絲路各地都可以見到奴隸女童及少女的身影。[79]她們的賣價很高，原因是她們除了能夠從事其他工作以外，也可以用來滿足性需求。如同大多數的奴隸，她們對自己的人生也毫無決定權。舉例而言，一至四世紀，塔克拉瑪干王國的精絕國就有一份合約，記錄一名手抄員以兩頭駱駝和兩張地毯購買了一名女性奴隸。合約指出，買主可以「毆打她、綁縛她、賣掉她、把她當成禮物送給別人、交換她、把她當成抵押品……想怎麼處置她就怎麼處置她」。[80]開羅藏經室裡一份十二世紀文件也記錄了一件案例，指稱紅海港口的一名猶太商人讓自己的奴隸懷了孕。奴隸生下男嬰之後，該名商人卻把她們母子帶到柏培拉港（Berbera，位於現在的索馬利亞）並拋棄他們。[81]然而，如同凱瑟琳・卡麥隆（Catherine Cameron）指出的，這類奴隸雖然身處社會的最底層，卻也經常還是會留下文化和基因遺緒。[82]

這些女性奴隸雖然絕大多數都不識字，也遭歷史遺忘，但其中有一部分人接受歌舞訓練，可供其主人——不論男女——出租給別人提供娛樂。這類女奴也有等級之分，最底層的是尼爾森（Lisa Nielson）在其討論伊斯蘭傳統的著作當中所稱的樂妓，最上層的則是頂級名妓。[83]同樣的差別也可見於絲路的其他文化裡。[84]這些奴隸中的菁英都接受過高度教育，也擁有識字能力，有些並且在詩詞當中留下了印記。他們的成就也記錄於男性仰慕者所寫的詩與文章中。伊斯蘭傳統中有兩件這類作品，分別為賈希茲（Jahiz；七七六～八六九）的〈談論歌女的書信〉（*Epistle on the Singing Girls*）與阿爾魯米（八三六～九六）的〈安哈馬的奴隸歌女瓦希德〉（*Wahid, the Singing Slave-Girl of Ambamah*），後者有兩句是這麼寫的：「她備受責怪，因為她一旦開口歌唱／自由人都紛紛被她奴役。」[85]其中最傑出的奴隸，據說能夠熟記多達四千首歌，並且精通傳統科學與可蘭經。[86]

利用奴隸滿足性需求的作法在男人當中相當普遍，但也有女性這麼做的案例。[87]舉例而言，《一千零一夜》講述某國王提早從旅程當中回來，卻發現王后和一名男性奴隸在床上，從而引發一連串事件，最後造就《一千零一夜》的故事。[88]十世紀的巴爾喀女詩人拉碧亞（Balkhi Rabia），則是寫下自己對一名突厥男性奴隸的愛：[89]

我對神祈求的是：
讓你愛上這麼一個人，
如木石一樣冷酷無情。

因為只有遭受過愛的折磨，
體驗過心痛與分離之苦，
你才會懂得感受以及珍惜
我對你的愛。

她為愛付出代價，因為這段感情被自己的哥哥殺害。

另一個案例提及中國的男性戰俘被地方上的寡婦瓜分。不過，這只是一個特例：大多數的戰俘奴隸被指派工作，都是為主人從事軍事任務。[90]

打仗的奴隸

在絲路各地，奴隸出現於軍隊當中，阿拉伯的哈里發國則把這種作法發揮到了極致，原因是志願從軍的人數在伍麥亞王朝（六六一～七五〇）期間越來越少。他們以捕捉與購買的方式取得大量男性奴隸——主要都是突厥人——投入軍隊裡擔任士兵。[91]這些由「馬木路克」（mamluk）——外國軍事奴隸——組成的軍隊最早出現在北非，接著擴展到西班牙與埃及，然後又及於西亞。[92]儘管有許多奴隸獲得解放，而且大多數都改信伊斯蘭教，但隨著他們的人數日益成長，解放情形也就變得越來越少見，改信伊斯蘭教也經常只是形式而已。[93]

塞爾柱帝國（一〇三七～一一九四）的波斯學者暨高官尼扎姆・穆勒克（Nizam al-Mulk；一〇一八～九二），描述突厥奴隸可能的職涯路線：

第一年，奴隸只能步行擔任馬夫，而且就算是在私底下也不敢偷偷騎馬，因為只要被發現就會遭到懲罰。在這段時期，他身穿贊丹尼奇（Zandaniji）布料製作的服裝。[94]一年過後，宮廷大臣如與營帳長意見一致，就會賜給他一匹突厥馬，配有一副樸素的馬具。第三年，他會獲得一把長劍；第五年獲得一個比較好的馬鞍、一具裝飾著星星的馬銜、比較華麗的服裝，還有一根棍棒；第六年獲得校閱服裝；第七年獲得授予「營帳長」的職銜，同時會有另外三人和他一起擔任這項職務。……他會逐漸晉升擔任以下職位：「Khayl-bashr」（小隊長）以及宮廷大臣。整個宮廷當中的首要人物即是首席宮廷大臣，也是王國裡數一數二的顯貴。[95]

如同這段文字顯示的，儘管絕大多數的突厥士兵無疑都僅會是低階兵員，但畢竟還是有晉升的可能。尼扎姆．穆勒克並且指出：

一個順從的奴隸
勝過三百個兒子；
因為兒子只會盼著父親快死，
奴隸卻是致力於追求主人的榮耀。[96]

阿克蘇赫（John Axouch）就是如此。他是突厥人，在一〇九七年的尼西亞圍城之戰當中遭俘虜，呈給拜占庭皇帝阿歷克塞一世．科穆寧（Alexios I Komnenos；一〇八一～一一一八年在位）。阿克蘇赫獲得太子約翰．科穆寧（John Komnenos）的信任。太子登基之後（約翰二世．科穆寧〔John II Komnenos〕；一一一八～四三年在位），原為奴隸的他就被任命為拜占庭軍隊的總司令。[97]另一個著名的例子是伽色尼王國（九七七～一一八六）的創建者蘇布克特勤（Sebüktigin；約九四二～九七）。他出生的地點位於現在的吉爾吉斯，在十二歲那年遭俘虜，並且被賣為奴隸，結果被薩曼王朝的宮廷大臣阿爾普特勤（Alptigin）買了下來。[98]

阿克蘇赫與蘇布克特勤雖然不免是數以萬計的奴隸當中極為罕見的特例，但另外也還是有其他方法可以逃脫奴役。

逃脫奴役之路

大多數的奴隸雖然到死都是奴隸，但也有些得以逃脫。許多遭奴役的戰俘必定都曾經試圖逃回自己的祖國，儘管我們聽聞的案例只有少數幾件。舉例而言，在八三九年左右，一名遭到西藏人俘虜的中國官員在被俘六年之後設法逃出。他雖然回到中國，並且寫下自己的經歷，卻因為腳部有一部分凍傷而壞死，可能是他從西藏高原翻越高山山口而造成的結果。[99]

薩魯法（Salufa）這位先前提過遭商人奴役的東非國王，後來也逃脫。他在阿曼被賣出，被買主帶到巴斯拉，然後又再度被賣，被帶到巴格達，在那裡成為穆斯林，並且研習可蘭經。由於他希望到麥加朝聖，於是設法逃走而加入一群朝聖者的隊伍。然後，他又加入一支前往開羅的旅行隊，再從開羅沿著尼羅河逆流而上，最後終於返回家鄉。他的人民也在他離開的這段期間信奉伊斯蘭教。[100]

薩魯法很幸運。官方其實也有義務歸還奴隸。阿拉伯與拜占庭在九六九年於阿勒坡（Aleppo）簽訂的條約，規定阿拉伯人必須歸還奴隸，不論該奴隸是基督徒還是穆斯林。條約內容顯示嘗試逃跑並非罕見：

> 不論是穆斯林或基督徒，是男性或女性的奴隸，若是逃往本條約指定區域以外的國家，只要該奴隸還身在指定區域內，穆斯林即不得予以窩藏，必須加以舉發。奴隸的主人必須為此付費，一名男性奴隸為三十希臘第納爾，女性為二十第納爾，男童或女童則是十五第納爾。奴隸主如果沒有能力贖回逃跑的奴隸，埃米爾即應向奴隸主課徵三第納爾的稅，再把奴隸交還給主人。[101]

在別的案例中，奴隸也有被自己的同胞或同教派的信徒贖回。據說有拜占庭的猶太人被阿拉伯人擄至埃及，在那裡被阿拉伯人與基督徒購買，然後獲得當地的猶太人社群贖回。在部分案例中，也有比較貧窮的社群向外尋求幫助，求助對象尤其以埃及的福斯塔特（Al-Fustat）中比較富裕的社群為主。[102]在另一個案例中，兩名西班牙猶太人在前往黎凡特的途中遭劫持，在拉姆拉（Ramla）被賣為奴隸，後來也被當地的猶太社群贖回。[103]

許多奴隸必定曾經嘗試逃跑，但想必都沒有成功，遭到了懲罰。不過，有些奴隸也可能得到解放，藉由合法途徑重獲自由。伊斯蘭世界裡有個法律用語，指涉奴隸獲得解放但仍與前主人維持一種特殊的關係。[104]自願性的解放行為被視為一種創造行為——獲得解放的奴隸仍是前主人的「創造物」或「兒子」。

有一些案例記錄獲得解放的奴隸仍與前主人仍維持關係，例如四世紀的史學家魯菲尼斯（Rufinis）提到弗魯門修斯（Frumentius）與埃德修斯（Edesius）這兩名兒童，他們從黎凡特的家鄉伴隨著叔叔前往東非的阿克蘇姆王國，在紅海入港停泊的時候，全船的人員都遭到殺害，只有這兩個男孩得以倖免。他們成了阿克蘇姆國王的奴隸，後來備受信任，兩人在死前不久獲得國王解放，但仍然留在宮裡幫助年少的王子。其中，弗魯門修斯因為在衣索比亞傳播基督教而聞名。[105]

中國唐律也承認解放奴隸的作法。依據戶令：「放奴婢爲良及部曲、客女者，並聽之。皆由家長給手書，長子以下連署，仍經本屬申牒除附。」[106]

另一個例子是君士坦丁堡的安德魯（Andrew of Constantinople；卒於九三六年），他是保鏢西奧諾斯圖（Theognostus）的奴隸。有一次，君士坦丁堡遭圍攻期間，他聲稱自己見到一群聖人圍繞著聖母瑪利亞的異象，攻擊者在之後隨即撤退。他的主人因此解放了他，從此他過著「聖愚」（Fool for Christ）的生活，後來在東正教會當中被奉為聖人。[107]

解放奴隸的例子也可見於這段時期。有些統治者或地方官員秉持仁慈之心，例如先前提過的柳宗元就在中國南部擔任司馬期間解放奴隸。不過，許多案例當中的解放行為都與改信宗教有關，有時也具有人口統計方面的動機。例如在拜占庭帝國，阿拉伯俘虜只要信奉基督教、結婚，並且繼續留在當地，就會獲得解放。[108]在查士丁尼大帝（五二七～六五年在位）治下頒布的一項庇護法，為奴隸提供加入宗教生活成為神職人員的機會，並且賦予教會終結其奴隸地位的權利。不過，這只有在他們維持神職人員身分的情況下才有效。他們如果離開教會，就回歸為奴隸。[109]

在拜占庭法律下，猶太人——以及其他非基督徒，例如撒瑪利亞人（Samaritan）——不准購買基督徒奴隸，但如果是經由其他方式取得，例如繼承，則仍可保有這樣的奴隸。[110]

在信奉祆教的伊朗，非祆教徒擁有的奴隸如果改信祆教，就有權在支付適當的補償之後離開他們的主人，而成為自由人。一份文獻甚至指稱奴隸有可能取得貸款——可能由祆教的機構提供——以買得自己的自由。[111]

柏納·路易斯（Bernard Lewis）指出，可蘭經雖然延續舊約與新約聖經支持奴隸制度的傳統，但伊斯蘭教發展出來的立法影響深遠：包括對於自由的推定，以及除了在嚴格界定的情況下，否則一律不得奴役自由人。[112]後來的穆斯林法學家更反對奴役自由穆斯林，「不論他們屬於什麼種族，也不論出生於何處」。[113]居住在穆斯林管轄範圍內的猶太人與基督徒社群也同樣獲得保護。

在這裡，我們看到宗教——以及族裔——有時會成為一種界定「他者」的方法。「他者」可以合法被奴役，同教派的信徒則是有權享有自由。在伊斯蘭哈里發國中，隨著改信伊斯蘭教的人數越來越多，奴隸來源因此減少。自七世紀以來，柏柏爾人（Berbers）原本在受阿拉伯人控制的非洲地中海沿岸被販賣，但隨著這群人口紛紛改信伊斯蘭教，他們就不再能夠被當成奴隸，於是奴隸商販只好往更遠的地方找尋奴隸來源。結果，來自撒哈拉以南非洲的奴隸人數因此出現成長。[114]

可嘆的是，大多數奴隸都沒有脫身之道：終其一生他們被迫標籤著這種身分，甚至也只能別無選擇的將這種身分傳承給他們的子女。

注釋

關於本章提及的地點，請見夾頁彩色地圖的八號地圖。

[1] 見 Quinn（2006）；Halloran（2009: 尤其是第三章）。

[2] 此外，如同 Ian Hodder（2012: 9）指出的，人類也是東西：一個人與一個銀質水壺的關係，是兩個東西之間的互賴或糾葛，就像主人與奴隸之間的關係一樣。

[3] 還有在基因庫裡，如同 Cameron（2011: 169）所言。

[4] 我在此處的目標不是要針對任何一個文化的奴隸制度提出詳盡的陳述，而是要對橫跨不同時間與不同文化的奴役行為呈現出若干片刻，並且在找得到資料的情況下描述個別奴隸的經驗。如此描繪出來的結果，是一幅非常粗略的圖畫，而且必然不免會有扭曲和選擇性的問題。本章將一再提出討論更詳細也更具學術性的參考資料。《劍橋世界奴隸史》（*Cambridge World History of Slavery*）的第二冊將會涵蓋絲路大部分的時

期與地點。羅馬被視為一大奴隸制社會，但這點已受到許多著作探討，所以我在這裡講述的故事只會偶爾提到羅馬的作法以供比較。

[5] Finkelman and Miller（1998: viii）。例外情形皆受到提及。

[6] Wyatt（2009: 43）。

[7]《判決千條書》（*Mādayān ī hazār dādestān*），一部由瓦拉曼（Farroxmard ī Wahrāmān）彙編於西元六世紀的法律案例集。不過，關於奴隸的那一章（Mādayān, pt. 1, 1.1-17）只有一部分包含在內（Macuch 2008）。

[8] 伊叟巴斯特（Īšō ʿboxt）的法律書——現存的是波斯原版的敘利亞語譯本。見 Macuch（2008）。

[9] Starr（2013: 169）；Buzurg ibn Shahriyār（1928）。

[10] 前者見 Rose（2008），後者見 Yaḥā ibn Maḥmūd al-Wāsiṭī，*al-Maqāmāt al-ḥarīriyah*（哈里里文集），法國國家圖書館，MS Arabe 5847, fol. 105r。

[11] Macuch（2008）。

[12] B. Lewis（1990: 24）。

[13] B. Lewis（1990: 24）。

[14] 引用於 B. Lewis（1990: 24）。

[15] Perry（2014: 4）。

[16] Johnson（1997: art. 191, 169-72）。

[17] Rotman and Todd（2009: 174）。

[18] Rotman and Todd（2009: 175）。

[19] W. Martin（1968）。

[20] 柳宗元（七七三—八一九）。他的〈童區寄傳〉講述一名十一歲的男童打敗其劫持者，而得以逃脫這種命運。

[21] Schafer（1967: 104）。

[22] Schafer（1963: 45）。

[23] Rotman and Todd（2009: 175-76）。

[24] Shaki（[1992] 2011）。

[25] Macuch（2008）。

[26] Wang Yu-t'ung（1953: 310）。

[27] Wang Yu-t'ung（1953: 311）。

[28] Wang Yu-t'ung（1953: 313-14）。

[29] Wang Yu-t'ung（1953: 308-10）。

[30] Wang Yu-t'ung（1953: 312）。

[31] Knechtges and Chang（2010-14: 1679）。

[32] Knechtges and Chang（2010-14: 1832）。

[33] Wang Yu-t'ung（1953: 315）。

[34] Wang Yu-t'ung（1953: 298）。

[35] 見 Wang Yu-t'ung（1953: 303-5）的統計表。

[36] Wang Yu-t'ung（1953: 308）。

[37] Schafer（1967: 57）。

[38] Schafer（1967: 56）。

[39] Sperling（1979: 22-24）；Demiéville（1952: 197-98）。關於刺青在中國軍隊裡的類似使用方式，見C. Reed（2000: 19-24）的概述。另見Zhu（2016: 642）探討政府對於不分男女的戰俘奴隸刺青的作法。關於在帕提亞礦坑裡工作的奴隸身上的刺青，見Perikhanian（2008: 635）。

[40] Al-Ṭabarī（1989: 39-40）。

[41] Rotman and Todd（2009: 26）。

[42] Buzurg ibn Shahriyār（1928: 43）。故事接著描述這個商人後來如何回到相同的地方，得到逃脫的國王接見。

[43] Starr（2013: n29）。

[44] B. Lewis（1990: 23）。

[45] 這些名稱經過許多討論，我在此使用是審慎考慮之後的結果。

[46] 如同基南（Desmond Keenan）指出的：「對於奴隸奪取者而言，奴隸是一種很有價值的貨幣。他們可以賣掉奴隸，再把錢拿來買酒以及其他奢侈品。奴隸一直都有市場，而且只要你比鄰居還要強大，就會有無窮無盡的奴隸供應。……對於愛爾蘭人而言，劫奪奴隸是劫奪牛隻以外一種獲利豐厚的延伸活動」（2004: 152）。

[47] 維京人在八六〇年攻打君士坦丁堡。他們雖然遭驅退，但雙方卻簽訂條約以避免更多的攻擊行動，有些

維京人也被招募為拜占庭守衛（Lynch and Adamo 2014: 122）。

[48] Sephton（1880）。

[49] *Annals of Ulster*（2000），Year U821.3。「埃塔爾（Étar）遭到異教徒劫掠，他們抓走為數眾多的女人。」不過，愛爾蘭人同樣也有劫奪奴隸與牛隻的行為。舉例而言，見U951.3與U1012.2等年的記載，還有前注46。

[50] Lynch and Adamo（2014: 122）。

[51] Sawyer（2001）。

[52] 關於界定斯拉夫人族裔的問題，見Curta（2001: 227-29）的討論。

[53] 近來的一項計算顯示有八十萬迪拉姆（Jankowiak 2012）。

[54] 奴隸市場會在稍後討論。

[55] Jankowiak（2012: 4）。

[56] 當時稱為海人，提及於比布魯斯（Byblos）的方尖碑上。

[57] Thomas（2012: 129）。

[58] Rotman and Todd（2009: 49）。

[59] Canard（2012）。

[60] Rotman and Todd（2009: 47）。

[61] Schafer（1963: 44）；Wilbur（1943b: 92）；Lee（1997: 51-52）。

[62] Bingheimer（2004: 146）。

[63] 許多檔案記錄了不同時間與地點的奴隸買賣與價錢。我在這裡不加以引用，因為在沒有更多背景條件的

情況下，這些資料就沒什麼意義。

[64] Ibn Faḍlān（2005: 63-65）。

[65] Jankowiak（2012）認為僅次於毛皮與黃金的「奴隸，是安達魯西亞各地市場的第三大商品」（Constable 1996: 203）。利用布料當錢的作法，在絲路東端具有充分的證據，成捲的絲綢在那裡是常見的付款方式。H. Wang（2004）。

[66] Jankowiak（2012）。也引用於 La Puente（2017: 127-28），她對於這項記述的正確性持疑。

[67]「Radhanite」一詞——阿拉伯文寫為「al-Rāḏāniya」——只見於少數幾份文獻裡，而且其中有些可能源自這項記錄。這個詞語的使用範圍有多廣並不清楚。見 Pellat（2012）。

[68] Adler（1987: 2-3）。

[69] Rotman and Todd（2009: 68-80）。

[70] Schafer（1963: 23）。尤其見 p.24 的進一步討論，其中引述一名阿拉伯人的說法，指稱其同胞一抵達中國，就必須把三分之一的貨物繳給皇倉。

[71] Starr（2013: 197）。

[72] Barthold（1968: 329）。其他地方則是對奴隸課徵關稅，例如 La Vaissière（2005: 165）引述一份六四八年的文件，其中提到別失八里（Beshbaliq）一個名叫米巡職的人申請交易許可證，希望把兩名奴隸——一個十五歲的男孩和一個十二歲的女孩——還有一頭八歲大的駱駝與十五頭綿羊帶到吐魯番的市場。這是一段相對而言短暫的旅程，只需往南翻越天山。

[73] 在西元前五十九年寫於中國的一篇諷刺文章，列舉一名桀驁不馴的家僕必須從事的所有工作（Wilbur

1943b: 82/382）。

[74] 舉例而言，可參考 Yaacov（2012: 138）對九至十世紀期間突尼西亞種植園中奴工的討論；La Vaissière（2005: 281）記述一名梅爾夫的行政長官，把擄來的粟特貴族帶到麥地那，把他們當成農工；薩曼王朝的礦坑裡發現腳鐐，可能用在突厥與斯拉夫奴隸身上（Starr 2013: 233n30）；還有西塞羅在寫給阿提庫斯（Atticus）的一封信裡，提到一名逃跑的奴隸指稱自己曾在帕提亞國王的礦坑裡工作過，而且為了證明自己所言不假，還出示他身上被烙印的標記（Perikhanian 2008: 63）。關於中國漢朝時期的工業奴隸，則見 Wilbur（1943a）。

[75] 關於佛教當中的奴隸，見 Schopen（1994）。奴隸制度與宗教之間糾纏不清的關係，是一項值得探究的主題。如同 Bernard Lewis（1990）在他對於中東奴隸制度的討論當中所指出的，宗教典籍接受奴役的概念：舊約聖經、新約聖經，還有可蘭經都是如此。艾賽尼派（Essene）拒絕奴隸的作法可能絕無僅有，那個區域的其他社群全都有奴隸存在，不論是猶太教、基督教，還是其他異教社群（Lewis 1990: 5）。奴隸制度沒有宗教界線，在信奉祆教的伊朗、信奉伊斯蘭教的阿拉伯，還有信奉印度教、儒家思想與佛教的東方都同樣有奴隸的身影。

[76]「粟特商人經常購買奴隸（chakar）組成守衛或甚至軍隊，在他們遠行之時為他們看守家園」（Frye 2012: 195-96n81，引用 Findley 2005: 45）。關於間諜，見 Barthold（1968: 221-22）。《歷史珍蒐》（*Tarikhi Khayrat*）的作者指出：「阿姆爾（'Amr）買下年輕的奴隸，訓練他們效忠於自己，然後送給他手下的貴族；這些奴隸向他回報他們主人的一切行為。他們也不會因為害怕自己的主人而有所卻步，因為在阿姆爾的統治下，沒有一個貴族膽敢不經君主許可而毆打奴隸。」

[77] Waley（1960: 162）：這首詩出現在一份發現於絲路城鎮敦煌的手抄本上。

[78] 在此處探討的這段時期，大部分時間使用於家庭和軍事當中的奴隸，大概都是多數社會最常見的類型。如同佩里（Craig Perry）指出的：「相對於早期、現代大西洋上的主要奴隸體系，伊斯蘭世界的奴隸體系主要不是為了大規模的農業生產。九世紀時的伊拉克與十世紀時的伊夫里基亞（Ifriqiyah），奴隸雖然大量投入於農業工作當中，但伊斯蘭帝國在任何一個時間點的奴隸，大多數都是用於擔任家僕與奴兵」（2014: 3-4）。

[79]「捕捉俘虜的規模之大令人震驚。幾乎每個社會政治階級的社會——從小群體乃至國家——還有每一塊大陸的社會中，都可以見到俘虜，尤其是女性俘虜」（Cameron 2011: 169）。關於一項依據開羅藏經室的紀錄而對女性奴隸進行的詳細研究，見 Perry（2014）。

[80] Whitfield and Sims-Williams（2004: 174）。

[81] Perry（2014: 1）。

[82] Cameron（2011, 2016）討論過這一點。舉例而言，她指出「奴隸有可能成為傳遞文化慣例的重要媒介。Kristiansen and Larsson（2005）敦促我們思考陌生的文化慣例如何融入而被賦予新意義」（2011: 187）。Lenski（2008）記錄俘虜在基督教「於西元頭幾世紀期間」傳播於日耳曼部族當中所扮演的角色。

[83] Nielson（2017）。關於此一傳統的詳細討論，見這部文集（Gordon and Hain 2017）當中的其他論文。

[84] 舉例而言，見 Dauphin（1996）對於拜占庭的探討，以及 Zhang Bangwei（2016: 174-77）對於中國的探討。

[85]〈安哈馬〉的第二十九行。見 Motoyoshi（2001）。

[86] Motoyoshi（2001: 9）。

[87] 此外，也有同性戀活動的案例，例如在羅馬；見 Verstraete（1980）。

[88] 與奴隸上床的王后是沙赫瑞亞爾（Shahriyar）的妻子。由於沙赫瑞亞爾自此之後對所有女性都失去信心，因此每晚娶一個妻子，天亮前就將她處死；後來沙赫瑞亞爾又娶了雪赫拉莎德（Scheherazade），她藉著說故事的方法延後自己遭處死的時間。

[89] Starr（2013: 226n5, xvii）。

[90] Schafer（1963: 42）。

[91] Crone（1980）。阿格拉布王朝（Aghlabid）與法提瑪王朝（Fatimid）的軍隊則是使用黑奴（Lev 2012: 138）。

[92] Crone（1980: 75）。

[93] Crone（1980: 79）。

[94] 關於贊丹尼奇布料究竟是棉布還是絲綢，至今仍無定論，但在此處大概是前者。見 Marshak（2006）與 Dode（2016）關於這一點的討論與參考書目。

[95] Barthold（1968: 227）。

[96] Findley（2005: 67）。這種想法有點像中國唐朝的一名皇帝，他認為外國將領比較不可能會造反。不過，後來安祿山造反，就證明了這是一項錯誤判斷。

[97] Kazhdan（2005: Axouch）。

[98] Bosworth（2012）。

[99] Sperling（1979: 22-24）；Demiéville（1952: 197-98）。關於刺青在中國軍隊裡的類似使用方式，見 C.

[100] Reed（2000: 19-24）的概述。

[101] Devic and Quennell（1928）。

[102] Rotman and Todd（2009: 55）。

[103] Rotman and Todd（2009: 51-52）。

[104] Rotman and Todd（2009: 53）。

[105] Forand（1971）。

[106] Trimingham（2013: 38-39）。

[107] Johnson（1997: 133）。

[108] Harris（2017: 93）。

[109] Rotman and Todd（2009: 41）。

[110] Rotman and Todd（2009: 144）。

[111] Rotman and Todd（2009: 66-67）。

改信祆教的奴隸可以離開自己的異教主人，成為「萬王之王的臣民」，也就是成為自由人，但必須向自己的前主人提供補償。Ērbadestān 當中的一個重要段落，指稱奴隸甚至可獲得貸款（abām）以支付這種補償金（也許由宗教機構提供）（ed. Kotwal and Boyd 1980: 12v, secs. 11-15）。

[112] B. Lewis（1990: 5）。

[113] B. Lewis（1990: 55）。

[114] Lev（2012: 138）討論過阿格拉布王朝期間的突尼西亞出現這種發展的情形。

致謝

本書濃縮我數十年來研究絲路物品與地貌的成果。自從我在多年前提出這項寫作計畫，已有無數人協助我孕育成形；至於幫助我達到那個起點的人士，我無法全數記住或是一一列出幫助我答到這個目標的人。這些人包括過往研究絲路的學者、旅人、攝影師、策展人、修護員、科學家、考古學家等，他們的研究為我提供知識與靈感。此外，還有我在走訪絲路旅途上遇見的許多人——司機、導遊以及其他人士，例如接待旅人的當地家庭。如果只挑出其中一部分的人予以致意，未免失之公平，所以我要利用這個機會肯定以及感謝所有人。

還有，特別針對本書為我提供協助的人士，他們閱讀屬於自己專業領域的章節，為我指出最嚴重的錯誤與疏漏。我在每一章開頭都有提到他們所扮演的角色，感謝他們慷慨投注的時間以及學術上的幫助。如果本書還有錯誤，都是我的責任。當然，我也感謝朋友與同事們在我高峰與低谷的寫作過程中所提供的支持。尤其感謝加州大學出版社的團隊，包括自由接案人員，他們幫我在眾多注腳中抓出闕漏的部分。

最後，我必須提到為本書帶來靈感的其他許多（非人類的）物質物體；有些在書中扮演主要角色，有些僅是稍微客串，但有更多是擔任配角，它們雖然隱身幕後，卻具有關鍵的重要性。

參考書目

- Abel-Rémusat, Jean Pierre. 1820. Histoire de la ville de Khotan, tirée des annales de la Chine et traduite du chinois suivie de recherches sur la substance minérale appelée par les Chinois " ierre de Iu," et sur le jaspe des anciens. Paris: Doublet.
- Adler, Elkan. 1987. Jewish Travellers in the Middle Ages. New York: Dover Publications.
- Alemany, Agustí. 2000. Sources on the Alans: A Critical Compilation. Leiden: Brill.
- Allsen, Thomas T. 2006. The Royal Hunt in Eurasian History. Philadelphia: University of Pennsylvania Press.
- Alram, Michael. 1986. Nomina propria Iranica in nummis: Materialgrundlagen zu den iranischen Personennamen auf antiken Münzen. Iranisches Personennamenbuch 4. Vienna: Verlag der Osterreichischen Akademie der Wissenschaften.
- Alram, Michael. 2016. Das Antlitz des Fremden: Die Münzprägung der Hunnen und West-türken in Zentralasien und Indien. Vienna: Austrian Academy of Science.
- An Jiayao. 2004. "The Art of Glass along the Silk Road." In Watt et al. 2004: 57–66.
- Annals of Ulster. 2000. CELT: The Corpus of Electronic Texts. https://celt.ucc.ie/published/T100001A/index.html.
- An Pingqiu and Zheng Peiheng. 1992. 中国禁书大观 Zhongguo jinshu daguan. Shanghai: Shanghai wenhua chubanshe.
- Aptel, Claire, and Nathalie Biotteau. 1997. Thomas Dobrée, 1810-1895: Un homme, un musée. Exh. cat. Nantes: Musée Dobrée and Somogy.
- Arnold, Thomas W., and Adolf Grohman. 1929. The Islamic Book: A Contribution to Its Art and History from the VII–XVIII Century. Paris: Pegasus Press.
- Arrault, Alain, and J.-C. Martzloff. 2003. "Les calendriers." In Divination et société dans la Chine medieval, edited by Marc Kalinowski, 86–211. Paris: Bibliothèque nationale de France.
- Aruz, Joan, Ann Farkas, Andrei Alekseev, and Elena Korolkova, eds. 2000. The Golden Deer of Eurasia: Scythian and Sarmatian Treasures from the Russian Steppes. Exh. cat. New York: Metropolitan Museum of Art.
- Aruz, Joan, and Elizabeth Valtz Fino, eds. 2012. Afghanistan: Forging Civilizations along the Silk Road. New York: Metropolitan Museum of Art. 273
- Asouti, Eeleni, and Dorian Q. Fuller. 2008. Trees and Woodlands of South India: Archaeological Perspectives. Walnut Creek, CA: Left Coast Press.

- Bachrach, Bernard S. 1973. A History of the Alans in the West, from Their First Appearance in the Sources of Classical Antiquity through the Early Middle Ages. Minneapolis: University of Minnesota Press.
- Bagnall, Roger S., et al. 2012. The Encyclopedia of Ancient History. London: Wiley-Blackwell.
- Bagnera, Alessandra. 2006. "Preliminary Note on the Islamic Settlement of Ude- gram, Swat: The Islamic Graveyard (11th–13th Century A.D.)." East and West 56 (1–3): 205–28.
- Balfour-Paul, Jenny. 1998. Indigo. London: British Museum Press.
- Ball, Warwick. 2002. Rome in the East: The Transformation of an Empire. London: Routledge.
- Baranov, Vladimir. n.d. "II. Materials and Techniques of Manuscript Production. 1. Parchment." In Medieval Manuscript Manual. Central European University, Department of Medieval Studies. http://web.ceu.hu/medstud/manual/MMM/ parchment.html.
- Barnard, Mark, and Frances Wood. 2004. "A Short History of the Conservation of the Dunhuang Manuscripts in London." In The Silk Road: Trade, Travel, War and Faith, exh. cat., edited by Susan Whitfield and Ursula Sims-Williams, 97–104. London: British Library; Chicago: Serindia.
- Barrett, T. H. 1997. "The Feng-tao k'o and Printing on Paper in Seventh-Century China." Bulletin of the School of Oriental and African Studies 60 (3): 538–40.
- Barrett, T. H. 2001. "Woodblock Dyeing and Printing Technology in China, c. 700 A.D.: The Innovations of Ms. Liu and Other Evidence." Bulletin of the School of Oriental and African Studies 64 (2): 240–47.
- Barthold, V. V. 1968. Turkestan Down to the Mongol Invasion. 3rd ed. London: Luzac.
- Bass, G. F. 1987. "Oldest Known Shipwreck Reveals Splendors of the Bronze Age." National Geographic, December: 696–733. Basu, M. K., S. K.
- Basu, and R. V. Lele. 1974. "4000 Year Old Faience Bangles from Punjab." Central Glass and Ceramic Research Institute Bulletin 21 (4): 85–90.
- Bazin, Louis, György Hazai, and Hans Robert Roemer, eds. 2000. Philologiae et Historiae Turcicae Fundamenta. Vol. 1. Berlin: Klaus Schwarz.
- Beal, Samuel, trans. 1884. Si-Yu-Ki: Buddhist Records of the Western World, Trans- lated from the Chinese of Hiuen Tsiang (A.D. 629). London: K. Paul, Trench, Trübner.
- Beard, Mary. 1991. "Writing and Religion: Ancient Literacy and the Function of the Written Word in the Roman Religion." In Literacy in the Roman World, edited by Mary Beard, Alan K. Bowman, and Mireille Corbier, 35–58. Journal of Roman Archaeology, suppl. 3. Ann Arbor, MI: n.p.
- Beard, Mary. 2015. SPQR: A History of Ancient Rome. London: W. W. Norton.
- Beer, Robert. 2015. The Handbook of Tibetan Buddhist Symbols. Kindle ed. Boulder, CO: Shambhala Publications.
- Behrendt, Kurt A. 2004. The Buddhist Architecture of Gandhara. Handbook of Oriental Studies, sec. 2, South Asia, vol. 17. Leiden: Brill.
- Beit-Arié, Malachi. 1993. Hebrew Manuscripts of East and West: Towards a Com- parative Codicology. Panizzi Lectures, 1992. London: British Library.
- Beit-Arié, Malachi. 2009. "The Script and Book Craft in the Hebrew Medieval Codex." In Crossing Borders: Hebrew Manuscripts as a Meeting-Place of Cultures,

edited by Piet van Bixel and Sabine Arndt, 21–34. Oxford: Bodleian Library.

- Bellina, Bérénice. 1997. Cultural Exchange between India and Southeast Asia: Pro- duction and Distribution of Hard Stone Ornaments, c. VI BCE–VI CE. Paris: Editions de la Maison des Sciences de l'homme.
- Bellina, Bérénice, and Ian Glover. 2004. "The Archaeology of Early Contact with India and the Mediterranean World, from the Fourth Century BC to the Fourth Century AD." In Southeast Asia: From Prehistory to History, edited by Ian C. Glover and Peter Bellwood, 68–89. London: Routledge/Curzon Press.
- Benjamin, Craig. 2007. The Yuezhi: Origin, Migration and the Conquest of Northern Bactria. Turnhout: Brepols.
- Bernard, Paul. 1981. "Problèmes d'histoire coloniale greques à travers l'urbanisme d'une cité hellénistique d'Asie Centrale." In 150 Jahre Deutsches Archäologisches Institut, 1829–1979, edited by Deutsches Archäologisches Institut, 108–20. Mainz: P. von Zabern.
- Bernard, Paul, Roland Besenval, and Philippe Marquis. 2006. "Du 'mirage bactrien' aux réalitiés archéologiques: Nouvelles fouilles de la Délégation archéologique française en Afghanistan (DAFA) à Bactres (2004–2005)." CRAI 150:1175–1248.
- Bernshtam, Aleksander N. 1951. Ocherk istorii gunnov. Leningrad: Izd-vo. Lenin-gradskogo gos. universiteta.
- Berrada, Khalid. 2006. Metaphors of Lights and Darkness in the Holy Quran: A Con- ceptual Approach. https://www.flbenmsik.ma/data/bassamat/basamat1/Berrada. pdf.
- Berzina, S. I. 1984. "Kushana Coins in Axum." Information Bulletin of the International Association for the Study of the Cultures of Central Asia 7:57–64.
- Bhattacharya-Haesner, Chhaya. 2003. Central Asian Temple Banners in the Turfan Collection of the Museum für Indische Kunst. Berlin: Reimar.
- Biggam, C. P. 2002. "Knowledge of Whelk Dyes and Pigments in Anglo-Saxon England." In Anglo-Saxon England 35, edited by Malcolm Goddena and Simon Keynes, 23–57. Cambridge: Cambridge University Press.
- Bingheimer, Marcus. 2004. "Translation of the Tōdaiwajō tōseiden 唐大和上東征傳 (Part 2)."Indian International Journal of Buddhist Studies 5:142–81.
- Binyon, R. L. 1910. Guide to an Exhibition of Chinese and Japanese Paintings (Fourth to Nineteenth Century AD) in the Print and Drawing Gallery. London: British Museum, Department of Prints and Drawings.
- Biran, Michael. [2004] 2012. "Ilak-Khanids." In Encyclopaedia Iranica Online. Last updated March 27. www.iranicaonline.org/articles/ilak-khanids.
- Bivar, A. D. H. 1972. "Cavalry Equipment and Tactics on the Euphrates Frontier." Dumbarton Oaks Papers 26:273–91.
- Bivar, A. D. H. [2003] 2012. "Hephthalites." In Encyclopaedia Iranica Online. Last updated March 22. www.iranicaonline.org/articles/hephthalites.
- Blair, Sheila S., and Jonathan M. Bloom. 1994. The Art and Architecture of Islam, 1250–1800. New Haven, CT: Yale University Press.
- Blockley, R. C., trans. 1985. The History of Menander the Guardsman. Liverpool: Francis Cairns.
- Bloom, Jonathan M. 2001. Paper before Print: The History and Impact of Paper in the Islamic World. New Haven, CT: Yale University Press.
- Bloom, Jonathan M. 2015. "The Blue Koran Revisited." Journal of Islamic Manuscripts 6 (2–3): 196–218.

- Bloom, Jonathan M., and Sheila Blair. 2011. "Introduction: Color in Islamic Art and Culture." In Diverse Are Their Hues: Color in Islamic Art and Culture, edited by Jonathan M. Bloom and Sheila S. Blair, 1–52. New Haven, CT: Yale University Press.
- Boardman, John. 2012. "Tillya Tepe: Echoes of Greece and China." In Aruz and Fino 2012: 102–11.
- Boehm, Barbara Drake. [2001] 2011. "Relics and Reliquaries in Medieval Christianity." Heilbrunn Timeline of Art History, April. Metropolitan Museum of Art. www.metmuseum.org/toah/hd/relc/hd_relc.htm.
- Boesken Kanold, Inge. 2005. "The Purple Fermentation Vat: Dyeing or Paint- ing Parchment with Murex trunculus." In Dyes in History and Archaeology 20: Including Papers Presented at the 20th Meeting, Held at the Instituut Collectiie Nederland, Amsterdam, the Netherlands, 1–2 November 2001, edited by J. Kirkby 150–54. London: Archetype.
- Bonnet-Bidaud, Jean-Marc, Françoise Praderie, and Susan Whitfield. 2009. "The Dunhuang Sky: A Comprehensive Study of the Oldest Known Star Atlas." Journal of Astronomical History and Heritage 12:39–59. http://idp.bl.uk/education/ astronomy_researchers/index.a4d.
- Borell, Brigitte. 2010. "Trade and Glass Vessels along the Maritime Silk Road." In Glass along the Silk Road from 200 BC to 1000 AD, edited by Bettina Zorn and Alexandra Hilger, 127–42. Darmstadt: Betz-Druck.
- Borell, Brigitte. 2011. "Han Period Glass Vessels in the Early Tongking Gulf Region." In The Tongking Gulf through History, edited by Nola Cooke, Li Tana, and James A. Anderson, 53–66. Philadelphia: University of Pennsylvania Press.
- Borovka, Gregory. 1928. Scythian Art. Translated by V. G. Childe. London: Ernest Benn.
- Bosworth, C. E. 2012. "Maḥmūd b. Sebüktigin." In Encyclopaedia Iranica Online. Last updated December 21. www.iranicaonline.org/articles/mahmud-b -sebuktegin.
- Bracey, Robert. 2009. "The Coinage of Wima Kadphises." Gandharan Studies 3:25–75.
- Bracey, Robert. 2012. "The Mint Cities of the Kushan Empire." In The City and the Coin in the Ancient and Early Medieval Worlds, edited by Fernando López Sánchez, 117–29. Oxford: Archaeopress.
- Braghin, Cecilia, ed. 2002. Chinese Glass: Archaeological Studies on the Uses and Social Context of Glass Artefacts from the Warring States to the Northern Song Period. Orientalia Venetiana 14. Florence: Leo S. Olschki.
- Bray, Francesca. 1997. Technology and Gender: Fabrics of Power in Late Imperial China. Berkeley: University of California Press.
- Brill, Robert H. 1991–92. "Some Thoughts on the Origins of the Chinese Word'Boli.'" Silk Road Art and Archaeology 2:129–36.
- Brill, Robert H. 1995. "Scientific Research in Early Asian Glass." In Proceedings of XVII International Congress on Glass, vol. 1, Invited Lectures, 270–79. Beijing: Chinese Ceramic Society.
- Brill, Robert H. 1999. Chemical Analyses of Early Glasses. Vol. 2. Table of Analyses. Corning, NY: Corning Museum of Glass.
- Brill, Robert H., and J. H. Martin, eds. 1991. Scientific Research in Early Chinese Glass: Proceedings of the Archaeometry of Glass Sessions of the 1984 International

Symposium on Glass. Beijing, September 7, 1984. Corning, NY: Corning Museum of Glass.

- Brill, Robert H., S. S. C. Tong, and D. Dohrenwend. 1991. "Chemical Analyses of Some Early Chinese Glasses." In Brill and Martin 1991: 31–58.
- Brindley, Erica Fox. 2015. Ancient China and the Yue. Cambridge: Cambridge University Press.
- British Museum. 1914. Guide to an Exhibition of Paintings, Manuscripts and Other Archaeological Objects Collected by Sir Aurel Stein K.C.I.E. in Chinese Turkestan. London: Trustees of the British Museum.
- Bromberg, Carol A. 1983. "Sasanian Stucco Influence: Sorrento and East-West." Orientalia Lovaniensia Periodica 14:247–67.
- Brosseder, Ursula. 2011. "Belt Plaques as an Indicator of East-West Relations in the Eurasian Steppe at the Turn of the Millennia." In Brosseder and Miller 2011: 349–424.
- Brosseder, Ursula, and Bryan K. Miller, eds. 2011. Xiongnu Archaeology: Multidis- ciplinary Perspectives of the First Steppe Empire in Inner Asia. Bonn: Vor und Frühgeschichtliche Archäologie Rheniische Freidrich-Wilhelms-Universität.
- Broudy, Eric. 1979. The Book of Looms: A History of the Handloom from Ancient Times to the Present. Lebanon, NH: University Press of New England.
- Brown, Michelle P., ed. 2006. In the Beginning: Bibles before the Year 1000. Washington, DC: Smithsonian Books.
- Brubaker, Leslie, and John Haldon. 2011. "Byzantium in the Iconoclast Era, c.680–850." English Historical Review 127 (528): 1182–84.
- Bryce, Trevor. 2014. Ancient Syria: A Three Thousand Year History. Oxford: Oxford University Press.
- Buck, Bruce. A. 1982. "Ancient Technology in Contemporary Surgery." Western Journal of Medicine 136 (3): 265–69.
- Bunker, Emma C. 1983. "Sources of Foreign Elements in the Culture of Eastern Zhou." In The Great Bronze Age of China: A Symposium, edited by George Kuwayama, 84–93. Seattle: University of Washington Press.
- Bunker, Emma C. 1988. "Lost Wax and Lost Textile: An Unusual Ancient Technique for Casting Gold Belt Plaques." In The Beginning of the Use of Metals and Alloys, edited by Robert Maddin, 222–27. Cambridge, MA: MIT Press.
- Bunker, Emma C. 1997. Ancient Bronzes of the Eastern Eurasian Steppes from the Arthur M. Sackler Collections. New York: Arthur M. Sackler Foundation.
- Bunker, Emma C., Bruce Chatwin, and Ann R. Farkas. 1970. "Animal Style": Art from East to West. New York: Asia Society.
- Bunker, Emma C., James C. Y. Watt, and Zhixin Sun. 2002. Nomadic Art from the Eastern Eurasian Steppes: The Eugene V. Thaw and Other New York Collections. New York: Metropolitan Museum of Art.
- Burrow, Thomas. 1940. A Translation of the Kharosthi Documents from Chinese Turkestan. London: Royal Asiatic Society.
- Buzurg ibn Shahriyār. 1928. The Book of the Marvels of India. Translated by Devic, L. Marcel and Peter Quennell. London: Routledge & Sons.
- Callcott, Maria. 1842. A Scripture Herbal. London: Longman, Brown, Green, & Longmans.
- Callieri, Pierfrancesco. 1996. "Hephthalites in Margiana? New Evidence from the Buddhist Relics in Merv." In La Perse e l'Asie centrale da Alessandro al X secolo,

391–400. Atti dei convvegni Lincei 127. Rome: Academia Nazionale dei Lincei.

- Callieri, Pierfrancesco, ed. 2006. Architetti, capomastri, artigiani: L'organizzazione dei cantieri e della produzione artistica nell'Asia ellenistica: Studi offerti a Domenico Faccenna nel suo ottantesimo compleanno. Rome: Istituto italiano per l'Africa e l'Oriente.
- Callieri, Pierfrancesco. 2007. "Barikot: An Indo-Greek Urban Center in Gandhara." In Srinivasan 2007: 133–64.
- Cameron, Catherine M. 2011. "Captives and Cultural Change: Implications for Archaeology." Current Anthropology 52 (2): 169–209.
- Cameron, Catherine M. 2016. Captives: How Stolen People Changed the World. Lincoln: University of Nebraska Press.
- Canard, M. 2012. "Ayn Zarba." In The Encyclopaedia of Islam, 2nd ed., edited by P. Bearman, Th. Bianquis, C. E. Bosworth, E. van Donzel, and W. P. Heinrichs. http://brillonline.nl/entries/encyclopaedia-of-islam-2/ayn-zarba-SIM_0917?s.num=89&s.rows=50&s.start=80.
- Canby, Sheila. 2012. "The Qur'an." Islamic Arts and Architecture, April 3. http://islamic-arts.org/2012/the-qur%E2%80%99an/.
- Capp, Bernard. 1979. English Almanacs, 1500–1800: Astrology and the Popular Press. Ithaca, NY: Cornell University Press.
- Cardon, Dominique. 2007. Natural Dyes: Sources, Tradition, Technology and Science. London: Archetype Publications.
- Carlà, Filippo. 2012. "Horses, Greece and Rome." In The Encyclopedia of Ancient History. Wiley Online Library. DOI: 10.1002/9781444338386.wbeah06166.
- Carter, M. L. 1974. "Royal, Festal Themes in Sasanian Silverware and Their Central Asian Parallels." Acta Iranica 1:171–202.
- Cartwright, Caroline R., Christina M. Duffy, and Helen Wang. 2014. "Microscopi- cal Examination of Fibres Used in Ming Dynasty Paper Money." British Museum Technical Research Bulletin 8:105–16.
- Cashion, Debra Taylor. 2016. "Broken Books." Manuscript Studies: A Journal of the Schoenberg Institute for Manuscript Studies 1 (2): 342–52.
- Casselman, Karen Diadick, and Takako Terada. 2012. "The Politics of Purple: Dyes from Shellfish and Lichens." Paper 666, Symposium Proceedings of the Textile Society of America. http://digitalcommons.unl.edu/cgi/viewcontent.cgi?article =1665&context=tsaconf.
- Chakrabarti, D. K. 1995. "Buddhist Sites across South Asia as Influenced by Political and Economic Forces." World Archaeology 27:185–202.
- Chang, Claudia. 2008. "Mobility and Sedentism of the Iron Age Agropastoralists of Southeast Kazakhstan." In The Archaeology of Mobility: Old World and New World Nomadism, edited by Hans Barnard and Willeke Wendrich, 329–42. Los Angeles: Cotsen Institute of Archaeology, University of California, Los Angeles.
- Chang, Claudia, Norbert Benecke, Fedor P. Grigoriev, and Perry Tourtellotte. 2003. "Iron Age Society and Chronology in South-East Kazakhstan." Antiquity 73 (296): 298–312.
- Chavannes, Édouard. 1903a. Documents sur les Tou-Kiue (Turcs) occidentaux recueil- lis et commentés par E. Chavannes. Paris: Librairie d'Amérique et d'Orient Adrien Maisonneuve.
- Chavannes, Édouard. 1903b. "Le voyage de Song Yun dans l'Udyana et le Gandhara." Bulletin del'École Française d'Extrême Orient 3:379–441.
- Chavannes, Édouard. 1907. "Chinese Inscriptions and Records." Appendix A in Serindia: Detailed Report of Explorations in Central Asia and Westernmost China,

edited by Marc Aurel Stein, 1329–39. Oxford: Oxford University Press.

- Chavannes, Édouard, and Sylvain Lévi. 1895. "L'itinéraire d'Ou-k'ong (751–90)." Journal Asiatique, n.s., 6 (9): 341–84.
- Chin, Tamara T. 2010. "Familiarizing the Foreigner: Sima Qian's Ethnography and Han-Xiongnu Marriage Diplomacy." Harvard Journal of Asiatic Studies 70 (2): 311–54.
- Chin, Tamara T. 2013. "The Invention of the Silk Road, 1877." Critical Inquiry 40 (1): 194–219.
- Chittick, Neville. 1974. "Excavations at Aksum 1973–74: A Preliminary Report." Azania 9:159–205.
- Choi, Charles Q. 2017. "Oldest Evidence of Silk Found in 8.500-Year-Old Tombs." LiveScience, January 10. https://www.livescience.com/57437-oldest-evidence-of-silk-found-china.html.
- Christian, David. 1994. "Inner Eurasia as a Unit of World History." Journal of World History 5 (2): 173–211.
- Christian, David. 1998. A History of Russia, Central Asia and Mongolia. Vol. 1. Inner Eurasia from Prehistory to the Mongol Empire. Oxford: Blackwell.
- Cline, E. H. 1994. Sailing the Wine-Dark Sea: International Trade and the Late Bronze Age Aegean. Oxford: Tempus Reparatum.
- Cohen, Ada. 2010. Art in the Era of Alexander the Great: Paradigms of Manhood and Their Cultural Traditions. Cambridge: Cambridge University Press.
- Cohen, Monique, ed. 1996. Sérinde, Terre de Bouddha. Paris: Réunion des Musées Nationaux.
- Colledge, Malcolm A. R. 1986. The Parthian Period. Leiden: E. J. Brill.
- Compareti, M. 2004. "The Sasanian and the Sogdian 'Pearl Roundel' Design: Remarks on an Iranian Decorative Pattern." Study of Art History 6:259–72.
- Compareti, M. 2006a. "The Role of the Sogdian Colonies in the Diffusion of the Pearl Roundel Designs." In Ērān ud Anērān: Studies Presented to Boris Maršak on the Occasion of His 70th Birthday, edited by M. Compareti, P. Raffetta, and G. Scarcia, 149–74. Venice: Cafoscarina.
- Compareti, M. 2006b. "Textile Patterns in Sogdian Painting: The Sasanian and the Local Components." In Ancient and Mediaeval Culture of the Bukhara Oasis, edited by C. Silvi Antonini and D. K. Mirzaahmedov, 60–68. Samarkand: Institute of Archaeology of the Academy of Sciences of the Republic of Uzbekstan; Rome: Rome University.
- Compareti, M. 2009. "Sasanian Textiles." In Encyclopaedia Iranica Online. Last updated December 15. www.iranicaonline.org/articles/sasanian-textiles.
- Compareti, M. 2012. "Classical Elements in Sogdian Art: Aesop's Fables Represented in the Mural Paintings at Panjikant." Iranica Antiqua 47:303–16.
- Constable, Olivia Remie. 1996. Trade and Traders in Muslim Spain: The Com- mercial Realignment of the Iberian Peninsula, 900–1500. Cambridge: Cambridge University Press.
- Cope, Barry. 1999. "Transparent Plastic Film Materials for Document Conserva- tion." IDP [International Dunhuang Project] News 14. http://idp.bl.uk/archives/news14/idpnews_14.a4d#3.
- Cosmas Indicopleustes. 1897. Christian Topography. Translated by Father Montfaucon. www.tertullian.org/fathers/cosmas_00_2_intro.htm.

- Cowell, E. B., ed. Robert Chalmer, W. H. D. Rouse, H. T. Francis, and R. A. Neil, trans. 1895. The Jataka. 6 vols. Cambridge: Cambridge University Press. http://sacred-texts.com/bud/j1/index.htm.
- Craddock, Paul T. 2009. Scientific Investigation of Copies, Fakes and Forgeries. London: Routledge.
- Creel, H. G. 1965. "The Role of the Horse in Chinese History." American Historical Review 70 (3): 647–72.
- Cribb, Joe. 1984. "The Sino-Kharosthi Coins of Khotan: Their Attribution and Relevance to Kushan Chronology: Part 1." Numismatic Chronicle 144:128–52.
- Cribb, Joe. 1985. "The Sino-Kharosthi Coins of Khotan: Their Attribution and Relevance to Kushan Chronology: Part 2." Numismatic Chronicle 145:136–49.
- Cribb, Joe. 1997. "Siva Images on Kushan and Kushano-Sassanian Coins." Silk Road Art and Archaeology 6:11–66.
- Cribb, Joe. 2009. "Money as Metaphor: 4a." Numismatic Chronicle 169:461–529.
- Crill, Rosemary. 2015. The Fabric of India. London: Victoria and Albert Museum.
- Crone, Patricia. 1980. Slaves on Horses: The Evolution of the Islamic Polity. Cambridge: Cambridge University Press.
- Curci, Meliora di. 2003. "The History and Technology of Parchment Making." Society for Creative Anachronism. https://www.sca.org.au/scribe/articles/parch ment.htm.
- Curta, Florin. 2001. The Making of the Slavs: History and Archaeology of the Lower Danube Region c.500–700. Cambridge: Cambridge University Press.
- Cutler, Anthony. 2008. "Significant Gifts: Patterns of Exchange in Late Antique, Byzantine and Early Islamic Diplomacy." Journal of Medieval and Early Modern Studies 38:79–101.
- Dani, A. H., B. A. Litvinsky, and M. H. Zamir Safi. 1996. "Eastern Kushans, Kidari- ties in Gandhara and Kashmir, and Later Hephthalites." In Litvinsky, Zhang Guang-da, and Samghabadi 1996: 163–84.
- Dauphin, Claudine. 1996. "Brothels, Baths and Babes: Prostitution in the Byzantine Holy Land." Classics Ireland 3:47–72.
- Davis, Lisa Fagin. 2015. "Hangest's Codex, Duschnes' Knife: The Beauvais Missal as a Case Study in Digital Surrogacy." Paper presented at the Eighth Annual Schoenberg Symposium for Manuscript Studies, Philadelphia, November 12–14. In YouTube video of the symposium at https://www.youtube.com/playlist?list=PL8e3GREu0zuC5qTU-lr-V4-ZQ1atChYpR.
- Davydova, Anthonyna, and Sergey Miniaev. 2008. The Xiongnu Decorative Bronzes. St. Petersburg: GAMAS.
- Deane, H. A. 1896. "Note on Udyāna and Gandhāra." Journal of the Royal Asiatic Society 28 (4): 655–77.
- Debaine-Francfort, Corinne, and Abduressul Idriss, eds. 2001. Keriya, mémoires d'un fleuve: Archéologie et civilisation des oasis du Taklamakan. Paris: Findakly.
- Dehejia, Vidya. 1992. "The Collective and Popular Basis of Early Buddhist Patron- age: Sacred Monuments, 100 BC–AD 250." In The Powers of Arts: Patronage in Indian Culture, edited by Barbara Stoler Miller, 35–45. Delhi: Oxford University Press.
- Demiéville, Paul. 1952. Le Concile de Lhasa: Une controverse sur le quiétisme entre bouddhistes de l'Inde et de la Chine au VIIIe siècle de l' ère chrétienne. Paris:

Presses universitaires de France.

- Deng Wenkuan 鄧文寬 . 1996. Dunhuang tianwen lifa wenxie jijiao 敦煌天文曆法文獻輯校 . Nanjing: Jiangsu guji chubanshe.
- Deng Wenkuan 鄧文寬 . 2001. "Dunhuang ben Tang Qianfu sinian dingyou sui (877 nian) juzhu liri 'zazhan' bulu" 敦煌本唐乾符四年丁酉歲 (877 年) 具注曆日雜占補錄 . In Dunhuangxue yu Zhongguo shi yanjiu lunji: Jinian Sun Xiushen xiansheng shishi yi zhounian 敦煌 与中国史研究论集 : 纪念孙修身先生逝世一周年 , edited by Duan Wenjie and Masahiro Mogi 段文杰 . 茂木雅博 , 135–45. Lanzhou: Gansu remin chubanshe.
- Déroche, Francoise. 2006. "Written Transmission." In The Blackwell Companion to the Qur'an, edited by Andrew Rippin, 172–86. Oxford: Wiley-Blackwell.
- Desrosiers, Sophie. 1994. "La soierie méditerannéenne." Revue du Musée des Arts et Métiers 7:51–58.
- Desrosiers, Sophie. 2004. Soieries et autres textiles de l'antiquité au XVIe siècle. Paris: Reunion des Musées Nationaux.
- Des Rotours, Robert, trans. 1947. Traité des Fonctionnaires et Traité de l'Armée, traduits de la Nouvelle Histoire des T'ang (chap. XLVI–L). Leiden: Brill.
- Di Cosmo, Nicola. 1994. "Ancient Inner Asian Nomads: Their Economic Basis and Its Significance in Chinese History." Journal of Asian Studies 53 (4): 1092–1126.
- Di Cosmo, Nicola. 1996. "Ancient Xinjiang between Central Asia and China." Anthropology and Archeology of Eurasia 34 (4): 87-101.
- Di Cosmo, Nicola. 1999. "The Northern Frontier in Pre-Imperial China." In Cambridge His- tory of Ancient China, edited by Michael Loewe and Edward L. Shaughnessy, 885–966. Cambridge: Cambridge University Press.
- Di Cosmo, Nicola. 2002. Ancient China and Its Enemies: The Rise of Nomadic Power in East Asian History. Cambridge: Cambridge University Press.
- Di Cosmo, Nicola. 2013. "Aristocratic Elites in the Xiongnu Empire as Seen from Historical and Archeological Evidence." In Nomad Aristocrats in a World of Empires, edited by Jürgen Paul, 23–53. Wiesbaden: Reichert.
- Dien, Albert. 1991. "A New Look at the Xianbei and Their Impact on Chinese Culture." In Ancient Mortuary Traditions of China: Papers on Chinese Ceramic Funerary Sculptures, edited by George Kuwayama, 40–59. Los Angeles: Los Angeles County Museum of Art.
- Dien, Albert. 2000. "The Stirrup and Its Effect on Chinese History." Silk Road Foundation. http://silkroadfoundation.org/artl/stirrup.shtml.
- Diringer, David. 1982. The Book before Printing: Ancient, Medieval and Oriental. New York: Dover Publications.
- Dode, Zvezdana. 2016. " 'Zandaniji Silks.' The Story of a Myth." The Silk Road 14: 213–222. Available at http://www.silkroadfoundation.org/newsletter/vol14/Dode_SR14_2016_213_222.pdf.
- Dowman, Keith, trans. 1973. Legend of the Great Stupa. Berkeley: Dharma Press. www.sacred-texts.com/bud/tib/stupa.htm.
- Drège, Jean-Paul. 1991. Les bibliothèques en Chine au temps des manuscrits (jusqu'au Xe siècle). Publications de l'École française d'Extrême-Orient 156. Paris: École française d'Extrême-Orient.
- Drège, Jean-Paul. 2002. "Dunhuang Papers: Preliminary Morphological Analysis of Dated Chinese Manuscripts." In Dunhuang Manuscript Forgeries, edited by Susan Whitfield, 115–79. London: British Library. Introduction downloadable at http://idp.bl.uk/downloads/Forgeries.pdf.

- Dreibholz, Ursula. 1997. "Some Aspects of Bookbindings from the Great Mosque of Sana'a, Yemen." In Scribes et manuscrits du Moyen-Orient, edited by François Déroche and Francis Richards, 15–34. Paris: Bibliothèque nationale de France.
- Dubin, Lois Sherr. 2009. The History of Beads: From 100,000 BC to the Present. Rev. ed. New York: Abrams.
- Durand, Maximilien. 2014. "Suaire de saint Austremoine, dit aussi 'Suaire de Mozac.'" Description for online catalog, Musée des Tissus / Musée des Arts Decoratifs de Lyon (MTMAD). www.mtmad.fr.
- During Caspers, E. C. L. 1979. "Sumer, Coastal Arabia and the Indus Valley in the Protoliterate and Early Dynastic Eras." Journal of the Economic and Social History of the Orient 22 (2): 121–35.
- Easthaugh, Nicholas, Valentine Walsh, Tracey Chaplin, and Ruth Siddall. 2007. Pigment Compendium: A Dictionary of Historical Pigments. London: Routledge.
- Easton, D. F., J. D. Hawkins, A. G. Sherratt, and E. S. Sherratt. 2002. "Troy in Recent Perspective." Anatolian Studies 52:75–109.
- Eberhard, Wolfram. 1957. "The Political Function of Astronomy and Astronomers in Han China." In Chinese Thought and Institutions, edited by John K. Fairbank, 33–70. Chicago: University of Chicago Press.
- Eck, Diana L. 2013. India: A Sacred Geography. London: Three Rivers Press.
- Edward of Norwich. 2013. The Master of Game. Edited by William A. Baillie-Grohman and F. N. Baillie-Grohman. Philadelphia: University of Pennsylvannia Press.
- Eilers, W. [1983] 2011. "Abrīšam: i. Etymology." In Encyclopaedia Iranica Online. Last updated July 19. www.iranicaonline.org/articles/abrisam-silk-index.
- Emmerick, Ronald F. 1967. Tibetan Texts Concerning Khotan. Oxford: Oxford University Press.
- Emmerick, Ronald F. 1968. The Book of Zambasta: A Khotanese Poem on Buddhism. Oxford: Oxford University Press.
- Emmerick, Ronald F. 1983. "Buddhism among Iranian Peoples." In The Cambridge History of Iran, Vol. 3(2), The Seleucid, Parthian and Sasanian Periods, edited by Ehsan Yarshater, 949–64. Cambridge: Cambridge University Press.
- Emmerick, Ronald F., and Oktor Skjærvø. 1990. "Buddhism: iii. Buddhist Lit- erature in Khotanese and Tumshuqese." In Encyclopaedia Iranica Online. www.iranicaonline.org/articles/buddhism-iii.
- Enoki, Kazuo. 1959. "On the Nationality of the Ephtalites." Memoirs of the Research Department of the Toyo Bunko 18:1–58.
- Erdenebaatar, Diimaazhav, Tömör-Ochir Iderkhangai, Baatar Galbadrakh, Enkh- baiar Minzhiddorzh, and Samdanzhamts Orgilbaiar. 2011. "Excavations of Satellite Burial 30, Tomb 1 Complex, Gol Mod 2 Necropolis." In Brosseder and Miller 2011: 303–13.
- Erickson, Susan M. 2010. "Han Dynasty Tomb Structures and Contents." In Nylan and Loewe 2010: 13–82.
- Erickson, Susan M., Yi Song-mi, and Michael Nylan. 2010. "The Archaeology of the Outlying Lands." In Nylan and Loewe 2010: 135–68.
- Erkes, Eduard. 1940. "Das Pferd im alten China." T'oung Pao 36:26–63.
- Errington, Elizabeth. 2000. "Numismatic Evidence for Dating the Buddhist Remains of Gandhara." Silk Road Art and Archaeology 6:191–216.

- Esin, Emil. 1965. "The Horse in Turkic Art." Central Asiatic Journal 10:167–227.
- Ess, Hans Van. 1994. "The Old Text/New Text Controversy: Has the 20th Century Got It Wrong?" T'oung Pao 80:146–70.
- Ettinghausen, Richard. 1967–68. "A Persian Treasure." Arts in Virginia 8:29–41.
- Evans, Helen C., and Brandie Ratliff, eds. 2012. Byzantium and Islam: Age of Transition. New York: Metropolitan Museum of Art.
- Eze, Anne-Marie. 2016. "'Safe from Destruction by Fire': Isabelle Stewart Gardner's Venetian Manuscripts." Manuscript Studies: A Journal for the Schoenberg Institute for Manuscript Studies 1 (2): 189–215.
- Faccenna, C., L. Olivieri, S. Lorenzoni, and E. Lorenzoni Zanettin. 1993. "Geo- archeology of the Swat Valley (N.W.F.P. Pakistan) in the Charbag-Barikot Stretch: Preliminary Note." East and West 41 (1–4): 257–70.
- Faccenna, Domenico. 2007. "The Artistic Center of Butkara I and Saidu Sharif I in the Pre-Kusana Period." In Srinivasan 2007: 165–200.
- Faccenna, Domenico, and Piero Spagnesi. 2014. Buddhist Architecture in the Swat Valley, Pakistan: Stupas, Viharas, a Dwelling Unit. Lahore: Sang-e-Meel Publications.
- Falk, Harry. 2006. Aśokan Sites and Artefacts: A Source-Book with Bibliography. Mainz: P. von. Zabern.
- Falk, Harry. 2009. "Making Wine in Gandhara under Buddhist Monastic Supervision." Bulletin of the Asia Institute 23:65–78.
- Falk, Harry. 2012. "Ancient Indian Eras: An Overview." Bulletin of the Asia Institute 21:131–45.
- Falk, Harry. 2014a. "Kushan Dynasty iii. Chronology of the Kushans." In Encyclopaedia Iranica. December 8. www.iranicaonline.org/articles/kushan-03-chronology.
- Falk, Harry. 2014b. "Owners' Graffiti on Pottery from Tissamaharama." Zeitschrift für Archäologie außereuropäischer Kulturen 6:45–94.
- Falk, Harry. 2015. Across the Ocean: Nine Essays on Indo-Mediterranean Trade. Leiden: Brill.
- Fan Shimin and Zhou Baozhong. 1991. "Some Glass in the Museum of Chinese History." In Brill and Martin 1991: 193–200.
- Fedorko, Motrja P. 2000. "Museum Exhibitions: Comparing the Two Scythian Shows in NYC." Ukranian Weekly, December 17. www.ukrweekly.com/old/archive/2000/510025.shtml.
- Ferreira, Ester S. B., Alison N. Hulme, Hamish McNab, and Anita Quye. 2004. "The Natural Constituents of Historical Textile Dyes." Chemical Society Reviews 33:329–36.
- Festival of Empire. 1911. Indian Court, Festival of Empire, 1911: Guide Book and Catalogue. London: Bemrose & Sons.
- Fiddyment, Sarah, et al. 2015. "The Animal Origin of Thirteenth-Century Uterine Vellum Revealed Using Non-invasive Peptide Fingerprinting." PNAS 112 (49): 15066–71. www.pnas.org/content/112/49/15066.short.
- Findley, Carter V. 2005. The Turks in World History. Oxford: Oxford University Press.
- Finkelman, Paul, and Joseph Calder Miller. 1998. Macmillan Encyclopedia of World

- Slavery. Vol. 2. New York: Macmillan Reference USA.
- Finneran, Niail. 2007. The Archaeology of Ethiopia. London: Routledge.
- Firdausi. 1915. The Sháhnáma of Firdausi. Vol. 7. Translated by Arthur George Warner and Edmond Warner. London: Kegan Paul, Trench, Trübner. https://ia801500.us.archive.org/21/items/in.ernet.dli.2015.82395/2015.82395.The-Shahn ama-Of-Firdausi-7.pdf.
- Forand, Paul G. 1971. "The Relation of the Slave and the Client to the Master or Patron in Medieval Islam." International Journal of Middle East Studies 2 (1): 59–66.
- Forêt, Philippe. 2013. "Climate Change: A Challenge to the Geographers of Central Asia." Perspectives, no. 9. http://rfiea.fr/en/articles/climate-change-challenge-geo graphers-colonial -asia.
- Foucher, Alfred. 1942–47. La vieille route de l'Inde de Bactres à Taxila: Mémoires de la Délégation archéologique française en Afghanistan. Paris: Éditions d'art et d'histoire.
- Frachetti, Michael D. 2011. "Seeds for the Soul: East/West Diffusion of Domesti- cated Grains." Lecture presented at the Silk Road Symposium, Penn Museum, Philadelphia, March 2011. https://www.penn.museum/collections/videos/ video/999.
- Frachetti, Michael D., Robert N. Spengler III, Gayle J. Fritz, and Alexei N. Mar'yashev. 2010. "Earliest Direct Evidence for Broomcorn Millet and Wheat in the Central Eurasian Steppe Region." Antiquity 84:993–1010.
- Francis, Peter. 2002. Asia's Maritime Bead Trade: 300 B. C. to the Present. Honolulu: University of Hawaii Press.
- Fraser, Marcus, and Will Kwiatkowski. 2006. Ink and Gold: Islamic Calligraphy. London: Sam Fogg.
- Frumkin, Grégoire. 1970. Archaeology in Soviet Central Asia. Leiden: Brill.
- Frye, Richard N. 2012. The Heritage of Central Asia. Princeton, NJ: Markus Wiener.
- Fujieda, Akira. 1973. "Tonko rekijitsu fu." Tōhō Gakuhō 45:377–441.
- Fussman, Gérard. 1986. "Symbolism of the Buddhist Stūpa." Journal of the International Association of Buddhist Studies 9 (2): 37–93.
- Galambos, Imre, trans. 2009. Translation of the Dunhuang Star Chart (Or.8210/ S.3326). London: IDP. http://idp.bl.uk/database/oo_cat.a4d?shortref= Galam bos_2009.
- Galambos, Imre, and Sam van Schaik. 2012. Manuscripts and Travellers: The Sino- Tibetan Documents of a Tenth-Century Buddhist Pilgrim. Studies in Manuscript Cultures 2. Berlin: De Gruyter.
- Gamble, Harry Y. 2006. "Bible and Book." In Brown 2006: 15–36.
- Gan Fuxi. 2009a. "Origin and Evolution of Ancient Chinese Glass." In Gan, Brill, and Tian 2009: 1–40.
- Gan Fuxi. 2009b. "The Silk Road and Ancient Chinese Glass." In Gan, Brill, and Tian 2009: 41–108.

- Gan Fuxi, Robert H. Brill, and Tian Shouyun, eds. 2009. Ancient Chinese Glass Research along the Silk Road. Singapore: World Scientific Publishing.
- Gan Fuxi, H. Cheng, Y. Hu, H. Ma, and D. Gu. 2009. "Study on the Most Early Glass Eye-Beads in China Unearthed from Xu Jialing Tomb in Xuchuan of Henan Province, China." Science in China Series E: Technological Sciences 52 (4): 922–27.
- Geary, Patrick J. 1978. Furta Sacra: Thefts of Relics in the Central Middle Ages. Princeton, NJ: Princeton University Press.
- Geertz, Clifford. 1973. "Thick Description: Towards an Interpretative Theory of Culture." In Selected Essays, 3–20. New York: Basic Books. www.sociosite.net/topics/texts/Geertz_Think_Description.php.
- George, Alain. 2009. "Calligraphy, Colour and Light in the Blue Qur'an." Journal of Qur'anic Studies 11 (1): 75–125.
- George, Alain. 2010. The Rise of Islamic Calligraphy. London: Saqi.
- Gernet, Jacques. 1995. Buddhism in Chinese Society. Translated by Franciscus Verellen. New York: Columbia University Press.
- Gibbs, Peter J., and Kenneth R. Seddon. 1998. Berberine and Huangbo: Ancient Chinese Colorants and Dyes. London: British Library.
- Giles, Herbert A., trans. 1923. The Travels of Fa-hsien (399–414 AD), or Record of the Buddhistic Kingdoms. Cambridge: Cambridge University Press.
- Giles, Lionel. 1939. "Dated Chinese Manuscripts in the Stein Collection, IV, Ninth Century." Bulletin of the School of Oriental and African Studies 9 (4): 1023–46.
- Giles, Lionel. 1940. "Dated Chinese Manuscripts in the Stein Collection, V, Tenth Century." Bulletin of the School of Oriental and African Studies 10 (2): 317–44.
- Giles, Lionel. 1943. "Dated Chinese Manuscripts in the Stein Collection, VI, Tenth Century." Bulletin of the School of Oriental and African Studies 11 (1): 148–73.
- Gledhill, John, and Henrike Donner. 2017. World Anthropologies in Practice: Situated Perspectives, Global Knowledge. London: Bloomsbury.
- Glover, Ian. 2004. Southeast Asia: From Prehistory to History. London: Psychology Press.
- Göbl, Robert. 1957. "Die Münzprägung der Kusan von Vima Kadphises bis Bahram IV." In Finanzgeschichte der Spätantike, edited by Franz Altheim and Ruth Stiehl, 173–256. Frankfurt: V. Klostermann.
- Göbl, Robert. 1967. Dokumente zur Geschichte der iranischen Hunnen in Baktrien und
- Indien. 4 vols. Wiesbaden: Harrassowitz.
- Göbl, Robert. 1970. "Der Kusanische Goldmünzschatz von Debra Damo (Aithiopien) 1940 (Vima Kadphises bis Vasudeva I)." Central Asiatic Journal 14 (1): 241–52.
- Göbl, Robert. 1984. System und Chronologie der Münzprägung des Kušānreiches. Vienna: Verlag der Österreichischen Akademie der Wissenschaften.
- Goldin, Paul R. 2011. "Steppe Nomads as a Philosophical Problem in Classical China." In Mapping Mongolia: Situating Mongolia in the World from Geologic Time to the Present, edited by Paul L. W. Sabloff, 220–46. Philadelphia: Univer- sity of Pennsylvania Press.
- Gommans, Josh J. L. 1995. The Rise of the Indo-Afghan Empire c.1710–1780. Leiden: Brill.
- Gomot, M. Hippolyte. 1872. Histoire de l'Abbaye Royale de Mozat. Paris: Libraire de la Société des Bibliophiles Français.

- Gomot, M. Hippolyte. 1873–74. Monuments historiques de l'Auvergne: Abbaye royale de Mozat (del'ordre de Saint Benoit). Riom: G. Leboyer.
- Good, Irene L. 2002. "The Archaeology of Early Silk." In Silk Roads, Other Roads: Proceedings of the Eighth Biennial Symposium of the Textile Society of America, September 26–28, 2002, Northampton, Massachusetts, 7–15. http://digitalcommons.unl.edu/tsaconf/388/.
- Good, Irene L., J. M. Kenoyer, and R. H. Meadow. 2009. "New Evidence for Early Silk in the Indus Civilization." Archaeometry, prepublished online, January 21.
- Goodrich, L. Carrington. 1967. "Printing: A New Discovery." Journal of the Hong Kong Branch of the Royal Asiatic Society 7:39–41.
- Gordon, Matthew S., and Kathryn A. Hain, eds. 2017. Concubines and Courtesans: Women and Slavery in Islamic History. Oxford: Oxford University Press.
- Graham, Timothy, and Andrew G. Watson. 1998. The Recovery of the Past in Early Elizabethan England: Documents by John Bale and John Joscelyn from the Circle of Matthew Parker. Cambridge Bibliographical Society Monograph 13. Cambridge: Cambridge Bibliographical Society.
- Gregory of Tours. 1916. History of the Franks. Translated by Earnest Brehaut. New York: Columbia University Press. http://sourcebooks.fordham.edu/halsall/basis/gregory-hist.asp.
- Grenet, Frantz. 2002. "Regional Interaction in Central Asia and Northwest India in the Kidarite and Hephthalite Periods." Proceedings of the British Academy 116:203–24.
- Grenet, Frantz, and Zhang Guangda. 1996. "The Last Refuge of the Sogdian Reli- gion: Dunhuang in the Ninth and Tenth Centuries." Bulletin of the Asia Institute 10:175–86.
- Grousset, René. 1948. De la Grèce a la Chine. Monaco: Les Documents d'Art.
- Guinta, R. 2006. "A Selection of Islamic Coins from the Excavations of Udegram, Swat." East and West 56 (1–3): 237–62.
- Gulácsi, Zsuzsanna. 2005. Mediaeval Manichaean Book Art: A Codicological Study of Iranian and Turkic Illuminated Book Fragments from 8th–11th Century East Central Asia. Leiden: Brill.
- Gulácsi, Zsuzsanna. 2011. "Searching for Mani's Picture-Book in Textual and Pictorial Sources." Transcultural Studies 1:233–62. http://heiup.uni-heidelberg.de/journals/index.php/transcultural/article/view/6173/2966.
- Gulácsi, Zsuzsanna. 2015. Mani's Pictures: The Didactic Images of the Manichaeans from Sasanian Mesopotamia to Uygur Central Asia and Tang-Ming China. Leiden: Brill.
- Halloran, Vivian Nun. 2009. Exhibiting Slavery: The Caribbean Postmodern Novel as Museum. Charlottesville: University of Virginia Press.
- Hansen, Valerie. 1993. "Gods on Walls: A Case of Indian Influence on Chinese Lay Religion?" In Religion and Society in T'ang and Sung China, edited by Patricia Buckley Ebrey and Peter Gregory, 75–113. Honolulu: University of Hawaii Press.
- Hansen, Valerie. 1995. Negotiating Daily Life in Traditional China: How Ordinary People Used Contracts, 600–1400. New Haven, CT: Yale University Press.
- Harper, Donald. 2016. "Occult Miscellanies in Medieval China." In One-Volume Libraries: Composite and Multiple Text Manuscripts, edited by Michael Fredrich

and Cosmia Schwarke, 305–54. Berlin: Walter de Gruyter.

- Harper, Prudence Oliver. 1971. "Sources of Certain Female Representations in Sasanian Art." In Atti del Convegno Internazionale sul tema: La Persia nel Medioevo, 503–15. Rome: Roma Accademia Nazionale dei Lincei.
- Harper, Prudence Oliver. 1995. Assyrian Origins: Discoveries at Ashur on the Tigris: Antiquities in the Vorderasiatisches Museum. New York: Metropolitan Museum of Art.
- Harper, Prudence Oliver, and Pieter Meyers. 1981. Silver Vessels of the Sasanian Period I. Royal Imagery. New York: Metropolitan Museum of Art.
- Harper, Prudence Oliver, Melanie Snedcof, Holly Pittman, and Tobia Frankel. 1975. From the Lands of the Scythians: Ancient Treasures from the Museums of the USSR, 3000 B.C.–100 B.C. New York: Metropolitan Museum of Art.
- Harris, Jonathan. 2017. Constantinople: Capital of Byzantium. London: Bloomsbury.
- Harvey, Karen. 2009. History and Material Culture: A Student's Guide to Approaching Alternative Sources. New York: Routledge.
- Hatke, George. 2013. Aksum and Nubia: Warfare, Commerce, and Political Fictions in Ancient Northeast Africa. New York: New York University Press.
- Hauptmann, Andreas, Robert Madding, and Michael Prange. 2002. "On the Struc- ture and Composition of Copper and Tin Ingots Excavated from the Shipwreck of Uluburun." Bulletin of the American Schools of Oriental Research 328:1–30.
- Havey, F. 1907. "St. Austremonius." In The Catholic Encyclopedia. New York: Robert Appleton. Accessed June 13, 2015, New Advent. www.newadvent.org/cathen/02121a.htm.
- Henderson, Julian. 1995. "Archaeotechnology: The Analysis of Ancient Glass Part I: Materials, Properties and Early European Glass." Journal of Materials 47 (11): 62–68.
- Henderson, Julian. 2013a. Ancient Glass: An Interdisciplinary Exploration. Cambridge: Cambridge University Press.
- Henderson, Julian. 2013b. The Science and Archaeology of Materials: An Investigation of Inorganic Materials. London: Routledge.
- Henze, Paul B. 2000. Layers of Time: A History of Ethiopia. London: Hurst.
- Herdan, Innes, trans. 1973. The Three Hundred T'ang Poems. Taipei: Far East Book.
- Herrmann, Georgina. 1997. "Early and Medieval Merv: A Tale of Three Cities." Proceedings of the British Academy 94:1–43.
- Hickman, J. 2012. "Bactrian Gold: Workshop Traditions at Tillya Tepe." In Fino 2012: 78–87.
- Hicks, Dan, and Mary Carolyn Beaudry. 2010. Oxford Handbook of Material Culture Studies. Oxford: Oxford University Press.
- Hiebert, Fredrik, and Pierre Cambon, eds. 2007. Afghanistan: Hidden Treasures from the National Museum, Kabul. Washington, DC: National Geographic.
- Hildinger, Erik. 1997. Warriors of the Steppe: A Military History of Central Asia, 500 B.C. to A.D. 1700. Boston: DaCapo Press.
- Hill, John E. 1988. "Notes on the Dating of Khotanese History." Indo-Iranian Journal 31:179–90.

- Hill, John E, trans. 2009. Through the Jade Gate to Rome: A Study of the Silk Routes during the Later Han Dynasty 1st to 2nd Centuries CE: An Annotated Translation of the Chronicle on the "Western Regions" in the Hou Hanshu. Charleston, SC: Booksurge. Earlier edition (2003) online at https://depts.washington.edu/silkroad/texts/hhshu/hou_han_shu.html.
- Hill, John E, trans. 2015. Through the Jade Gate to Rome: A Study of the Silk Routes during the later Han Dynasty 1st to 2nd Centuries CE. 2 vols. Updated, expanded ed. Cre- ateSpace Independent Publishing Platform.
- Hirst, K. Kris. 2017. "Stable Isotope Analysis in Archaeology: A Plain English Introduction." June 17. http://archaeology.about.com/od/stableisotopes/qt/dummies.htm.
- Hobbs, Lindsey. n.d. "The Islamic Codex." Ultimate History Project. http://ultimatehistoryproject.com/the-islamic-codex.html.
- Hodder, Ian. 2012. Entangled: An Archaeology of the Relationships between Humans and Things. London: Wiley-Blackwell.
- Hodges, Henry. 1992. Technology in the Ancient World. 2nd ed. New York: Barnes and Noble.
- Hoffman, Eva R. 2007. "Pathways of Portability: Islamic and Christian Interchange from the Tenth to the Twelfth Century." In Late Antique and Medieval Art of the Mediterranean World, edited by Eva R. Hoffman, 317–49. Oxford: Blackwell.
- Holcombe, Charles. 1999. "Trade-Buddhism: Maritime Trade, Immigration, and the Buddhist Landfall in Early Japan." Journal of the American Oriental Society 119 (2): 280–89.
- Holloway, April. 1014. "New Study Reveal [sic] Origins of Elongated Skulls in the Carpathian Basin." Ancient Origins, April 6. www.ancient-origins.net/news-evolution-human-origins/new-study-reveal-origins-elongated-skulls-car pathian-basin-001530#ixzz3gH7nZdNv.
- Holt, Frank L. 1988. Alexander the Great and Bactria: The Formation of a Greek Frontier. Leiden: Brill Archive.
- Holt, Frank L. 2012. "Coins: The Great Guides of the Historian." In Aruz and Fino 2012: 30–53.
- Hopkirk, Peter. 2006. Foreign Devils of the Silk Road: The Search for the Lost Treasure of Central Asia. London: John Murray.
- Huang Yilong 黄一農 . 1992. Dunhuang ben juzhu liri xintan 敦煌本具注历日新探 .Xin Shixue 新史学 3 (4): 1–56.
- Hughes, Richard W. 2013. "The Rubies and Spinels of Afghanistan: A Brief His- tory." Updated March 7. www.ruby-sapphire.com/afghanistan-ruby-spinel.htm.
- Huntingdon, Ellsworth. 1906. "The Rivers of Chinese Turkestan and the Desiccation of Asia." Geographical Journal 28 (4): 352–67.
- Huntingdon, Ellsworth. 1907. The Pulse of Asia: A Journey in Central Asia Illustrating the Geographical Basis of History. Boston: Houghton Mifflin.
- Ibn al-Nadim. 1872. Kitab al-Fibrist. Edited by Gustav Flügel. Leipzig: F. C. W. Vogel.
- Ibn Faḍlān. 2005. Ibn Fadlan's Journey to Russia: A Tenth-Century Traveller from Baghdad to the Volga River. Edited and translated by Richard Frye. Princeton, NJ: Markus Weiner.
- Ibn Ḥawqal. 2014. Kitāb Ṣūrat al-arḍ. Edited by M. J. de Goeje. Leiden: Brill.

- Ierussalimskaya, Anna. 1969. "The 'Chelyabinsk' Fabric, a Post-Sasanian Silk." Trudy Gosudarstvennogo Ermitazha 10:99–100.
- Ierussalimskaya, Anna. 1972. "A Newly Discovered Silk with the Sēnmurw Pattern." Soobshcheniya Gosudarstvennogo Ermitazha 24:11–15.
- Ilyasov, Jangar. 2003. "Covered Tails and 'Flying' Tassels." Iranica Antiqua 13:259–325.
- Ingram, R. S. 2005. "Faience and Glass Beads from the Late Bronze Age Shipwreck at Uluburun." MA thesis, Texas A&M University.
- Iori, E. 2016. "The Early-Historic Urban Area at Mingora in the Light of Domenico Faccenna's Excavations at Barama-I (Swat)." Frontier Archaeology 7:99–112.
- Irvine, A. K., Otto F. A. Meinardus, and Sefu Metaferia. 1975. "Zä-Mika'él 'Arägawi." In The Dictionary of Ethiopian Biography, vol. 1, From Early Times to the End of the Zagwé Dynasty c. 1270 AD, edited by Michael Belaynesh, S. Cho- jnacki, and Richard Pankhurst. Addis Ababa: Institute of Ethiopian Studies. Reprinted by the Dictionary of African Christian Biography, https://dacb.org/ stories/ethiopia/za-mikael-aragawi/.
- Jackson, C. M., and P. T. Nicholson. 2010. "The Provenance of Some Glass Ingots from the Ukuburun Shipwreck." Journal of Archaeological Science 37:295–301.
- Jackson-Tal, Ruth E. 2004. "The Late Hellenistic Glass Industry in Syro-Palestine:A Reappraisal." Journal of Glass Studies 46:11–32.
- Jacobson, Esther. 1995. The Art of the Scythians: The Interpretation of Cultures at the Edge of the Hellenic World. Leiden: Brill.
- Jacobson, Esther. 1999. "Early Nomadic Sources for Scythian Art." In Scythian Gold: Treasures from Ancient Ukraine, exh. cat., edited by Ellen D. Reeder and Esther Jacobson, 59–69. New York: Harry N. Abrams.
- Jankowiak, Marek. 2012. "Dirhams for Slaves: Investigating the Slavic Slave Trade in the Tenth Century." Paper presented at the Medieval Seminar, All Souls, Oxford, February. https://www.academia.edu/1764468/Dirhams_for_slaves._Investi gating_the_Slavic_slave_trade_in_the_tenth_century.
- Japanese National Commission to UNESCO. 1957. Research in Japan in History of Eastern and Western Cultural Contacts: Its Development and Present Situation. Tokyo: UNESCO.
- Jenner, W. J. 1981. Memories of Lo-yang: Yang Hsuan-chih and the Lost Capital (493–534). Oxford: Clarendon Press.
- Jennings, S. 2000."Late Hellenistic and Early Roman Cast Glass from the Souks Excavations (BEY 006), Beirut, Lebanon."Journal of Glass Studies 42:41–60.
- Jing Zhichun 荊志淳 , Xu Guangde 徐廣德 , He Yulin 何毓靈 , and Tang Jigen 唐際根 . 2007. "Mu wushisi chutu yuqi de dizhikaoguxue yanjiu" 出土玉器的地质考古学研究 . M54. In Anyang Yinxu Huanyuanzhuang dongdi Shangdai muzang 安阳殷墟花园庄东地商代墓葬 , edited by Institute of Archaeology, Chinese Academy of Social Sciences, 345–87. Beijing: Science Press.
- Job of Edessa. 1935. The Book of Treasures by Job of Edessa: Encyclopedia of Philo- sophical and Natural Sciences as Taught in Baghdad about A.A. 817. Translated by Alphonse Mingana. Cambridge: W. Heffer and Sons.
- Johnson, Wallace, trans. 1997. The T'ang Code. Vol. 2. Specific Articles. Princeton, NJ: Princeton University Press.
- Jones, Sian. 1996. The Archaeology of Ethnicity. London: Routledge.
- Joshua the Stylite. 1882. The Chronicle of Joshua the Stylite: Composed in Syriac A.D. 507. Edited and translated by W. Wright. Cambridge: Cambridge University

Press. https://archive.org/details/chronicleofjoshu00josh.

- Juliano, Annette L. 1985. "Possible Origins of the Chinese Mirror." Source: Notes in the History of Art 4 (2–3): 36–45.
- Juliano, Annette L., and Judith A. Lerner. 2001. Monks and Merchants: Silk Road Treasures from Northwest China. Exh. cat. New York: Harry N. Abrams and Asia Society.
- Karttunen, Klaus. 1989. India in Early Greek Literature. Studia Orientalia 65. Helsinki: Finnish Oriental Society.
- Karttunen, Klaus. 1989. India in Early Greek Literature. Studia Orientalia 65. Helsinki: Finnish Oriental. 2014. "India and World Trade: From the Beginnings to the Hellenistic Age." In Melammu: The Ancient World in an Age of Globalization, edited by Markham J. Geller, 329–40. Edition Open Access. http://edition-open-access .de/proceedings/7/17/index.html.
- Kavanagh, Gaynor. 1994. Museums and the First World War: A Social History. Leicester: University of Leicester.
- Kawami, Trudy S. 1992. "Archaeological Evidence for Textiles in Pre-Islamic Iran." Iranian Studies 25 (1–2): 7–18.
- Kazhdan, Alexander P. ed. 2005. The Oxford Dictionary of Byzantium. Online ed. Oxford: Oxford University Press.
- Keenan, Desmond. 2004. The True Origins of Irish Society. Bloomington, IN: Xlibris.
- Kellens, J. [1987] 2011. "Avesta: i. Survey of the History and Contents of the Book." In Encyclopaedia Iranica Online. Last updated August 17. www.iranicaonline .org/ articles/avesta-holy-book.
- Kempe, D. R. C. 1986. "Gandhara Sculptural Schists: Proposed Source." Journal of Archaeological Science 13 (1): 79–88.
- Kenoyer, Jonathan M. 1998. Ancient Cities of the Indus Valley Civilization. Oxford: Oxford University Press.
- Kerr, Rose, Joseph Needham, and Nigel Wood. 2004. Science and Civilisation in China. Vol. 5. Chemistry and Chemical Technology. Part 12. Ceramic Technology. Cambridge: Cambridge University Press.
- Kessler, Adam T. 1993. Empires beyond the Great Wall: The Heritage of Genghis Khan. Exh. cat. Los Angeles: Natural History Museum of Los Angeles County.
- Kessler, Herbert L. 2006. "The Book as Icon." In Brown 2006: 77–103.
- Khan, F. A. 1968. "Conservation. Excavated Remains at Swat (1) Amlokdara Stupa." Pakistan Archaeology 5:227–28.
- Kim, Hyun Jin. 2016. The Huns. London: Routledge.
- King, Matthew. 2015. "Buddhism in Central Asia." Oxford Bibliographies. www. oxfordbibliographies.com/view/document/obo-9780195393521/obo-9780195393521 -0211.xml. DOI: 10.1093/obo/9780195393521-0211.
- Kinoshita Hiromi. 2009. "Foreign Glass Excavated in China." In Byzantine Trade, 4th–12th Centuries: The Archaeology of Local, Regional and International Exchange: Papers on the Thirty-Eighth Spring Symposium of Byzantine Studies, St. John's College, University of Oxford March 2004, edited by Maria Mudell Mango, 253–62. Farnham: Ashgate.

- Knechtges, David, and Taiping Chang, eds. 2010–14. Ancient and Early Medieval Chinese Literature: A Reference Guide. 4 vols. Leiden: E. J. Brill.
- Kotwal, F. M., and J. W. Boyd, eds. 1980. Ērbadīstān ud Nirangistān: Facsimile Edition of the Manuscript TD. Cambridge, MA: Harvard University Press.
- Kowalski, Kurt, and Herbert Zimiles. 2006. "The Relations between Children's Conceptual Functioning with Color and Color Term Acquisition." Journal of Experimental Child Psychology 94 (4): 301/21.
- Kowatli, I., H. H. Curvers, B. Stuart, Y. Sablerolles, J. Henderson, and P. Reynolds. 2008. "A Pottery and Glassmaking Site in Beirut (015)." Bulletin de Archéologie et d'Architecture Libanaises 10:103–20.
- Kristiansen, Kristian, and Thomas B. Larsson. 2005. The Rise of Bronze Age Society: Travels, Transmissions and Transformations. Cambridge: Cambridge University Press.
- Kröger, Jens. 2005. "Ernst Herzfeld and Friedrich Sarre." In Ernst Herzfeld and the Development of Near Eastern Studies, 1900-1950, edited by Ann Clyburn Gunter and Stefan R. Hauser, 49–54. Leiden: Brill.
- Kroll, J. L. 2010. "The Han-Xiongnu Heqin Treaty (200–135 B.C.) in the Light of Chinese Political and Diplomatic Traditions." Bulletin of the Museum of Far Eastern Antiquities 78:109–24.
- Kuehn, Sara. 2011. The Dragon in Medieval East Christian and Islamic Art. Leiden:Brill.
- Kuhn, Dieter. 1995. "Silk Weaving in Ancient China: From Geometric Figures to Patterns of Pictorial Likeness." Chinese Science 12:77–114.
- Kumamoto, Hiroshi. 2009. "Khotan: ii. History in the Pre-Islamic Period." In Encyclopaedia Iranica Online. Last updated April 20. www.iranicaonline.org/articles/khotan-i-pre-islamic-history.
- Kurbanov, Aydogdy. 2010. "The Hephthalites: Archaeological and Historical Analysis." PhD diss., Free University of Berlin.
- Kurlansky, Mark. 2002. Salt: A World History. London: Jonathan Cape.
- Kuwayama, Shoshin. 1991. "L'inscription du Gaṇeśa de Gardez et la chronologie des Turki-Śahis." Journal Asiatique 279:267–87.
- Kuwayama, Shoshin. 1992. "The Hephthalites in Tokharistan and Northwest India." Zinbun, Annals of the Institute for Research in the Humanities, Kyoto University 24:25–77.
- Kuwayama, Shoshin. 2006. "Swāt, Udyāna, and Gandhāra: Some Issues Related to Chinese Accounts." In Callieri 2006:59–77.
- Laiou, Angeliki E., ed. 2002. The Economic History of Byzantium: From the Seventh through the Fifteenth Century. Washington, DC: Dumbarton Oaks Research Library and Collection.
- Lal, B. B. 1987. "Glass Technology in Early India." In Archaeometry of Glass: Proceed- ings of the Archaeometry Session of the XIV International Congress on Glass, edited by H. C. Bhardwaj, 44–56. New Delhi: Indian Ceramic Society.
- Lam, Raymond. 2013. "Kuāna Emperors and Indian Buddhism: Political, Economic and Cultural Factors Responsible for the Spread of Buddhism through Eurasia."

South Asia: Journal of South Asian Studies 36 (3). DOI: dx.doi.org/10.1080/0885 6401.2013.777497.

- Lankton, J. W., and L. Dussubieux. 2006. "Early Glass in Asian Maritime Trade: A Review and an Interpretation of Compositional Analyses." Journal of Glass Studies 48:121–44.
- Lapatain, Kenneth, ed. 2014. The Berthouville Silver Treasure and Roman Luxury. Los Angeles: Getty Publications.
- La Puente, Cristina de. 2012. "The Ethnic Origins of Female Slaves in al-Andalus." In Roper and Hain 2012: 124–42.
- Laugu, Nurdin, 2007. "The Roles of Mosque Libraries through History." Al-Jami'ah 45 (1): 91–118.
- La Vaissière, Etienne de. 2005. Sogdian Traders: A History. Translated by James Ward. Leiden: Brill.
- La Vaissiere, Etienne de. 2007. "Is There a Nationality of the Hephthalites?" Bulletin of the Asia Institute 17:119–32.
- La Vaissiere, Etienne de. 2009. "Huns et Xiongnu." Central Asiatic Journal 49: 3–26.
- La Vaissiere, Etienne de. 2014. "The Steppe World and the Rise of the Huns." In The Cambridge Companion to the Age of Attila, edited by M. Maas, 175–92. Cambridge: Cam- bridge University Press.
- Lee, Kenneth B. 1997. Korea and East Asia: The Story of a Phoenix. Westport, CT:Greenwood.
- Leidy, Denise Patry. 2012. "Links, Missing and Otherwise: Tillya Tepe and East Asia." In Aruz and Fino 2012: 112–21.
- Leland, John. 2010. De viris illustribus/On Famous Men. Edited and translated by James P. Carley. British Writers of the Middle Ages and the Early Modern Period 1. Toronto: Pontifical Institute of Medieval Studies; Oxford: Bodleian Library.
- Lenski, Noel. 2008. "Slavery between Rome and the Barbarians." In Rome and the Barbarians: The Birth of a New World, edited by Jean-Jacques Aillagon, 228–31. Rome: Skira.
- Lenz, Timothy. 2003. A New Version of the Gāndhārī Dharmapada and a Collection of Previous-Birth Stories: British Library Kharoṣṭhī Fragments 16 + 25. Seattle: University of Washington Press.
- Leriche, P., and F. Grenet. [1988] 2011. "Bactria." In Encyclopaedia Iranica Online. Last updated August 19. www.iranicaonline.org/articles/bactria.
- Lerner, Judith, and Nicholas Sims-Williams. 2011. Seals, Sealings and Tokens from Bactria to Gandhara (4th to 8th Century CE). Vienna: Verlag der Österreichischen Akademie der Wissenschaften.
- Lev, Yaacov. 2012. "Mediterranean Encounters: The Fatamids and Europe, Tenth to Twelfth Centuries." In Shipping, Trade and Crusade in the Medieval Mediterranean: Studies in Honour of John Pryor, edited by Ruthy Gertwagen and Elizabeth Jeffreys, 131–56. London: Ashgate.
- Lewis, Bernard. 1990. Race and Slavery in the Middle East: An Historical Enquiry. Oxford: Oxford University Press.
- Lewis, Geoffrey D. 2015. "The History of Museums." In Encyclopædia Britannica Online. August 15. www.britannica.com/topic/history-398827.
- Li, Q. H., S. Liu, H. X. Zhao, F. X. Gan, and P. Zhang. 2014. "Characterization of Some Ancient Glass Beads Unearthed from the Kizil Reservoir and Wanquan

Cemeteries in Xinjiang, China." Archaeometry 56 (4): 601–24.

- Li Jaang [Li Zhang] . 2011. "Long-Distance Interactions as Reflected in the Earliest Chinese Bronze Mirrors." In The Lloyd Cotsen Study Collection of Chinese Bronze Mirrors, vol. 2, Studies, edited by Lothar von Falkenhausen, 34–49. Los Angeles: UCLA Cotsen Institute of Archaeology Press.
- Lin, James C. S. 2012. The Search for Immortality: Tomb Treasures of Han China. Exh. cat. New Haven, CT: Yale University Press
- Linduff, Katheryn M. 2008. "The Gender of Luxury and Power among the Xiongnu in Eastern Eurasia." In Linduff and Rubinson 2008: 175–212.
- Linduff, Katheryn M. 2009. "Production of Signature Artifacts for the Nomad Market in the State of Qin During the Late Warring States Period in China (4th-3rd Century BCE." In Metallurgy and Civilisation: Eurasia and Beyond, edited by J. Mei and Th. Rehren, 90– 96. London: Archetype.
- Linduff, Katheryn M., and Karen S. Rubinson, eds. 2008. Are All Warriors Male? Gender Roles on the Ancient Eurasian Steppe. Lanham, MD: AltaMira Press/ Roman and Littlefield.
- Lin Shen-Yu. 2010. "Pehar: A Historical Survey." Revue d'Etudes Tibétaines 19:5-26.
- Li Qinghui, Yongchun Xu, Ping Zhang, Fuxi Gan, and Huansheng Sheng. 2009. "Chemical Composition Analyses of Early Glasses of Different Historical Peri- ods Found in Xinjiang, China." In Gan, Brill, and Tian 2009: 331–57.
- Litvinsky, B. A. 1996. "The Hephthalite Empire." In Litvinsky, Zhang Guang-da, and Samghabadi 1996: 135–62.
- Litvinsky, B. A., Zhang Guang-da, and R. Sharani Samghabadi, eds. 1996. History of Civilizations of Central Asia. Vol. 3. The Crossroads of Civilizations: A.D. 250 to 750. Paris: UNESCO.
- Liu Xinru. 1994. Ancient India and Ancient China: Trade and Religious Exchanges, AD 1–600. Delhi: Oxford University Press.
- Liu Xinru. 1996. Silk and Religion: An Exploration of Material Life and the Thought of People, AD 600–1200. Delhi: Oxford University Press.
- Liu Xinru. 2001. "Migration and Settlement of the Yuezhi-Kushan. Interaction and Interdependence of Nomadic and Sedentary Societies." Journal of World History 12 (2): 261–92.
- Loewe, Michael. 2004. "Guangzhou: The Evidence of the Standard Histories from the Shi ji to the Chen shu, a Preliminary Survey." In Guangdong: Archaeology and Early Texts (Zhou-Tang), edited by S. Mülle, Thomas O. Höllmann, and Putao Gui, 51–80. Wiesbaden: Harrassowitz.
- Loewe, Michael, and Edward O'Shaughnessy. 1999. The Cambridge History of Ancient China: From the Origins of Civilisation to 221 BC. Cambridge: Cambridge University Press.
- Lopez, R. S. 1945. "Silk Industry in the Byzantine Empire." Speculum 20 (1): 1–42.
- Lopez, R. S. 1978. Byzantium and the World around It. London: Variorum Reprints.
- Lubar, Steven, and W. David Kinger, eds. 1995. History from Things: Essays on Material Culture. Washington, DC: Smithsonian Books.
- Lubec, G., J. Holaubek, C. Feldl, B. Lubec, and E. Strouhal. 1993. "Use of Silk in Ancient Egypt." Nature, March 4. www.silkroadfoundation.org/artl/egyptsilk .shtml.

- Lukšić, Tugomir. 1996. Put svile: Muzej Mimara: 8. rujna 1996.–8. siječnja 1997. Zagreb: Muzejsko-galerijski centar.
- Lullo, Sheri. 2004. "Glass in Early China: A Substitute for Luxury?" In Silk Road Exchange in China, Sino-Platonic Papers 142, edited by Kateryn Linduff, 17–26. Philadelphia: University of Pennsylvania Press. http://sino-platonic.org/complete/spp142_silk_road_china.pdf.
- Luttwak, E. N. 1976. The Grand Strategy of the Roman Empire: From the First Century A.D. to the Third. Baltimore: John Hopkins University Press.
- Lynch, Joseph H., and Phillip C. Adamo. 2014. The Medieval Church: A Brief History. London: Routledge.
- Maas, Michel. 2014. The Cambridge Companion to the Age of Attila. Cambridge: Cambridge University Press.
- MacGregor, Neil. 2011. History of the World in a Hundred Objects. London: British Museum.
- Macuch, Maria. 1981. Das sasanidische Rechtsbuch "Mātakdān-i Hazār Dādistān."Vol. 2. Wiesbaden: Steiner.
- Maggi, Mauro, and Anna Filigenzi. 2008. "Pelliot tibétain 2222: A Dunhuang Painting with a Khotanese Inscription." Journal of Inner Asian Art and Archae- ology 3:83–89.
- Mairs, Rachel. 2013. "The Hellenistic Far East: From the Oikoumene to the Com- munity." In Shifting Social Imaginaries in the Hellenistic Period: Narrations, Practices and Images, edited by Eftychia Stavrianopoulou, 365–85. Leiden: Brill.
- Mallory, J. P., and Douglas Q. Adams, eds. 1997. The Encyclopedia of Indo-European
- Culture. Oxford: Taylor & Francis.
- Marshak, Boris I. 2002. Legends, Tales and Fables in the Art of Sogdiana. New York: Bibliotheca Persica.
- Marshak, Boris I. 2004. "Central Asian Metalwork in China." In Watt et al. 2004: 47–65.
- Marshak, Boris I. 2006. "The So-Called Zandanījī Silks: Comparisons with the Art of Sog- dia." In Central Asian Textiles and Their Contexts in the Early Middle Ages, edited by Regula Schorta, 49–60. Riggisberg: Abegg-Stiftung.
- Marshak, Boris I., and Anazawa Wakou. 1989. "Some Notes on the Tomb of Li Xian and His Wife under the Northern Zhou Dynasty at Guyuan, Ningxia and Its Gold-Gilt Silver Ewer with Greek Mythological Scenes Unearthed There." Cultura Antiqua 41 (1): 54–57.
- Marshall, John H. 1951. Taxila: An Illustrated Account of Archaeological Excavations, Carried Out at Taxila under the Orders of the Government of India between the Years 1913 and 1934. 3 vols. Cambridge: Cambridge University Press.
- Martin, Frederik Robert. 1912. Miniature Painting and Painters of Persia, India and Turkey from the 8th to the 18th Century. 2 vols. Paris: Vever.
- Martin, Wilbur C. 1968. "Slavery during China in the Former Han Dynasty, 206 B.C.–A.D. 25." PhD thesis, Columbia University.
- Martzloff, J.-C. 2009. Le calendrier chinois: Structure et calculs (104 av. J.C. –1644). Paris: Champion.
- Marzo, Flavio. n.d. "'Islamic-Style' Binding: A Misleading Term Ripe for Further Research." Accessed October 3, 2017. https://www.qdl.qa/en/'islamic-style' -binding-misleading-term-ripe-further-research.

- Matsui Dai. 2012. "Uyghur Divination Fragments from Dunhuang." In Dunhuang Studies: Prospects and Problems for the Coming Second Century of Research, edited by I. Popova and Liu Yi, 154–66. St. Petersburg: Institute of Oriental Manuscripts.
- McCarthy, B. 2008. "Faience in Ancient South Asia." In Encyclopedia of the History of Science, Technology, and Medicine in Non-Western Cultures, edited by Helaine Selin, 915–17. Heidelberg: Springer Science and Business Media.
- McCarthy, B., and Pamela B. Vandiver. 1991. "Ancient High Strength Ceramics: Fritted Faience Bracelet Manufacture at Harappa (Pakistan), c. 2300–1800 BC." In Materials Issues in Art and Archaeology II, edited by Pamela B. Vandiver, James Druzik, and George Seagon Wheeler, 495–510. Pittsburgh, PA: Materials Research Society.
- McDermott, Joseph P. 2006. A Social History of the Chinese Book: Books and Literati Culture in Late Imperial China. Hong Kong: Hong Kong University Press.
- McGrail, Seán. 2001. Boats of the World: From the Stone Age to Medieval Times. Oxford: Oxford University Press.
- McHugh, Feldore. 1999. Theoretical and Quantitative Approaches to the Study of Mortuary Practice. British Archaeological Reports, International Series 785. Oxford: Archaeopress.
- McIntosh, Jane. 2008. The Ancient Indus Valley: New Perspectives. Santa Barbara, CA: ABC-CLIO.
- McNair, W. W. 1884. "A Visit to Kafiristan." Proceedings of the Royal Geographical Society 6 (1): 1–18.
- Meister, M. W. 1970. "The Pearl Roundel in Chinese Textile Design." Ars Orientalis 8:255–67.
- Michon, Daniel. 2015. Archaeology and Religion in Early Northwest India: History, Theory, Practice. London: Routledge.
- Miller, Naomi F., Robert N. Spengler, and Michael Frachetti. 2016. "Millet Cultiva- tion across Eurasia: Origins, Spread, and the Influence of Seasonal Climate." Holocene 26 (10). DOI: 10.1177/0959683616641742.
- Miller, Timothy C. 2001. "Almanacs: Britain and the United States." In Jones 2001: 43–45.
- Millward, James A. 2007. Eurasian Crossroads: A History of Xinjiang. New York: Columbia University Press.
- Miniaev, Sergey. 2015. "Is'mennye Istočniki O Rannej Istorii Sjunn." А р х е о Arheologičeskie vesti 21:304–27.
- Miniaev, Sergey. 2016. "Production of Bronze Wares among the Xiongnu." Translated by Jargalan Burentogtock and Daniel Waugh. Silk Road 14:147–65. www.silkroad foundation.org/newsletter/vol14/Miniaev_SR14_2016_147_165.pdf.
- Mintz, Sidney. 1985. Sweetness and Power: The Place of Sugar in Modern History. London: Penguin.
- Mirsky, Jeanette. 1998. Sir Aurel Stein: Archaeological Explorer. Chicago: University of Chicago Press. Molnar, M., I. Jason, L. Szucs, and L. Szathmary. 2014. "Artificially Deformed Crania from the Hun-Germanic Period (5th–6th Century AD) in Northeastern Hungary: Historical and Morphological Analysis." Neurosurgical Focus 36 (4): 1–9. DOI: 10.3171/2014.1.FOCUS13466.
- Momigliano, Arnaldo. 1979. Alien Wisdom: The Limits of Hellenization. Cambridge: Cambridge University Press.

- Moorcroft, Williams. 1886. Observations on the Breeding of Horses within the Provinces under the Bengal Establishment. Simla: Government Central Branch Press.
- Moorey, P. R. S. 1994. Ancient Mesopotamian Materials and Industries: The Archaeological Evidence. Oxford: Clarendon Press.
- Moorey, P. R. S. 2001. "The Mobility of Artisans and Opportunities for Technology Transfer between Western Asia and Egypt in the Late Bronze Age." In The Social Context of Technological Change: Egypt and the Near East, 1650 –1550 BC, edited by A. J. Shortland, 1–14. Oxford: Oxbow Books.
- Mordini, Antonio. 1967. "Gold Kushana Coins in the Convent of Dabra Dammo." Journal of the Numismatic Society of India 29:19–25.
- Moreland, John. 1991. "Methods and Theory in Medieval Archaeology in the 1990s." Archaeologica Medievale 18:7–42.
- Moreland, John. 2001. Archaeology and Text. London: Bloomsbury Academic.
- Morgan, Joyce. 2012. "The Stein Collection and World War II." In H. Wang 2012: 1–6.
- Motoyoshi Akiko. 2001. "Sensibility and Synaesthesia: Ibn al-Rumi's Singing Slave Girl." Journal of Arabic Literature 32 (1): 1–29.
- Mouri, Chika, Abolfazi Aali, Xian Zhang, and Richard Laursen. 2014. "Analysis of Dyes in Textiles from the Chehrabad Salt Mine." Heritage Science 2:20. https://doi.org/10.1186/s40494-014-0020-3.
- Muhly, James D. 2011. "Archaeometry and Shipwrecks: A Review Article." Expedi- tion 53 (1): 26–44. https://www.penn.museum/sites/expedition/archae ometry -and -shipwrecks/.
- Munger, Jeffrey, and Alice Cooney Frelinghuysen. 2003. "East and West: Chinese Export Porcelain." Heilbrunn Timeline of Art History, October, Metropolitan Museum of Art. www.metmuseum.org/toah/hd/ewpor/hd_ewpor.htm.
- Munro-Hay, Stuart. 1991. Aksum: An African Civilisation of Late Antiquity. Edinburgh: Edinburgh University Press.
- Munro-Hay, Stuart. 2002. Ethiopia, the Unknown Land: A Cultural and Historical Guide. London: I. B. Tauris.
- Musée Cernuschi. 1958. Orient-Occident: Recontres et influences durant cinquante siècles d'art. Paris: Editions des Musées Nationaux.
- Musée du Louvre. 1992. Byzance: L'art Byzantin dans le collection publiques françaises. Paris: Réunion des Musées Nationaux.
- Muthesius, Anna. 1980. "Eastern Silks in Western Shrines and Treasuries before 1200." PhD diss., Courtauld Institute.
- Muthesius, Ann. 1992. Silk, Power and Diplomacy in Byzantium: Textiles in Daily Life: Proceedings of the Third Biennial Symposium of the Textile Society of America, September 24–26, 1992. Earlsville, MD: Textile Society of America. http://digitalcommons.unl.edu/cgi/viewcontent.cgi?article=1579&context=tsaconf.
- Muthesius, Ann. 1997. Byzantine Silk Weaving, AD 400 to AD 1200. Vienna: Fassbaender.
- Muthesius, Ann. 2002. "Essential Processes, Looms, and Technical Aspects of the Produc- tion of Silk Textiles." In The Economic History of Byzantium: From the Seventh through the Fifteenth Century, edited by Angeliki E. Laiou, 147–68. Washington, DC: Dumbarton Oaks Research Library and Collection.
- Muthesius, Ann. 2008. Studies in Byzantine, Islamic and Near East Silk Weaving. London: Pindar.
- Nattier, Jan. 1991. Once upon a Future Time: Studies in a Buddhist Prophecy of Decline. Fremont, CA: Asian Humanities Press. Needham, Joseph, and Dieter Kuhn.

1988. Science and Civilisation in China. Vol. 5. Chemistry and Chemical Technology: Spinning and Reeling. Cambridge: Cam- bridge University Press.
- Needham, Joseph, and Ling Wang. 1959. Science and Civilisation in China. Vol. 3. Mathematics and the Sciences of the Heavens and the Earth: Section 20: Astronomy. Cambridge: Cambridge University Press.
- Needham, Joseph, Ling Wang, and Gwei Djen Lu. 1971. Science and Civilisation in China. Vol. 4(3). Civil Engineering and Nautics. Cambridge: Cambridge University Press.
- Neelis, Jason. 2013. Early Buddhist Transmission and Trade Networks: Mobility and Exchange within and beyond the Northwestern Borderlands of South Asia. Leiden: Brill.
- Neelis, Jason. n.d. "Buddhism and Trade." University of Washington, Art of the Silk Road, virtual exhibit for Silk Road Seattle. https://depts.washington.edu/silkroad/exhibit/religion/buddhism/buddhism.html.
- Nees, Lawrence. 2011. "Blue behind Gold: The Inscription of the Dome of the Rock and Its Relatives." In Diverse Are Their Hues: Color in Islamic Art and Culture, edited by Jonathan M. Bloom and Sheila S. Blair, 152–73. New Haven, CT: Yale University Press.
- Neumeier, Emily. 2006. "Early Koranic Manuscripts: The Blue Koran Debate." April. https://www.researchgate.net/publication/291602722_Early_Koranic _Manu scripts _The_Blue_Koran_Debate.
- Nickel, Lukas. 2012. "The Nanyue Silver Box." Arts of Asia 42 (3): 98–107.
- Nickel, Lukas. 2013. "The First Emperor and Sculpture in China." Bulletin of the School of Oriental and African Studies 76 (3): 413–47.
- Nielson, Lisa. 2017. "Visibility and Performance: Courtesans in the Early Islamicate Courts (661–950 CE)." In Concubines and Courtesans: Women and Slavery in Islamic History, edited by Matthew S. Gordon and Kathryn A. Hain, 75–99. Oxford: Oxford University Press.
- Nikolaev, N. 2005. Les Huns/De Hunnen. Brussels: Mercator.
- Nuyen, A. T. 2013. "The 'Mandate of Heaven': Mencius and the Divine Command Theory of Political Legitimacy." Philosophy East and West. 63 (2): 113–26.
- Nylan, Michael. 1994. "The Chin wen/Ku wen Controversy in Han Times." T'oung Pao 80:83–145.
- Nylan, Michael, and Michael Loewe, eds. 2010. China's Early Empires: A Reappraisal. Cambridge: Cambridge University Press.
- Ohta, Alison. 2012. "Covering the Book: Bindings of the Mamluk Period, 1250–1516 CE." PhD diss., University of London.
- Oikonomides, Nicolas. 1986. "Silk Trade and Production in Byzantium from the Sixth to the Ninth Century: The Seals of Kommerkiarioi." Dumbarton Oaks Papers 40:35–53.
- Oikonomou, A., J, Henderson, M. Gnade, S. Chenery, and N. Zacharias. 2016. "An Archaeometric Study of Hellenistic Glass Vessels: Evidence for Multiple Sources." Archaeological and Anthropological Sciences, prepublished online May 16. doi:10.1007/s12520-016-0336-x.
- Olivieri, Luca M. 1996. "Notes on the Problematic Sequence of Alexander's Itinerary in Swat: A Geo-Historical Approach." East and West 46 (1–2): 45–78.

- Olivieri, Luca M. 2003. The Survey of Bir-kot Hill: Architectural Comparisons and Photo- graphic Documentation. Bir-kot-ghwanai Interim Reports 1, IsIAO Reports and Memories Series. Rome: IsIAO.
- Olivieri, Luca M. 2012. "When and Why the Ancient Town of Barikot Was Abandoned? A Preliminary Note Based on the Last Archaeological Data." Pakistan Heritage 4:109–20.
- Olivieri, Luca M. 2014. The Last Phases of the Urban Site of bir-Kot-Ghwandai (Barikot): The Bud- dhist Sites of Gumbat and Amluk-Dara (Barikot). Lahore: Sang-e-Meel Publications.
- Olivieri, Luca M. 2015a. "'Frontier Archaeology': Sir Aurel Stein, Swat and the Indian Aornos." South Asian Studies 31 (1): 58–70.
- Olivieri, Luca M. 2015b. Talking Stones: Painted Rock Shelters of the Swat Valley. Lahore: Sang-e-Meel Publications.
- Olivieri, Luca M. 2016. "The Graveyard and the Buddhist Shrine at Saidu Sharif I (Swat, Pakistan): Fresh Chronological and Stratigraphic Evidence." Journal of Ancient History 76 (3): 559–78.
- Olivieri, Luca M., and M. Vidale. 2006. "Archaeology and Settlement History in a Test Area of the Swat Valley: Preliminary Report on the AMSV Project (1st Phase)." East and West 54 (1–3): 73–150.
- Otavsky, Karel, and Anne E. Wardwell, eds. 2011. Mittelalterliche Textilien II: Zwischen Europa und China. Riggisberg: Abegg-Stiftung.
- Othwa, Najwa. [2002] 2010. "Kairouan: Capital of Political Power and Learning in the Ifriqiya." Muslim Heritage. Updated. www.muslimheritage.com/article/kairouan-capital-political-power-and-learning-ifriqiya.
- Pagès-Camagna, Sandrine. 1998. "Pigments bleus et vert égyptiens en question: Vocabulaire et analyses." In La couleur dans la peinture et l'emaillage de l'Egypte ancienne, edited by Sylvie Colinart and Michel Menu, 163–75. Bari: Edipuglia.
- Panagiotakopulu, E., P. C. Buckland, P. M. Day, C. Doumas, A. Sarpaki, and P. Skidmore. 1997. "A Lepidopterous Cocoon from Thera and Evidence for Silk in the Aegean Bronze Age." Antiquity 71:420–29.
- Pan Jixing. 1997. "On the Origin of Printing in the Light of New Archaeological Discoveries." Chinese Science Bulletin 42 (12): 976–81.
- Paynter, Sarah. 2009. "Links between Glazes and Glass in Mid-2nd Millennium BC Mesopotamia and Egypt." In From Mine to Microscope: Advances in the Study of Ancient Technology, edited by Andrew J. Shortland, Ian C. Freestone, and Thilo Rehren, 93–108. Oxford: Oxbow Books.
- Pedersen, Johannes. 1984. The Arabic Book. Princeton, NJ: Princeton University Press.
- Pellat, Ch. [2012] 2017. "al-Rādhāniyya." In Encyclopaedia of Islam, 2nd ed., edited by P. Bearman, Th. Bianquis, C. E. Bosworth, E. van Donzel, and W. P. Heinrichs. Accessed October 21, 2017. http://dx.doi.org/10.1163/1573-3912_islam _SIM _6168.
- Perikhanian, Anahit. 2008. "Iranian Society and Law." In The Cambridge History of Iran, vol. 3(2), The Seleucid, Parthian, and Sasanid Periods, edited by Ehsan Yarshater, 625–80. Cambridge: Cambridge University Press.

- Perry, Craig. 2014. "The Daily Life of Slavery and Global Reach of Slavery in Medieval Egypt, 969–1250 CE." PhD diss., Emory University.
- Peterson, Mark. 2010. A Brief History of Korea. New York: InfoBase.
- Peterson, Sara. 2017. "Roses, Poppies and Narcissi: plant iconography at Tillya- tepe and connected cultures across the ancient world." PhD diss. University of London.
- Pfister, P. 1934–40. Textiles de Palmyre découverts par le Service des Antiquités du Haut-Commissariat de la République française dans la Nécropole de Palmyre. 3 vols. Paris: Éditions d'art et d'histoire.
- Phillipson, David W. 1998. Ancient Ethiopia: Aksum: Its Antecedents and Successors. London: British Museum Press.
- Phillipson, David W. 2012. Foundations of an African Civilisation: Aksum and the Northern Horn, 1000 BC –AD 1300. Martlesham: Boydell and Brewer.
- Pines, Yuri. 2012a. "Beasts or Humans: Pre-Imperial Origins of the 'Sino-Barbarian' Dichotomy." In Mongols, Turks and Others: Eurasian Nomads and the Sedentary World, edited by Reuven Amitai and Michal Biran, 59–102. Leiden: Brill.
- Pines, Yuri. 2012b. The Everlasting Empire: The Political Culture of Ancient China and Its Imperial Legacy. Princeton, NJ: Princeton University Press.
- Piotrovsky, Boris. 1973–74. "From the Lands of Scythians: Ancient Treasures from the Museum of the USSR 3000 B.C.–100 B.C." Metropolitan Museum of Art Bulletin 32 (5).
- Pliny the Elder. 1855. Natural History. Translated by John Bostock. London: Taylor & Francis. www.perseus.tufts.edu/hopper/text?doc=Perseus:text:1999.02.0137.
- Pohl, Walter. 2002. Die Awaren: Ein Steppenvolk in Mitteleuropa. Munich: C. H. Beck.
- Porter, Cheryl. 2008. "The Identification of Purple in Manuscripts." In Dyes in History and Archaeology 21, Including Papers Presented at the 21st Meeting, Held at Avignon and Lauris, France, 10–13 October 2002, edited by Jo Kirby, 59–64. London: Archetype Productions.
- Porter, Cheryl. 2018. "The Materiality of the Blue Quran: A Physical and Technological Study." In The Aghlabids and Their Neighbours, edited by Claire D. Anderson, Corisande Fenwick, and Mariam Rosser-Owen, 575–86. Leiden: Brill.
- Priscus. 2014. The Fragmentary History of Priscus: Attila, the Huns and the Roman Empire, AD 430–476. Translated by John Given. Merchantville, NJ: Evolution Publishing.
- Procopius. 1961. History of the Wars. Edited and translated by H. B. Dewing. London: Heinemann6666. https://en.wikisource.org/wiki/History_of_the_Wars.
- Psarras, Sophia-Karin. 2003. "Han and Xiongnu: A Reexamination of Cultural and Political Relations (I)." Monumenta Serica: Journal of Oriental Studies 51:55–236.
- Pulak, Cemal. 1998. "The Uluburun Shipwreck: An Overview." International Journal of Nautical Archaeology 27 (3): 188–224.
- Pulleybank, E. G. 2000a. "The Hsiung-nu." In Bazin, Hazai, and Roemer 2000: 52–75.
- Pulleybank, E. G. 2000b. "The Nomads in China and Central Asia in the Post-Han Period." In Bazin, Hazai, and Roemer 2000: 76–94.
- Quinn, Stephen Christopher. 2006. Windows on Nature: The Great Habitat Dioramas of the American Museum of Natural History. New York: Abrams.

- al-Rammah, M. 1995. "The Ancient Library of Kairaouan and Its Methods of Con- servation." In The Conservation and Preservation of Islamic Manuscripts: Proceed- ings of the Third Conference of Al-Furqān Islamic Heritage Foundation, 29–47. London: Al-Furqān Islamic Heritage Foundation.
- Raphaels, Lisa. 2013. Divination and Prediction in Early China and Ancient Greece. Cambridge: Cambridge University Press.
- Raschke, M. G. 1976. "New Studies in Roman Commerce with the East." In Aufstieg und Niedergang der Romischen Welt, pt. 2, Principat, vol. 92, 604–1233. Berlin: Walter de Gruyter.
- Rawson, Jessica. 1992. The British Museum Book of Chinese Art. London: Trustees of the British Museum.
- Rawson, Jessica. 2002. Chinese Jade from the Neolithic to the Qing. Chicago: ArtMedia Resources.
- Rawson, Jessica. 2010. "Carnelian Beads, Animal Figures and Exotic Vessels: Traces of Con- tact between the Chinese States and Inner Asia, c. 1000–650 BC." In Archäologie in China, vol. 1, Bridging Eurasia, edited by Mayke Wagner and Wang Wei, 1–42. Berlin: Deutsches Archaeologisches Institut.
- Ray, Himanshu Prabha. 1994. The Winds of Change: Buddhism and the Maritime Links of Early South Asia. New Delhi: Oxford University Press.
- Reade, Julian. 2013. The Indian Ocean in Antiquity. London: Kegan Paul.
- Reader, Ian. 1991. "Letters to the Gods: The Form and Meaning of Ema." Japanese Journal of Religious Studies 18 (1): 23–50.
- Reed, Carrie E. 2000. Early Chinese Tattoo. Sino-Platonic Papers 103. Philadelphia: Department of Asian and Middle Eastern Studies, University of Pennsylvania.
- Reed, Ronald. 1975. The Nature and Making of Parchment. Leeds: Elmete Press.
- Reeder, Ellen D., and Esther Jacobson. 1999. Scythian Gold: Treasures from Ancient Ukraine. Exh. cat. New York: Harry N. Abrams.
- Reynolds, Douglas. 2012. Turkey, Greece, and the Borders of Europe: Images of Nations in the West German Press, 1950–1975. Berlin: Frank and Timme.
- Rhys Davids, T. W., trans. 1890–94. The Questions of King Milinda, Parts 1 and II.
- Sacred Books of the East 35 and 36. Oxford: Oxford University Press.
- Riboud, Krishna. 1976. "A Newly Excavated Caftan from the Northern Caucasus." Textile Museum Journal 4 (3): 21–42.
- Riboud, Krishna. 1977. "A Detailed Study of the Figured Silk with Birds, Rocks and Trees from the Han Dynasty." Bulletin de Liaison 45:51–60.
- Ridpath, Ian. 1985. A Comet Called Halley. Cambridge: Cambridge University Press.
- Riedel, Dagmar. 2013. "The Anxiety of Influence: Framing the Blue Quran." Islamic Books blog, May 13. https://researchblogs.cul.columbia.edu/islamic books/ 2013/ 05/ 10/bquran/
- Riedel, Dagmar. 2015. "Buying by the Box: Islamic Manuscripts and American Collectors, 1865–1976." Paper presented at the Schoenberg Symposium on Manuscript Stud- ies, Philadelphia, November 12–14. https://www.academia.edu/14971932/.
- Rienjang, Wannaporn. 2012. "Aurel Stein's Work in the North-West Frontier Province, Pakistan." In H. Wang 2012: 1–10. .
- Roberts, Colin H., and T. C. Skeat. 1983. The Birth of the Codex. Oxford: Oxford University Press.

- Robson, James. 2008. "Signs of Power: Talismanic Writing in Chinese Buddhism." History of Religions 48 (2): 130–69.
- Rockwell, Peter. 2006. "Gandharan Stoneworking in the Swat Valley." In Callieri 2006: 157–80.
- Rong Xinjiang. 2004. "Official Life at Dunhuang in the Tenth Century: The Case of Cao Yuanzhong." In Whitfield and Sims Williams 2004: 57–62.
- Rong Xinjiang. 2013. Eighteen Lectures on Dunhuang. Translated by Imre Galambos. Leiden: Brill.
- Roper, Geoffrey. 2010. "The History of the Book in the Muslim World." In The Oxford Companion to the Book, edited by Michael F. Suarez and H. R. Woodhyusen, 321–39. Oxford: Oxford University Press.
- Rose, Marice E. 2008. "The Construction of Mistress and Slave Relationships in Late Antique Art." Women's Art Journal 29 (2): 41–49.
- Rosenfield, John M. 1967. The Dynastic Arts of the Kushans. Berkeley: University of California Press.
- Rosenthal-Heginbottom. 2011. "Prologue: Some Debating Points on Gandhāran Buddhism and Kuṣāṇa History." In Gandhāran Buddhism: Archaeology, Art and Texts, edited by Kurt Behrendt and Pia Brancaccio, 9–38. Vancouver: UBC Press.
- Rosenthal-Heginbottom, Renate. 2013. "Roman and Late Antique Hoards of Silver Tableware as Status Symbols." In Hoards and Genizot as Chapters in History: Catalogue No. 33, Spring 2013, 41–48. Haifa: Hecht Museum, University of Haifa.
- Rotman, Youval, and Jane Marie Todd. 2009. Byzantine Slavery and the Mediterranean World. Cambridge, MA: Harvard University Press.
- Rotroff, Susan I. 2007. "Material Culture." in The Cambridge Companion to the Hellenistic World, edited by Glenn R. Bugh, 136–57. Cambridge: Cambridge University Press.
- Rowland, Benjamin. 1977. The Art and Architecture of India. New York: Penguin.
- Rtveladze, Edward V. 1993. "Coins of the Yuezhi Rulers of Northern Bactria." Silk Road Art and Archaeology 3:81–96.
- Rubinson, Karen S. 1985. "Mirrors on the Fringe: Some Notes." Source: Notes in the History of Art 4 (2–3): 46–50.
- Rubinson, Karen S. 2008. "Tillya Tepe: Aspects of Gender and Cultural Identity." In Linduff and Rubinson 2008: 51–66.
- Russell-Smith, Lilla. 2005. Uyghur Patronage in Dunhuang: Regional Art Centres on the Northern Silk Road in the Tenth and Eleventh Century. Leiden: Brill.
- Ryan, John C., and Alan Thein Durning. 1997. Stuff: The Secret Life of Everyday Things. Seattle: Northwest Environment Watch.
- Ryder, Edmund C. 2008. "Popular Religion: Magical Uses of Imagery in Byzantine Art." In Heilbrunn Timeline of Art History, Metropolitan Museum of Art. www.metmuseum.org/toah/hd/popu/hd_popu.htm.
- Ryken, Leland, James C. Wilhoit, and Tremper Longman III, eds. 2010. Dictionary of Biblical Imagery. Westmont, IL: InterVarsity Press.
- Salles, J.-F. 1996. "Achaemenid and Hellenistic Trade in the Indian Ocean." In The Indian Ocean in Antiquity, edited by Julian Reade, 251–67. London: Kegan Paul International in association with British Museum.
- Salomon, Richard. 1999. Ancient Buddhist Scrolls from Gandhāra: The British Library Kharoṣṭhī Fragments. Seattle: University of Washington Press.

- Salomon, Richard, and Gregory Schopen. 1984. "The Indravarman (Avaca) Casket Inscription Reconsidered: Further Evidence for Canonical Passage in Buddhist Inscriptions." Journal of the International Association of Buddhist Studies 7 (1): 107–23.
- Sandberg, Gosta. 1989. Indigo Textiles: Technique and History. Asheville, NC: Lark Books.
- Sarianidi, Victor I. 1985. The Golden Hoard of Bactria: From the Tillya-Tepe Excavations in Northern Afghanistan. New York: Harry N. Abrams.
- Sarianidi, Victor. 1990. "The Golden Hoard of Bactria." National Geographic, March, 50–75.
- Sarianidi, Victor. 1990–92. "Tilya Tepe: The Burial of a Noble Warrior." Persica 14:103–30. Sawyer, Peter. 2001. The Oxford Illustrated History of the Vikings. Oxford: Oxford University Press.
- Schafer, Edward H. 1961. "Languages of Ancient Khotan." Archiv Orientalní 29:35–52.
- Schafer, Edward H. 1963. The Golden Peaches of Samarkand. Berkeley: University of California Press.
- Schafer, Edward H. 1967. The Vermilion Bird: T'ang Images of the South. Berkeley: University of California Press.
- Schafer, Edward H. 1977. Pacing the Void: T'ang Approaches to the Stars. Berkeley: University of California Press.
- Schimmel, Annemarie. 1984. Calligraphy and Islamic Culture. New York: New York University Press.
- Schlütz, Frank, and Frank Lehmkuhl. 2007. "Climatic Change in the Russian Altai, Southern Siberia, Based on Palynological and Geomorphological Results, with Implications for Climatic Teleconnections and Human History since the Middle Holocene." Vegetation History of Archaeobotany 16:101–18.
- Schmidt, Henirich Jakob. 1958. Alte Seidenstoffe: Ein Hanbuch für Sammler und Liebhaber. Leipzig: Klinkhardt und Biermann.
- Schmidt-Colinet, Andreas, and Annemarie Stauffer. 2000. Die Textilien aus Palmyra, Neue und Alte Funde. Mainz: P. von Zabern.
- Schoeler, Gregor. 2006. The Oral and the Written in Early Islam. Translated by Uwe Vagelpohl. London: Routledge.
- Schopen, Gregory. 1994. "The Monastic Ownership of Servants or Slaves: Local or Legal Factors in the Redactional History of the Two Vinayas." Journal of the International Association of Buddhist Studies 17 (2): 145–73.
- Schopen, Gregory. 1997. Bones, Stones, and Buddhist Monks: Collected Papers on the Archaeology, Epigraphy, and Texts of Monastic Buddhism in India. Honolulu: University of Hawaii Press.
- Schopen, Gregory. 2006a. "The Buddhist 'Monastery' and the Indian Garden: Aesthetics, Assimilations, and the Siting of Monastic Establishments." Journal of the Ameri- can Oriental Society 126 (4): 487–505.
- Schopen, Gregory. 2006b. "On Monks and Menial Laborers: Some Monastic Accounts of Building Buddhist Monasteries." In Callieri 2006: 225–45.
- Schopphoff, Claudia. 2009. Der Gürtel: Funktion und Symbolik eines Kleidungsstückes in Antike und Mittelalter. Pictura et Poesis 27. Cologne: Böhlau.
- Schorta, Regula. 2016. "Central Asian Silks in the East and the West during the Sec- ond Half of the First Millennium." In Oriental Silks in Medieval Europe, edited by Juliane von Fircks and Regula Schorta, 47–63. Riggisberg: Abegg-Stiftung.

- Schrenk, Sabine. 2006. "Silks from Antinoopolis." In Central Asian Textiles and their Contexts in the Early Middle Ages, edited by Regula Schorta, 23–34. Riggisberg: Abegg-Stiftung.
- Seland, Eivind Heldaas. 2013. "Ancient Afghanistan and the Indian Ocean: Mari- time Links of the Kushan Empire ca. 500–200 CE." Journal of Indian Ocean Archaeology 9:66–74.
- Sen, Tansen. 2003. Buddhism, Diplomacy, and Trade: The Realignment of Sino Indian Relations, 600–1400. Honolulu: University of Hawaii Press.
- Senior, R. C. 2008. "The Final Nail in the Coffin of Azes II." Journal of the Oriental Numismatic Society 197:25–27.
- Sephton, J. 1880. Eirik the Red's Saga: A Translation Read before the Literary and Philosophical Society of Liverpool, January 12, 1880. Liverpool: Marples. http://sagadb.org/eiriks_saga_rauda.en.
- Shaanxi sheng kaogu yanjiusuo 陝西省考古研究所 [Shaanxi Institute of Archaeology] . 2005. Tang Li Xian mu fajue baogao 唐李憲墓發掘報告 . Beijing: Kexue.
- Shabuh, Ibrahim. 1956. "Sijil qadim li-Maktabat Jami' al-Qayrawan." Majallat Ma' had al-Makhtutat al-'Arabiya 2:339–72.
- Shahbazi, A. Sh. [1987] 2011. "Asb 'horse': i. In Pre-Islamic Iran." In Encyclopae- dia Iranica Online. Last updated April 16. www.iranicaonline.org/articles/asb-horse-equus-cabullus-av.
- Shahid, Irfan. 1995. Byzantium and the Arabs in the Sixth Century. Washington, DC: Dumbarton Oaks.
- Shaki, Mansour. [1992] 2011. "Contracts: ii. In the Parthian and Sasanian Periods." In Encyclopaedia Iranica Online. Last updated October 28. www.iranicaonline.org/articles/contracts-legally-enforceable-undertakings-between-two-or-more -con senting-parties#pt2.
- Shelach-Lavi, Gideon. 2014. "Steppe-Land Interactions and Their Effects on Chi- nese Cultures during Second and Early First Millennia BC." In Nomads as Agents of Cultural Change: The Mongols and Their Eurasian Predecessors, edited by Ami- tai Reuven and Michal Biran, 10–31. Honolulu: University of Hawaii Press.
- Shen Congwen 沈从文 . 2012. Zhongguo gudai fushi yanjiu 中国古代服饰研究 . Shanghai: Shanghai Bookstores Publications.
- Shen Hsueh-man. 2000. "Buddhist Relic Deposits from Tang (618–907) to Northern Song (960–1127) and Liao (907–1125)." PhD diss., Oxford University.
- Shen Hsueh-man. 2002. "Luxury or Necessity: Glassware in Śarīra Relic Pagodas of the Tang and Northern Song Periods." In Chinese Glass: Archaeological Studies on the Uses and Social Context of Glass Artefacts from the Warring States to the Northern Song Period, Orientalia Venetiana 14, edited by Cecilia Braghin, 71–110. Florence: Leo S. Olschki.
- Shepherd, D. G. 1964. "Sasanian Art in Cleveland." Bulletin of the Cleveland Museum of Art 51 (4): 82–92.
- Shimada, Akira. 2012. Early Buddhist Architecture in Context: The Great Stupa at Amaravati (ca. 300 BCE–300 CE). Leiden: Brill.
- Shrank, Cathy. 2004. Writing the Nation in Reformation England, 1530–1580. Oxford: Oxford University Press.
- Silk, Jonathan A. 2008. Managing Monks: Administrators and Administrative Roles in Indian Buddhist Monasticism. Oxford: Oxford University Press.

- Sima Qian. 1993. Shiji. Translated by Burton Watson as Records of the Grand His- torian of China: Han Dynasty II, rev. ed. New York: Columbia University Press.
- Sims-Williams, Nicholas. 2000. Bactrian Documents from Northern Afghanistan. Vol. 1. Legal and Economic Documents. Oxford: Oxford University Press.
- Sims-Williams, Nicholas. 2007. "Bactrian Letters from the Sasanian and Hephthalite Periods." In Proceedings of the 5th Conference of the Societas Iranologica Europæa Held in Ravenna, 6–11 October 2003, edited by Antonio Panaino and Andrea Piras, 701–13. Milan: Mimesis.
- Sinor, Denis. 1972. "Horse and Pasture in Inner Asian History." Oriens Extremus 19:171–84.
- Sinor, Denis. 1990. The Cambridge History of Early Inner Asia. Cambridge: Cambridge University Press.
- Skeat, T. C. 1994. "The Origin of the Christian Codex." Zeitschrift für Papyrologie und Epigraphik 102:263–68.
- Skjærvø, Oktor. 2012. 'The Zoroastrian Oral Tradition as Reflected in the Texts." In The Tranmission of the Avesta, edited by A. Cantera, 2–48. Wiesbaden: Harrassowitz.
- Smith, C. S. 1981. A Search for Structure. Cambridge, MA: MIT Press.
- Snodgrass, Adrian. 1991. The Symbolism of the Stupa. Ithaca, NY: Cornell University Press.
- Snoek, Godefridus J. C. 1995. Medieval Piety from Relics to the Eucharist: A Process of Mutual Interaction. Leiden: Brill.
- So, Jenny F., and Emma C. Bunker. 1995. Traders and Raiders on China's Northern Frontier. Exh. cat. Seattle: University of Washington Press.
- Sperling, Elliot. 1979. "A Captivity in Ninth-Century Tibet." Tibet Journal 4 (4): 17–67. Splitstoser, Jeffrey C., Tom D. Dillehay, Jan Wouters, and Ana Claro. 2016. "Early Pre-Hispanic Use of Indigo Blue in Peru." Science Advances 2 (9). DOI: 10.1126/ sciadv.1501623.
- Spooner, D. B. 1908–9. "Excavations at Shāh-ji-Dherī." Annual Report of the Archaeological Survey of India, 38–59.
- Stanley, Tim. 1995. The Qur'an and Calligraphy: A Selection of Fine Manuscript Material. Catalogue 1213. London: Bernard Quarich.
- Starr, S. Frederick. 2013. Lost Enlightenment: Central Asia's Golden Age from the Arab Conquest to Tamerlane. Princeton, NJ: Princeton University Press.
- Stein, Marc Aurel. 1904. Sand-Buried Ruins of Khotan. London: Hurst and Blackett.
- Stein, Marc Aurel. 1907. Ancient Khotan. Oxford: Clarendon Press.
- Stein, Marc Aurel. 1912. Ruins of Desert Cathay: Personal Narrative of Explorations in Central Asia and Westernmost China. London: Macmillan.
- Stein, Marc Aurel. 1921. Serindia: Detailed Report of Explorations in Central Asia and Western-most China. Oxford: Oxford University Press.
- Stein, Marc Aurel. 1928. Innermost Asia. Oxford: Clarendon Press.
- Stein, Marc Aurel. 1929. On Alexander's Track to the Indus: Personal Narrative of Explorations on the North-West Frontier of India. London: Macmillan. http://archive.org/stream/onalexanderstrac035425mbp/onalexanderstrac035425mbp_djvu.txt.
- Stein, Marc Aurel. 1930. An Archaeological Tour in Upper Swat and Adjacent Hill Tracts. Mem- oirs of the Archaeological Survey of India 42. Calcutta: Archaeological Survey of India.

- Stephenson, Paul. 2003. The Legend of Basil the Bulgar-Slayer. Cambridge: Cambridge University Press.
- Strong, John. 2004. Relics of the Buddha. Princeton, NJ: Princeton University Press.
- Al-Ṭabarī. 1989. The History of al-Tabari. Vol. 34. Incipient Decline. Translated and annotated by Joel L. Kraemer. Albany: State University of New York Press.
- Taddesse Tamrat. 1972. Church and State in Ethiopia, 1270–1527. Oxford: Claren-don Press.
- Takeuchi Tsuguhito. 2004a. "Sociolinguistic Implications of the Use of Tibetan in East Turkestan from the End of Tibetan Domination through the Tangut Period (9th–12th c.)." In Turfan Revisited: The First Century of Research into the Arts and Cultures of the Silk Road, edited by Desmond Durkin-Meisterernst, Simone-Christiane Raschmann, Jens Wilkens, Marianne Yaldiz, and Peter Zieme, 341–48. Berlin: Dietrich Reimer.
- Takeuchi Tsuguhito. 2004b. "The Tibetan Military System and Its Activities from Khotan to Lop Nor." In Whitfield and Sims Williams 2004: 50–56.
- Tallet, Pierre. 2012. Ayn Sukhna and Wadi el-Jarf: Two Newly Discovered Pharaonic Harbours on the Suez Gulf. British Museum Studies in Ancient Egypt and Sudan 18. London: British Museum.
- Teiser, Stephen F. 1994. The Scripture of the Ten Kings and the Making of Purgatory in Medieval China. Studies in East Asian Buddhism 9. Honolulu: University of Hawaii Press.
- Teter, Magda. 2011. Sinners on Trial. Cambridge, MA: Harvard University Press.
- Thiel, J. H. 1966. Eudoxus of Cyzicus: A Chapter in the History of the Sea-Route to India and the Route around the Cape in Ancient Times. Historische Studien 23. Groningen: J. B. Wolters.
- Thierry, Francois. 2005. "Yuezhi and Kouchans: Pièges et dangers des sources chi- noises." In Afghanistan: Ancien carrefour entre l'est et l'ouest, edited by Osmund Boperachchi and Marie-Francoise Boussac, 421–539. Turnhout: Brepols.
- Thomas, Thelma K. 2012. "'Ornaments of Excellence' from 'the Miserable Gains of Commerce': Luxury Art and Byzantine Culture." In Byzantium and Islam: Age of Transition, edited by Helen C. Evans and Brandie Ratliff, 124–33. New York: Metropolitan Museum of Art.
- Thompson, D., et al. [1983] 2011. "Abrīšam: iii. Silk Textiles in Iran." In Encyclo- paedia Iranica Online. Last updated July 19. www.iranicaonline.org/articles/abrisam-silk-index.
- Tian Guangjin 田广金 and Guo Suxin 郭素新 . 1986. E'erduosi shi qing tong qi 鄂尔多斯式青銅器 . Beijing: Wenwu.
- Timperman, Ilse. 2017. "Early Niche Graves in the Turfan Basin and Inner Eurasia." PhD diss., University of London.
- Ting, Joseph S. P., ed. 2006. The Maritime Silk Route: 2000 Years of Trade on the South China Sea. Hong Kong: Urban Council.
- Tomber, Roberta. 2008. Indo-Roman Trade: From Pots to Pepper. London: Duckworth.
- Tosi, Maurizio. 1974. "The Lapis Trade across the Iranian Plateau in the 3rd Millenium BC." In Gururājamañjarikā: Studi in onore di Guiseppe Tucci, 3–22. Naples: Istituto Universitario Orientale.

- Touati, Houari. "Scribes and Commissioners of the Early Qur'anic Codices." Paper presented at the International Conference on Patronage and the Sacred Book in the Medieval Mediterranean, October 18–19. Abstract at Centro de Ciencias Humanas y Sociales, Consejo Superior de Investigaciones Científicas, 2010, www.congresos.cchs.csic.es/patronage_and_the_sacred_book/Abstracts.
- Trainor, Kevin. 1997. Relics, Ritual and Representation in Buddhism: Rematerial- izing the Sri Lankan Theravada Tradition. Cambridge: Cambridge University Press.
- Treister, Michael Yu. 2001. Hammering Techniques in Greek and Roman Jewellery and Toreutics. Leiden: Brill.
- Tretiakov, P. N., and A. L. Mongait, eds. 1961. Contributions to the Ancient History of the U.S.S.R. with Special Reference to Transcaucasia. Cambridge, MA: Peabody Museum.
- Trever, Camilla. 1967. "A propos des temples de la déesse Anahita en Iran sassanide." Iranica Antiqua 7:121–34.
- Trimingham, J. Spencer. 2013. Islam in Ethiopia. London: Routledge.
- Trousdale, William. 1968. "The Crenelated Mane: Survival of an Ancient Tradition in Afghanistan." East and West 18 (1–2): 169–77.
- Trowbridge, M. I. 1930. Philological Studies in Ancient Glass. University of Illinois Studies in Language and Literature 13, nos. 3–4. Urbana: University of Illinois.
- Truitt, E. R. 2015. Medieval Robots: Mechanism, Magic, Nature, and Art. Philadelphia: University of Pennsylvania Press.
- Tsien Tsuen-Hsuin. 1985. Science and Civilisation in China. Vol. 5. Chemistry and Chemical Technology. Part 1. Paper and Printing. Cambridge: Cambridge University Press.
- Tucci, Guiseppe. 1940. Travels of Tibetan Pilgrims in the Swat Valley. Calcutta: Greater India Society.
- Tucci, Guiseppe. 1949. Tibetan Painted Scrolls. Rome: La Libreria dello Stato.
- Tucci, Guiseppe. 1958. "Preliminary Report on an Archaeological Survey in Swat." East and West 9 (4): 279–328.
- Twitchett, Denis, ed. 1983. Printing and Publishing in Medieval China. New York: Frederic C. Beil.
- Usher, Abbott Payson. 1988. A History of Mechanical Inventions. Rev. ed. New York: Dover. van Giffen, Astrid. n.d. "Weathered Archaeological Glass." Accessed September 16, 2017. Corning Museum of Glass. www.cmog.org/article/weathered-archaeological-glass.
- van Schaik, Sam. 2011. Tibet: A History. New Haven, CT: Yale University Press.
- Vasil'e v, K.V. 1961. "Rezenzia na: Gumilev L. Hunnu. Sredinnaja Asia v drevnie vremena." Vestnik Drevney Istorii 2:120–24.
- Vaziri, Mostafa. 2012. Buddhism in Iran: An Anthropological Approach to Traces and Influences. New York: Palgrave Macmillan.
- Vedeler, Marianne. 2014. Silk for the Vikings. Oxford: Oxbow Books.
- Verstraete, B. C. 1980. "Slavery and the Social Dynamics of Male Homosexual Relations in Ancient Rome." Journal of Homosexuality 5 (3): 227–36.
- Vnouček, Jirí. 2018. "Learning the History of Manuscripts with the Help of Visual Assessment of the Parchment: The Differences in Animals and Processes Employed in the Preparation of Parchment." PhD diss., University of York.

- Vondrovec, Klaus. 2014. Coinage of the Iranian Huns and Their Successors from Bac- tria to Gandhara (4th to 8th Century CE). Vienna: Verlag der Österreichischen Akademie der Wissenschaften.
- Von le Coq, Albert. 1913. Chotscho: Facsimile-Wiedergaben der Wichtigeren Funde der Ersten Königlich Preussischen Expedition nach Turfan in Ost-Turkistan. Berlin: ietrich Reimer.
- Von Simson, Otto. 1988. The Gothic Cathedral: Origins of Gothic Architecture and the Medieval Concept of Order. Princeton, NJ: Princeton University Press.
- Wagner, Mayke, Xinhua Wu, Pavel Tarasov, Ailijiang Aisha, Christopher Bronk Ramsey, Michael Schultz, Tyede Schmidt-Schultz, and Julia Gresky. 2011. "Carbon-Dated Archaeological Record of Early First Millennium B.C. Mounted Pastoralists in the Kunlun Mountains, China." PNAS 108 (38): 15733–38. www.pnas.org/content/108/38/15733.full.pdf.
- Waldron, Arthur. 1990. The Great Wall of China: From History to Myth. Cambridge: Cambridge University Press. Waley, Arthur, trans. 1960. Ballads and Stories from Tun-Huang: An Anthology. London: George Allen and Unwin.
- Walker, Annabel. 1998. Aurel Stein: Pioneer of the Silk Road. London: John Murray.
- Walter, Mariko Namba. 2014. Buddhism in Central Asian History. In The Wiley Companion to East and Inner Asian Buddhism, edited by Mario Poceski, 21–39. Malden, MA: Wiley Blackwell.
- Wang, Helen. 1998. "Stein's Recording Angel: Miss F. M. G. Lorimer." Journal of the Royal Asiatic Society, 3rd ser., 8 (2): 207–28.
- Wang, Helen. 2004. Money on the Silk Road: The Evidence from Eastern Central Asia to c. AD 800. London: British Museum.
- Wang, Helen, ed. 2012. Sir Aurel Stein: Colleagues and Collections. British Museum Research Publication 194. London: British Museum.
- Wang Binghua 王炳 . 1993. "Xi Han yiqian Xinjiang he Zhongyuan diqu lishi guanxi kaoxu" 西 以前新疆和中原地区历史关系考索 . In Sichou zhi lu kaogu yanjiu 丝绸之路考古研究 . Urumqi: Xinjiang renmin chubanshe.
- Wang Bo and Lu Lipeng. 2009. "Glass Artifacts Unearthed from the Tombs at the Zhagunluke and Sampula Cemeteries in Xinjiang." In Ancient Chinese Glass Research along the Silk Road, edited by Gan Fuxi, Robert H. Brill, and Tian Shouyun, 229–330. Singapore: World Scientific Publishing.
- Wang Jiqing. 2012. "Aurel Stein's Dealings with Wang Yuanlu and Chinese Officials in Dunhuang in 1907." In H. Wang 2012: 1–6.
- Wang Yu-t'ung. 1953. "Slaves and Other Comparable Social Groups during the Northern Dynasties (386–618)." Harvard Journal of Asiatic Studies 16 (3–4): 293–364.
- Ward, Gerald W. R. 2008. The Grove Encyclopedia of Materials and Techniques in Art. Oxford: Oxford University Press.
- Warmington, E. H. 1928. The Commerce between the Roman Empire and India. Cambridge: Cambridge University Press.
- Watt, James C. Y., An Jiayao, Angela F. Howard, Boris I. Marshak, Su Bai, and Zhao Feng, eds. 2004. Dawn of a Golden Age, 200–750 AD. Exh. cat. New York: Metropolitan Museum of Art. www.metmuseum.org/research/metpublications/China_Dawn_of_a_Golden_Age_200_750_AD.

- Waugh, Daniel C .2007. "Richtofen's 'Silk Roads': Toward the Archaeology of a Concept." Silk Road 5 (1): 1–10. silkroadfoundation.org/newsletter/vol5num1/srjournal_v5n1.pdf.
- Weber, A. S. 2003. "Women's Early Modern Medical Almanacs in Historical Context." English Literary Renaissance 33 (3): 358–402.
- West, V. 2009. "Letters from Antonio Mordini." Journal of the Oriental Numismatic Society 200:5–9.
- West FitzHugh, Elisabeth, and Lynda A. Zycherman, 1992. "A Purple Barium Copper Silicate Pigment from Early China." Studies in Conservation 37 (3): 145–54.
- Whitehouse, David. 1989. "Begram: The Periplus and Gandharan Art." Journal of Roman Archaeology 2:93–100.
- Whitfield, Susan. 1998. "Under the Censor's Eye: Printed Almanacs and Censorship in Ninth-Century China." British Library Quarterly 24 (1): 4–22.
- Whitfield, Susan. 2001. "Almanacs: China." In Censorship: A World Encyclopedia, edited by Derek Jones, 43. Chicago: Fitzroy Dearborn.
- Whitfield, Susan. 2008. "The Perils of Dichotomous Thinking: Ebb and Flow Rather Than East and West." In Marco Polo and the Encounter of East and West, edited by Suzanne Akbari and Amilcare A. Iannucci. Toronto: University of Toronto Press. https://www.academia.edu/2645165/The_Perils_of_Dichotomous_Thinking_Ebb_and_flow_rather_than_east_and_west.
- Whitfield, Susan. 2009. La Route de la Soie: Un voyage à travers la vie et la mort. Exh. cat. Brussels: Mercator.
- Whitfield, Susan. 2015a. "Creating a Codicology of Central Asian Manuscripts." In From Mulberry Leaves to Silk Scrolls: New Approaches to the Study of Asian Manuscript Traditions, edited by Justin Thomas McDaniel and Lynn Ransom, 207–30. Phila- delphia: University of Pennsylvania Press.
- Whitfield, Susan. 2015b. Life along the Silk Road. 2nd ed. Oakland: University of California Press.
- Whitfield, Susan. 2016. "Dunhuang and Its Network of Patronage and Trade." In Cave Tem- ples of Dunhuang: Buddhist Art on China's Silk Road, edited by Neville Agnew, Marcia Reed, and Tevvy Ball, 59–76. Los Angeles: Getty Conservation Institute and Getty Research Institute.
- Whitfield, Susan. 2018a. "Buddhist Rock Cut Architecture and Stupas across Central Asia and into China." In Cambridge World History of Religious Architecture, edited by Richard Etlin. Cambridge: Cambridge University Press
- Whitfield, Susan. 2018b. "The Expanding Silk Road." Bulletin of the Museum of Far Eastern Antiquities 81.
- Whitfield, Susan. 2018c. "On the Silk Road: Trade in the Tarim?" In Trade and Civilization, edited by Kristian Kristiansen, Thomas Lindkvist, and Janken Myrdal, 299–331. Cambridge: Cambridge University Press.
- Whitfield, Susan, and Ursula Sims-Williams, eds. 2004. The Silk Road: Trade, Travel, War and Faith. Exh. cat. London: British Library and Serindia. Online exhibition at http://idp.bl.uk/education/silk_road/index.a4d.
- Wietzmann, Kurt. 1943. "Three 'Bactrian' Silver Vessels with Illustrations from Euripides." Art Bulletin 25 (4): 289–324.
- Wilbur, Clarence Martin. 1943a. "Industrial Slavery during China in the Former Han Dynasty (206 B.C.–A.D. 25)." Journal of Economic History 3 (1): 56–69.
- Wilbur, Clarence Martin. 1943b. Slavery in China during the Former Han Dynasty, 206 B.C.–A.D. 25. Anthropological Series, Field Museum of Natural History,

Vol. 34. Chicago: Field Museum of Natural History.

- Wild, J. P. 1984. "Some Early Silk Finds in Northwestern Europe." Textile Museum Journal 23:17–19, 22.
- Wilkinson, Endymion. 2000. Chinese History: A Manual. Cambridge, MA: Harvard University Asia Center.
- Williams, Joanna. 1973. "The Iconography of Khotanese Painting." East and West 23 (1–2): 109–54.
- Williams, Tim. 2014. The Silk Roads: An ICOMOS Thematic Study. Paris: ICOMOS.
- Wolters, Jochem. 1998. Die Granulation: Geschichte und Technik einer alten Goldschmiedekunst. Munich: Callwey.
- Wood, Frances. 2012. "A Tentative Listing of the Stein Manuscripts in Paris, 1911–19." In H. Wang 2012: 1–6.
- Wood, Marilee. 2016. "Glass Beads from Pre-European Contact Sub-Saharan Africa: Peter Francis's Work Revisited and Updated." Archaeological Research in Asia 6:65–80.
- Woodford, Susan. 2003. The Trojan War in Ancient Art. Ithaca, NY: Cornell University Press.
- Wu Hung. 2002. "A Case of Cultural Interaction: House-shaped Sarcophagi of the orthern Dynasties." Orientations 33.5: 34–41.
- Wu Zhuo. 1989. "Notes on the Silver Ewer from the Tomb of Li Xian." Bulletin of the Asia Institute 3:61–70.
- Wyatt, David. 2009. Slaves and Warriors in Medieval Britain and Ireland, 800–1200. Leiden: Brill. Xigoupan.
- Yikezhao Meng wen wu gong zuo zhan 伊克昭盟文物工作站 , and Nei Menggu wen wu gong zuo dui 内蒙古文物工作队 . 1980. "Xigoupan Xiongnu mu" 西沟畔匈奴墓 . Wenwu 文物 7:1–10.
- Yaacov, Lew. 2012. "A Mediterranean Encounter: The Fatimids and Europe, Tenth to Twelfth Century." In Shipping, Trade and Crusade in the Medieval Mediterranean: Studies in Honour of John Pryor, edited by Ruthy Gertwagen and Elizabeth Jeffreys, 131–56. London: Ashgate.
- Yamazaki, Gen'ichi. 1990. "The Legend of the Foundation of Khotan." Memoirs of the Research Department of the Toyo Bunko 47:55–80.
- Yang Han-Sung, Jan Yun-Hua, Iida Shotaro, and Lawrence W. Preston, eds. and trans. 1984. The Hye Ch'o Diary: Memoir of the Pilgrimage to the Five Regions of China. Berkeley, CA: Asian Humanities Press; Seoul: Po Chin Chai.
- Yetts, W. Perceval. 1926. "Discoveries of the Kozlov Expedition." Burlington Maga- zine for Connoisseurs 48 (277): 168–85.
- Zhang Bangwei. 2016. "Women: Han Women Living in the Territory of Song." In A Social History of Middle-Period China, edited by Zhu Ruixin, Zhang Bangwei, Liu Fusheng, Cai Chongbang, and Wang Zengyu, 171–203. Cambridge: Cam- bridge University Press.
- Zhang, L. [L. Jaang] . 2011. "Long-Distance Interactions as Reflected in the Earliest Chinese Bronze Mirrors." In The Lloyd Cotsen Study Collection of Chinese Bronze Mirrors, vol. 2, Studies , edited by Lothar von Falkenhausen, 34–49. Los Angeles: UCLA Cotsen Institute of Archaeology Press.
- Zhang Qingjie, Chang Hongxia, Zhang Xingmin, and Li Aiguo. 2002. "The Yu Hong Tomb of the Sui Dynasty in Taiyuan." Translated by Victor Mair. Chinese Archaeology 2:258–68.

- Zhao Feng. 1997. "Silk Roundels from the Sui to the Tang." HALI 92:81–85.
- Zhao Feng. 2004. "The Evolution of Textiles along the Silk Road." In Watt et al. 2004: 67–77.
- Zhu Ruixin. 2016. "Chinese Character Tattoos, Pattern Tattoos, and Flower Pin- ning." In A Social History of Middle-Period China, edited by Zhu Ruixin, Zhang Bangwei, Liu Fusheng, Cai Chongbang, and Wang Zengyu, 639–48. Cambridge: Cambridge University Press.
- Zieme, Peter, Christiane Reck, Nicholas Sims-Williams, Desmond Durkin-Meister- ernst, and Matteo Compareti. n.d. "Aesop's Fables in Central Asia." Turfanforsc-hung project. www.vitterhetsakad.se/pdf/uai/Turfan.pdf.
- Zürcher, Eric. 1959. The Buddhist Conquest of China. Leiden: Brill.
- Zurcher, Eric. 1968. "The Yuezhi and Kaniska in Chinese Sources." In Papers on the Date of Kaniska: Submitted to the Conference on the Date of Kaniska, London 20–22 April, 1960, edited by A. L. Balsham, 346–90. Leiden: E. J. Brill.

國家圖書館出版品預行編目（CIP）資料

絲路滄桑：從10件物品的流浪看絲路多元文化的互動與傳播／
蘇珊・惠特菲德（Susan Whitfield）著；陳信宏譯. -- 初版. --
臺北市：遠流, 2020.03
面；　公分
譯自：Silk, slaves, and stupas
ISBN 978-957-32-8723-0（平裝）

1. 文物　2. 絲路　3.Silk Road-History.　4.Asia-Antiquities.

797.9　　109000798

絲路滄桑
從10件物品的流浪看絲路多元文化的互動與傳播

作　　者——蘇珊·惠特菲德（Susan Whitfield）
譯　　者——陳信宏
總監暨總編輯——林馨琴
編　　輯——楊伊琳
企　　畫——趙揚光
設　　計——陳文德
排　　版——中原造像 張依宸、葉欣玫

發 行 人——王榮文
出版發行——遠流出版事業股份有限公司
地址：臺北市10084南昌路二段81號6樓
電話：（02）2392-6899　傳真：（02）2392-6658
郵撥：0189456-1
著作權顧問——蕭雄淋律師
2020年3月1日　初版一刷
新台幣定價580元

版權所有　翻印必究　Printed in Taiwan
（缺頁或破損的書，請寄回更換）
ISBN 978-957-32-8723-0

YLib 遠流博識網 http://www.ylib.com
E-mail: ylib @ ylib.com

Silk,Slaves, and Stupas by Susan Whitfield
© 2018 by The Regents of the University of California
Published by arrangement with University of California Press
through Andrew Nurnberg Associates International Limited.